AF897011

Заключительный отчёт Сорок третьего Консультативного совещания по Договору об Антарктике

КОНСУЛЬТАТИВНОЕ СОВЕЩАНИЕ
ПО ДОГОВОРУ ОБ АНТАРКТИКЕ

Заключительный отчёт Сорок третьего Консультативного совещания по Договору об Антарктике

Париж, Франция
14 - 24 июня 2021 г.

Том I

Секретариат Договора об Антарктике
Буэнос-Айрес
2021

Консультативное совещание по Договору об Антарктике (43-е, 2021 г., Париж) Заключительный отчёт Сорок третьего Консультативного совещания по Договору об Антарктике. Париж, Франция, 14–24 июня 2021 года

Буэнос-Айрес, Секретариат Договора об Антарктике, 2021 г.
481 с.

ISBN 978-987-8929-05-7

1. Международное право – Природоохранные вопросы. 2. Система Договора об Антарктике. 3. Экологическое право – Антарктика. 4. Охрана окружающей среды – Антарктика.

DDC 341.762 5

Secretariat of the Antarctic Treaty
Secrétariat du Traité sur l'Antarctique
Секретариат Договора об Антарктике
Secretaría del Tratado Antártico

Maipú 757, Piso 4
C1006ACI Ciudad Autónoma
Buenos Aires - Argentina
Tel: +54 11 3991 4250

Данный документ также можно получить по адресу: *www.ats.aq* (цифровая версия) и экземпляры, приобретенные через Интернет

ISSN 2346-9919
ISBN (Том I): 978-987-8929-05-7
ISBN (полный сборник): 978-987-8929-01-9

Содержание

ТОМ I

ТОМ II

Акронимы и сокращения

ЧАСТЬ II. МЕРЫ, РЕШЕНИЯ И РЕЗОЛЮЦИИ (ПРОДОЛЖЕНИЕ)

4. Планы управления

Особо управляемый район Антарктики № 6 «Холмы Ларсеманн» (Восточная Антарктика): пересмотренный План управления

Особо охраняемый район Антарктики № 101 «Гнездовье Тейлор» (Земля Мак-Робертсона): пересмотренный План управления

Особо охраняемый района Антарктики № 102 «Острова Рукери» (бухта Холме, Земля Мак-Робертсона, Восточная Антарктика): пересмотренный План управления

Особо охраняемый район Антарктики № 103 «Остров Ардери и остров Одберт» (Берег Бадда, Земля Уилкса, Восточная Антарктика): пересмотренный План управления

Особо охраняемый район Антарктики № 104 «Остров Сабрина» (острова Баллени): пересмотренный План управления

Особо охраняемый район Антарктики № 105 «Остров Бофорт» (пролив Мак-Мёрдо, море Росса): пересмотренный План управления

Особо охраняемый район Антарктики № 106 «Мыс Халлетт» (северная часть Земли Виктории, море Росса): пересмотренный План управления

Особо охраняемый район Антарктики № 120 «Архипелаг Жеоложи» (Земля Адели): пересмотренный План управления

Особо охраняемый район Антарктики № 121 «Мыс Ройдс» (остров Росса): пересмотренный План управления

Особо охраняемый район Антарктики № 131 «Ледник Канада» (озеро Фрюкселль, долина Тейлор, Земля Виктории): пересмотренный План управления

Особо охраняемый район Антарктики № 134 «Мыс Сьерва и Шельфовые Острова» (Берег Данко, Антарктический полуостров): пересмотренный План управления

Особо охраняемый район Антарктики № 148 «Гора Флора» (бухта Хоп, Антарктический полуостров): пересмотренный План управления

Особо охраняемый район Антарктики № 155 «Мыс Эванс» (остров Росса): пересмотренный План управления

Особо охраняемый район Антарктики № 157 «Бухта Бакдор» (мыс Ройдс, полуостров Росса): пересмотренный План управления

Особо охраняемый район Антарктики № 158 «Мыс Хат» (остров Росса): пересмотренный План управления

Особо охраняемый район Антарктики № 159 «Мыс Адэр» (Берег Боркгревинка): пересмотренный План управления

Особо охраняемый район Антарктики № 163 «Ледник Дакшин Ганготри» (Земля Королевы Мод): пересмотренный План управления

Особо охраняемый район Антарктики № 167 «Остров Хокер» (Земля Принцессы Елизаветы): пересмотренный План управления

Особо охраняемый район Антарктики № 176 «Острова Розенталь» (остров Анверс, архипелаг Палмер): План управления

Особо охраняемый район Антарктики № 177 «Острова Леони и Юго-Восточная Часть Острова Аделейд» (Антарктический полуостров): План управления

Особо охраняемый район Антарктики № 178 «Остров Инэкспрессибл и Бухта Сивью» (море Росса): План управления

ЧАСТЬ III. ВЫСТУПЛЕНИЯ НА ОТКРЫТИИ И ЗАКРЫТИИ, ОТЧЁТЫ И ДОКЛАДЫ

1. Выступления на открытии и закрытии

Приветственное слово премьер-министра Франции Жана Кастекса

Приветственное слово министра Европы и иностранных дел Жан-Ива Ле Дриана

2. Доклады Депозитариев и Наблюдателей

Доклад США как Правительства-депозитария Договора об Антарктике и Протокола к нему

Доклад Австралии как Правительства-депозитария АНТКОМ

Доклад Австралии как Правительства-депозитария АКАП

Доклад Великобритании как Правительства-депозитария КОАТ

Доклад Наблюдателя от АНТКОМ

Доклад СКАР

Доклад КОМНАП

3. Доклады экспертов

Доклад АСОК

Доклад МААТО

Доклад МГО

Доклад ВМО

ЧАСТЬ IV. ДОПОЛНИТЕЛЬНЫЕ ДОКУМЕНТЫ XLIII КСДА

1. Перечень документов

Документы, представленные для МПДА 2019/2021

Рабочие документы

Информационные документы

Документы Секретариата

Вспомогательные документы

2. Список участников

Консультативные стороны

Неконсультативные стороны

Наблюдатели, эксперты и гости

Секретариат принимающей страны

Секретариат Договора об Антарктике

Акронимы и сокращения

АКАП	Соглашение о сохранении альбатросов и буревестников
ЗБРА	Заповедные биогеографические регионы Антарктики
ОУРА	Особо управляемый район Антарктики
АСОК	Коалиция по Антарктике и Южному океану
ООРА	Особо охраняемый район Антарктики
СДА	Система Договора об Антарктике или Секретариат Договора об Антарктике
КСДА	Консультативное совещание по Договору об Антарктике
Сторона КСДА	Консультативная Сторона Договора об Антарктике
СЭДА	Совещание экспертов Договора об Антарктике
ВР	Вспомогательный документ
АНТКОМ	Конвенция о сохранении морских живых ресурсов Антарктики и (или) Комиссия по сохранению морских живых ресурсов Антарктики
КОАТ	Конвенция о сохранении тюленей Антарктики
CCRWP	Рабочая программа ответных мер в отношении изменения климата
ВООС	Всесторонняя оценка окружающей среды
КООС	Комитет по охране окружающей среды
КОМНАП	Совет управляющих национальных антарктических программ
ОВОС	Оценка воздействия на окружающую среду
СЭОИ	Система электронного обмена информацией
ГКА	Гидрографический комитет по Антарктике
ИМП	Историческое место и памятник
МААТО	Международная ассоциация антарктических туристических операторов
КОТ	Ключевая орнитологическая территория
ИКАО	Международная организация гражданской авиации
МКГ	Межсессионная контактная группа
ПООС	Первоначальная оценка окружающей среды
IGP&I Clubs	Международная группа ассоциаций (клубов) взаимного страхования
МГО	Международная гидрографическая организация
ИМО	Международная морская организация
МОК	Межправительственная океанографическая комиссия
Фонды IOPC	Международные фонды для компенсации ущерба от загрязнения нефтью
IP	Информационный документ
МГЭИК	Межправительственная группа экспертов по изменению климата
МСОП	Международный союз охраны природы
МОР	Морской охраняемый район
НКО	Национальный компетентный орган
СКЦ	Спасательно-координационный центр
SAR	Поиск и спасание
СКАР	Научный комитет по антарктическим исследованиям

НК-АНТКОМ	Научный комитет АНТКОМ
SGCCR	Вспомогательная группа по ответным мерам в отношении изменения климата
ВГПУ	Вспомогательная группа по планам управления
СОЛАС	Международная конвенция по охране человеческой жизни на море
SOOS	Система наблюдений Южного океана
SP	Документ Секретариата
ТЗ	Техническое задание
БПЛА/ДПАС	Беспилотный летательный аппарат / дистанционно пилотируемая авиационная система
ЮНЕП	Программа ООН по окружающей среде
РКИК ООН	Рамочная конвенция ООН об изменении климата
VSSOS	Ночёвки, организованные при поддержке судов
ВМО	Всемирная метеорологическая организация
WP	Рабочий документ
ВТО	Всемирная туристическая организация

ЧАСТЬ I

Заключительный Отчёт

1. Заключительный отчёт

Заключительный отчет Сорок третьего Консультативного совещания по Договору об Антарктике

Париж, Франция, 15–24 июня 2021 г.

(1) В соответствии со Статьей IX Договора об Антарктике представители Консультативных сторон (Австралии, Аргентины, Бельгии, Болгарии, Бразилии, Великобритании, Германии, Индии, Испании, Италии, Китая, Нидерландов, Новой Зеландии, Норвегии, Перу, Польши, Республики Корея, Российской Федерации, Соединенных Штатов Америки, Украины, Уругвая, Финляндии, Франции, Чешской Республики, Чили, Швеции, Эквадора, Южно-Африканской Республики и Японии) собрались на виртуальном совещании, организованном в г. Сантьяго в период с 15 по 24 июня 2021 г. с целью обмена информацией, проведения консультаций, рассмотрения и рекомендации своим правительствам мер по дальнейшему претворению в жизнь принципов и целей Договора.

(2) На Совещании также присутствовали делегации следующих Договаривающихся Сторон Договора об Антарктике, не являющихся Консультативным Сторонами: Беларуси, Венесуэлы, Канады, Колумбии, Малайзии, Монако, Португалии, Румынии, Словении, Турции и Швейцарии.

(3) В соответствии с Правилами 2 и 31 Правил процедуры в работе Совещания приняли участие Наблюдатели от Комиссии по сохранению морских живых ресурсов Антарктики (АНТКОМ), Научного комитета по антарктическим исследованиям (СКАР) и Совета управляющих национальных антарктических программ (КОМНАП).

(4) В соответствии с Правилом 39 Правил процедуры в работе Совещания приняли участие Эксперты от следующих международных и неправительственных организаций: Коалиции по Антарктике и Южному океану (АСОК), Международной ассоциации антарктических туристических операторов (МААТО), Международной гидрографической организации (МГО), Международного союза охраны природы (МСОП) и Всемирной метеорологической организации (ВМО). Председатель сообщил, что после отмены встречи в Хельсинки Стороны обменивались документами через платформу межсессионного периода Договора об Антарктике (ATIP) 2019–2021 гг. Стороны решили включить их в архив документов Совещания, общедоступный на сайте Секретариата Договора об Антарктике, и, если они не были повторно представлены для рассмотрения на этом Совещании, включить их в Том II Заключительного отчета XLIII Консультативного совещания по Договору об Антарктике (КСДА).

(5) Председатель также отметил, что виртуальное заседание XLIII КСДА – XXIII Комитета по охране окружающей среды (КООС) состоится в соответствии с Правилами процедуры и ранее согласованными специальными дополнительными руководящими принципами, которые не заменяют и не имеют преимущества над Правилами процедуры. В соответствии с этими специальными руководящими принципами раунд предварительных обсуждений был проведен через онлайн-подфорумы, чтобы провести обсуждения во время самой встречи более эффективными.

(6) Франция в качестве принимающей страны выполнила все требования в отношении информационного обеспечения Договаривающихся Сторон, Наблюдателей и Экспертов путем рассылки циркуляров и писем Секретариата и размещения

информации на специально предназначенном для этих целей сайте Секретариата.

Пункт 1. Открытие Совещания

(7) Официальное открытие Совещания состоялось 15 июня 2021 г. От имени правительства принимающей страны и в соответствии с Правилами 5 и 6 Правил процедуры глава Секретариата страны-организатора г-жа Кэролайн Крайка (Caroline Krajka) открыла Совещание и предложила кандидатуру полпреда г-на Оливье Пуавра д'Арвор (Olivier Poivre d'Arvor) в качестве Председателя XLIII КСДА. Предложение было принято.

(8) Председатель тепло поприветствовал все Стороны, Наблюдателей и Экспертов на виртуальной встрече во Франции и поблагодарил их за доверие и назначение его Председателем Совещания, а также поблагодарил Секретариат и персонал Секретариата принимающей страны за их помощь в подготовке Совещания. Председатель отметил, что Франция была одной из первых Сторон, подписавших Договор об Антарктике, и привержена поддержанию Договора как инструмента достижения консенсуса, а также защите окружающей среды Антарктики. Он также подчеркнул, что XLIII КСДА было третьим КСДА, проведенным во Франции, и первым, которое когда-либо проводилось виртуально, что подразумевало одновременную работу Сторон в нескольких часовых поясах.

(9) Делегаты почтили минутой молчания память недавно скончавшихся членов антарктического сообщества.

(10) Г-н Жан Кастекс (Jean Castex), премьер-министр Франции, поприветствовал Стороны XLIII КСДА. Он отметил, что в последний раз, когда Франция принимала КСДА в 1989 году, Стороны подтвердили свою приверженность охране окружающей среды Антарктики и что последующие переговоры завершились подписанием Протокола по охране окружающей среды. Г-н Кастекс воздал должное г-ну Мишелю Рокару (Michel Rocard), тогдашнему премьер-министру Франции, и г-ну Бобу Хоуку (Bob Hawke), тогдашнему премьер-министру Австралии, и подчеркнул их ключевую роль в формировании Протокола по охране окружающей среды. Он также отметил, что 23 июня 2021 года исполнилось 60 лет
с даты вступления Договора в силу, а 4 октября 2021 г. – 30 лет с даты подписания Протокола по охране окружающей среды. Ссылаясь на виртуальный характер этого КСДА, г-н Кастекс отметил, что, несмотря на проблемы, связанные с работой в 18 часовых поясах, при поддержке Секретариата и тесном сотрудничестве Сторон встреча будет успешной.
Г-н Кастекс обратил внимание участников Совещания на некоторые виды деятельности Франции в Антарктике, отметив важную работу Французского полярного института им. Поля-Эмиля Виктора и Французского национального центра научного развития (CNRS), а также министерств по вопросам иностранных дел и экологического перехода. Он также рассказал о праздновании Полярного года, которое в настоящее время проводится во Франции, с четырьмя месяцами культурных и научных мероприятий, подчеркивающих важность Антарктики для французского народа. Г-н Кастекс призвал Стороны продолжать использовать систему Договора об Антарктике в качестве основы для укрепления их глобальной приверженности Антарктике и подчеркнул важность Морских охраняемых районов (МОР) для защиты морского биоразнообразия. Полный текст речи г-на Жана Кастекса приведен в разделе 1, часть III, том 2.

(11) Г-н Жан-Ив Ле Дриан (Jean-Yves Le Drian), министр Европы и иностранных дел, приветствовал делегатов и отметил, что для Франции большая честь снова принимать КСДА. Он напомнил, что в напряженном и разобщенном мире страны,

подписавшие Договор об Антарктике, признали необходимость совместной работы для защиты Антарктики во имя международного мира, научного прогресса и сохранения биоразнообразия планеты. Он отметил, что мир значительно изменился, но ключевые проблемы, связанные с Антарктикой, остались не менее важными и что их решение стало неотложным. Подчеркнув необходимость защиты Южного океана и его экосистем, он призвал Стороны действовать быстро, особенно путем создания особо управляемых и охраняемых районов. Г-н Ле Дриан высоко оценил работу французских ученых и исследователей, особенно в отношении изменения климата и сохранения биоразнообразия, и объявил, что Франция в честь 30-летия Протокола по охране окружающей среды наградила медалью профессора Стивена Чоуна (Steven Chown) из Университета Монаша, Мельбурн, Австралия. Г-н Ле Дриан выразил озабоченность по поводу 450 %-ного увеличения числа туристов, посещающих Антарктику за последние два десятилетия, подчеркнув, что Стороны несут коллективную ответственность за то, чтобы эта тенденция не подорвала ценности, охраняемые Договором и Протоколом. Он прокомментировал, что хотя XLIII КСДА проводится удаленно, многие города Франции пользуются возможностью проведения посвященных Антарктике мероприятий, которые происходят по всей стране. Наконец, он отметил, что, хотя Антарктика и необитаема, она является сокровищем для всего человечества, и он надеется, что международное сообщество справится с задачей ее защиты. Полный текст речи г-на Жан-Ива Ле Дриана приведен в разделе 1, часть III, том 2.

(12) Г-жа Барбара Помпили (Barbara Pompili), министр экологического перехода, приветствовала делегатов и напомнила, что 62 года назад, в разгар холодной войны, двенадцать стран преодолели свои разногласия и решили, что сохранение Антарктического континента отвечает интересам человечества. Она предположила, что те же устремления, которые объединили страны несколько десятилетий назад, объединяют Стороны сегодня, и подчеркнула, что Антарктика должна оставаться охраняемым природным местом, посвященным миру и науке. Она отметила, что хотя антарктический регион изолирован, он также уязвим для человеческой деятельности, такой как туризм и изменение климата. Ссылаясь на предстоящую Конференцию сторон Организации Объединенных Наций по изменению климата (COP26), она подчеркнула важность принятия неотложных мер по борьбе с изменением климата, отметив тесную связь между климатом и биоразнообразием. Г-жа Помпили подчеркнула, что Антарктика отвечает за одну треть секвестрации CO_2 на планете и что в этом районе были классифицированы более 9000 видов. Она призвала к усилению охраны Антарктики и Южного океана и напомнила о коллективной ответственности Сторон за их защиту.

(13) Профессор Фредерик Видаль (Frédérique Vidal), министр высшего образования, исследований и инноваций, приветствовала делегатов. Она подчеркнула, что XLIII КСДА дает возможность напомнить международному сообществу о важности научных исследований в Антарктике для понимания, смягчения и решения проблем, связанных с изменением климата. Она подчеркнула важность логистического и научного сотрудничества в Антарктике и выразила признательность за работу зимующего персонала в Антарктике. Она также отметила масштабную цель французской программы полярных исследований — достичь нулевых выбросов углерода к 2050 году. В заключение профессор Видаль призвала Стороны продолжать работу по защите биоразнообразия Антарктики, включая морское биоразнообразие, и продолжать борьбу с изменением климата.

Пункт 2. Выборы должностных лиц и формирование Рабочих групп

(14) Г-н Тилльман Хёхмюллер (Tillman Höchmuller), глава делегации Германии,

являющейся принимающей страной XLIV КСДА, был избран заместителем председателя Совещания. В соответствии с Правилом 7 Правил процедуры функции Секретаря Совещания были возложены на г-на Альберта Льюбераса Бонабу (Albert Lluberas Bonaba), Исполнительного секретаря Секретариата Договора об Антарктике. Глава Секретариата страны-организатора г-жа Кэролайн Крайка принял на себя обязанности заместителя секретаря.

Г-жа Биргит Ньостад (Birgit Njåstad), представитель Норвегии, была избрана в качестве Председателя Комитета по охране окружающей среды на XXI КООС.

(15) Были сформированы две Рабочие группы:

- Рабочая группа 1 по концептуальным, правовым и институциональным вопросам;
- Рабочая группа 2 по вопросам операционной, научной и туристической деятельности.

(16) Председателями этих Рабочих групп были избраны:

- Рабочая группа 1: г-н Теодор Килл (Theodore Kill) из США;
- Рабочая группа 2: г-жа Соня Рамос Гарсия (Sonia Ramos Garcia) из Испании и д-р Филлип Трейси (Phillip Tracey) из Австралии.

Пункт 3. Принятие Повестки дня и распределение пунктов Повестки дня

(17) Была принята следующая Повестка дня:

1. Открытие Совещания
2. Выборы должностных лиц и формирование Рабочих групп
3. Принятие Повестки дня, распределение пунктов Повестки дня по Рабочим группам и рассмотрение Многолетнего стратегического плана работы
4. Работа системы Договора об Антарктике: Отчеты Сторон, Наблюдателей и Экспертов
5. Отчет Комитета по охране окружающей среды
6. Работа системы Договора об Антарктике
    a. Запрос Беларуси на получение статуса Консультативной стороны
    b. Общие вопросы
7. Работа системы Договора об Антарктике: вопросы, касающиеся Секретариата
8. Материальная ответственность
9. Биопроспектинг в Антарктике
10. Обмен информацией
11. Вопросы образования
12. Многолетний стратегический план работы
13. Безопасность и деятельность в Антарктике
14. Инспекции в рамках Договора об Антарктике и Протокола по охране окружающей среды
15. Вопросы науки, будущих проблемных аспектов научной деятельности, научного сотрудничества и содействия
    a. Общие вопросы
16. Последствия изменения климата для управления районом действия Договора об Антарктике
17. Туризм и неправительственная деятельность в районе действия Договора об Антарктике, включая рассмотрение вопросов компетентных органов

18. Подготовка 44-го Совещания
19. Прочие вопросы
20. Принятие Заключительного отчета
21. Закрытие Совещания

(18) Совещание одобрило следующее распределение пунктов Повестки дня:

- Пленарные заседания: пункты 1, 2, 3, 4, 5, 6a, 18, 19, 20, 21
- Рабочая группа 1: пункты 6b, 7, 8, 9, 10, 11, 12
- Рабочая группа 2: пункты 13, 14, 15, 16, 17

(19) Участники Совещания приняли решение направлять проекты документов, которые могут быть подготовлены по результатам работы Комитета по охране окружающей среды и Рабочих групп, в группу правовых консультаций для рассмотрения правовых и институциональных аспектов этих документов.

Пункт 4. Работа системы Договора об Антарктике: отчеты Сторон, Наблюдателей и Экспертов

(20) Во исполнение Рекомендации XIII-2 на Совещании были отмечены доклады от Правительств-депозитариев и их секретариатов. Председатель сообщил, что ввиду ограниченного времени информационные документы будут приняты в том виде, в котором они представлены.

- США, выступая в качестве Правительства-депозитария Договора об Антарктике и Протокола по охране окружающей среды к нему, проинформировали, что со времени последнего доклада не было ни одного присоединения к Договору и было одно одобрение Протокола Колумбией (Информационный документ IP 2).
- Австралия, выступая в качестве Правительства-депозитария Конвенции о сохранении морских живых ресурсов Антарктики (АНТКОМ), проинформировала, что со времени завершения работы XLII КСДА к Конвенции не присоединилось ни одно новое государство (Информационный документ IP 83).
- Великобритания, выступая в качестве Правительства-депозитария Конвенции о сохранении тюленей Антарктики (КОАТ), проинформировала, что со времени завершения работы XLII КСДА она не получила ни одной заявки на присоединение к Конвенции, равно как и ни одного документа о присоединении к ней (Информационный документ IP 10 ред. 1).
- Австралия, выступая в качестве Правительства-депозитария Соглашения о сохранении альбатросов и буревестников (АКАП), проинформировала, что со времени завершения работы XLII КСДА ни одно новое государство не присоединилось к Соглашению и в настоящий момент участниками данного Соглашения являются 13 государств (Информационный документ IP 84).
- Информационный документ IP 3 *Доклад Наблюдателя АНТКОМ для Сорок третьего Консультативного совещания по Договору об Антарктике* (АНТКОМ). В документ включены сводные итоги 38-го ежегодного совещания АНТКОМ (АНТКОМ-38), проходившего в Хобарте с 28 октября по 1 ноября 2019 г., и 39-го ежегодного совещания АНТКОМ (АНТКОМ-39), которое проводилось виртуально с 27 по 30 октября 2020 г. АНТКОМ отметил, что Комиссия согласилась предварительно одобрить проекты Планов управления новым Особо охраняемым районом Антарктики (ООРА) на островах Розенталь и на острове Инэкспрессибл и что ее одобрение было также

передано в КООС. Он также отметил, что в мае 2019 г. Великобритания уведомила все страны-члены о том, что площадь ледника Пайн-Айленд сократилась на 15,1 % с 2017 г., что соответствует критериям определения в качестве особого района для научных исследований. Отмечая, что 1 июня 2019 г. район ледника Пайн-Айленд был определен для этапа 1, и в соответствии с пунктом 24 Меры по сохранению (МС) 24-04 АНТКОМ призвал КСДА рассмотреть вопрос о том, следует ли предпринять какие-либо соответствующие шаги для дополнения научным исследованиям в этом районе и содействия им. АНТКОМ отметил, что АНТКОМ-39 вспомнил профессора Дензила Миллера (Denzil Miller), который умер 30 ноября 2019 г. и который более сорока лет играл центральную роль в делах АНТКОМа и Антарктики, а также тот факт, что он повторно назначил д-ра Дэвида Агнью (David Agnew) Исполнительным секретарем на 2022–2026 гг. Она также отметила, что АНТКОМ-40 будет проходить в Хобарте с 18 по 29 октября 2021 г., если Комиссия не примет иного решения.

- Информационный документ IP 29 ред. 1 *Годовой отчет Научного комитета по антарктическим исследованиям за 2021 г. XLIII Консультативному совещанию по Договору об Антарктике* (СКАР). В документе Совещанию сообщается, что СКАР утвердил три новы ведущие научно-исследовательские программы (НИП) в 2020 году: Комплексная наука для информирования об охране Антарктики и Южного океана (Ant-ICON); Нестабильность и критические параметры в Антарктике (INSTANT); Краткосрочная изменчивость и прогноз климатической системы Антарктики (AntClim^{now}). Он отметил, что СКАР принял на себя ответственность за хостинг Портала окружающей среды Антарктики из Университета Кентербери в январе 2020 года и что он в интересах устойчивого развития вносит свой вклад в Десятилетие науки об океане ООН (2021–2030 гг.), разрабатывая план действий по Южному океану. СКАР сообщил, что после отмены проводимой раз в два года Открытой научной конференции в Хобарте в августе 2020 года он провел онлайн-конференцию SCAR 2020 Online, а также первую виртуальную встречу делегатов СКАР в марте 2021 года. СКАР также сообщил, что в 2022 г. Открытая научная конференция и встречи СКАР будут проводиться в Хайдарабаде (Индия) с 19 по 28 августа 2022 г.,
а в 2024 и 2026 гг. Открытая научная конференция и встречи СКАР будут проводиться в Пуконе (Чили) и Осло (Норвегия), соответственно.

- Информационный документ IP 11 *Годовой отчет Совета управляющих национальных антарктических программ (КОМНАП) за 2020/21 г.* (КОМНАП). КОМНАП сообщил о своих усилиях по предотвращению распространения COVID-19 в Антарктике, в том числе путем создания специального подкомитета по COVID-19 9 марта 2020 г. и разработки Руководства КОМНАП по предотвращению и контролю вспышек
COVID-19. КОМНАП отметил, что национальные антарктические программы были нацелены на снижение риска, связанного с глобальной пандемией, что сократило их запланированную деятельность только для поддержки критически важных антарктических научных исследований и инфраструктуры. Он также сообщил, что XXXII Ежегодное общее собрание КОМНАП, запланированное на 3–6 августа 2020 г., было проведено в режиме онлайн, а 19-й симпозиум КОМНАП проводился через канал КОМНАП на YouTube с 7 августа 2020 г. (BP 10). КОМНАП также проинформировал Совещание: о ходе выполнения Антарктического авиационного проекта; о присуждении Премии КОМНАП 2020/21 г. Валерию Лукину (Российская Федерация) и Хайнцу Миллеру (Германия) и стипендии КОМНАП за

антарктические исследования 2020 г. – Синтии Элизабет Белло Чиринос (Перу); а также о продуктах и инструментах КОМНАП, такие как база данных КОМНАП и Справочник по полетной информации для Антарктики (e-AFIM).

(21) В рамках положений пункта 2 Статьи III Договора об Антарктике вниманию Совещания были представлены доклады других международных организаций, которые также были приняты как есть:

- Информационный документ IP 4 *Доклад Международной гидрографической организации* (МГО). Напоминая о гидрографическом семинаре, состоявшемся на XLII КСДА, МГО предложила, чтобы КСДА рассмотрело способы выполнения соответствующих Резолюций КСДА по этому вопросу, установив: основные цели гидрографии в Антарктике на основе стратегических целей КСДА; области и приоритеты приложений; и руководство по скоординированному сбору данных на основе краудсорсинговой батиметрической информации МГО. МГО подтвердила, что 17-я конференция Гидрографической комиссии по Антарктике (ГКА) состоится в Париже 14-15 июня 2021 г. Также отмечалось, что ведется работа по компиляции версии 2.0 Международной батиметрической карты Южного океана (IBSCO), которая является частью Общей батиметрической карты океанов (GEBCO), батиметрической сетки высокого разрешения, и призвал Стороны при применении резолюций КСДА сообщать свои батиметрические данные менеджеру проекта.
- Информационный документ IP 80 *Доклад АСОК на КСДА* (АСОК). АСОК сообщила о своей деятельности после КСДА 2019 года, которая включала: проведение вебинаров; распространение в социальных сетях контента о работе КСДА; посещение виртуальных конференций; участие в межсессионной работе; и финансирование исследований, связанных с Антарктикой. АСОК отметила, что после некоторых из этих мероприятий были получены положительные отзывы общественности в поддержку охраны Антарктики. АСОК сообщила о своей работе по поддержке политически актуальной науки, в том числе о поддержке Всемирным фондом дикой природы проекта «Ретроспективный анализ антарктических данных по отслеживанию» (RAATD) под руководством СКАР, о работе над Ключевыми орнитологическими территориями (IBA) при поддержке Благотворительного фонда семьи Пью и об Антарктической экспедиции «Гринпис» с целью исследования отдаленных колоний пингвинов. АСОК отметила, что с нетерпением ждет празднования 30-летия Протокола, и призвала Стороны в очередной раз подтвердить свою приверженность его выполнению. АСОК сообщила о своем взаимодействии с другими организациями, включая ИМО и Ассоциацию ответственных крилепромысловых компаний (АОК). АСОК также выразила соболезнования семье антарктического ученого и докладчика КСДА Адриана Дауд-Фрица (Adrian Dahood-Fritz), скончавшегося в результате трагической аварии в сентябре 2019 г.
- Информационный документ IP 93 *Годовой отчет ВМО* (ВМО). В документе сообщается об исследованиях, наблюдениях и деятельности ВМО, касающихся Антарктики. Это включало прогресс Глобальной системы наблюдения за криосферой и работу Инструмента возможностей и анализа системы наблюдений ВМО (OSCAR/Surface) по содействию регистрации станций наблюдения в Антарктике. ВМО отметила, что в рамках совместно осуществляемой Всемирной программы исследования климата она проводит целый ряд научных исследований и проекты по моделированию различного

масштаба, в которых климат антарктического региона является ключевым аспектом. ВМО также сообщила о дальнейших планах Года полярных прогнозов в Южном полушарии, включая периоды зимних наблюдений за Антарктикой, и о прогрессе в создании сети Антарктического полярного регионального климатического центра (АнтРКЦ), который будет предоставлять климатическую продукцию и обслуживание в регионе Антарктики и Южном океане.

- Информационный документ IP 109 *Доклад Международной ассоциации антарктических туроператоров за 2020/21 г* (МААТО). В документе сообщается,
  что в сезоне 2019/20 г. было зарегистрировано рекордное количество посетителей, путешествующих с операторами МААТО (74 401 человек), в то время как в сезоне 2020/21 г. из-за пандемии COVID-19 было всего две отдельные экспедиции на трех яхтах общей численностью в 15 гостей. МААТО сообщила, что ее Консультативная группа по COVID-19 была сформирована после сезона 2019/20 г., чтобы предоставлять членам обновленную информацию о меняющихся рекомендациях по организации безопасных и экологически ответственных поездок во время пандемии. МААТО также сообщила о своих недавних действиях по ужесточению требований к опыту сотрудников на местах, пересмотру и обновлению указаний, касающихся биобезопасности и дикой природы, созданию новых Рабочих групп и комитетов, обновлению программы «Послы в Антарктике» и усилению операций по смягчению последствий столкновения с китами. Она отметила, что ее Ежегодное собрание 2021 года состоялось в виртуальном режиме 11–13 мая 2021 г. и что ему предшествовали два Общих собрания, посвященных COVID-19, а также три других Общих собрания для решения приоритетных вопросов, таких как усиление некоторых подзаконных актов и пересмотр заданий для комитетов МААТО.

Пункт 5. Отчет Комитета по охране окружающей среды

(22) Председатель Комитета по охране окружающей среды г-жа Биргит Ньостад представила отчет XXIII заседания КООС. КООС рассмотрел 50 Рабочих документов и
57 Информационных документов. Кроме того, в рамках пунктов Повестки дня КООС были представлены 4 Документа Секретариата и 4 Вспомогательных документа.

(23) Размышляя об итогах и достижениях XXIII КООС, многие Стороны выразили признательность КООС за большой объем проделанной работы, особенно с учетом трудностей, которые представляла виртуальная встреча, проведенная во многих часовых поясах. При этом они подчеркнули, что Протокол по охране окружающей среды был признан во всем мире образцовым соглашением об охране окружающей среды и что работа КООС имеет решающее значение для охраны окружающей среды Антарктики.

(24) Многие Стороны также выразили разочарование действиями одной из Сторон на этом заседании КООС, которая бросила вызов как духу, так и практике принятия решений консенсусом. К ним относятся действия, препятствующие прагматическим усилиям по достижению консенсуса, такие как внесение возражений по высокоприоритетным вопросам во время встречи, а не в течение последних двух лет межсессионной работы, как это было принято, чтобы дать время для представления мнений и добиться прогресса в направлении консенсуса. Кроме

того, многие Стороны с обеспокоенностью отметили, что в достижении консенсуса иногда отказывали в ожидании достижения согласия по несвязанным вопросам или из-за сосредоточения внимания на вопросах юридического толкования, которые выходили за рамки компетенции КООС, в дополнение к нежеланию идти на компромисс там, где было общее согласие. Многие Стороны также выразили разочарование в связи с тем, что КООС не смог полностью ответить на запросы, направленные ему КСДА, особенно в тех областях, где велась многолетняя работа. Они предупредили, что в долгосрочной перспективе это может подорвать способность Комитета вносить не влияющий на политику научный вклад в хорошо функционирующую систему Договора об Антарктике. Эти Стороны призвали Членов конструктивно участвовать в межсессионной работе и добросовестно поддерживать дух консенсуса.

Открытие заседания (пункт 1 Повестки дня КООС)

(25) Председатель КООС призвала КООС поприветствовать Колумбию в качестве его нового Члена после ее присоединения к Протоколу 14 марта 2020 г. и отметил, что теперь в КООС входит 41 участник.

Стратегическое обсуждение дальнейшей работы КООС (Пункт 3 Повестки дня КООС)

(26) Председатель КООС проинформировала об уточнении и дополнении Пятилетнего плана работы Комитета с включением в него мероприятий, выработанных в ходе заседания.

Работа КООС (пункт 4 Повестки дня КООС)

(27) Председатель КООС сообщила, что Комитет отметил, что подфорумы, созданные перед виртуальным совещанием, были эффективным способом начать работу с большим количеством планов управления до Совещания. Исходя из этого опыта Комитет поручил Вспомогательной группе по планам управления (ВГПУ) рассмотреть варианты эффективного рассмотрения перед совещанием пересмотренных Планов управления, направленных в КООС для рассмотрения и принятия.

Сотрудничество с другими организациями (пункт 5 Повестки дня КООС)

(28) Председатель КООС сообщила, что в Комитет поступили годовые отчеты от КОМНАП, СКАР и ВМО и что были назначены представители КООС для проведения совещаний с другими организациями.

Последствия изменения климата для окружающей среды: стратегический подход (пункт 7 Повестки дня КООС)

Стратегический подход

(29) Председатель КООС отметила, что Комитет рассмотрел отчет, в котором представлены некоторые ключевые выводы из недавних специальных докладов Межправительственной группы экспертов по изменению климата (МГЭИК), касающиеся изменения климата Антарктики и Южного океана в глобальном контексте. В отчете описаны ожидаемые изменения в некоторых элементах окружающей среды Антарктики. Комитет подчеркнул ценность такого научного обобщения в качестве основы для его работы и в целом поддержал рекомендации

документа.

(30) Председатель КООС сообщила Совещанию, что Комитет согласился: призвать Членов к дальнейшему рассмотрению этих результатов научных исследований, которые могли бы послужить основой для региональных и общеконтинентальных политических ответных мер и действий в рамках компетенции КООС; уделять приоритетное внимание поддержке научных исследований изменения климата и мер реагирования на него в регионе; подчеркнуть значение Антарктики и Южного океана с точки зрения глобального регулирования климата и необходимости постоянной охраны их окружающей среды и связанных с ней и зависящих от нее экосистем – в соответствии с Протоколом по охране окружающей среды – в свете построения устойчивого будущего для человечества и поддержания биоразнообразия, от которого мы зависим; донести до своих стран в контексте 60-летия Договора об Антарктике важность Парижского соглашения для охраны окружающей среды Антарктики и Южного океана, а также зависимых от нее и связанных с ней экосистем от дальнейших воздействий и рисков изменения климата; и продолжать рассматривать доклады МГЭИК, особенно краткие обзоры для директивных органов в каждом докладе.

(31) Председатель КООС также сообщила, что Комитет обсудил предложение рассмотреть использование инструментов устойчивого дизайна или стандартов для проектирования, строительства и эксплуатации модернизированных антарктических станций. Комитет выразил общую поддержку принципам устойчивого зеленого дизайна, а также обмену и передаче информации о модернизации и реконструкции станций. В то же время Комитет предостерег от принятия единых стандартов, которые не всегда соответствуют всем обстоятельствам или не согласовываются со всеми национальными стандартами и не были разработаны для конкретных условий Антарктики.

(32) Совещание поблагодарило КООС за его работу и поддержало его рекомендации. Стороны приветствовали текущую работу и постоянные усилия СКАР по информированию и обновлению КООС и КСДА о лучших имеющихся научных знаниях.

Реализация и пересмотр Рабочей программы ответных мер в отношении изменения климата

(33) Председатель КООС напомнила Резолюцию 4 (2015 г.), в которой Комитету было рекомендовано в первоочередном порядке приступить к реализации своей Рабочей программы ответных мер в отношении изменения климата (CCRWP) и предоставлять КСДА ежегодные отчеты о ходе ее выполнения, а также просила КООС регулярно пересматривать CCRWP.

(34) Председатель КООС отметила, что по этому пункту Повестки дня Комитет рассмотрел отчет и рекомендации Вспомогательной группы по ответным мерам в отношении изменения климата (SGCCR). Комитет сообщил, что, хотя все выступившие Члены, кроме одного, решительно поддержали пересмотренную CCRWP, Комитет не смог согласовать поправки, предложенные одним из Членов для обновленной CCRWP, представленной SGCCR, и что он не смог достичь соглашения относительно принятия этого обновления.

(35) Председатель КООС сообщила Совещанию, что Комитет согласился одобрить добавление выявленных научных потребностей CCRWP к потребностям Пятилетнего плана работы КООС и после обзора работы SGCCR за последние четыре года Комитет также согласился с тем, что работа SGCCR должна продолжаться в будущем в соответствии с ее Техническим заданием. Председатель

КООС подчеркнула, что Комитет настоятельно рекомендовал Членам активно участвовать в работе SGCCR для обеспечения прогресса в этих вопросах.

(36) Участники Совещания подчеркнули огромное значение глубокого понимания последствий изменения климата в Антарктике и необходимости принятия мер на основе имеющихся научных знаний, а также отметили важность работы Комитета по этому вопросу, включая выполнение им Рабочей программы ответных мер в отношении изменения климата, в том числе ежегодные отчеты о проделанной работе для КСДА. Большинство Сторон выразили обеспокоенность и сожаление по поводу того, что не удалось достичь консенсуса по обновленной версии Рабочей программы и что это привело к тому, что КООС не представил информацию КСДА. Совещание призвало Стороны поддержать продолжение этой работы в приоритетном порядке и призвало все Стороны активно участвовать в работе SGCCR. Стороны подчеркнули, что межсессионные обмены должны быть прагматичными и способствовать взаимопониманию между Сторонами, особенно когда существуют разные точки зрения, и должны быть направлены на достижение консенсуса.

(37) Некоторые Стороны также выразили озабоченность отсутствием консенсуса и согласия относительно финансирования разработки веб-страниц СДА, касающихся CCRWP и работы SGCCR, отметив, что это предложение было направлено на информирование КСДА и других международных органов о важной работе КООС в области изменения климата.

Оценка воздействия на окружающую среду (ОВОС) (пункт 8 Повестки дня КООС)

Проекты Всесторонних оценок окружающей среды

(38) Председатель КООС сообщила, что Комитет рассмотрел два проекта ВООС в соответствии со Статьей 3 Приложения 1 к Протоколу, один из которых был представлен Новой Зеландией и содержал предложение по реконструкции станции Скотт-Бейс, а другой – Турцией и содержал предложение по строительству и эксплуатации турецкой антарктической исследовательской станции (ТАИС) на острове Хорсшу.

(39) Председатель КООС сообщила, что Комитет подробно обсудил проект ВООС, представленный Новой Зеландией, в отношении предлагаемой реконструкции станции Скотт-Бейс, и отчет возглавляемой Испанией МКГ о рассмотрении проекта ВООС. Рассмотрев проект ВООС, КООС сообщил КСДА, что: проект ВООС соответствует требованиям Статьи 3 Приложения I к Протоколу по охране окружающей среды; если Новая Зеландия решит продолжить предлагаемую деятельность, имеется несколько аспектов, по которым необходимо предоставить дополнительную информацию или разъяснения в требуемой окончательной ВООС; вывод о том, что последствия реконструкции станции Скотт-Бейс «приведут к более чем незначительному или ограниченному по времени воздействию на окружающую среду», был адекватно подтвержден информацией, представленной в проекте ВООС; и проект ВООС был ясным, хорошо структурированным и хорошо представленным, хотя было рекомендовано лучшее разрешение карт и рисунков.

(40) Председатель КООС отметила, что Комитет приветствует готовность Новой Зеландии предоставить ответы на поднятые вопросы и в случае решения приступить к осуществлению предлагаемой деятельности и призвал Новую Зеландию учесть рекомендации Комитета при подготовке обязательной к представлению окончательной редакции ВООС.

(41) Новая Зеландия выразила благодарность Комитету за его работу и советы, в частности, Испании за ее за организацию работы МКГ и отметила, что полностью учтет эти рекомендации при подготовке своей окончательной версии ВООС.

(42) Председатель КООС сообщила, что Комитет также подробно рассмотрел проект ВООС, представленный Турцией в отношении строительства и эксплуатации турецкой антарктической исследовательской станции (ТАИС) на острове Хорсшу, Антарктика; отчет МКГ под руководством Австралии, созданной для рассмотрения проекта ВООС; а также документ с дополнительной информацией, представленный Турцией в качестве первоначального ответа на вопросы, поднятые МКГ. Рассмотрев проект ВООС, КООС сообщил КСДА, что: проект ВООС в значительной степени соответствует требованиям Статьи 3 Приложения I к Протоколу по охране окружающей среды, хотя есть необходимость более подробно рассмотреть некоторые элементы Статьи 3; если Турция решит приступить к предлагаемой деятельности, есть некоторые аспекты, по которым в требуемой окончательной ВООС должны быть предоставлены дополнительная информация или разъяснения, как это кратко изложено в отчете МКГ и подробно изложено в материалах и комментариях Членов для МКГ во время собрания; информация, представленная в ВООС, не поддерживает вывод о том, что воздействие планируемой деятельности приведет к «минимальному нарушению окружающей среды», и что в заключении предпочтительно использовать терминологию Статьи 8 и Приложения I к Протоколу, а также в этом отношении предполагаемая деятельность, вероятно, будет иметь «более чем незначительное или ограниченное по времени воздействие»; проект ВООС был в целом ясным, хорошо структурированным и хорошо представленным, хотя были рекомендованы дополнения и улучшения к картам и рисункам, а также потребовались дополнительная информация и пояснения для представления законченной оценки воздействий на окружающую среду предлагаемой деятельности.

(43) Председатель КООС отметила, что Комитет приветствует готовность Турции предоставить ответы на поднятые вопросы и в случае решения приступить к осуществлению предлагаемой деятельности призвал Турцию учесть рекомендации Комитета при подготовке обязательной к представлению окончательной редакции ВООС.

(44) Турция поблагодарила КООС за его предложения и заявила, что примет к сведению услышанные комментарии и рекомендации. Турция подчеркнула свою приверженность охране окружающей среды Антарктики и отметила, что работает над выполнением Протокола в рамках своих национальных правил.

(45) Совещание поблагодарило Новую Зеландию и Турцию за их работу и одобрило рекомендации КООС. Некоторые Стороны отметили, что часть из предлагаемых мероприятий могут иметь долгосрочные последствия для Антарктики, и потребовали более пристального внимания. Многие Стороны, с учетом Статьи IX (2) Договора об Антарктике, также подчеркнули, что создание станции в Антарктике не является требованием для получения статуса Консультативной стороны, и призвали те Стороны, которые рассматривают свои будущие научные программы по Антарктике, принять это во внимание. Сторонам также было рекомендовано активно участвовать в рассмотрении проектов ВООС, учитывая, что они касались предлагаемых мероприятий, которые, как ожидается, будут иметь длительное воздействие на окружающую среду и, следовательно, требуют пристального внимания.

(46) АСОК отметила, что процесс ОВОС в целом работает хорошо, однако неясно, как в некоторых случаях проводилась ВООС, особенно в отношении видов деятельности, которые имели несколько фаз или этапов продолжительностью в

несколько лет. АСОК предложила, чтобы все компоненты деятельности были охвачены ОВОС до ее начала, особенно в отношении деятельности, проводимой в практически первозданных районах. АСОК отметила, что в этом отношении Турция показала хороший пример, представив ОВОС по своей временной хижине до представления ВООС по всей станции.

Другие вопросы ОВОС

(47) Председатель КООС сообщила, что Комитет рассмотрел обновление *Экологического кодекса СКАР при проведении полевых геонаучных исследований в Антарктике*. Комитет отметил важность обеспечения того, чтобы геологические исследования в Антарктике оказывали минимальное воздействие на антарктическую окружающую среду, и что этот кодекс будет способствовать достижению данной цели. Председатель КООС сообщила, что Комитет одобрил кодекс и согласился: признать, что при разработке этого кодекса поведения были проведены широкие и обширные консультации; признать, что этот кодекс поведения заменил предыдущий Кодекс поведения СКАР при отборе геологических образцов; направить кодекс поведения на КСДА для утверждения посредством резолюции о поощрении его распространения и использования при планировании и проведении полевых геонаучных исследований в Антарктике; и рекомендовать Сторонам обновлять информацию о своих национальных репозиториях, где хранятся антарктические геологические и палеонтологические образцы.

(48) Совещание поблагодарило СКАР за его работу по обновлению Экологический кодекс СКАР при проведении полевых геонаучных исследований в Антарктике.

(49) Совещание приняло Резолюцию 1 (2021 г.). *Экологический кодекс СКАР при проведении полевых геонаучных исследований в Антарктике*.

Охрана районов и Планы управления (пункт 9 Повестки дня КООС)

Планы управления

(50) Председатель КООС сообщила, что Комитет рассмотрел Планы управления для трех предлагаемых новых Особо охраняемых районов Антарктики (ООРА): острова Розенталь архипелага Палмер; острова Леони и юго-восток острова Аделейд, Антарктический полуостров; а также остров Инэкспрессибл и бухта Сивью, море Росса. Комитет также рассмотрел двадцать четыре пересмотренных Плана управления ООРА и один пересмотренный План управления Особо управляемым районом Антарктики (ОУРА).

(51) Председатель КООС отметила, что Комитет не смог одобрить пересмотренные Планы управления ООРА №№ 113, 119, 124 и 139. Комитет согласился сообщить КСДА, что с учетом значительных изменений, предложенных в Плане управления ООРА № 145, пересмотренный План управления будет передан ВГПУ на рассмотрение в межсессионный период. Комитет также согласился рекомендовать на КСДА раз в пять лет проводить обязательный пересмотр Планов управления ООРА № 166 и ООРА № 174 в соответствии с Протоколом по охране окружающей среды, а также оставить в силе действующие Планы управления и начать следующий пересмотр в 2026 году.

(52) Совещание поблагодарило Комитет за его работу по пересмотру Планов управления. Ссылаясь на ООРА № 113, 119, 124 и 139, некоторые Стороны выразили озабоченность в связи с беспрецедентной ситуацией, когда один Член отказался утвердить эти пересмотренные Планы управления из-за нечетких возражений по относительно незначительному вопросу. Было заявлено, что действия этой единственной Стороны подрывают выполнение Приложения V к

Протоколу и ставят под сомнение ее готовность вести переговоры в духе доброй воли.

(53) В соответствии с рекомендациями КООС Совещание приняло следующие меры в отношении охраняемых районов:

- Мера 1 (2021 г.) *Особо управляемый район Антарктики (ОУРА) № 6 «Холмы Ларсеманн», Восточная Антарктика: пересмотренный План управления.*
- Мера 2 (2021 г.) *Особо охраняемый район Антарктики (ООРА) № 101 «Гнездовье Тейлор», Земля Мак-Робертсона: пересмотренный План управления.*
- Мера 3 (2021 г.) *Особо охраняемый район Антарктики (ООРА) № 102 «Острова Рукери», залив Холме, Земля Мак-Робертсона: пересмотренный План управления.*
- Мера 4 (2021 г.) *Особо охраняемый район Антарктики (ООРА) № 103 «Остров Ардери и Остров Одберт», берег Бадда, Земля Уилкса, Восточная Антарктика: пересмотренный План управления.*
- Мера 5 (2021 г.) *Особо охраняемый район Антарктики (ООРА) № 104 «Остров Сабрина», острова Баллени: пересмотренный План управления.*
- Мера 6 (2021 г.) *Особо охраняемый район Антарктики (ООРА) № 105 «Остров Бофорт», пролив Мак-Мёрдо, море Росса: пересмотренный План управления.*
- Мера 7 (2021 г.) *Особо охраняемый район Антарктики (ООРА) № 106 «Мыс Халлетт», северная часть Земли Виктории, море Росса: пересмотренный План управления.*
- Мера 8 (2021 г.) *Особо охраняемый район Антарктики (ООРА) № 120 «Мыс Жеоложи, Архипелаг», Земля Адели: пересмотренный План управления.*
- Мера 9 (2021 г.) *Особо охраняемый район Антарктики (ООРА) № 121 «Мыс Ройдс», полуостров Росса: пересмотренный План управления.*
- Мера 10 (2021 г.) *Особо охраняемый район Антарктики (ООРА) № 131 «Ледник Канада», озеро Фрюкселль, долина Тейлор, Земля Виктории: пересмотренный План управления.*
- Мера 11 (2021 г.) *Особо охраняемый район Антарктики (ООРА) № 134 «Мыс Сьерва и Шельфовые Острова», берег Данко, Антарктический полуостров: пересмотренный План управления.*
- Мера 12 (2021 г.) *Особо охраняемый район Антарктики (ООРА) № 148 «Гора Флора», бухта Хоп, Антарктический полуостров: пересмотренный План управления.*
- Мера 13 (2021 г.) *Особо охраняемый район Антарктики (ООРА) № 155 «Мыс Эванс», полуостров Росса: пересмотренный План управления.*
- Мера 14 (2021 г.) *Особо охраняемый район Антарктики (ООРА) № 157 «Бухта Бакдор», мыс Ройдс, полуостров Росса: пересмотренный План управления.*
- Мера 15 (2021 г.) *Особо охраняемый район Антарктики (ООРА) № 158 «Мыс Хат», полуостров Росса: пересмотренный План управления.*
- Мера 16 (2021 г.) *Особо охраняемый район Антарктики (ООРА) № 159 «Мыс Адэр», берег Боркгревинка: пересмотренный План управления.*

- Мера 17 (2021 г.) *Особо охраняемый район Антарктики (ООРА) № 163 «Ледник Дакшин-Ганготри», Земля Королевы Мод: пересмотренный План управления.*
- Мера 18 (2021 г.) *Особо охраняемый район Антарктики (ООРА) № 167 «Остров Хокер», Земля Принцессы Елизаветы: пересмотренный План управления.*
- Мера 19 (2021 г.) *Особо охраняемый район Антарктики (ООРА) № 176 «Острова Розенталь», остров Анверс, архипелаг Палмер: План управления.*
- Мера 20 (2021 г.) *Особо охраняемый район Антарктики (ООРА) № 177 «Острова Леони и Юго-Восточная Часть Острова Аделейд», Антарктический полуостров: План управления.*
- Мера 21 (2021 г.) *Особо охраняемый район Антарктики (ООРА) № 178 «Остров Инэкспрессибл и бухта Сивью», море Росса: План управления.*

Исторические места и памятники

(54) Председатель КООС проинформировала о рассмотрении Комитетом предложения по включению нового объекта в Перечень Исторических мест и памятников.

(55) Приняв совет КООС, Совещание одобрило внесение обломков испанского судна «Сан-Тельмо», которое исчезло в 1819 г., в Перечень исторических мест и памятников и приняло Меру 22 (2021 г.) *Пересмотренный Перечень исторических мест и памятников Антарктики: обломки судна «Сан-Тельмо».*

(56) Председатель КООС отметила, что в контексте этого пункта Повестки дня Комитет согласился с необходимостью дальнейших обсуждений и рекомендаций в отношении Исторических мест и памятников с неизвестным местонахождением и добавил это как пункт в свой Пятилетний план работы.

(57) Комитет также рассмотрел и одобрил результаты проведенной межсессионной работы по обновлению Перечня ИМП в его новом формате в соответствии с Решением 1 (2019 г.).

(58) Что касается переформатирования Перечня исторических мест и памятников, Председатель КООС сообщила, что Комитет согласился: направить переформатированный Перечень ИМП на КСДА для принятия посредством меры; рекомендовать КСДА согласовать решение, в котором указывается, какие информационные поля должны считаться формальной частью Перечня и какие изменения в них будут вноситься посредством принятия Меры, а какие информационные поля могут считаться необходимой дополнительной информацией и какие изменения в них будут согласовываться КООС и сообщаться на КСДА; одобрить пересмотренное Руководство по представлению Рабочих документов, содержащих предложения по ООРА, ОУРА или ИМП, и направить их на КСДА для принятия посредством Резолюции; просить Секретариат заполнить базу данных информацией, предоставленной для нового формата, и как можно скорее сделать эту информацию доступной на сайте СДА.

(59) Следуя рекомендации КООС, Совещание приняло Меру 23 (2021 г.) *Система охраняемых районов Антарктики: переформатированный Перечень Исторических мест и памятников,* Решение 1 (2021 г.) *Система охраняемых районов Антарктики: переформатированный Перечень Исторических мест и памятников* и Резолюцию 2 (2021 г.) *Пересмотренное Руководство к представлению Рабочих документов, содержащих предложения по Особо охраняемым районам Антарктики, Особо управляемым районам Антарктики или Историческим*

местам и памятникам.

(60) Председатель КООС также отметила, что Комитет рекомендовал КСДА рассмотреть результаты оценки исторических останков до 1958 года у озера Камп, холмы Вестфолл, Восточная Антарктика, напомнив вывод о том, что включения этого участка в Перечень ИМП не предлагалось, и согласилась, что временная охрана останков больше не требуется.

(61) Совещание поблагодарило Комитет за его работу над ИМП и отметило, что переформатирование Перечня было крупным достижением, которое улучшило согласованность и информацию, относящуюся к Историческим местам и памятникам.

Правила поведения для посетителей участков

(62) Председатель КООС сообщила, что Комитет рассмотрел отчет МКГ, в котором рассматривались вопросы ужесточения существующего руководства для посетителей Антарктики. По предложению МКГ Комитет согласился внести поправки в Общее руководство для посетителей Антарктики, принятое в соответствии с Резолюцией 3 (2011 г.), отметив свою уверенность в том, что эти изменения обеспечат общее руководство по снижению потенциального воздействия посетителей на окружающую среду.

(63) Отметив рост туристической активности в Антарктике, Совещание поблагодарило Комитет за его работу по ужесточению и обновлению Правил для посетителей. Некоторые Стороны отметили, что Правила поведения для некоторых участков можно было бы пересмотреть.

(64) Приняв рекомендации КООС, Совещание рассмотрело и утвердило новые и пересмотренные Правила поведения для посетителей участков на мысах Эванс, Хат, Адэр и Ройдс на полуострове Росса, а также Сиби-Хук на мысе Халлетт и приняло Резолюцию 3 (2021 г.) *Правила поведения для посетителей участков.*

(65) Совещание рассмотрело и одобрило пересмотренное Общее руководство для посетителей Антарктики, а также поправки, внесенные в контрольный список, прилагаемый к Резолюции 3 (2019 г.), путем принятия Резолюции 4 (2021 г.) *Общее руководство и вопросник к Правилам поведения для посетителей участков в Антарктике.*

Пространственная охрана морской среды и меры пространственного управления

(66) В рамках этого пункта Повестки дня Комитет рассмотрел отчет по итогам обсуждений, проведенных в период с 2019 по 2021 год, о том, как меры по охране моря в рамках Протокола по охране окружающей среды могут поддержать инициативы по охране морской среды в контексте Резолюции 5 (2017 г.). В Приложении 1 к этому отчету перечислены существующие примеры «инструментов» КООС в соответствии с Протоколом, которые могут использоваться для внесения вклада в охрану морской среды, и сообщается о соответствующих исследованиях и деятельности по мониторингу в регионе моря Росса. Комитет рассмотрел предложение направить Приложение 1 на КСДА в ответ на запрос к КООС, содержащийся в Резолюции 5 (2017 г.). Председатель КООС сообщила, что Комитет не достиг консенсуса в отношении рекомендации.

(67) Председатель КООС сообщила, что Комитет также рассмотрел документ о расширении сотрудничества в исследованиях и мониторинге динамики популяций пингвинов в регионе моря Росса. Комитет подчеркнул свою поддержку в течение

последних 40 лет международного сотрудничества национальных антарктических программ, действующих в регионе моря Росса.

(68) Совещание поблагодарило Новую Зеландию за руководство межсессионной работой, связанной с мерами защиты моря. Несколько Сторон выразили сожаление по поводу того, что КООС не согласился с рекомендациями КСДА в ответ на запрос КСДА в Резолюции 5 (2017 г.) и не пришел к консенсусу относительно направления Приложения 1 к отчету, и отметили, что перечисленные в приложении инструменты могут служить ценным основанием для защитных действий, основанных на предупредительном подходе. Совещание отметило, что КООС был близок к достижению консенсуса, но один Член обратился с просьбой оценить эффективность инструментов, описанных в Приложении 1. Отметив, что Приложение стало кульминацией четырехлетней межсессионной работы, что члены КООС достигли согласия по тексту приложения в ходе заседания КООС и что КСДА все еще ожидает его результатов, некоторые Стороны предложили, чтобы КООС рассмотрел вопрос о том, как можно продвинуть приложение или что КСДА могло бы сделать, чтобы поддержать работу в этом направлении.

Прочие вопросы, связанные с Приложением V

(69) Председатель КООС сообщила, что Комитет рассмотрел предлагаемое руководство по отмене статуса Особо охраняемых районов Антарктики. КООС согласился сообщить КСДА, что он одобрил руководство по отмене статуса ООРА (прилагается в Приложении 3 к его отчету), и согласился использовать это руководство в процессах отмены статуса в будущем. Комитет подчеркнул, что при рассмотрении вопросов об отмене статуса какого-либо участка следует проявлять осторожность. Комитет также просил Секретариат разместить руководства на сайте Секретариата.

(70) Кроме того, председатель КООС сообщила, что Комитет обсудил документ, способствующий научным исследованиям для принятия решений в Антарктике. Признавая, что Меры управления необходимо адаптировать по мере развития научных знаний, многие Члены отметили, что это не умаляет важности принципа предосторожности. Комитет повторил, что научные исследования играют центральную роль в содействии комплексной охране окружающей среды Антарктики и что он будет продолжать искать наилучшие способы поддержки информированного принятия решений на основе лучших имеющихся научных и технических рекомендаций.

Сохранение антарктической флоры и фауны (пункт 10 Повестки дня КООС)

Карантин и неместные виды

(71) Председатель КООС сообщила, что Комитет рассмотрел документ, содержащий анализ аспектов, связанных с риском обратного зооноза SARS-CoV-2 (также известного как COVID-19) в результате прямого контакта людей в Антарктике с первозданной природой Антарктики, и рекомендации по снижению этих рисков. Комитет решил проинформировать КСДА о том, что Сторонам следует: продолжать поддерживать проактивные протоколы, связанные с управлением и предотвращением вспышек COVID-19; работать со своими компетентными органами и соответствующими национальными агентствами и информировать эти агентства о мигрирующем характере антарктических морских видов и о рисках, связанных с обратным зоонозом для антарктических видов, особенно для китообразных; обеспечить в процессе ОВОС, чтобы исследователи Антарктики и связанные с ними исследования поддерживали персонал, который вступает в

прямой или тесный контакт с представителями фауны в исследовательских целях, в соответствии со строгими протоколами проведения предлагаемых ими исследований; обеспечить, чтобы весь антарктический персонал проходил регулярное обучение с ознакомлением с протоколами их программ о соблюдении дистанции с представителями фауны; разъяснять всем участникам экспедиций важность продолжения применения строгих правил очистки и соблюдения элементарных правил гигиены во всех антарктических ситуациях; гарантировать, чтобы исследователи или вспомогательный исследовательский персонал, подозревающий, что у них COVID-19, следовали протоколам своей программы и не вступали в контакт с дикой природой Антарктики, даже если это разрешено; и поддерживать исследования по изучению обратного зооноза с участием антарктических видов, а также обмениваться информацией и данными этих исследований.

(72) Совещание поблагодарило Комитет за его работу по неместным видам, приняло к сведению рекомендации КООС по обратному зоонозу и приветствовало дальнейшее развитие этой работы.

Особо охраняемые виды

(73) Председатель КООС сообщила, что Комитет обсудил обзор СКАР статуса императорских пингвинов, согласно которому императорские пингвины уязвимы к текущим и прогнозируемым изменениям климата, что требует их защиты как Особо охраняемого вида Антарктики. Комитет отметил последствия изменения климата для императорских пингвинов.

(74) Председатель КООС сообщила, что Комитет согласился создать МКГ по подготовке пересмотренного проекта плана действий в отношении императорских пингвинов, который будет представлен и рассмотрен на XXIV заседании КООС, в соответствии с *Руководством КООС по рассмотрению предложений о включении новых и пересмотру старых позиций перечня Особо охраняемых видов Антарктики в рамках Приложения II к Протоколу*.

(75) Совещание поблагодарило КООС за создание МКГ для подготовки плана действий по дальнейшей защите императорских пингвинов, поблагодарило Великобританию за согласие на его созыв и отметило важные научные исследования, проведенные СКАР по императорским пингвинам.

Прочие вопросы, связанные с Приложением II

(76) Председатель КООС сообщила, что Комитет рассмотрел документы, касающиеся пространственных инструментов, предложенных в качестве соответствующих дополнительных инструментов КООС для поддержания работы Комитета, включая «Ретроспективный анализ антарктических данных по отслеживанию» (RAATD), определяющий Экологически важные районы (ЭВР), и проделанную работу по выявлению Важных зон обитания морских млекопитающих (ВЗОММ). Председатель КООС проинформировала Совещание, что Комитет не достиг соглашения о передаче одобряющих эти инструменты резолюций на утверждение, и согласилась вернуться к этим обсуждениям на будущих заседаниях.

(77) Совещание поблагодарило КООС за его работу по этим вопросам и отметило, что они являются прекрасным примером международного научного сотрудничества и взаимодействия. Несколько Сторон выразили сожаление по поводу того, что Комитет не достиг консенсуса относительно передачи проектов резолюций, касающихся этих пространственных инструментов, на КСДА, и подчеркнули, что инструменты и лежащая в их основе научная информация могут внести важный вклад в достижение целей Протокола по охране окружающей среды и Конвенции

АНТКОМ.

Контроль состояния окружающей среды (пункт 11 Повестки дня КООС)

(78) Председатель КООС сообщила, что Комитет обсудил и рассмотрел рекомендации по Порталу окружающей среды Антарктики и возобновил поддержку этого Портала. Комитет также отметил, что СКАР взял на себя управление Порталом, и поблагодарил СКАР за его обширную работу. Комитет отметил ценность Портала как источника высококачественной научной информации по вопросам, имеющим отношение к работе Комитета.

(79) Совещание поблагодарило СКАР за то, что он взял на себя управление Порталом окружающей среды Антарктики, который является источником наилучшей доступной информации для политиков, и за поддержку работы КООС и КСДА. Несколько Сторон подтвердили важность обеспечения того, чтобы информация на Портале была основана на наилучших имеющихся научных данных и чтобы вклады отражали широкое участие в плане пола, четырех официальных языков и географической сбалансированности.

Отчёты об инспекциях (пункт 12 Повестки дня КООС)

(80) Председатель КООС отметила, что Комитет обсудил отчеты Австралии и США об инспекциях, проведенных в январе и феврале 2020 года, соответственно. Комитет отметил, что две инспекции показали, что в целом на большинстве станций наблюдается высокая приверженность экологическим аспектам работы станций в соответствии с целями, положениями и стандартами Протокола.

Выборы должностных лиц (пункт 14 Повестки дня КООС)

(81) Председатель КООС отметила, что Комитет избрал д-ра Анупа Тивари (Anoop Tiwari) (Индия) на первый двухлетний срок в качестве заместителя Председателя КООС и переизбрал г-жу Биргит Ньостад (Норвегия) на второй двухлетний срок в качестве заместителя Председателя КООС. Комитет поблагодарил г-жу Патрисию Ортусар (Patricia Ortúzar) (Аргентина) за ее неустанную работу, продуктивность и лидерство на должности заместителя Председателя КООС в течение последних лет.

(82) Участники Совещания поздравили д-ра Тивари с избранием и выразили благодарность г-же Ортусар за работу, которую она проделала в течение своего срока полномочий.

Подготовка следующего заседания (пункт 15 Повестки дня КООС)

(83) Председатель Комитета проинформировала о принятии Комитетом предварительной Повестки дня XXIV заседания КООС, которая соответствует Повестке дня XXIII заседания КООС.

(84) Участники Совещания тепло поблагодарили г-жу Биргит Ньостад за прекрасное руководство Комитетом и поздравили ее с переизбранием на пост Председателя КООС. Ее также поблагодарили за подготовительную работу и за обеспечение высокого качества обсуждений, несмотря на виртуальный характер встречи.

(85) Участники Совещания выразили признательность КООС и дали высокую оценку консультациям и рекомендациям, которые Комитет предоставляет Сторонам по вопросам выполнения и применения Протокола по охране окружающей среды, особенно
в 30-ю годовщину его подписания.

Пункт 6а. Работа системы Договора об Антарктике: запрос Беларуси на получение статуса Консультативной стороны

(86) Беларусь представила Информационный документ IP 5 *По вопросу рассмотрения заявления Республики Беларусь о получении статуса Консультативной стороны*. Беларусь сообщила, что став в 2006 году Договаривающейся стороной Договора об Антарктике, она активно разрабатывала национальное законодательство, регулирующее деятельность в Антарктике, и участвовала в научной работе и международном сотрудничестве в Антарктике, включая постоянное членство в КООС, членство в КОМНАП с 2015 года и ассоциированное членство в СКАР с 2018 года. Беларусь отметила приоритетные направления своих научных исследований, участие в международных научных проектах в Антарктике и свое намерение стать полноправным членом СКАР в ближайшем будущем. Беларусь подчеркнула некоторые из своих значительных работ в Антарктике, в частности: 13 экспедиций; 12 ученых из Беларуси, работающих в составе экспедиций Российской Федерации, Болгарии и Турции; и строительство станции на 2021 год. Беларусь обратила внимание Сторон на подробную информацию о своей деятельности в Информационном документе IP 36, Информационном документе IP 96 (XLII КСДА) и представленной Консультативным сторонам монографии под названием «Научные исследования Беларуси в Антарктике» в соответствии с пунктом 1 постановляющей части Решения 2 (2017 г.). Беларусь подчеркнула свою приверженность дальнейшему соблюдению основополагающих принципов Договора об Антарктике и Протокола по охране окружающей среды. Беларусь считает, что на основании информации, представленной в ее документах, ее деятельность соответствует необходимым критериям для получения статуса Консультативной стороны согласно Статье IX Договора об Антарктике, а также Решению 2 (2017 г.).

(87) Участники Совещания поблагодарили Беларусь за презентацию и интерес к статусу Консультативной стороны. Отметив необходимость личной встречи для обсуждения такого важного вопроса, Стороны решили отложить запрос Беларуси до его официального обсуждения на XLIV КСДА в 2022 г.

Пункт 6b. Работа системы Договора об Антарктике: общие вопросы

(88) Российская Федерация представила Рабочий документ WP 55 *Отчет о неформальных дискуссиях по актуальным вопросам, тенденциям и вызовам для системы Договора об Антарктике*, в котором обобщены комментарии и предложения, сделанные Сторонами в ходе неофициальных дискуссий по актуальным вопросам, тенденциям и вызовам для системы Договора об Антарктике (СДА). Она напомнила, что XLII совещание КСДА добавило новый приоритетный вопрос (номер 16) в Многолетний стратегический план работы, чтобы побудить Стороны активно выявлять и решать текущие и будущие тенденции, связанные с СДА. Отмечая, что многие Стороны приняли участие в неофициальных групповых дискуссиях в межсессионный период через онлайн-форум КСДА, Российская Федерация выделила в качестве ключевых вопросов: расширение человеческой деятельности в Антарктике; улучшение координации между различными частями системы Договора об Антарктике; и изменение климата. Российская Федерация рекомендовала Сторонам: обсудить результаты неофициальных дискуссий в межсессионный период; продолжить эти дискуссии, которые считались важными для функционирования СДА; и при необходимости обновить Многолетний стратегический план работы.

(89) Председатель представил краткое изложение материалов по Рабочему документу

WP 55, выложенных на форуме перед проведением КСДА, отметив, что Испания, Новая Зеландия, Аргентина, Чили, Япония, Австралия, США и АСОК оставили комментарии. Несмотря на то, что СДА за свою 60-летнюю историю доказала свою эффективность и универсальность, Стороны признали текущие проблемы, связанные с изменением климата и активизацией деятельности человека в Антарктике. В отношении решения этих проблем Стороны подчеркнули полезность тесного сотрудничества, принятия решений на основе консенсуса, своевременного принятия мер и выполнения обязательств по решению этих проблем. Был достигнут широкий консенсус относительно того, что СДА следует сохранять свою специфику в иных международно-правовых рамках и глобальных процессах. В ответ на вызов, связанный с возросшей активностью в районе действия Договора об Антарктике лиц, находящихся под юрисдикцией государств, не являющихся участниками Договора об Антарктике, одна Сторона отметила важность придания универсальности Договору об Антарктике и его Протоколу по охране окружающей среды. Стороны также отметили, что тему форума, на основании которой был разработан Рабочий документ WP 55, можно сохранить для решения вопросов, которые не были специально рассмотрены в других частях Повестки дня КСДА или Многолетнего стратегического плана работы.

(90) Совещание поблагодарило участников форума перед КСДА за представленные материалы, а также Российскую Федерацию за ее документ и подчеркнуло важность совместной работы над решением возникающих проблем и задач СДА. Поддерживая комментарии на форуме перед КСДА, некоторые Стороны отметили важность использования возможностей для взаимодействия и сотрудничества с другими международными организациями при сохранении целостности и целей СДА. Некоторые Стороны также отметили важность признания компетенции различных инструментов, составляющих СДА, при одновременном обеспечении их эффективной согласованной работы для эффективного управления районом Договора об Антарктике. Стороны также подтвердили, что, хотя некоторые вопросы, выделенные в Рабочем документе WP 55, такие как туризм и изменение климата, уже рассматриваются в рамках соответствующих пунктов Повестки дня КСДА, форум следует сохранить для обсуждения других важных и возникающих вопросов.

(91) Был поднят вопрос о том, что, возможно, будет полезно, если КСДА попросит Секретариат подготовить Отчет о разнообразии Мер, чтобы определить те Меры, которые могут вступить в силу относительно быстро и легко, и те, по которым требуется дополнительная работы.

(92) Совещание выразило широкую поддержку в отношении рекомендаций в Рабочем документе WP 55 касательно продолжения обсуждения соответствующих вопросов, тенденций и проблем, стоящих перед СДА. Было решено продолжить неформальное обсуждение этого вопроса на форуме КСДА и при необходимости обновить Многолетний стратегический план работы.

(93) Новая Зеландия представила Рабочий документ WP 63 *COVID-19 и Антарктика*, подготовленный совместно с Аргентиной, Австралией, Чили, Норвегией, Великобританией и СКАР. Новая Зеландия подчеркнула значительное влияние, которое пандемия COVID-19 продолжает оказывать на работу КСДА, в частности отмену КСДА 2020 г. и проведение КСДА 2021 г. в виртуальном режиме. Она также отметила влияние пандемии на содействие научным исследованиям и международному научному сотрудничеству в Антарктике с марта 2020 г. Инициаторы предложения подчеркнули, что отличное сотрудничество и обмен информацией в духе системы Договора об Антарктике в это непростое время стали поводом для празднования. Инициаторы предложения подчеркнули важность

продолжения совместной работы по разработке руководящих принципов и протоколов передовой практики для обеспечения безопасности коллег и дикой природы в Антарктике. Инициаторы предложения рекомендовали, чтобы КСДА рассмотрело возможность принятия Резолюции, отмечающей это чрезвычайное обстоятельство, и, приняв ее, обязалось продолжать сотрудничество по сведению к минимуму нарушения работы СДА из-за COVID-19.

(94) Председатель представил краткое изложение материалов с форума перед КСДА по Рабочему документу WP 63, отметив, что Аргентина, Чили, АСОК и МААТО отставили комментарии. Председатель сообщил, что участники отметили серьезную проблему, которую представляет COVID-19, и поддержали цели сотрудничества и коммуникацию, отраженные в проекте Резолюции.

(95) Совещание поблагодарило участников форума перед КСДА за представленные материалы и Аргентину, Австралию, Чили, Норвегию, Великобританию, СКАР и Новую Зеландию за их документ и повторило свои комментарии относительно серьезных проблем, которые пандемия COVID-19 продолжает создавать для его национальных антарктических программ и системы Договора об Антарктике в целом. Многие Стороны отметили, насколько быстро и кооперативно национальные антарктические программы отреагировали на COVID-19, реализовав Меры и Протоколы, которые позволили продолжить критически важную научную деятельность в Антарктике, обеспечивая при этом здоровье и безопасность персонала. Стороны выразили обеспокоенность по поводу воздействия COVID-19 не только на туризм, но и на связанную с рыболовством деятельность в АНТКОМе, такую как Системы научного наблюдения и многосторонние инспекции.

(96) Совещание выразило благодарность КОМНАП, СКАР и МААТО за активную и эффективную работу по разработке мер, инструментов и протоколов, направленных на предотвращение распространения COVID-19 в Антарктику. Совещание также отметило важность того, чтобы Стороны делились своим опытом и уроками, извлеченными из пандемии COVID-19, и поддерживали дух сотрудничества, который позволил сохранить важные научные проекты в Антарктике в сложных условиях.

(97) Подчеркнув важную роль КОМНАП и СКАР в борьбе с пандемией, участники Совещания поблагодарили КОМНАП за Информационный документ IP 82 *Работа национальных антарктических программ в беспрецедентный антарктический сезон* (КОМНАП) и за Рабочий документ WP 47 *SARS-CoV-2 у антарктических видов путем обратного зооноза* (КОМНАП), представленный КООС, и СКАР за его Информационный документ IP 55 *Риски COVID-19 для представителей антарктической фауны* (СКАР), представленный КООС.

(98) Совещание решительно поддержало предложение, выдвинутое в Рабочем документе WP 63, и приняло Резолюцию 5 (2021 г.) *Коронавирусная болезнь 2019 г. и Антарктика*.

(99) Исполнительный секретарь представил Документ секретариата SP 3 *Перечень мер со статусом «еще не в силе»* и сообщил, что в соответствии с информацией, содержащейся в базе данных СДА, имеется ряд мер, которые всё еще не вступили в силу. Речь идет о мерах, принятых на XVI КСДА (Бонн, 1991 г.), XXVII КСДА (Кейптаун, 2004 г.), XXVIII КСДА (Стокгольм, 2005 г.) и XXXII КСДА (Балтимор, 2009 г.).

(100) Председатель представил краткое изложение материалов с форума перед КСДА в отношении Документа секретариата SP 3, отметив, что Новая Зеландия, Великобритания и Чили оставили комментарии. Стороны отметили свою обеспокоенность тем, что Приложение VI к Протоколу по охране окружающей

среды, которое касается ответственности, еще не вступило в силу, и выразили готовность оказывать другим Сторонам помощь в их продолжающихся усилиях.

(101) Участники Совещания поблагодарили Исполнительного секретаря за этот документ и участников за их материалы на форуме перед КСДА и призвали все Стороны, которые еще не внедрили Меры и Рекомендации КСДА, сделать это как можно скорее.

(102) Несколько Сторон представили обновленную информацию о внутригосударственном осуществлении Мер и Рекомендаций, которые еще не вступили в силу. Германия сообщила, что она находится в процессе обновления своего соответствующего национального законодательства и внесет необходимые поправки, чтобы отразить Меру 4 (2004 г.) и Меру 15 (2009 г.). Германия также отметила, что Меры вступили в силу уже сейчас, когда Германия выдала разрешения, и что обязательства, содержащиеся в этих Мерах, представляют собой условия или ограничения для получения разрешения. Южная Африка сообщила, что Мера 15 (2009 г.) находится в процессе ратификации и, как ожидается, будет полностью ратифицирована к сентябрю. Испания сообщила, что она столкнулась с техническими и правовыми сложностями с утверждением Меры 4 (2004 г.) и Меры 15 (2009 г.) и работает над их решением.

(103) В рамках данного пункта Повестки дня были также поданы и приняты к сведению следующие документы:

- Информационный документ IP 8 *Антарктическая парламентская ассамблея, 2–3 декабря 2019 г., Лондон* (Великобритания). В этом документе представлены итоги Антарктической парламентской ассамблеи в честь 60-й годовщины подписания Договора об Антарктике, во время которой отмечались «потенциально катастрофические последствия потери льда Антарктики для глобального уровня моря».
- Информационный документ IP 41 *Обзор деятельности, проведенной Италией в поддержку определенного АНТКОМ Морского охраняемого района (МОР) в регионе моря Росса* (Италия). Этот документ содержит обзор научных разработок Италии в поддержку определенного АНТКОМ Морского охраняемого района (МОР) в регионе моря Росса.
- Информационный документ IP 67 *Новое законодательство для турецких полярных научных экспедиций* (Турция). В этом документе сообщается о новом законодательстве Турции для турецких полярных научных экспедиций; он называется «Процедуры и принципы турецких полярных научных экспедиций и деятельности».
- Информационный документ IP 81 *Мадридскому протоколу тридцать лет: наше будущее* (АСОК). В этом документе отмечается важность Протокола по охране окружающей среды и говорится о том, что с момента подписания Протокола многое изменилось, в частности возник двойной кризис: потери биоразнообразия и изменения климата. АСОК рекомендовала Сторонам подтвердить свою приверженность реализации принципов Протокола для обеспечения его постоянного успеха.
- Информационный документ IP 90 *Принятие полярной политики Польши. От прошлых экспедиций к будущим вызовам* (Польша). В этом документе изложено содержание документа под названием «От прошлых экспедиций к будущим вызовам. Польская полярная политика», который был принят Советом министров 11 сентября 2020 г.
  Оба эти документа содержат краткую информацию о присутствии и деятельности Польши в Арктике и Антарктике по сегодняшний день, а также

о долгосрочных целях полярной политики Польши.

- Информационный документ IP 105 *Уведомление о намерении Канады запросить признание статуса Консультативной стороны* (Канада). Канада проинформировала Стороны о своем намерении потребовать признания статуса Консультативной стороны в соответствии с Решением 2 (2017 г.). В документе изложены планы Канады подать этот запрос и подтверждающее досье Правительству-депозитарию в октябре 2021 г., чтобы соблюсти крайний срок в 210 дней до XLIV КСДА.

- Информационный документ IP 117 *Colombia, Miembro Observador del Consejo de Administradores de los Programas Antárticos Nacionales (КОМНАП)* (Колумбия). В этом документе сообщается о ратификации Колумбией Протокола по охране окружающей среды в 2020 году. Отметив, что это является требованием для подачи заявки на членство в КОМНАП, Колумбия сообщила, что в апреле 2021 года колумбийская антарктическая программа стала национальной антарктической программой - Наблюдателем в КОМНАП.

- Информационный документ IP 121 *Fortalecimiento del Programa Antártico Colombiano (PAC)* (Колумбия). В этом документе излагаются недавние действия по разработке плана реализации двух новых документов государственной политики Колумбии – Política de Seguridad y Defensa del Ministerio de Defensa Nacional и Documento CONPES 3990 de 2020 Colombia Potencia Bioceánica Sostenible 2030. Эти документы были нацелены на создание платформ для укрепления национального антарктического управления Колумбии и поддержки реализации Колумбийской антарктической программы.

(104) В рамках данного пункта Повестки дня были также представлены следующие документы:

- Вспомогательный документ BP 2 *О публикации «Чилийского антарктического статута»* (Чили).

- Вспомогательный документ BP 4 *Последние изменения в антарктическом законодательстве Королевства Нидерландов* (Нидерланды).

Пункт 7. Работа системы Договора об Антарктике: вопросы, касающиеся Секретариата

(105) Аргентина представила Рабочий документ WP 59 ред. 1 *Предложение о дисциплинарном режиме и изменениях в Правилах персонала СДА.* Аргентина напомнила Совещанию о предыдущих обсуждениях на КСДА кадровой политики Секретариата, а также о принятии новых Правил персонала в соответствии с Решением 4 (2019 г.) и о призыве XLII КСДА к дальнейшему обсуждению дисциплинарных процедур, судебных исков в случае споров, лицензий и увольнения со службы. Аргентина, консультируясь с Секретариатом и его юрисконсультами, предложила новую статью, содержащую дисциплинарный режим для включения в Правила персонала для утверждения Совещанием. Эта статья была задумана как дополнение к уже принятым в Праге в 2019 г. изменениям в соответствующих статьях об отпуске по болезни или по причине несчастного случая, о декретном отпуске, о взносах на социальное страхование, о смерти и об увольнении со службы, чтобы адаптировать Правила персонала к применимым нормам Аргентины и в соответствии с потребностями Секретариата.

(106) Председатель представил краткое изложение материалов с форума перед КСДА по Рабочему документу WP 59 ред. 1, отметив, что Испания, Новая Зеландия,

Австралия, Чили и Аргентина оставили комментарии. Стороны выразили широкую поддержку в отношении предлагаемых изменений, но при этом подняли некоторые вопросы. В ответ на эти вопросы Аргентина предложила проект положения, согласно которому соответствующий сотрудник будет уведомляться о начале дисциплинарных процедур в письменной форме и будет иметь время, чтобы дать ответ на разбирательство. Кроме того, Аргентина отметила, что перечень общих правонарушений, подлежащих дисциплинарным процедурам, который содержится во Внутреннем регламенте о дисциплинарном режиме, призван служить неисчерпывающим руководством к поведению.

(107) Участники Совещания поблагодарили участников форума перед КСДА за представленные материалы и Аргентину за ее документ и постоянные усилия по оказанию помощи в юридических вопросах, касающихся кадровой политики в Секретариате. Участники Совещания также отметили важность таких усилий для привлечения и сохранения в штате высококвалифицированных сотрудников Секретариата, поскольку это позволяет обеспечить беспрепятственное и эффективное административное управление КСДА и КООС.

(108) Участники Совещания выразили широкую поддержку в отношении поправок к Правилам правила.

(109) После дальнейшего обсуждения Совещание приняло Решение 2 (2021 г.) *Правила персонала секретариата Договора об Антарктике*.

(110) Исполнительный секретарь представил документ SP 4. *Отчет Секретариата за 2020/21 г.*, в котором представлена подробная информация о деятельности Секретариата

в 2020/21 финансовом году (с 1 апреля 2020 г. по 31 марта 2021 г.), включая перенос XLIII КСДА и отмену КСДА в Финляндии. Он также напомнил об усилиях Секретариата по поддержке межсессионных мероприятий и подготовке к XLIII и XXIII КСДА во Франции.

(111) Затем исполнительный секретарь представил Документ секретариата SP 5 *Программа работы Секретариата на 2021/2022 г.*, в котором приведены предлагаемые мероприятия Секретариата на 2021/22 финансовый год (с 1 апреля 2021 г. по 31 марта 2022\ г.). Он рассказал о штатной деятельности Секретариата, связанной с подготовкой XLIII КСДА, публикацией отчетов, решением задач в соответствии с положениями Меры 1 (2003 г.),

а также ряда других задач, поставленных на последних КСДА. Он также отметил, что из-за сохраняющихся исключительных обстоятельств, вызванных пандемией COVID-19, и решения провести XLIII КСДА и XXIII заседание КООС в Париже в виртуальном формате, он не смог полностью описать межсессионную работу Секретариата во время встречи.

(112) Исполнительный секретарь также представил Документ секретариата SP 6 – *Прогнозный пятилетний финансовый план на 2022/23–2026/27 финансовые годы*, в котором приводится план бюджета Секретариата на 2022–2027 годы. Он отметил прогнозный финансовый план не предполагает существенных изменений и обеспечивает возможность нулевого номинального увеличения взносов до 2026/27 финансового года.

(113) Председатель представил краткое изложение материалов с форума перед КСДА в отношении Документов секретариата SP 4, SP 5 и SP 6, отметив, что Новая Зеландия, Австралия, Япония, Великобритания и Секретариат оставили комментарии. Исполнительный секретарь пояснил, что, в отличие от предыдущих аналогичных решений, текст проекта более не возлагает на принимающую страну следующего КСДА обязанности по модерированию межсессионной контактной

группы в финансовых вопросах, а предусматривает отдельный форум для этих целей. Он также отметил, что создание форума для рассмотрения этих вопросов соответствует практике Совещания в гораздо большей степени. Все Консультативные стороны выразили широкую поддержку в отношении проекта Решения и работы Секретариата, а также в отношении предложения обсудить на будущем КСДА, как использовать средства, оставшиеся в результате отмены КСДА, запланированного на 2020 год в Хельсинки.

(114) Совещание поблагодарило участников форума перед КСДА за представленные материалы, выразила широкую поддержку в отношении работы Секретариата и согласилось прекратить работу открытой МКГ, созданной в соответствии с Решением 2 (2012 г.), и заменить ее форумом.

(115) После дальнейшего обсуждения Совещание приняло Решение 3 (2021 г.) *Отчет, программа и бюджет Секретариата*и Решение 4 (2021 г.) *Повторное назначение исполнительного секретаря.*

(116) Участники Совещания поздравили Исполнительного секретаря с его повторным назначением и выразили желание продолжать дальнейшее сотрудничество с ним.

Пункт 8. Материальная ответственность

(117) По данному пункту Повестки дня не было представлено никаких документов.

(118) Консультативные стороны представили обновленную информацию о статусе утверждения ими Приложения VI к Протоколу по охране окружающей среды и реализации
Приложения VI во внутреннем законодательстве, а также о статусе и усилиях по утверждению и реализации Меры 4 (2004 г.) и Меры 15 (2009 г.).

(119) Пять Консультативных сторон (Австралия, Нидерланды, Новая Зеландия, Великобритания и Уругвай) сообщили, что они обеспечили своевременную имплементацию всех Мер, включая Приложение VI.

(120) Пять из 17 Сторон (Нидерланды, Норвегия, Российская Федерация, Финляндия и Швеция), одобривших Приложение VI (Австралия, Великобритания, Германия, Испания, Италия, Нидерланды, Новая Зеландия, Норвегия, Перу, Польша, Российская Федерация, Украина, Уругвай, Финляндия, Швеция, Эквадор и ЮАР) проинформировали о том, что они уже руководствуются национальным законодательством в соответствии с требованиями Приложения VI, не ожидая вступления Приложения VI в силу. Чили сообщила, что Приложение VI было недавно ратифицировано ее Конгрессом. Бельгия сообщила, что в настоящее время она выполняет процесс ратификации Приложения VI и ожидает его завершения в ближайшее время. Некоторые Стороны отметили, что в рамках своего национального законодательства они предпринимают шаги по обновлению своей антарктической политики с целью включения в нее Приложения VI. Другие Стороны отметили, что их национальные законодательные акты вступят в силу после вступления в силу Приложения VI. Среди Неконсультативных сторон Колумбия и Турция сообщили, что они ратифицировали Приложение VI и включили его в свое внутреннее законодательство в 2018 и 2020 годах соответственно. Совещание призвало Стороны, еще не сделавшие этого, предоставить Секретариату информацию, касающуюся приведения национального законодательства в соответствие с положениями Приложения VI и другими соответствующими документами.

(121) Некоторые Стороны сообщили, что они находятся в процессе приведения национального законодательства в соответствие с требованиями Приложения VI.

Некоторые Стороны сообщили, что в их странах вышеупомянутый процесс может быть завершен уже в текущем законодательном периоде.

(122) Несколько Сторон выразили готовность поделиться своим опытом и оказать помощь другим Сторонам в случае соответствующего обращения. Стороны, уже одобрившие Приложение VI к Протоколу, а также Стороны, которые уже привели или находятся в процессе приведения своего национального законодательства в соответствие с требованиями Приложения VI, предложили свои услуги по обмену опытом в данном вопросе; их предложение вызвало поддержку, и им было предложено использовать для этого систему электронного обмена информацией (СЭОИ).

(123) Совещание решило продолжить оценку прогресса, достигнутого Консультативными сторонами в ратификации и принятии Приложения VI об ответственности, возникающей в результате чрезвычайных экологических ситуаций, и таким образом ввести это Приложение в действие в соответствии со Статьей IX Договора об Антарктике. Совещание призвало Стороны, всё еще не одобрившие Приложение VI, заняться решением этого вопроса в первоочередном порядке. Совещание дало высокую оценку усилиям Сторон, направленным на введение документа в силу, и выразило надежду на получение новой информации о прогрессе на XLIV КСДА. Совещание отметило, что в соответствии с Решением 5 (2015 г.) КСДА должно было принять в 2020 г. решение об установлении сроков для возобновления переговоров об ответственности и что обсуждение этого вопроса будет продолжено на XLIV КСДА. Соответственно, был обновлен Многолетний стратегический план работы.

Пункт 9. Биопроспектинг в Антарктике

(124) СКАР представил Рабочий документ WP 16 *Биопроспектинг в Антарктике: опрос СКАР среди стран-участниц* с обновлением к его отчету за 2010 г. (XXXIII КСДА – WP 2), ссылаясь на Информационный документ IP 12 *Биопроспектинг в Антарктике: опрос СКАР среди стран-участниц* (СКАР). СКАР сообщил, что провел опрос среди своих стран-участниц, чтобы оценить, в какой степени биопроспектинг проводился в рамках национальных антарктических программ с 2010 г.; проанализировал национальные стратегии антарктической науки, чтобы оценить степень приоритетности биопроспектинга; и проанализировал научную литературу по этой проблеме, опубликованную с 2010 г. СКАР отметил, что резюме опроса и обзор литературы содержатся в Информационном документе IP 12. СКАР также отметил несколько оговорок в отношении данного опроса, в частности: отсутствие консенсуса в определении биопроспектинга; начальный этап любого биопроспектинга часто не описывался как таковой; среди организмов, изученных в ходе биопроспектинга в Антарктике, некоторые были распространены за пределами района действия Договора об Антарктике; и только 50 % членов СКАР приняли участие в опросе. СКАР рекомендовал Сторонам: принять к сведению результаты опроса его членов и поиска литературы; продолжать изучать открытые и прозрачные способы представления и сбора данных и информации, относящихся к его дискуссиям по проблеме биопроспектинга; и отметить готовность СКАР информировать КСДА о соответствующих публикациях по мере их появления.

(125) Председатель представил краткое изложение материалов с форума перед КСДА в отношении Рабочего документа WP 16, и сообщил, что Новая Зеландия, Австралия, Нидерланды, Норвегия, Аргентина, США, Великобритания, Чили, АСОК и СКАР оставили комментарии. Стороны поблагодарили СКАР за представленный документ. Отмечая отсутствие консенсуса по некоторым вопросам, таким как определения терминов, касающихся биопроспектинга, Стороны вновь

подтвердили, что система Договора об Антарктике является адекватной и комплексной основой для решения этого вопроса в районе действия Договора об Антарктике.

(126) СКАР поблагодарил Стороны за их комментарии. Ссылаясь на обзор академической литературы в Информационном документе IP 12, СКАР отметил недавний рост биопроспектинга в Антарктике, а также патентной деятельности, в которой упоминается район Антарктики. СКАР предложил продолжить информирование Сторон о соответствующих публикациях. Совещание поблагодарило СКАР за представленный документ и приветствовало его предложение продолжать информировать Стороны о соответствующих научных публикациях.

(127) Совещание отметило ответственность Сторон за обмен информацией о науке в соответствии со Статьей 3 Договора об Антарктике. Многие Стороны поддержали использование СЭОИ для сбора информации о биопроспектинге. Ссылаясь на Резолюцию 6 (2013 г.), эти Стороны предложили дополнительно рассмотреть вопрос о том, можно ли усовершенствовать СЭОИ, чтобы способствовать лучшему обмену информацией по данному вопросу. Несколько Сторон поддержали тщательные, точные и консервативные механизмы сбора информации, относящейся к биопроспектингу, отметив связанные с этим сложные правовые, технические и практические вопросы. Одна Сторона отметила, что она не считает, что СЭОИ будет подходящим инструментом для сбора информации, касающейся биопроспектинга, учитывая, что исследователи уже сообщили о своих наблюдениях и результатах в хорошо известных хранилищах данных, включая Антарктический генеральный каталог (Antarctic Master Directory, AMD).

(128) Многие Стороны подтвердили, что система Договора об Антарктике является подходящей основой для решения вопросов, касающихся биопроспектинга, в свете необходимости урегулировать отношения с Межправительственной конференцией по международному юридически обязательному документу в соответствии с Конвенцией ООН по морскому праву (UNCLOS) о сохранении и устойчивом использовании морского биологического разнообразия за пределами действия национальной юрисдикции. Несколько Сторон подчеркнули, что этот вопрос обсуждался в течение нескольких лет с минимальным прогрессом.

(129) АСОК поблагодарила СКАР и поддержала мнение многих Сторон о расширении использования СЭОИ для биопроспектинга. АСОК отметила, что отсутствие прозрачности может подорвать атмосферу научного сотрудничества в Протоколе, и призвала уделять больше внимания возможным прямым экологическим последствиям биопроспектинга.

(130) Совещание согласилось с тем, что тема биопроспектинга заслуживает дальнейшего обсуждения. Отметив, что эту тему лучше обсудить на личной встрече, участники Совещания согласились обновить Многолетний стратегический план работы для дальнейшего обсуждения на XLIV КСДА.

(131) В рамках данного пункта Повестки дня был также подан и принят к сведению следующий документ:

- Информационный документ IP 12 *Биопроспектинг в Антарктике: опрос СКАР среди стран-участниц* (СКАР). Была представлена дополнительная информация в поддержку Рабочего документа WP 16, включая краткое изложение ответов на опрос о биопроспектинге и приложение с информацией о поиске литературы.

Пункт 10. Обмен информацией

(132) США представили Рабочий документ WP 38 *Обновление требований к обмену информацией о национальных экспедициях*, подготовленный совместно с Италией. В нем предлагается внести ряд обновлений в Приложение к Решению 7 (2019 г.), чтобы облегчить ввод и использование информации о национальных экспедициях в системе электронного обмена информацией (СЭОИ). В нем также предлагается, чтобы изменение СЭОИ повысило осведомленность о СЭОИ среди национальных организаций и поддержало бы Стороны в соблюдении требований об уведомлении согласно Статье VII в отношении военного персонала и оборудования. Ссылаясь на Документы секретариата SP 9 и SP 10, США отметили сокращение использования СЭОИ и признали проделанную Секретариатом работу по облегчению понимания и использования СЭОИ. США выразили мнение о том, что доверие к Договору об Антарктике повысилось, когда Стороны представили свои вклады, а Секретариат распространил надежную и актуальную информацию. США призвали к тому, чтобы все Стороны предоставили запрашиваемую информацию в СЭОИ.

(133) Председатель представил краткое изложение материалов с форума перед КСДА в отношении Рабочего документа WP 38 и отметил, что США, Новая Зеландия, Чили, Норвегия, Франция, Япония, Австралия, Великобритания, Аргентина и Перу оставили комментарии. Стороны выразили широкую поддержку в отношении предложений, выдвинутых в Рабочем документе WP 38.

(134) Совещание поблагодарило участников форума перед КСДА за представленные материалы. США, отвечая на комментарии с форума, отметили, что цель изменений заключалась в поддержке соблюдения Статей III и VII Договора об Антарктике. Они сообщили, что ссылки на даты создания станций были удалены для упрощения отчета, и отметили, что эта информация содержится в периодических публикациях КОМНАП о станциях. Что касается внутриконтинентальных полетов, США подчеркнули, что альтернативные средства для планирования и устранения несоответствий между внутриконтинентальными полетами уже существуют, и напомнили, что эти альтернативные средства были определены КОМНАП во время обсуждения безопасности полетов на XLII КСДА, сославшись на Информационный документ с этой встречи IP 59 *Антарктический авиационный проект КОМНАП: обновление* (КОМНАП). Напомнив о множестве событий, которые могут нарушить деятельность в районе Антарктики, США также подтвердили, что предсезонное уведомление о деятельности было предоставлено на основе лучшей имеющейся информации, и отметили, что Годовой отчет предоставит возможность обновить эту информацию.

(135) Совещание тепло поблагодарило США и Италию за документ и поддержало предложенные в документе изменения к Решению 7 (2019 г.). Несколько Сторон отметили важность прозрачности для системы Договора об Антарктике и поддержали текущий пересмотр и совершенствование СЭОИ с целью более эффективного ее использования Консультативными сторонами.

(136) Секретариат представил Документ секретариата SP 9 *Редизайн системы электронного обмена информацией (СЭОИ)*, в котором описаны действия, предпринятые им в ходе редизайна СЭОИ в межсессионный период 2019-2021 гг. Секретариат сообщил о визуальной и функциональной интеграции системы с новым сайтом Секретариата, о внесении изменений в некоторые формы в результате принятия новых требований к обмену информацией и об улучшениях в удобстве пользования на основе опыта за последние несколько лет и различных комментариев от Сторон.

(137) Секретариат представил Документ секретариата SP 10 *Анализ использования системы электронного обмена информацией: загрузка годовых отчетов и другие дополнительные соображения*, в котором приводится анализ загрузки данных в соответствии с требованиями к обмену информацией для годовых отчетов, представленных Консультативными сторонами СЭОИ в период с 2015 по 2020 годы. Секретариат отметил, что в документе также оцениваются за тот же период некоторые аспекты каждой из трех подкатегорий информации в годовом отчете: научные, эксплуатационные и экологические данные. В нем также представлены соображения по поводу возможных действий, которые Секретариат мог бы рассмотреть в отношении дальнейшего совершенствования СЭОИ, если Стороны сочтут это уместным.

(138) Председатель представил краткое изложение материалов с форума перед КСДА в отношении Документов секретариата SP 9 и SP 10, отметив, что Новая Зеландия, Аргентина и Великобритания оставили комментарии. Стороны поблагодарили Секретариат за значительную работу над СЭОИ. Стороны выразили озабоченность по поводу снижения количества годовых отчетов, представляемых в СЭОИ, и отметили, что можно предоставить справочные и учебные материалы по работе с СЭОИ для менее опытных пользователей.

(139) Совещание поблагодарило участников форума перед КСДА за представленные материалы. Секретариат принял к сведению информацию, предоставленную наблюдателями и экспертами, включая КОМНАП и МААТО. Секретариат заявил о намерении постоянно пересматривать СЭОИ, адаптируя требования Сторон к интерфейсу и по мере необходимости разрабатывая соответствующие учебные пособия.

(140) Стороны выразили свою поддержку в отношении развития СЭОИ, новых разработок Секретариата и полезности СЭОИ для принятия решений. Аргентина предложила поддерживать связь с Секретариатом в поиске совместного способа поощрения к обновлению информации в СЭОИ и развитию СЭОИ. Основываясь на выводах Документа секретариата SP 10, которые демонстрируют тенденцию к снижению использования СЭОИ Консультативными сторонами, Совещание призвало Стороны продолжать укреплять эту систему, предоставляя необходимую информацию в Годовых отчетах.

(141) Совещание поблагодарило Секретариат за оба документа и его постоянную работу по улучшению СЭОИ.

Пункт 11. Вопросы образования

(142) Болгария представила Рабочий документ WP 15 *Четвертый отчет Межсессионной контактной группы по образовательной и информационно-просветительской деятельности*, совместно подготовленный Великобританией, Испанией, Португалией, Чили, Бразилией и Бельгией. Напомнив, что XLII КСДА решило продолжить работу МКГ по образовательной и информационно-просветительской деятельности, и отметив отмену КСДА 2020 года в Финляндии, Болгария отчиталась о работе МКГ за последние два года.

В частности, были упомянуты 25 публикаций от 7 Сторон, Наблюдателей и Экспертов и 425 мнений на дискуссионном форуме КСДА по поводу национальной и международной образовательной и информационно-просветительской деятельности. МКГ рекомендовала КСДА: признать полезность форума по вопросам образовательной и информационно-просветительской деятельности; рекомендовать Сторонам и впредь содействовать использованию форума для предоставления информации о своей образовательной и информационно-просветительской деятельности; поощрять участие Сторон в основных международных мероприятиях и событиях в области образовательной и информационно-просветительской деятельности; рекомендовать Сторонам в рамках их информационно-просветительской деятельности впредь освещать не только вопросы Антарктики и осуществляемых там исследований, но и вопросы Договора об Антарктике и Протокола по охране окружающей среды.

(143) Председатель представил краткое изложение материалов с форума перед КСДА в отношении Рабочего документа WP 15 и отметил, что Австралия выразила благодарность инициаторам предложения Рабочего документа WP 15 и поддержку в отношении дальнейшего использования форума КСДА по вопросам образовательной и информационно-просветительской деятельности.

(144) Участники Совещания поздравили Стороны, которые подготовили Рабочий документ WP 15, и выразили поддержку относительно продолжения использования форума КСДА по вопросам образовательной и информационно-просветительской деятельности. Несколько Сторон отметили важность распространения знаний об антарктической науке среди более широкой аудитории для поддержки Антарктиды как континента мира и науки.

(145) Участники Совещания поддержали предложенные в документе рекомендации и предложили включить эту работу в Многолетний стратегический план. Болгария также проинформировала о продолжении работы МКГ по вопросам образовательной и информационно-просветительской деятельности в следующем межсессионном периоде с тем же заданием.

(146) Председатель представил краткое изложение материалов с форума перед КСДА в отношении Рабочего документа WP 49 *Обзор информации, касающейся образовательной и информационно-просветительской деятельности, доступной на веб-странице Секретариата Договора об Антарктике*, совместно подготовленный Испанией, Болгарией, Бельгией, Бразилией, Чили, Португалией и Великобританией. Председатель отметил, что Испания оставила комментарии, которые в значительной степени прояснили объем и цель WP 49.

(147) Участники Совещания поблагодарили участников за их материалы, представленные на форуме перед КСДА, и рассмотрели содержащееся в Рабочем документе WP 49 предложение о том, чтобы Стороны предоставили секретариату ссылки на свои веб-страницы с образовательными и информационно-просветительскими ресурсами, и попросили Секретариат включить эти ссылки в его раздел образовательных ресурсов и ежегодно представлять на КСДА краткий отчет о внесенных изменениях и статистику посещений объектов.

(148) Участники Совещания выразили благодарность инициаторам предложения документа за их работу. Несколько Сторон отметили риск того, что ссылки на другие сайты могут быть интерпретированы так, будто СДА или Стороны одобряют или поддерживают позиции, выраженные на этих сайтах, а также подчеркнули, что эти ссылки должны относиться только к вопросам Антарктики. Участники Совещания выразили широкую поддержку в отношении возможности Секретариата включать только ссылки на национальные антарктические программы в раздел образовательных ресурсов на сайте СДА с соответствующим заявлением об отказе от ответственности, которое будет гласить: «Указанная информация предоставляется исключительно в образовательных целях и
не является официальным заявлением о юридических правах или обязанностях. Исходные документы, на которых основана эта образовательная информация, доступны на сайте Секретариата Договора об Антарктике: www.ats.aq. Ссылки на

внешние сайты предоставляются для удобства и не означают одобрения содержащейся на них информации». Участники Совещания отметили, что предоставление Сторонами ссылок на свои национальные антарктические программы не будет обязательным. Такие ссылки будут предоставляться добровольно.

(149) В рамках данного пункта Повестки дня были также представлены и приняты как есть следующие документы:

- Информационный документ IP 32 *Образовательная и информационно-просветительская деятельность сторон Договора об Антарктике в рамках КСДА: пересмотр* (Бельгия, Болгария, Великобритания, Португалия). В этом документе описаны действия и ответы Сторон на растущий интерес общественности к Антарктике и дан анализ уровня отчетности Сторон об образовательной и информационно-просветительской деятельности с 1961 года.
- Информационный документ IP 33 *День Магеллана и Элькано* (Португалия, Испания).
  В этом документе сообщается о ряде образовательных инициатив в честь 500-летия первого кругосветного плавания Фернана Магеллана и Хуана Себастьяна Элькано.
- Информационный документ IP 44 *Коммуникация и образование по теме Антарктики в год пандемии* (Чили). В этом документе представлена работа Чилийского антарктического института по образованию и распространению полярных знаний в течение 2020 года, который был отмечен пандемией COVID-19.
- Информационные документы IP 63 *Образовательная и информационно-просветительская деятельность Турции в 2020–2021 гг.,* IP 64 *Конкурс проектов полярных исследований для старшеклассников Турции;* и IP 75 *Учебное пособие для турецких научных полярных экспедиций* (Турция). В этих документах представлена информация о: образовательной и информационно-просветительской деятельности, связанной с полярными регионами и глобальным климатом, в Турции в 2020–2021 гг.; конкурсе проектов полярных исследований, организованном в Турции для привлечения молодого поколения к полярным наукам; и книге для обучения участников турецких полярных научных экспедиций.
- Информационные документы IP 114 *Primer Congreso Internacional "Colombia y su proyección en la Antártida"* и IP 122 *Resultados XIX Encuentro de Historiadores Antárticos Latinoamericanos y I Feria de Historia Antártica Latinoamericana* (Колумбия). В этих документах сообщалось о первом Международном конгрессе по теме «Colombia y su proyección en la Antártida», который проходил в режиме онлайн 13-14 августа 2020 г.,
  а также о 19-м съезде латиноамериканских антарктических историков и о 1-й ярмарке латиноамериканской антарктической истории.
- Информационные документы IP 129 *Книга о станции Нью-Феррас и марка с ее изображением* и IP 131 *Образовательная и информационно-просветительская деятельность PROANTAR* (Бразилия). В этих газетах сообщалось об открытии в январе 2020 г. станции Нью-Феррас и выпуске книги и праздничной марки в честь ее строительства, а также об информационно-просветительских мероприятиях в рамках бразильской антарктической программы в сезоне 2020/21 г.
- Информационный документ IP 141 *Празднование 200-летия открытия*

Антарктики (Российская Федерация, АСОК). В этом документе сообщается о серии мероприятий, проведенных в 2020 г. Российской Федерацией и АСОК по случаю 200-летия открытия Антарктики российскими мореплавателями Фаддеем Беллинсгаузеном
и Михаилом Лазаревым во время их трехлетнего кругосветного плавания в 1819–1821 гг.

(150) В рамках данного пункта Повестки дня были также представлены указанные ниже документы:

- Вспомогательный документ BP 9 *Деятельность Италии в Антарктике до учреждения Итальянской национальной программы исследований в Антарктике (PNRA)* (Италия).
- Вспомогательный документ BP 11 *Турецкая антарктическая экспедиция (TAE-IV) 2019–2020 гг.* (Турция).
- Вспомогательный документ BP 12 *Проект турецкой полярной энциклопедии* (Турция).

Пункт 12. Многолетний стратегический план работы

(151) На Совещании был рассмотрен Многолетний стратегический план работы, принятый на XLII КСДА (Решение 5 [2019]). Были рассмотрены возможные пути продвижения вперед в решении каждого вопроса первостепенной важности в предстоящие годы, а также вопросы возможного исключения из плана отдельных первоочередных задач и включения в него новых задач первостепенной важности.

(152) По итогам обсуждения участники Совещания обновили Многолетний стратегический план работы и приняли Решение 5 (2021 г.) *Многолетний стратегический план работы Консультативного совещания по Договору об Антарктике.*

Пункт 13. Безопасность и деятельность в Антарктике

Безопасность и деятельность: Авиация

(153) КОМНАП представил Рабочий документ WP 8 *Предварительные рекомендации КОМНАП в отношении пересмотра Резолюции 1 (2013 г.) на КСДА* и отметил, что дополнительная информация по авиации также содержится в Информационном документе IP 59.
КОМНАП приветствовал решение КСДА о пересмотре Резолюции 1 (2013 г.) и выразил благодарность за возможность дать КСДА рекомендации для поддержки Сторон в процессе пересмотра. Рекомендации КОМНАП в основном касались: обмена информацией перед мероприятием; обеспечения ясности политики в отношении всей воздушной деятельности независимо от типа оператора; связи в реальном времени во время воздушных операций и всестороннего участия в любой коммуникации в реальном времени для поддержки разрешения конфликтов в воздушном пространстве. Дополнительная информация и рекомендации для КСДА, вероятно, будут получены на семинаре по антарктической авиации и КОМНАП намеревается сообщить об этом на XLIV КСДА (2022 г.).

(154) Председатель представил краткое изложение материалов с форума перед КСДА в отношении Рабочего документа WP 8, отметив, что Новая Зеландия, Великобритания, Австралия, Испания, Перу, Аргентина, США и МААТО внесли свой вклад в форум. Все участники выразили свою благодарность КОМНАП за рассмотрение и предложение о внесении изменений в Резолюцию 1 (2013 г.).

Некоторые Стороны отметили, что эта работа была особенно важной из-за растущего разнообразия авиационной деятельности, и подчеркнули необходимость обеспечения того, чтобы эта резолюция применялась ко всей воздушной деятельности в Антарктике, включая как национальные антарктические программы, так и неправительственные организации. Было достигнуто общее согласие по включенным в документ предложениям. В ходе этих предварительных обсуждений некоторые участники считали, что прежде чем обновлять Резолюцию 1 (2013 г.), нужно дождаться указаний с семинара КОМНАП по антарктической авиации, который, вероятно, состоится в середине апреля или середине мая 2022 г., и некоторые участники отметили, что следует проявлять осторожность и не особо полагаться на СЭОИ при получении информации, связанной с безопасностью полетов. Некоторые Стороны внесли предложение о том, чтобы Председатели и Секретариат подготовили проект Резолюции по выполнению рекомендаций Рабочего документа WP8. КОМНАП поблагодарил Стороны за их комментарии, а также предоставил некоторые пояснения к своим комментариям и сообщил, что готов помогать и сотрудничать со Сторонами в вопросах воздушных полетов в Антарктике.

(155) Совещание поблагодарило КОМНАП за подготовленный документ, его работу по пересмотру Резолюции 1 (2013 г.) и предложение по внесению обновлений, а также поблагодарило участников форумов перед КСДА за их материалы. Совещание подчеркнуло важность этой работы, учитывая растущее разнообразие авиационной деятельности в Антарктике, и необходимость обеспечить применение обновленной Резолюции ко всей авиационной деятельности в Антарктике, включая деятельность национальных антарктических программ, а также неправительственную деятельность. Некоторые Стороны отметили тесную взаимосвязь между обязанностями поисково-спасательной службы, окружающей средой и туризмом с авиационной деятельностью. Несколько Сторон отметили, что в будущие обновления можно включить дальнейшие рекомендации и советы, которые, вероятно, появятся в после предстоящего семинара КОМНАП по антарктической авиации.

(156) В ответ на вопрос КОМНАП пояснил, что безопасность личной информации и данных, содержащихся в базе данных КОМНАП, которая является информационной основой для справочника AFIM, имеет большое значение для КОМНАП. Доступ к AFIM, созданный
на основе этой базы данных, был предоставлен как правительственным, так и неправительственным организациям. КОМНАП не может контролировать, как какая-либо из этих организаций обрабатывает информацию и данные из AFIM после того как AFIM покинул КОМНАП

(157) Одна Сторона попросила указать в обновленной Резолюции, что технические критерии не должны нарушать право воздушного наблюдения, предоставленное в Статье VII Договора, а другая Сторона предложила предоставить более подробную информацию о типах летательных аппаратов, на которые распространяется данная Резолюция.

(158) КОМНАП поблагодарил Стороны за их комментарии и подтвердил, что будет продолжать оказывать им помощь в совместной работе по обеспечению безопасности полетов в Антарктике.

(159) Совещание приняло Резолюцию 6 (2021 г.) *Безопасность полетов в Антарктике*, чтобы обновить Резолюцию 1 (2013 г.).

(160) В рамках данного пункта Повестки дня были также представлены и приняты как есть следующие документы:

- Информационный документ IP 59 *Антарктический авиационный проект КОМНАП: обновление* (КОМНАП). В этом документе представлена обновленная информация о ходе выполнения антарктического авиационного проекта КОМНАП. В нем отмечается, что проект значительно продвинулся вперед, завершена предварительная работа по пересмотру Резолюции 1 (2013 г.) по рекомендации КСДА, по аудиту воздушных технологий и по разработке рекомендаций по минимальному аварийному снаряжению (не являются обязательными) для перевозки на самолетах. Созыв антарктического авиационного семинара был отложен из-за глобальной пандемии.

Деятельность: Морские операции

(161) МГО представила Информационный документ IP 4 *Отчет Международной гидрографической организации* и объяснила свою роль в улучшении качества, охвата и доступности морских карт и других морских геопространственных и гидрографических услуг, в том числе в районе Антарктики. МГО отметила, что Гидрографическая комиссия Антарктики – ее основной орган по вопросам Антарктики – на протяжении многих лет имеет прочные связи с Договором об Антарктике и другими вспомогательными организациями. Ссылаясь на Резолюцию 5 (2008 г.), Резолюцию 5 (2014 г.) и Резолюцию 6 (2019 г.), МГО подтвердила свою готовность поддержать КСДА в повышении качества и доступности гидрографических данных для Южного океана. МГО предложила Сторонам поделиться гидрографическими данными с ГКА для следующего этапа проекта Общей батиметрической карты океанов (GEBCO).

(162) Совещание поблагодарило МГО за проделанную работу. Некоторые Стороны подчеркнули, что они придают большое значение получению адекватных обновленных морских карт с помощью соответствующих механизмов сотрудничества, поскольку это является важным инструментом для работы поисково-спасательных служб, особенно в районах интенсивного морского судоходства, таких как регион Антарктического полуострова. Совещание признало необходимость улучшения гидрографических данных по Южному океану, особенно по наиболее посещаемым районам, таким как район Антарктического полуострова, и призвало Стороны собирать такие данные и обмениваться ими.

(163) В рамках данного пункта Повестки дня были представлены и приняты как есть следующие документы:

- Информационный документ IP 38 *Отчет о 23-м выпуске Объединенного антарктического военно-морского патруля Аргентины и Чили – 2020/2021 гг.* (Аргентина и Чили). В документе сообщается о деятельности, проведенной в рамках 23-го выпуска Объединенного военно-морского антарктического патруля. В этом документе особое внимание было уделено обстоятельствам, возникшим в результате пандемии COVID-19.
- Информационный документ IP 39 *Отчет о задачах Морской гидрографической службы в Антарктике на сезон 2020/21 г.* (Аргентина). В документе описывается деятельность Морской гидрографической службы на Антарктическом полуострове в целях повышения безопасности мореплавания и защиты морской и прибрежной среды Антарктики, в том числе новые функции маяков и информация об обновлениях морских карт Аргентины и батиметрических/топографических работах в бухте Хоп и на острове Хаф-Мун.

- Информационный документ IP 132 *Бразильское гидрографическое исследование вод Антарктики* (Бразилия). В документе сообщается о недавней деятельности бразильского Управления гидрографии и навигации (DHN) – организации, представляющей Бразилию в МГО. В документе кратко описана недавняя работа Управления гидрографии и навигации (DHN) ВМС Бразилии, касающаяся Бразильского картографического плана для Антарктики. В нем рассказывается
о состоянии бразильских морских карт Антарктики и сообщается о недавних экспериментах по дистанционному мониторингу волн, ветра и температуры поверхности моря в районе станции Команданти-Феррас.
- Информационный документ IP 57 *Внедрение Полярного кодекса ИМО в Испании. Сертификация научно-исследовательского судна (НИС) «Сармьенто де Гамбоа»* (Испания).
В документе подробно описана процедура Испании по реализации Международного кодекса для судов, эксплуатируемых в полярных водах 2017 года (Полярный кодекс ИМО) на испанском исследовательском судне *«Сармьенто де Гамбоа»*, а также работа Морской администрации Испании по сертификации этого судна в соответствии с Полярным кодексом ИМО.
- Информационный документ IP 125 *Gestión y eliminación de residuos a bordo del buque ARC "20 de Julio", en el marco de las expediciones científicas de Colombia a*
la Antártica (Колумбия). В документе кратко описаны механизмы управления отходами, реализованные на борту судна ARC «20 де Джулио», включая схемы их классификации, обработки и окончательного удаления.

Безопасность и деятельность: Станции

(164) Чили представила Рабочий документ WP 42 *Затмение на Антарктическом полуострове*, подготовленный совместно с Аргентиной. В нем внимание Сторон обращается на потенциальные риски, которые могут возникнуть в результате возможного увеличения туристической и неправительственной деятельности в районе наблюдения полного солнечного затмения. Также выражается особая озабоченность по поводу потенциального увеличения количества неуполномоченных судов и связанных с ними рисков. Инициаторы предложения рекомендовали Сторонам: принять к сведению возможность увеличения движения судов в зоне наблюдения за полным солнечным затмением, которое произойдет 4 декабря 2021 г., и риски, связанные с тем, что это явление может возникнуть в районе действия Договора об Антарктике; способствовать соблюдению Резолюции 3 (2004 г.); активизировать обмен информацией о судах, плавающих в районе действия Договора об Антарктике во время наблюдения за затмением; способствовать использованию существующих механизмов связи и координации для осуществления строгого контроля над туристической и неправительственной деятельностью в этом районе; и активизировать сотрудничество между Сторонами для информирования стран, отвечающих за поисково-спасательные операции в Антарктике, о судах, которые выходят из их портов и планируют находиться в зоне затмения в 4 декабря 2021 г.

(165) Председатель представил краткое изложение материалов с форума перед КСДА в отношении Рабочего документа WP 42, отметив, что свой вклад внесли Новая Зеландия, Австралия, Испания, Великобритания, Перу, США и МААТО. Хотя участники в целом поддержали четыре рекомендации документа, двое из них отметили, что им ничего не известно об операторах под их юрисдикцией, планирующих посетить этот район в период затмения. МААТО отметила, что хотя

сезон 2021/22 г. был неопределенным из-за глобальной пандемии, операторы МААТО уведомили бы свои национальные компетентные органы о планируемой деятельности. МААТО также подтвердила, что намерена в течение всего сезона предоставлять информацию о рейсах в морской спасательный центр в режиме реального времени.

(166) Участники Совещания поблагодарили Чили и Аргентину за их документ, а также участников форума за их материалы. Участники Совещания отметили озабоченность инициаторов предложения по поводу потенциального увеличения числа посетителей Антарктики во время полного солнечного затмения и призвали Стороны принять к сведению четыре рекомендации, содержащиеся в Рабочем документе WP 42, особенно в отношении обмена информацией и регулирования неправительственной и туристической деятельности через их компетентные органы.

(167) Чили представила Рабочий документ WP 65 *Система управления чрезвычайными ситуациями при землетрясениях* и обратил внимание Совещания на необычное увеличение частоты сейсмичности, наблюдаемое к северу от Антарктического полуострова. Отметив вероятность того, что сильное землетрясение или цунами могут серьезно повлиять на людей и инфраструктуру в Антарктике, инициатор предложения описал планы действий в чрезвычайных ситуациях, которые может быть полезно использовать в случае такой катастрофы. Чили рекомендовала КСДА: предложить Сторонам поделиться информацией о своих исследованиях по сейсмологическим вопросам или потенциальным рискам стихийных бедствий в Антарктике; обновить Многолетний стратегический план работы и запросить у СКАР обновленную информацию о сейсмологических исследованиях или потенциальных рисках стихийных бедствий в Антарктике; поручить КОМНАП подготовить отчет для оценки состояния планов действий в чрезвычайных ситуациях на антарктических базах и выполнения ими программ на случай стихийных бедствий; рекомендовать заинтересованным Сторонам пересмотреть существующие планы управления в чрезвычайных ситуациях, оценить их выполнение и поделиться передовой практикой с другими Сторонами; включить сейсмологические вопросы и другие риски стихийных бедствий в качестве приоритетного пункта в Многолетний стратегический план работы.

(168) Председатель представил краткое изложение материалов с форума перед КСДА в отношении Рабочего документа WP 65, отметив, что свой вклад внесли Аргентина, Австралия, Япония, Перу, Испания, Великобритания и МААТО. Участники в целом поддержали это предложение, подчеркнув важность обмена информацией для выявления потенциальных сейсмологических рисков в Антарктике, включая вулканические риски, и определения необходимых инструментов управления и профилактических мер. Они также приветствовали рекомендации КОМНАП и СКАР в этом отношении.

(169) Председатель также напомнил Сторонам, что КСДА уже рассматривало этот вопрос на предыдущих встречах.

(170) Участники Совещания поблагодарили Чили за представленный документ и выразили решительную поддержку в отношении системы управления чрезвычайными ситуациями в случае крупных сейсмических событий. Несколько Сторон упомянули, что их сети мониторинга регистрируют сейсмическую активность, и предложили поделиться своим опытом в области раннего обнаружения таких событий, а также свое содействие в вопросах экстренного реагирования, включая планы эвакуации. Аргентина также подчеркнула необходимость тщательного анализа уровня сейсмического риска в соответствии с происхождением и характеристиками тектонической активности и принятия

соответствующего решения относительно необходимости разработки инструментов управления и типа необходимых инструментов. Было также предложено внести некоторые изменения в Резолюцию, чтобы включить другие опасные природные явления, такие как вулканизм, и отразить это. Хотя СКАР является наиболее подходящим органом для предоставления научной информации, но КОМНАП и МААТО лучше всего подходят для проведения оценки рисков для людей и инфраструктуры.

(171) С учетом этих предложений Совещание приняло Резолюцию 7 (2021 г.) *Система управления чрезвычайными ситуациями при землетрясениях.*

(172) В рамках данного пункта Повестки дня были также представлены и приняты как есть следующие документы:

- Информационный документ IP 56 *Снижение эрозии береговой линии в районе испанской антарктической базы Габриэль-де-Кастилья* (Испания). В документе представлены строительные работы, проведенные на испанской антарктической базе станции (BAE) Габриэль-де-Кастилья в антарктическом сезоне 2019/20 г., для снижения эрозии склона в районе станции в попытке избежать приближения береговой линии к станции.
- Информационный документ IP 61 *Разработка концепции станции Тролл* (Норвегия). В документе сообщается о текущей работе Норвегии по рассмотрению будущих потребностей станции Тролл и оценке ее потребностей в модернизации. Также отмечается, что изучение концепции позволит получить три варианта будущей версии исследовательской станции Тролл в Антарктике с тремя разными уровнями амбиций и инвестиций. Планируется, что этот процесс будет завершен в ноябре 2021 года.
- Информационный документ IP 92 *Автономные научные операции на научно-исследовательской станции Халли* (Великобритания). В документе сообщается о реакции сотрудников научно-исследовательской станции Халли на изменения в поведении шельфового льда. В связи с изменениями в окружающей среде с 2016 года, зимние операции были приостановлены из соображений безопасности персонала Халли. Отмечая, что некоторые инструменты для сбора данных были успешно автоматизированы благодаря использованию микроструйных турбин, в документе было предложено сделать то же самое в других местах.
- Информационный документ IP 103 *Модернизация австралийской антарктической программы* (Австралия). В этом документе представлена обновленная информация о прогрессе в модернизации австралийской антарктической программы со ссылкой на Информационный документ IP 89 с XLII КСДА. В нем также упоминается новое антарктическое исследовательское судно, улучшенная способность к перемещению, модернизация антарктических исследовательских станций, планирование по предложению строительства и эксплуатации нового аэродрома рядом с научно-исследовательской станцией Дейвис на холмах Вестфолл.
- Информационный документ IP 118 *Implementación de una Turbina Eólica en la Antártica* (Колумбия). В этом документе подробно описан процесс установки ветряной турбины на базе Марамбио для постоянной базы в Антарктике, которая строится в рамках колумбийской антарктической программы.
- Информационный документ IP 127 *Comunicaciones Satelitales de la Fuerza Área Colombiana (FAC) en la Antártica* (Колумбия). В этом документе объясняется масштаб колумбийского исследовательского проекта на чилийской станции

Хенераль-Бернардо-О´Хиггинс, направленного на обеспечение возможности приобретения и установления Колумбией спутниковой связи. В нем также указывается среднесрочная цель – создание станции мониторинга и управления для спутникового слежения и в более долгосрочной перспективе – использование полученной информации другими институтами в научных проектах.

- Информационный документ IP 130 *Реконструкция бразильской антарктической станции Команданти-Феррас* (Бразилия). В этом документе сообщается об открытии новой бразильской станции Команданти-Феррас, которая начала свою работу 15 января 2020 г. и была построена на месте предыдущей станции. В нем также приводится краткая сводка о деятельности за первый год работы станции.
- Информационный документ IP 134 *Vigilancia Volcánica de la Isla Decepción durante la campaignña antártica española 2020–2021* (Испания). В документе сообщается о вулканической активности на острове Десепшен (Тейля), зарегистрированной в период с января по февраль 2021 г. на основе результатов сети наблюдения, которая отслеживала этот действующий вулкан. В документе сообщается, что в течение этого периода остров оставался в состоянии зеленого уровня опасности в соответствии с рекомендациями Международная ассоциация вулканологии и химии земных недр (IAVCEI).

(173) В рамках данного пункта Повестки дня были также представлены следующие документы:

- Вспомогательный документ BP 10 *19-й симпозиум Совета управляющих национальных антарктических программ (КОМНАП) (2020 г.)* (КОМНАП).
- Вспомогательный документ BP 14 *Пожар на российской антарктической станции Мирный* (Российская Федерация).
- Вспомогательный документ BP 15 *О переносе первого этапа монтажа нового зимовочного корпуса станции Восток на сезон 2021/22 г.* (Российская Федерация).
- Вспомогательный документ BP 16 *Informe de ejecución de la XXIV Expedición Antártica Ecuatoriana (2019–2020)* (Эквадор).
- Вспомогательный документ BP 18 *Informe de ejecución de la XXV Expedición Antártica Ecuatoriana (2020–2021)* (Эквадор).
- Вспомогательный документ BP 21 *Informe de actividades y resultados REFUGIO ANTÁRTICO ECUATORIANO Expediciones XXIV y XXV* (Эквадор).

Вопросы, касающиеся борьбы с пандемией COVID-19

(174) КОМНАП представил Информационный документ IP 82 *Работа национальных антарктических программ в беспрецедентный антарктический сезон*, в котором речь идет об усилиях членов КОМНАП по смягчению или устранению рисков, связанных с пандемией COVID-19, с декабря 2019 г. для обеспечения безопасности участников антарктических экспедиций. КОМНАП также проинформировал Совещание о том, что Руководство по предотвращению и контролю вспышек COVID-19, разработанное для национальных антарктических программ в целях реагирования на риски и вызовы сезона 2020/21 г., в настоящее время обновляется для сезона 2021/22 г. и будет представлено на Ежегодном общем собрании КОМНАП в 2021 г. Отметив, что это руководство было предоставлено Сторонам через их национальные антарктические программы, КОМНАП вновь подтвердил

свою неизменную приверженность общей цели – обезопасить Антарктику от COVID-19.

(175) Совещание поблагодарило КОМНАП за его документ и его работу по координации обмена важнейшими стратегиями по смягчению рисков, связанных с пандемией COVID-19, а также за его постоянные усилия по поддержке национальных антарктических программ, направленных на недопущение распространения COVID-19 в Антарктику.

(176) Болгария выразила благодарность Чили, Испании и Уругваю за их логистическую поддержку деятельности Болгарской антарктической экспедиции 2020/21 г. Болгария отметила работу Чилийского антарктического института (INACH) по обеспечению максимально простого и безопасного путешествия в Антарктику во время пандемии COVID-19 и поблагодарила Чили за прием болгарских ученых на чилийской научно-исследовательской станции Хулио-Эскудеро.

(177) Российская Федерация обратила внимание на свой Информационный документ IP 138,
в котором описываются уроки, извлеченные во время пандемии COVID-19.

(178) В рамках данного пункта Повестки дня были также представлены и приняты как есть следующие документы:

- Информационный документ IP 36 *Реагирование Итальянской национальной антарктической программы на пандемию COVID-19 в экспедиции 2020–2021 гг.* (Италия). В этом документе изложены принципы, лежащие в основе планирования
36-й Итальянской антарктической экспедиции, с учетом сложных обстоятельств пандемии COVID-19 и основных мероприятий, связанных с ее реализацией. В нем подчеркивается тесная координация Италии с другими национальными антарктическими программами через КОМНАП во избежание заноса COVID-19 в Антарктику, а также поддержка, предлагаемая Австралией и Новой Зеландией в их портах отправления в Антарктику.

- Информационный документ IP 42 *Опыт Чили по реализации протокола COVID-19
для контроля и мониторинга* (Чили). В этом документе описывается чилийский «Протокол по COVID-19 для контроля и мониторинга пассажиров и грузоперевозок между Пунта-Аренасом и Антарктическим полуостровом». Данный протокол предусматривает меры индивидуальной защиты и профилактики, карантин в специальных помещениях в Пунта-Аренас и тесты ПЦР в начале и в конце карантина, а также позволяет сотрудникам других национальных антарктических программ въезжать в Антарктику через Чили без каких-либо существенных неудобств, хотя у некоторых чилийских сотрудников был выявлен COVID-19.

- Информационный документ IP 108 *Protocolo sanitario aplicable a ciudadanos nacionales y extranjeros que participaron de actividades en la Campaña Antártica 2020–2021* (Уругвай), в котором описывается санитарный протокол, внедренный Уругваем для предотвращения распространения COVID-19 в Антарктику в течение последнего летнего сезона. В нем отмечается, что Уругвайская антарктическая программа
не сообщала о случаях COVID-19 в Антарктике и успешно провела вакцинацию всего уругвайского персонала, дислоцированного в Антарктике.

- Информационный документ IP 128 *Бразильская антарктическая операция (ОПЕРАНТАР) – ОПЕРАНТАР XXXIX (2020/2021 г.) и ОПЕРАНТАР XL*

(2021/2022 г.) (Бразилия). В этом документе представлены мероприятия, проведенные Бразилией в сезоне 2020/21 г., включая изменения, вызванные пандемией COVID-19, и планы на антарктический сезон 2021/22 г. В документе отмечается, что в сезоне 2020/21 г. Бразилия ввела обязательный карантин, проверки состояния здоровья, тесты на COVID-19 и другие гигиенические меры и процедуры перевозки грузов. Случаев COVID-19 в Антарктике зарегистрировано не было.

- Информационный документ IP 138 *О работе Российской антарктической экспедиции в период пандемии COVID-19: уроки сезона 2020–2021 гг.* (Российская Федерация). В этом документе описываются операции и работа 66-й Российской антарктической экспедиции в сезоне 2020/21 г., которая проходила в условиях жестких ограничений, связанных с пандемией COVID-19. Программа экспедиции была сведена к минимуму и включала только срочные экспедиционные мероприятия по обеспечению функционирования постоянных антарктических станций и сезонных полевых баз.
  В документе сообщается, что в целом работа РАЭ в сезоне 2020/21 г. показала, что предпринятые меры по борьбе с коронавирусом не были чрезмерными. В документе также сообщается о двух несчастных случаях со смертельным исходом, не связанных с COVID-19.

Пункт 14. Инспекции в рамках Договора об Антарктике и Протокола по охране окружающей среды

(179) Председатель сослался на указанные ниже информационные документы и отметил, что они будут приняты как есть.

- Информационный документ IP 1 *Отчет США об инспекции, февраль 2020 г.* (США). В этом документе сообщается о проведенных США инспекциях в период с 7 по 10 февраля 2020 г.: станция Марио-Цуккелли и взлетно-посадочная полоса Болдер-Клэй (Италия); станция Джанг-Бого (Республика Корея); строящаяся станция на острове Инэкспрессибл (Китай); и Особо охраняемый район Антарктики (ООРА) № 161 «Залив Терра-Нова», море Росса. США поблагодарили все Стороны, чьи станции были проинспектированы, за их сотрудничество и гостеприимство в ходе этих инспекций, а также за помощь в составлении отчета. Инспекция не выявила нарушений положений Договора, предусматривающих использование Антарктики исключительно в мирных целях.
- Австралия представила Информационный документ IP 15 *Инспекции, проведенные Австралией в рамках Договора об Антарктике и Протокола по охране окружающей среды: январь-февраль 2020 г.* (Австралия). В этом документе сообщается об инспекциях, проведенных Австралией в антарктическом сезоне 2019/20 г. на шести антарктических станциях: станции Джанг-Бого (Республика Корея), базе на острове Инэкспрессибл (Китай), станции Гондвана (Германия), лагере Тайшань (Китай), станции Молодежная (Российская Федерация) и станции Вечерняя гора (Беларусь). Австралия поблагодарила все Стороны, станции которых были проинспектированы, за их сотрудничество и отметила, что наблюдаемые объекты и деятельность в целом соответствуют положениям Протокола по охране окружающей среды, хотя были выявлены некоторые возможности для улучшения эксплуатационной практики.

(180) Совещание поблагодарило Австралию и США за их работу по проведению

инспекций и приняло к сведению резюме выступлений в межсессионный период по отчетам об инспекциях, как подробно описано в Информационном документе IP 144. Участники Совещания также поблагодарили все Стороны за комментарии в ответ на инспекции в межсессионный период, включая Информационный документ IP 139, представленный Российской Федерацией в ответ на инспекцию, проведенную Австралией.

(181) Участники Совещания также отметили, что на XLI КСДА было предложено неформальное обсуждение практических рекомендаций по улучшению организации инспекций. Участники Совещания призвали Стороны неформально заниматься вопросами инспекционной деятельности в предстоящий межсессионный период, если они того пожелают.

(182) Республика Корея отметила, что приветствует инспекционные группы из США и Австралии, отметив, что рекомендации этих инспекций были учтены и подробно описаны во Вспомогательном документе BP 7.

(183) США и Австралия отметили, что они благодарны всем проинспектированным Сторонам за теплый прием инспекционных групп.

(184) В рамках данного пункта Повестки дня были поданы и приняты как есть следующие документы:

- Информационный документ IP 139 *Об ответных мерах по результатам замечаний инспекции Австралии в сезоне 2019/2020 г.* (Российская Федерация). В этом документе представлена дополнительная информация о закрытой станции Молодежная, проинспектированной Австралией в сезоне 2019/20 г. Российская Федерация поблагодарила Австралию за ее комментарии и рекомендации и подтвердила важную роль, которую инспекции играют в деятельности по Договору об Антарктике.
- Информационный документ IP 144 *Краткий обзор межсессионного обсуждения отчетов об инспекциях в соответствии со Статьей VII Договора об Антарктике и Статьей 14 Протокола по охране окружающей среды* (Норвегия, Испания). В этом документе резюмируется межсессионное обсуждение в ответ на отчеты об инспекциях Австралии и США. Подчеркивается значение инспекций для улучшения логистических аспектов деятельности Сторон в Антарктике. Также обсуждаются следующие вопросы: важность хранения контактной информации станций во всех базах данных системы, особенно в базах КОМНАП, для обеспечения простой и безопасной связи; прогресс по всем видам деятельности, включая любой тип строительства или усовершенствования, должен соответствовать ВООС и рекомендациям КООС; необходимость поощрять более эффективное использование Системы электронного обмена информацией (СЭОИ).

(185) В рамках данного пункта Повестки дня был также представлен следующий документ:

- Вспомогательный документ BP 7 *Выполнение рекомендаций после инспекции антарктической станции Джанг-Бого в течение антарктического летнего сезона 2019–2020 гг.* (Республика Корея).

Пункт 15. Вопросы науки, будущих проблемных аспектов научной деятельности, научного сотрудничества и содействия

Вопросы научного сотрудничества и содействия

(186) Китай представил Рабочий документ WP 57 *Предложение о расширении*

сотрудничества в области научных исследований и мониторинга динамики популяций пингвинов в регионе моря Росса, в котором сообщается о значении и динамике популяции пингвинов в регионе моря Росса. Отмечая тенденции к росту популяции императорских пингвинов и пингвинов Адели в регионе моря Росса за последние два десятилетия, Китай рекомендовал содействовать международному сотрудничеству и обмену данными в целях: проведения всеобъемлющих, скоординированных, долгосрочных и точных исследований, мониторинга и оценки динамики популяции пингвинов в регионе моря Росса; рассмотрения экологических факторов для выявления закономерностей изменения численности популяции и динамики движущих сил; включения научных потребностей в соответствующие планы работы КСДА и КООС.

(187) Председатель представил краткое изложение материалов с форума перед КСДА в отношении Рабочего документа WP 57, отметив, что Новая Зеландия, Австралия, Норвегия, Перу, Германия и АСОК оставили комментарии. Участники поблагодарили Китай за поощрение международного сотрудничества в исследованиях популяций пингвинов, отметив, что они являются ключевыми индикаторами антарктических экосистем в регионе моря Росса. Несколько участников признали важность проведения дальнейших совместных исследований в этой области и отметили, что появилось огромное количество научных данных, позволяющих укрепить охранный статус этих видов в регионе моря Росса. В этой связи некоторые участники выразили готовность предоставить дополнительную информацию о существующем научном сотрудничестве в этой области в регионе моря Росса. Участники также сослались на документы СКАР о тенденциях популяций императорских пингвинов (Рабочий документ WP 37 и Информационный документ IP 22).

(188) Участники Совещания поблагодарили Китай за подготовленный документ и участников форума за представленные материалы. Многие Стороны отметили, что существующие программы сотрудничества и исследований прочно закрепились в регионе, и призвали к установлению связей с этими существующими программами. Некоторые Стороны также отметили, что существующий поток информации в КСДА является хорошей базой для принятия решений, и подчеркнули важность использования наилучших из имеющихся научных данных и осторожного подхода. Совещание подчеркнуло ценность международного сотрудничества и обмена данными для улучшения исследований и мониторинга популяций пингвинов в Антарктике, а также важность рассмотрения результатов мониторинга при принятии решений.

(189) Совещание отметило, что поскольку этот документ прилагался к п. 9d Повестки дня КООС, при рассмотрении этого вопроса следует учитывать все соответствующие результаты обсуждений Комитета. Председатель отчитался о консультациях с Председателем КООС, отметив, что для КСДА не было конкретных рекомендаций, но Комитет поддержал текущее международное сотрудничество по исследованию динамики популяций пингвинов в регионе моря Росса. Комитет также отметил, что сотрудничество в рамках существующих программ мониторинга пингвинов и экспертных групп будет особенно ценным, как и расширение международного сотрудничества в области исследования и мониторинга пингвинов в регионе моря Росса в соответствии с научными потребностями, определенными в Пятилетнем плане работы КООС и его Рабочей программе ответных мер в отношении изменения климата.

(190) АСОК подчеркнула, что сбор дополнительной научной информации не должен быть препятствием для применения предупредительного подхода в регионе, когда это необходимо, и отметила, что это особенно актуально в случае императорских

пингвинов из-за того, что они теряют места для размножения и их ареалы кормодобывания трансформируются из-за изменения климата, как отмечено в Рабочем документе WP 37 и Информационном документе IP 22 СКАР.

(191) Участники Совещания поддержали идею продолжения исследований по мониторингу пингвинов в регионе моря Росса и укрепления международного сотрудничества на основе имеющихся данных.

(192) В рамках данного пункта Повестки дня были также представлены и приняты как есть следующие документы:

- Информационный документ IP 25 *Отчет Азиатского форума полярных наук (AFoPS) за 2019–2021 гг.* (Япония), в котором сообщается о деятельности AFoPS с 2018 по 2020 годы и приводятся результаты встреч и симпозиумов AFoPS за этот период. В документе подчеркивается влияние пандемии COVID-19 на деятельность азиатских стран в Антарктике.

- Информационные документы IP 65 *Письмо поддержки между Ассоциацией молодых полярных исследователей (APECS) и Национальным комитетом APECS Турции*; IP 68 *Членство Турции в Европейском полярном совете*; IP 69 *Полное членство Турции в СКАР*; и IP 70 *Приз за полярные исследования по Программе вознаграждения молодых ученых Турецкой академии наук* (Турция). В этих документах сообщалось:
  о подписании письма поддержки между APECS и APECS Турции (IP 65); о том, что Европейский полярный совет (ЕПС) приветствовал в качестве своего члена
  Совет Турции по научно-техническим исследованиям (TÜBİTAK), Мармарский исследовательский центр (MAM), Институт полярных исследований (PRI), который является национальным полярным оператором Турции (IP 68); о процессе предоставления Турции полноправного членства в СКАР, которое было одобрено
  в марте 2021 г. на 36-м Совещании делегатов после того, как Турция пробыла ассоциированным членом этой организации в течение 5 лет (Информационный документ IP 69); и о Призе за полярные исследования по Программе вознаграждения молодых ученых (GEBIP) Турецкой академии наук (TUBA) за 2020 год, который был присужден четырем молодым ученым (2 женщинам и 2 мужчинам) в области полярных исследований (Информационный документ IP 70).

- Информационный документ IP 71 *Письмо о намерениях между Советом Турции по научно-техническим исследованиям, Мармарским исследовательским центром, Институтом полярных исследований, и Корейским институтом полярных исследований* (Турция и Республика Корея). Информационный документ IP 72 *Меморандум о взаимопонимании между Советом Турции по научно-техническим исследованиям, Мармарским исследовательским центром, Институтом полярных исследований и Болгарским антарктическим институтом* (Турция, Болгария). Информационный документ IP 73A *Меморандум о взаимопонимании между Советом Турции по научно-техническим исследованиям, Мармарским исследовательским центром, Институтом полярных исследований и Государственным учреждением Национальный антарктический научный центр Украины* (Турция, Украина). В этих документах сообщается о подписании письма о намерениях и меморандумов о взаимопонимании между Турцией и Республикой Корея, Болгарией и Украиной, соответственно.

- Информационный документ IP 87 *Польско-российское сотрудничество в*

Восточной Антарктике (Польша, Российская Федерация), в котором сообщается, что польские эксперты собираются присоединиться к 67-й Российской антарктической экспедиции (РАЭ) в предстоящем летнем антарктическом сезоне 2021/22 г. для совместных исследований в оазисе Бангера в Восточной Антарктике. Запланированные совместные мероприятия: проверку состояния инфраструктуры польской антарктической станции Добровольский после 40 лет простоя; геологические и геоморфологические полевые работы в районе оазиса Бангера; исследование возможности установки автономных и автоматических сейсмологических и/или геомагнитных приборов для мониторинга геофизических полей в научных целях.

- Информационные документы IP 112 *Avances en la participación de Colombia en el SCAR*; IP 113 *Adhesión de Colombia al Protocolo del Tratado Antártico sobre Protección del Medio Ambiente: Retos y Oportunidades*; IP 119 *Cooperación de Colombia con la Comisión para la Conservación de los Recursos Vivos Marinos Antárticos (CCRVMA): Implementación Voluntaria de la Medida de Conservación 10-05 (2018)*; IP 120 *Cooperación Internacional para el Estudio de Mamíferos Marinos en el Pacífico Sudeste y la Antártica* (Колумбия); и IP 123 *Cooperación entre Colombia y Argentina sobre análisis magnetoeléctrico en tectónica: Instalación de una Estación Geofísica Permanente en la Base Antártica Isla Marambio* (Колумбия). В этих документах сообщается: о достигнутом Колумбией прогрессе в присоединении к СКАР (Информационный документ IP 112); о проблемах и возможностях, с которыми столкнулась Колумбия во время недавнего присоединения к Протоколу по охране окружающей среды в феврале 2020 г. (Информационный документ IP 113); о текущей работе, проводимой национальными агентствами Колумбии с целью запроса статуса недоговаривающегося государства в АНТКОМ (Информационный документ IP 119); о международном научном сотрудничестве колумбийской антарктической программы с другими национальными антарктическими программами в области исследований антарктических морских млекопитающих (Информационный документ IP 120); и об установке Колумбией в сотрудничестве с Аргентиной постоянной геофизической станции возле базы Марамбио (Аргентина) для сбора и хранения данных о магнитном поле, электрическом поле и парниковых газах (Информационный документ IP 123).

(193) В рамках данного пункта Повестки дня были представлены следующие документы:

- Вспомогательный документ BP 8 *Научное и связанное с наукой сотрудничество с Консультативными сторонами, расширение антарктического сообщества и реагирование на COVID-19* (Республика Корея).
- Вспомогательный документ BP 17 *Cooperación Científica entre Programas Antárticos Nacionales ECUANTAR XXIV (2019–2020)* (Эквадор).
- Вспомогательный документ BP 19 *Cooperación Científica entre Programas Antárticos Nacionales ECUANTAR XXV (2020–2021)* (Эквадор).
- Вспомогательный документ BP 23 *Первый бюллетень ЮАР по стратегии в отношении Антарктики и Южного океана* (ЮАР).

Вопросы науки и будущие проблемные аспекты научной деятельности

(194) Секретариат представил Документ Секретариата SP 8 *Ключевые научные*

приоритеты национальных антарктических программ. Секретариат сообщил, что в ответ на запрос КСДА в 2019 году на сайте Секретариата появился раздел, содержащий информацию об основных научных приоритетах национальных антарктических программ. Секретариат подчеркнул, что информация от девяти Сторон уже опубликована, и отметил, что он готов оказать помощь всем Сторонам.

(195) В рамках данного пункта Повестки дня были представлены и приняты как есть следующие документы:

- Информационный документ IP 9 *Мониторинг видов в районе действия Договора об Антарктике с помощью покадровой (тайм-лапс) съемки (в ожидании предварительного рассмотрения КООС)* (Великобритания). В этом документе представлены краткие сведения о дистанционном мониторинге с помощью камер в районе действия Договора об Антарктике и рабочие процессы превращения исходных данных в сводки, готовые к разработке правил. В документе сделан вывод о том, что процессы, направленные на массовую обработку графических данных, были хорошо разработаны – по крайней мере для большинства видов антарктических пингвинов – и был достигнут значительный прогресс в разработке аналогичных процессов для других морских птиц и тюленей.
- Информационный документ IP 31 *Размножение морских птиц, нечувствительных к повышению температур океана (в ожидании предварительного рассмотрения КООС)* (Португалия, Канада, Новая Зеландия, Южная Африка, Великобритания). В этом документе представлены научные доказательства того, что морские птицы во всем мире не меняли сезоны размножения с течением времени или в ответ на повышение температуры поверхности моря. В документе содержится предупреждение о возможных последствиях потепления океанов для размножающихся видов Антарктики в случае изменения сроков доступности добычи в ключевой момент сезона.
- Информационный документ IP 37 *Семена для будущего. Глобальное хранилище семян диких растений (в ожидании предварительного рассмотрения КООС)* (Италия), в котором описывается проект «Семена для будущего» по созданию глобального хранилища семян диких растений в глубине льда на Антарктическом плато. Проект направлен на сохранение в Антарктике семян исчезающих растений с целью восстановления вымерших видов в случае потери зародышевой плазмы, хранящейся в других местах.
- Информационные документы IP 77 *Наблюдение изменений в Южном океане и в глобальном масштабе* (США) и IP 79 *Высокоточная карта топографии ложа антарктического ледяного покрова* (США). В этих документах сообщается о проекте «Наблюдение за климатом и уровнем концентрации углерода в Южном океане и моделирование процессов» (SOCCOM), запущенном в 2014 году с целью обеспечить преобразующий сдвиг в научном и общественном понимании роли Южного океана в Мировом океане и климатической системе (Информационный документ IP 77) и о выпуске высокоточной карты топографии покрова Антарктики, которая помогла определить, какие регионы континента наиболее уязвимы к воздействиям изменения климата (Информационный документ IP 79).
- Информационные документы IP 94 *Зимние целевые периоды наблюдений и дальнейшие планы на Год полярных прогнозов в Южном полушарии (ГПП-ЮП)* (ВМО) и IP 95 *Сеть антарктических региональных климатических*

центров: сфера действия и концепция (ВМО). В Информационном документе IP 94 приводятся сводки по недавней деятельности, проведенной в Антарктике в рамках Года полярных прогнозов (YOPP) ВМО. В настоящее время планируется второй специальный период наблюдений с середины апреля до середины июля 2022 года, что совпадает с быстрым расширением морского ледяного покрова. В документе также кратко описаны многие виды деятельности, связанные с ГПП, включая инициативы по моделированию и прогнозированию, портал данных ГПП и различные мероприятия по образованию и наращиванию потенциала. В Информационном документе IP 95 сообщается о прогрессе в создании сети Антарктического регионального климатического центра (АнтРКЦ), который будет предоставлять климатическую продукцию и услуги в регионе Антарктики и Южного океана, в частности долгосрочные прогнозы, мониторинг климата, данные и обучение, а также отмечается, что ВМО созовет совещание по планированию реализации задуманного с участием стран, заинтересованных во внесении вклада в сеть, а также ключевых региональных и международных партнеров.

- Информационный документ IP 116 *Determinación del aporte de la presión Atmosférica sobre las variaciones del nivel del mar en la Antártica, verano austral 2020–2021* (Колумбия и Эквадор). В документе сообщается о совместном проекте Колумбии и Эквадора на базе Мальдонадо. Совместный проект был направлен на расширение знаний о метеорологии и процессах взаимодействия океана и атмосферы в Антарктике на основе изучения влияния атмосферного давления над уровнем моря. Цель проекта – внести вклад в будущие исследования изменения климата путем внесения поправок в тенденции уровня моря.
- Информационный документ IP 136 *Вклад Южного океана в Десятилетие науки об океане в интересах устойчивого развития Организации Объединенных Наций* (СКАР), в котором идет речь о деятельности координируемой СКАР Целевой группы по Южному океану с участием ряда исследовательских групп. В этом документе отмечается, что Целевая группа по Южному океану была создана в рамках Десятилетия науки об океане в интересах устойчивого развития (2021–2030 гг.) ООН для обращения вспять циклов ухудшения состояния океана и укрепления международного сотрудничества, необходимого для развития научных исследований и инновационных технологий, которые могут связать науку об океане с потребностями общества. В документе содержится подробная информация о серии семинаров и встреч, проведенных целевой группой для определения основных исследовательских приоритетов для Южного океана, а также информация о ее дальнейшей деятельности и мероприятиях.

(196) В рамках данного пункта были представлены следующие документы:

- Вспомогательный документ BP 20 *Estudios toxicológicos de metales pesados, microplásticos y ecología microbiana con potencial biotecnológico en la Península Antártica* (Эквадор).
- Вспомогательный документ BP 22 *Informe de avance sobre el proyecto "Estructura microalgal y su relación con la variabilidad físico-químicas en el ecosistema marino de las islas Shetland del Sur* (Эквадор).

Основные научные направления и результаты национальных программ

(197) В рамках данного пункта Повестки дня были представлены и приняты как есть следующие документы:

- Информационные документы IP 26 *Actividades del Programa Nacional Antártico de Perú Período 2020–2021* (Перу) и IP 27 *Expedición Científica del Perú a la Antártida* (Перу).
  В этих документах: описываются основные мероприятия, национальной антарктической программы Перу на период 2020/21 г. (Информационный документ IP 26); сообщается об отмене мероприятий летом 2021/22 г.; отмечается работа Австралии, Бразилии и Польши по сбору информации, в которой также участвовали перуанские исследователи; и содержится информация о последних научных публикациях Перу по теме Антарктики (Информационный документ IP 27).
- Информационный документ IP 40 *Деятельность и достижения Малайзии в антарктических исследованиях и дипломатической деятельности* (Малайзия). В этом документе представлена информация о прогрессе Малайзии в антарктических исследованиях и дипломатической деятельности, включая ее участие в полевых мероприятиях, ее международное сотрудничество, предоставленные ею гранты и стипендии, а также организованные ею семинары.
- Информационный документ IP 50 *Чилийская антарктическая научная программа (PROCIEN) и задачи пятилетнего плана на 2020–2025 гг.* (Чили). В этом документе описываются научная продуктивность и международное сотрудничество в рамках чилийской антарктической научной программы (PROCIEN). Он также содержит информацию о проблемах, с которыми PROCIEN столкнется в будущем, с акцентом на ряд инфраструктурных проектов, таких как Международный антарктический центр в городе Пунта-Аренасе.
- Информационный документ IP 51 *Текущие гляциологические исследования на станции Дом-Фуджи и в ее окрестностях* (Япония). В этом документе описываются недавние полевые исследования и сопутствующие мероприятия на станции Дом-Фуджи и в ее окрестностях. В документе сообщается об успешной транспортировке образцов керна глубокого льда в Японию и подготовительных мероприятиях к следующему глубокому бурению (2023–2027 гг.) в районе станции Дом-Фуджи.
- Информационный документ IP 52 *Австралийская антарктическая научная программа на 2019/20 и 2020/21 гг.* (Австралия). В этом документе представлен обзор австралийской антарктической научной программы на периоды 2019/20 и
  2020/21 годов, а также информация о последних исследованиях, приоритетах, партнерстве и планах на будущее. В документе сообщается, что в рамках этой программы было реализовано 69 научных проектов по различным дисциплинам, более 50 % из которых включали международное сотрудничество с участием
  65 международных организаций из 21 страны.
- Информационные документы IP 66 *Пятая Турецкая антарктическая экспедиция (TAE-V)* (Турция), IP 74 *Публикации турецких ученых об Антарктике (обновление 2020/2021 г.)* (Турция), IP 76 *Заявки на проекты и процессы оценки в Турецких антарктических экспедициях* (Турция). В этих документах представлены: информация об организации и проведении мероприятий пятой турецкой антарктической экспедицией (TAE-V) в антарктическом сезоне 2020/21 г. (Информационный документ IP 66); научные публикации турецких ученых об Антарктике за сезон 2020/21 г. (Информационный документ IP 74); и система управления заявками на

полярные исследовательские проекты в Турции, которая также определяет участие в экспедиции (Информационный документ IP 76).

- Информационный документ IP 85 *Основные достижения Японии в исследовании Антарктики в 2020/21 г.* (Япония). В этом документе представлена информация о круглогодичных наблюдениях со станции Сёва и о сезонных наблюдениях на борту корабля «Ширасе», в том числе океанографических наблюдениях и наблюдениях в окрестностях станции Сёва.
- Информационный документ IP 107 *Отчет о летней антарктической кампании на 2020-2021 гг. в рамках Уругвайской национальной антарктической программы* (Уругвай). В этом документе описываются основные мероприятия, проведенные Уругваем в рамках летней антарктической кампании на 2020/21 г., а также проблемы, с которыми столкнулась антарктическая исследовательская программа Уругвая из-за COVID-19.
- Информационные документы IP 115 *VII Expedición Científica de Colombia a la Antártica, verano austral 2020-2021* (Колумбия) и IP 126 *Aportes de Colombia a la Investigación Antártica: Publicaciones Científicas* (Колумбия). В этих документах приводится краткая сводка по исследовательским проектам Колумбии в Антарктике в течение лета в южном полушарии 2020-2021 гг. (Информационный документ IP 115)
и описывается деятельность, связанная с разработкой колумбийских антарктических исследовательских проектов в период 2020-2021 гг., в том числе приводится информация о логистических и операционных аспектах, а также об аспектах международного сотрудничества.
- Информационный документ IP 142 *Отчет о научной деятельности Аргентинского антарктического института за 2020 г.* (Аргентина). В этом документе представлен обзор научных публикаций аргентинских исследователей за последние годы и их вклада в антарктическую науку на глобальном уровне. В документе также сообщается, что в год, отмеченный пандемией COVID-19, результаты работы Аргентинского антарктического института в области научного производства, консультирования, человеческих ресурсов и информационно-просветительской деятельности были удовлетворительными и показали тенденцию к росту.

Проблемы разнообразия в антарктической науке

(198) Председатель сослался на указанные ниже информационные документы и отметил, что они будут приняты как есть.

- Информационный документ IP 43 *Гендерная политика чилийской научной программы* (Чили). В этом документе представлена обновленная информация о гендерной политике, принятой Чилийским антарктическим институтом, чтобы показать важность обеспечения гендерного равенства и паритета в антарктической деятельности Чили, особенно с точки зрения участия женщин в антарктической науке.
- Информационный документ IP 45 *Инициатива «Разнообразие в полярной науке»: полярные горизонты* (Великобритания). В этом документе сообщается о деятельности, событиях и ресурсах британской инициативы «Разнообразие в полярной науке», которая была разработана для обеспечения более разнообразного и инклюзивного будущего для британской полярной науки

путем продвижения и расширения возможностей антарктической науки для недостаточно представленных групп,
в частности для женщин, людей из этнических меньшинств, людей с ограниченными возможностями и сообщества ЛГБТ+. Этот документ содержит практическое руководство и другие ресурсы, которые были разработаны и составлены в рамках инициативы «Разнообразие в полярной науке» и доступны в Интернете.

- Информационный документ IP 78 *Реализация перспектив антарктической науки за счет инклюзивности и разнообразия* (США, Великобритания). В этом документе Сторонам предлагается углубиться в вопросы разнообразия и содействовать полному участию недостаточно представленных групп в антарктической деятельности. Он также содержит краткую историческую справку об участии женщин в исследованиях Антарктики.

(199) Совещание поблагодарило авторов за их документы и приветствовало предложение Испании добавить «решение вопросов равноправия, разнообразия и инклюзивности» в качестве действия в Многолетний стратегический план работы. Несколько Сторон отметили продолжающиеся усилия по решению этой важной проблемы, как описано в Информационных документах IP 43 и IP 78. Выражая свою поддержку данному предложению, Стороны подняли несколько вопросов, в частности: важность рассмотрения не только гендерного равенства, но и других факторов, связанных с интерсекциональностью и разнообразием; необходимость активизации усилий по преодолению гендерного неравенства; тот факт, что СКАР уже ведет работу по гендерному равенству; более широкое обсуждение определения концепции разнообразия; стремление достичь гендерного паритета и работать над минимизацией гендерного разрыва; важность разнообразия вовлеченности и мысли не только в науке, но и на управленческом и операционном уровнях; и необходимость пересмотреть Правила процедуры КСДА, чтобы отразить эти вопросы.

(200) Совещание решило добавить в Многолетний стратегический план работы вопросы равенства, разнообразия и инклюзивности.

Пункт 16. Последствия изменения климата для управления районом действия Договора об Антарктике

(201) Великобритания представила Рабочий документ WP 32 *Антарктика в меняющемся климате*, подготовленный совместно с Австралией, Бельгией, Финляндией, Францией, Германией, Нидерландами, Новой Зеландией, Норвегией, Испанией, Швецией и США.
В этом документе внимание участников Совещания обращается на Специальный доклад МГЭИК об океане и криосфере в условиях изменения климата (SROCC), основные выводы которого в отношении Антарктики включают: ускорение течения и отступление льда в заливе моря Амундсена в Западной Антарктике и на Земле Уилкса, Восточная Антарктика; будущие изменения циркуляции океана из-за значительного количества производимого человеком тепла и растворенного углерода в Южном океане; и прогнозируемые изменения в распространении криля. Отмечая, что КСДА должно сыграть определенную роль в исследовании и распространении научных данных об изменении климата в Антарктике среди международной аудитории, и с учетом убедительных выводов отчета в SROCC о будущих возможных последствиях для Антарктики, авторы рекомендовали КСДА принять обновленную резолюцию об изменении климата.

(202) Председатель представил краткое изложение материалов с форума перед КСДА в отношении Рабочего документа WP 32, отметив, что Норвегия, Чили, Аргентина, Перу и АСОК внесли свой вклад. Стороны поблагодарили Великобританию и соавторов и, основываясь на ключевых выводах отчета МГЭИК, также отмеченных СКАР в Рабочем документе WP 17, выразили общую поддержку принятию обновленной Резолюции по изменению климата.

(203) Совещание поблагодарило Великобританию и других инициаторов за их документ и руководство по этому вопросу, а также участников форума перед КСДА за их материалы. Совещание решительно поддержало Рабочий документ WP 32, отметив ключевые выводы отчета SROCC и признав важность МГЭИК и Парижского соглашения как основ действий в области изменения климата. Было предложено внести дополнительные изменения в текст проекта резолюции, в том числе включить важные замечания СКАР в Рабочие документы WP 17 и WP 36.

(204) АСОК выразила надежду на то, что Резолюция будет иметь ощутимый практический эффект как в отношении Антарктики, так и в глобальном масштабе. Она призвала Стороны незамедлительно принять меры по повышению устойчивости наземных и морских экосистем Антарктики к изменению климата и снижению выбросов в результате операций в Антарктике, а также обеспечить, чтобы их национальная политика сокращала выбросы углерода до безопасных уровней. Сделать это – означает защитить не только Антарктику, но и весь мир от эффектов изменения климата на Антарктику.

(205) В результате дальнейших обсуждений участники Совещания приняли Резолюцию 8 (2021 г.) *Антарктика в меняющемся климате*.

(206) СКАР представил Рабочий документ WP 17 *Изменение климата Антарктики и Южного океана в глобальном контексте*. СКАР обратил внимание Совещания на основные выводы последних специальных докладов МГЭИК, в которых основное внимание уделяется существенным неопределенностям в отношении глобальных и антарктических воздействий, таким как: текущее и будущее поведение криосферы Антарктики; изменчивость климата в краткосрочной перспективе; и будущее морского и наземного биоразнообразия Антарктики. СКАР рекомендовал Сторонам: продолжить рассмотрение представленных СКАР результатов научных исследований; вновь подтвердить свою поддержку научных исследований изменения климата и мер реагирования на него в регионе; обратить внимание своих стран на важность Антарктики и Южного океана с точки зрения глобального регулирования климата; довести до своих стран важность Парижского соглашения; и рассмотреть отчеты МГЭИК, особенно резюме для политиков в каждом отчете.

(207) Председатель представил краткое изложение материалов с форума перед КСДА в отношении Рабочего документа WP 17, отметив, что Новая Зеландия, Великобритания, Австралия, Норвегия, Чили, Аргентина, Перу, Финляндия и АСОК оставили комментарии на форуме. Участники выразили благодарность СКАР за подготовку этого рабочего документа, который представляет собой качественное изложение ключевых выводов последних специальных докладов МГЭИК, а также за непрерывную работу по поиску наиболее актуальных научных данных по приоритетным вопросам, установленным КСДА. Участники признали, что изменение климата и его последствия для Антарктики вызывают большую озабоченность как в системе Договора об Антарктике, так и во всем мире.
Пять рекомендаций из этого документа получили широкую поддержку, при этом для Рекомендации 2 была предложена альтернативная формулировка, которая будет дополнительно обсуждаться на КСДА.

(208) Председатель также указал на то, что Рабочий документ WP 17 предполагает

следующую публикацию СКАР своего Доклада об изменении климата Антарктики и окружающей среде (Доклад ACCE), который более десяти лет назад вдохновил на принятие Резолюции 4 (2010 г.). Участники Совещания сообщили, что с нетерпением ожидают десятилетнего обновления доклада ACCE.

(209) Совещание поблагодарило СКАР за представленный документ, а также участников форума перед КСДА за их материалы. Совещание напомнило о решающей роли СКАР в поддержке усилий КСДА по борьбе с изменением климата, отметив, что Рабочий документ WP 17 подчеркивает фундаментальную важность и срочность работы по реагированию на изменение климата, в частности реализации разработанной КООС Рабочей программы ответных мер в отношении изменения климата. Совещание также отметило важность и актуальность специальных докладов МГЭИК для района действия Договора об Антарктике и обсудило упомянутые в этих докладах аспекты относительно региона, которые вызывают беспокойство, в частности ускоренное таяние шельфовых ледников, воздействие на морские экосистемы, воздействие на исторические места и памятники, повышенный риск интродукции неместных видов. Подчеркнув критический характер неопределенностей, отмеченных в Рабочем документе WP 17, центральную роль Антарктики и Южного океана в глобальном климате и необходимость качественных наблюдений для поддержки моделей и моделирования как информационной базы для политики, Совещание согласилось выразить необходимость расстановки приоритетов в научных исследованиях изменения климата.

(210) Выразив решительную поддержку в отношении Рабочего документа WP 17, Совещание согласилось поддержать рекомендации СКАР и рекомендовало Сторонам:

- продолжить рассмотрение предоставленных СКАР результатов научных исследований, которые могут служить источником информации для региональных и общеконтинентальных политических ответных мер и действий, предлагаемых через CCRWP и Вспомогательную группу CCRWP;
- сделать приоритетными научные исследования изменения климата и меры реагирования на него в регионе;
- объяснять своим странам значение Антарктики и Южного океана с точки зрения глобального регулирования климата и необходимость постоянной защиты окружающей среды Антарктики и Южного океана для обеспечения устойчивого будущего для человечества и биоразнообразия, от которого мы зависим;
- информировать свои страны в контексте 60-летия Договора об Антарктике о важности Парижского соглашения и ожидаемом усилении целей по сокращению выбросов парниковых газов для сохранения окружающей среды Антарктики и Южного океана и их биоразнообразия при воздействиях и рисках изменения климата; и
- рассмотреть доклады МГЭИК, особенно краткие обзоры для директивных органов в каждом докладе.

(211) СКАР представил Рабочий документ WP 36 *Закисление Южного океана*. В нем содержится обзор состояния знаний, касающихся закисления Южного океана и воздействия этого закисления на морскую биоту и экосистемы, а также исследований, проводимых через СКАР для устранения этих неопределенностей. СКАР отметил, что закисление будет продолжаться, даже если концентрация CO_2 в атмосфере стабилизируется на сегодняшнем уровне, поэтому при прогнозировании

будущего и планировании природоохранных мероприятий в антарктическом регионе важно учитывать траектории закисления и биотические воздействия.

(212) Председатель представил краткое изложение материалов с форума перед КСДА в отношении Рабочего документа WP 36, отметив, что Новая Зеландия, Великобритания, Австралия, Нидерланды, Норвегия, Чили, Аргентина, Испания, Перу, США и АСОК оставили комментарии. Участники поблагодарили СКАР за представление этого документа об основных последствиях и проблемах, связанных с закислением океана. Участники подчеркнули важность этого документа и согласились с тем, что полученные результаты имеют большое значение для будущих усилий по управлению и охране окружающей среды и всегда должны рассматриваться в контексте воздействия изменения климата на Антарктику и Южный океан. Участники согласились с необходимостью постоянно поддерживать исследования, направленные на более глубокое понимание последствий закисления океана для управления и регулирования в антарктическом регионе. В ходе дискуссий на форуме перед КСДА некоторые участники также поделились различными примерами проектов по проблеме закисления океана, в которых они принимали участие. На этом же форуме поступило предложение о том, чтобы КСДА подтвердило в своем отчете принятие к сведению основных выводов Рабочего документа WP 36.

(213) Председатель также напомнил, что тема закисления океана привела к представлению на КСДА нескольких документов за последнее десятилетие и что этот вопрос был предметом конференции СКАР в 2015 году, которая подчеркнула актуальность данной темы для международного антарктического научного сообщества.

(214) Совещание поблагодарило участников за их материалы, представленные на форуме перед КСДА, и СКАР за его документ и выразило озабоченность по поводу тревожных выводов этого документа. Оно отметило важность и безотлагательность принятия мер по решению проблемы закисления океана и связанных с ним последствий для Южного океана и его экосистем, а также отметило важные связи между Антарктикой и остальной частью земного шара в отношении изменения климата и закисления океана.

(215) Отметив важность исследований и информирования мировой аудитории о вопросах океана, Португалия проинформировала Совещание о том, что Португалия и Кения проведут совместную конференцию Организации Объединенных Наций по океану в Португалии в 2022 году, и пригласила заинтересованные Стороны принять в ней участие (XLII КСДА — Информационный документ IP 68).

(216) Совещание поддержало Рабочий документ WP 17 и еще раз поблагодарило СКАР за его работу и исследования, направленные на устранение неопределенностей, вызванных усиленным закислением Южного океана.

(217) Исходя из обсуждений последствий изменения климата для управления районом действия Договора об Антарктике Совещание также согласовало соответствующие поправки к своему Многолетнему стратегическому плану работы.

(218) В рамках данного пункта Повестки дня был также представлен и принят как есть следующий документ:

- Информационный документ IP 46 *Широтная сеть многопараметрических станций*
  в обсерватории Антарктики и изменения климата (Чили). В этом документе сообщается о значительных научных и логистических усилиях Чили по установке многопараметрических датчиков на Антарктическом полуострове,

что позволило завершить самый протяженный в мире широтный градиент для изучения изменения климата. Чили отметила, что установка первых датчиков и их подключение к обсерватории изменения климата произойдет в декабре 2021 года, и предложила Сторонам принять участие в этих совместных усилиях.

Пункт 17. Туризм и неправительственная деятельность в районе действия Договора об Антарктике, включая рассмотрение вопросов компетентных органов

Политика и управление

(219) Нидерланды представили Рабочий документ WP 35 *Постоянные объекты для туризма и другой неправительственной деятельности в Антарктике*. Этот документ касался возможных будущих постоянных объектов для туризма и другой неправительственной деятельности в Антарктике, таких как отели или размещение туристов в исследовательских центрах или рядом с ними. Напомнив, что предыдущие обсуждения этой темы на КСДА не привели к консенсусу по некоторым политическим ответам, Нидерланды отметили, что КСДА предприняло дальнейшие шаги в своих соображениях по антарктическому туризму и что МААТО приняла более четкую политику по этому вопросу. Далее Нидерланды отметили, что в последнее время ряд событий в Антарктике показал, что проблемы, связанные с постоянными объектами для туризма или других неправительственных целей, не должны рассматриваться теоретически. Нидерланды рекомендовали вновь поднять эту тему на Совещании и призвать Стороны: обменяться мнениями на основании этого документа; обменяться информацией о прошлых и настоящих инициативах по созданию постоянных туристических объектов в Антарктике и о возможных связанных с этим проблемах; согласиться участвовать в межсессионных обсуждениях того, следует ли КСДА принимать действия в отношении будущих планов по созданию постоянных объектов для туризма в Антарктике, и если так, то какие действия могут быть целесообразными.

(220) Председатель резюмировал материалы с форума перед КСДА в отношении Рабочего документа WP 35, отметив, что Новая Зеландия, Великобритания, Франция, Аргентина, Япония, Австралия, Норвегия, Чили, Перу, Финляндия, АСОК и МААТО внесли свой вклад в форум. Некоторые Стороны поддержали опасения Нидерландов по поводу потенциального строительства постоянных объектов для туризма и неправительственной деятельности при отсутствии четкой позиции КСДА. АСОК отметила, что разделяет эти опасения. Соображения по поводу увеличения числа туристов в Антарктике до пандемии COVID-19 и ожидаемого возобновления деятельности, а также по поводу влияния постоянных объектов на поисково-спасательные возможности национальных антарктических программ были отмечены как важные. МААТО подтвердила, что ее члены не заинтересованы в продвижении или финансировании постоянных объектов, таких как отели. Предложение в документе получило общую поддержку, при этом несколько Сторон предложили создать МКГ и приветствовали предложение Нидерландов подготовить техническое задание. Нидерланды приветствовали положительные и ценные комментарии участников, отметили выражения поддержки в отношении их рекомендаций и представили проект технического задания для МКГ, предложив заинтересованным участникам выйти на связь и внести свои предложения. Нидерланды сообщили, что они дорабатывали проект технического задания вместе с заинтересованными Сторонами.

(221) Совещание поблагодарило Нидерланды за подготовленный документ и их работу по привлечению внимания Сторон к данному вопросу. Многие Стороны подчеркнули, что данный вопрос связан с более широким рассмотрением КСДА и КООС туризма и неправительственной деятельности в Антарктике, напомнив об актуальности Резолюции 5 (2007 г.) и Резолюции 7 (2009 г.), а также Совещания экспертов по Договору об Антарктике (СЭДА) по вопросам туризма 2004 г., СЭДА по морскому туризму 2009 г., исследования КООС по туризму 2012 г. и соглашения на XXXIX КСДА о разработке общего видения антарктического туризма (XXXIX КСДА — Рабочий документ WP 28). Была также отмечена важность экспертных советов и вклада МААТО.

(222) Стороны прокомментировали озабоченность, выраженную в Рабочем документе WP 35 относительно возможных будущих постоянных объектов для туризма, в частности относительно: воздействия на окружающую среду; влияния на поисково-спасательные возможности национальных антарктических программ; и потенциала заброшенной инфраструктуры в случае изменения условий ведения бизнеса. Было выражено мнение, что «полупостоянные» лагеря, возводимые в течение нескольких сезонов в одних и тех же местах, могут привести к аналогичным проблемам; при этом было отмечено, что обсуждение этой темы также можно продолжить в межсессионных дискуссиях.

(223) Стороны отметили желательность обмена информацией о любых инициативах в отношении возможных постоянных объектов для туризма или неправительственных целей, в том числе о предложении по поводу возможного образовательно-исследовательского учреждения, упомянутого в Рабочем документе WP 35. Бельгия сообщила, что это предложение находится на ранней стадии и будет регулироваться бельгийским законодательством. Бельгия далее подчеркнула приоритет, который отводится научным исследованиям Протоколом по охране окружающей среды, и важность оценки воздействия на окружающую среду и оценки рисков при рассмотрении любых таких инициатив.

(224) Стороны отметили важность обеспечения того, чтобы туризм продолжал оказывать лишь не более чем незначительное или ограниченное по времени воздействие, не воздействовал на научную работу, проводимую национальными антарктическими программами, соответствовал правилам системы Договора об Антарктике и назначил послов для Антарктики.

(225) МААТО вновь подтвердила, что ее члены не заинтересованы в строительстве или финансировании постоянных объектов в Антарктике, таких как отели, отметив, что такая деятельность будет противоречить уставу МААТО, согласно которому деятельность должна оказывать не более чем незначительное или ограниченное по времени воздействие, и существует риск деградации дикой природы и эстетических ценностей, которые привлекают туристов в Антарктику. МААТО также выразила поддержку в отношении предлагаемой МКГ и отметила, что надеется участвовать в продолжении обсуждений.

(226) АСОК выразила поддержку в отношении продолжающихся межсессионных обсуждений по предложенному техническому заданию и отметила, что КСДА не принимало серьезных мер по управлению туризмом с 2009 года, призвав Совещание продемонстрировать лидерство в этом вопросе. АСОК также заявила о необходимости уточнить, какие формы поддержки или использования наземного туризма считаются постоянными туристическими объектами, и подчеркнула важность осторожного подхода к управлению такой деятельностью.

(227) Совещание решило создать МКГ по постоянным объектам для туризма и другой неправительственной деятельности в Антарктике со следующими задачами:

- обмен информацией о прошлых и настоящих инициативах по созданию постоянных объектов для туризма и другой неправительственной деятельности в Антарктике и сопоставление этой информации;
- обмен мнениями о целесообразности и возможном содержании определения постоянных объектов для туризма и другой неправительственной деятельности в Антарктике;
- обмен мнениями о возможных проблемах, связанных с такими объектами, в том числе, например, об экологических проблемах и нагрузке на поисково-спасательные службы национальных программ;
- обсуждение вопроса о том, следует ли КСДА предпринять действия в отношении будущих планов по созданию постоянных объектов для туризма и другой неправительственной деятельности в Антарктике, и если так, то какие действия могут быть целесообразными;
- в зависимости от хода и результатов обсуждений по пункту 4) – разработка четкого предложения по вопросу постоянных объектов для туризма и другой неправительственной деятельности в Антарктике для XLIV заседания КСДА.

(228) Совещание также пришло к согласию относительно:

- предложения Наблюдателям и Экспертам – участникам КСДА внести свой вклад;
- открытия исполнительным секретарем форума КСДА для МКГ и оказания содействия работе МКГ;
- назначения Нидерландов координатором МКГ с представлением отчета о результатах работы МКГ на следующем КСДА.

(229) Франция представила Рабочий документ WP 41 *Отчет Межсессионной контактной группы (МКГ) о рабочей структуре добровольных наблюдателей для туристических судов, действующих в районе Договора об Антарктике*, подготовленный совместно с Аргентиной. В нем сообщается, что МКГ, созданная на XLII КСДА, провела пересмотр существующих национальных схем мониторинга и тщательно рассмотрела, как можно создать рабочую структуру добровольных бортовых наблюдателей в районе действия Договора об Антарктике. Франция представила обзор завершенных рамок для добровольного мониторинга с прилагаемым контрольным списком для мониторинга. Франция заявила, что рабочая структура улучшит понимание национальными компетентными органами деятельности, осуществляемой в районе Договора об Антарктике, их знаний о посещаемых участках и практике операторов, а также позволит осуществлять мониторинг на предмет соответствия национальным и международным требованиям. Структура предназначена для использования Сторонами в качестве добровольных указаний по поддержке и гармонизации практики. В этом отношении Франция пояснила, что эта структура должна стать формальным «инструментарием» для Сторон, который при необходимости можно будет адаптировать к национальной практике и законодательству. Кроме того, МКГ рекомендовала Совещанию одобрить предложенную структуру посредством резолюции.

(230) Председатель подвел итоги обсуждений Рабочего документа WP 41 на форуме перед КСДА, отметив, что Новая Зеландия, Нидерланды, Чили, Аргентина, Австралия, Перу, АСОК и МААТО оставили комментарии. Участники поддержали структуру и принятие резолюции, а также отметили важность надзора за туристической деятельностью и целесообразность сотрудничества между

Сторонами и согласования схем мониторинга. Было предложено внести некоторые незначительные изменения в структуру, в том числе изменить ее название, чтобы отразить ее применимость к морскому туризму, а также были внесены некоторые предложения по тексту Резолюции.

(231) В дискуссии на форуме перед КСДА МААТО подробно рассказала о своем опыте работы со схемой наблюдения МААТО и обратила внимание на ряд вопросов, в частности на: важность учета вопросов конфиденциальности при включении результатов мониторинга в документы КСДА, которые становятся общедоступными; целесообразность того, чтобы наблюдатели запрашивали обратную связь и разъяснения у операторов или других источников с целью обеспечения точности отчетов о мониторинге; и важность координации с операторами при планировании и составлении графиков деятельности по мониторингу. МААТО также призвала национальные компетентные органы консультироваться с операторами, которым они выдают разрешения, при рассмотрении последствий внедрения предложенных рамок. МААТО представила некоторые замечания по элементам контрольного списка мониторинга, где могут быть полезны дополнительные разъяснения и где можно укрепить связи между пунктами контрольного списка и требованиями, установленными в предоставленных Стороной разрешениях, и инструментами, принятыми КСДА.

(232) Франция и Аргентина приветствовали поддержку этого предложения, отметив предложения некоторых Сторон по тексту рамок и предложения МААТО. Франция и Аргентина внесли соответствующие правки после обсуждений на форуме перед заседанием.

(233) Совещание поблагодарило Францию за тщательные и подробные межсессионные обсуждения и поблагодарило Францию и Аргентину за представление Рабочего документа WP 41. Совещание поддержало предложенную структуру и внесенные в них поправки, подчеркнув преимущества схемы наблюдателей для усиления надзора за туристической деятельностью в Антарктике, отметив при этом ее добровольный характер.

(234) МААТО предложила использовать термин «не более чем незначительное или ограниченное по времени» как в самой структуре, так и в контрольном списке к ней, когда речь идет о воздействии туризма на флору и фауну. МААТО пояснила, что термин «не более чем незначительное или ограниченное по времени (воздействие)» был включен в устав МААТО и лежит в основе толкования ее руководства для операторов, а также что его включение помогает туристическим операторам лучше понять предмет оценки.

(235) Великобритания отметила, что термин «не более чем незначительное или ограниченное по времени» имеет особое значение в Протоколе, и предложила подобрать альтернативный текст для передачи соответствующего смысла. Подчеркнув добровольный характер этих рамок, Великобритания также предложила тем национальным компетентным органам, которые их внедрили, поделиться своим опытом и передовой практикой, чтобы в ближайшие годы рамки можно было обновить и улучшить.

(236) АСОК поблагодарила Францию и Аргентину за руководство этой важной работой и МААТО за выделение в этом тексте понятия «менее чем незначительное или ограниченное по времени». АСОК согласилась с тем, что менее чем незначительное или ограниченное по времени воздействие является важной целью для всей туристической деятельности, но отметила, что само по себе оно не является предрешенным выводом о воздействии туризма.

(237) Совещание приняло Резолюцию 9 (2021 г.) *Рабочая структура добровольных*

наблюдателей на борту туристических судов в районе действия Договора об Антарктике.

(238) Франция представила Рабочий документ WP 48 *Отчет о неформальной дискуссии по разработке Руководства по регулированию вопросов, касающихся туристической и неправительственной деятельности в районе действия Договора об Антарктике*, подготовленный совместно с Аргентиной и США. Франция напомнила, что на XLII КСДА было принято Решение 6 (2019 г.), в котором Секретариату было поручено подготовить это руководство согласно инструкциям Сторон и при координации со стороны Франции в ходе неофициальных обсуждений. Франция сообщила, что имеются полнотекстовая версия руководства, сводная версия и разработана информационная брошюра для операторов судов. Франция отметила, что в руководстве собраны все соответствующие инструменты и что оно станет ценным инструментом для облегчения работы как операторов, так и государственных органов. Франция также сообщила, что в ходе дискуссии были выявлены некоторые инструменты, которые можно считать устаревшими. Авторы порекомендовали Совещанию принять решение, чтобы сделать Руководство легко доступным на сайте СДА в трех разных форматах и предоставить Секретариату возможность обновлять их, а также объявить Рекомендацию X-8 (1979 г.) и Рекомендацию XVIII-1 (1994 г.) утратившими актуальность.

(239) Председатель подвел итоги обсуждений Рабочего документа WP 48 на форуме перед КСДА, отметив, что Новая Зеландия, Нидерланды, Чили, Аргентина, Австралия, Испания, Великобритания и АСОК оставили комментарии. Участники приветствовали руководство как полезный инструмент для операторов и национальных властей, а также как основу для дальнейшего обсуждения управления туризмом и его регулирования. Стороны оставили комментарии относительно важности осведомления о соответствующих положениях для более строгого соблюдения этих положений и приветствовали руководство как важный инструмент достижения этой цели. Стороны также подчеркнули необходимость периодического пересмотра руководства, чтобы оно отражало все действующие правила. Была выражена озабоченность в связи с предложением объявить Рекомендацию X-8 (1979 г.) и Рекомендацию XVIII-1 (1994 г.) утратившими актуальность на том основании, что статус этих Рекомендаций отличается от последующих резолюций. Председатель отметил, что в ходе обсуждения на форуме перед КСДА получило общую поддержку предложение принять руководство, разместить его в разных форматах на сайте Секретариата и предусмотреть его обновление Секретариатом по требованию КСДА.

(240) Совещание поблагодарило Францию за ее детальную и кропотливую работу в межсессионный период, а также других спонсоров этого рабочего документа. Стороны отметили полезность сводной справочной информации в удобных форматах, которая могла бы служить руководством для компетентных органов при управлении туристической деятельностью. Стороны подчеркнули важность регулярного обновления руководства для отражения согласованных КСДА изменений в регламентах и правилах. Совещание поблагодарило Секретариат за проделанную большую работу по подготовке руководства.

(241) Несколько Сторон подчеркнули, что будущая версия руководства и указаний в нем должна содержать отдельный раздел о необходимости предварительного уведомления о деятельности в районе действия Договора об Антарктике, и Совещание приняло к сведению это предложение для включения в будущую версию.

(242) Совещание отметило необходимость дальнейшего рассмотрения статуса Рекомендации X-8 (1979 г.) и Рекомендации XVIII-1 (1994 г.). На встрече также

было решено, что в будущем решения по обновлению руководства будут приниматься на КСДА.

(243) Участники Совещания приняли Решение 6 (2021 г.) *Руководство по регулированию вопросов, касающихся туристической и неправительственной деятельности в районе действия Договора об Антарктике*.

(244) В рамках данного пункта Повестки дня были представлены и приняты как есть следующие документы:

- Информационный документ IP 58 *Дискуссионный форум компетентных органов по вопросам регулирования туризма: отчет координатора* (Австралия). В этом документе сообщается о создании постоянного онлайн-форума для Сторон для обсуждения регуляторной деятельности в сфере туризма и обмена знаниями и опытом, как было согласовано на XLII КСДА. В документе отмечалось, что участники определили приоритетные вопросы для первоначального обсуждения, что форум открыт для всех национальных компетентных органов, и приветствовалось широкое участие.
- Информационный документ IP 62 *Норвежская схема надзора за антарктическими круизными операторами* (Норвегия). В этом документе подробно описывается существующая система надзора за норвежскими круизными операторами. Для информирования текущих обсуждений по теме схем наблюдения на борту судов для антарктических круизных операторов Норвегия предоставила подробную информацию о принятых ею регламентах и шаблонах, а также о практических аспектах, связанных с этапами до отбытия, на борту и после наблюдения.
- Информационный документ IP 86 *Закрытие польской антарктической станции Арцтовский для туристического движения в связи с пандемией COVID-19 и продолжающимся ремонтом объектов станции* (Польша). В этом документе сообщается о влиянии пандемии COVID-19 на работу польской антарктической станции Арцтовский и о том, что станция закрыта для туристических посещений до следующего уведомления из-за пандемии и продолжающегося ремонта ее объектов.
- Информационный документ IP 96 *Общие принципы для оценки «новых, ранее неизвестных и вызывающих особую обеспокоенность видов деятельности»* (Великобритания). В этом документе представлена обновленная информация о работе, проделанной в течение продолжительного межсессионного периода, и о возможном подходе Сторон к проведению предварительной оценки в отношении новых, ранее неизвестных и вызывающих особую обеспокоенность видов деятельности. В документе сообщается, что в предстоящий межсессионный период будут продолжены более обширные неформальные обсуждения с целью представления рабочего документа на XLIV КСДА.
- Информационный документ IP 104 *Руководство по краткосрочным ночевкам: согласованность и координация путем обмена информацией* (США, Канада). В этом документе представлены результаты анкеты, касающейся краткосрочных ночевок, которая была распространена среди национальных компетентных органов (НКО) шести Сторон, которые в настоящее время рассматривают эту деятельность. В нем сообщается, что почти все операторы, которые устраивают краткосрочные ночевки, соблюдают указания МААТО в отношении данного вида деятельности. В документе вместо разработки конкретных правил на данном этапе предлагается использовать виртуальный обмен знаниями и передовым опытом для координации и согласования

подходов среди НКО, которые рассматривают и разрешают краткосрочные ночевки и другую неправительственную деятельность.

(245) В рамках данного пункта Повестки дня был также представлен следующий документ:

- Вспомогательный документ BP 3 (Чили) *О политике Чили в области антарктического туризма*.

Информация, деятельность и тенденции

(246) Аргентина представила Рабочий документ WP 61 *Доклад Межсессионной контактной группы (МКГ) по отчетам о посещениях*, в котором сообщалось о результатах работы МКГ по пересмотру требований к обмену информацией о неправительственных экспедициях. Аргентина проинформировала Совещание о том, что МКГ изучила варианты достижения согласованности между формой отчета о посещении, используемой для отчетности о туристической деятельности и требованиями к обмену информацией, а также рассмотрела возможность сбора дополнительной информации и обмена ею. МКГ согласовала предлагаемые изменения к форме отчета о посещении, предложила принять инструкции по использованию формы и предложила внести изменения в требования к обмену информацией. МКГ рекомендовала КСДА: внести изменения в требования к обмену информацией; изменить форму отчета о посещении; попросить Секретариат обновить соответствующие поля в системе электронного обмена информацией (СЭОИ); и сделать форму отчета о посещении доступной для загрузки с сайта СДА в разделе «Туризм и неправительственная деятельность» на четырех официальных языках. МКГ также рекомендовала КСДА призвать Стороны продолжить обсуждение этих вопросов.

(247) Председатель представил краткое изложение материалов с форума перед КСДА в отношении Рабочего документа WP 61, отметив, что Австралия, Чили, Франция, Новая Зеландия, Перу, США, АСОК и МААТО оставили комментарии. Содержащие в документе рекомендации получили общую поддержку. Большинство Сторон поддержали продолжение обсуждений в предстоящем межсессионном периоде. Было выдвинуто альтернативное предложение дать время на внедрение и применение новых требований, прежде чем рассматривать дальнейшие уточнения.

(248) АСОК приветствовал документ и работу МКГ, отметив, что изменения улучшат процесс сбора и анализа данных и помогут в разработке политики.

(249) МААТО выразила готовность продолжить работу с Секретариатом по обеспечению того, чтобы информация о деятельности ее членов, собираемая и хранимая в базе данных МААТО, соответствовала требованиям базы данных Секретариата, чтобы из базы МААТО можно было экспортировать совместимые данные. МААТО также заявила о своей готовности внести свой вклад в будущую работу по разработке специальной формы отчета о посещении для глубоких месторождений и воздушных операций.

(250) Совещание поблагодарило Аргентину за ее работу по руководству МКГ и выразило поддержку в отношении рекомендаций Рабочего документа WP 61, отметив важность обновления формы отчета о посещении для отражения меняющихся тенденций в туристической и неправительственной деятельности в Антарктике. Совещание согласилось принять решение об изменении требований к обмену информацией и Резолюцию об утверждении обновленной формы отчета о посещении и размещении ее на сайте Секретариата на четырех официальных языках Договора.

(251) Таким образом, Совещание приняло Решение 7 (2021 г.) *Обновление требований к*

обмену информацией о национальных экспедициях и Резолюцию 10 (2021 г.) *Форма отчета о посещении объекта в целях туризма и неправительственной деятельности в Антарктике*.

(252) Совещание приветствовало предложение заинтересованных Сторон продолжить неформальное обсуждение отчетов о посещениях в межсессионный период, отметив, что эти обсуждения будут сосредоточены на следующих вопросах: методы обеспечения надлежащего обновления списков участков и мероприятий в отчетах о посещении и в СЭОИ; дальнейшие размышления по определению типов необычных происшествий, о которых можно сообщить через форму отчета о посещении. Совещание поблагодарило Аргентину за предложение координировать эти обсуждения.

(253) МААТО представила Информационный документ IP 109 *Доклад Международной ассоциации антарктических туроператоров за 2020/21 г.* МААТО предоставила подробную информацию о своем членском составе, отметив, что произошло чистое сокращение членского состава из-за ухода нескольких ассоциированных членов в результате пандемии COVID-19. Ожидаются дальнейшие изменения в членском составе МААТО, если связанные с пандемией проблемы сохранятся в течение северного летнего сезона и в антарктическом сезоне 2021/22 г. МААТО отметила рекордное количество посетителей в сезоне 2019/20 г. – свыше 74 000 человек. Из-за пандемии операционная деятельность в сезоне 2020/21 г. была ограничена тремя яхтами с 15 пассажирами. МААТО отметила, что Информационный документ IP 110 содержит оценки на сезон 2021/22 г., исходя из наилучшего сценария, предполагающего отмену ограничений на поездки и развертывание вакцинации, и МААТО собирается предоставить обновленные данные позже в 2021 г. МААТО отметила, что ее приверженность безопасным и экологически ответственным частным поездкам в Антарктику по-прежнему остается неизменной и МААТО продолжает работу по совершенствованию процедур и укреплению существующих практик. Ключевые результаты в 2021 г.: создание Комитета по внутриконтинентальным и воздушным операциям и Комитета по изменению климата; создание рабочей группы по подводным погружениям; введение обязательного ограничения скорости судов до 10 узлов в важных районах для предотвращения столкновения с китами; и сотрудничество с системой наблюдения за Южным океаном (SOOS). МААТО приветствовала сотрудничество со Сторонами Договора об Антарктике, АСОК, КОМНАП и АНТКОМ в контексте проблем, с которыми антарктическое сообщество столкнулось в результате пандемии.

(254) Совещание поблагодарило МААТО за постоянное участие в КСДА, в частности за участие в заседаниях, предоставление Информационных документов, постоянное сотрудничество с Секретариатом в поддержку эффективного управления информацией, а также взаимодействие с национальными властями и КОМНАП, в том числе по операционным вопросам. Совещание отметило, что опыт и информация МААТО являются ценными для поддержки обсуждения политики и руководства на КСДА.

(255) АСОК сослалась на свой Информационный документ IP 81, представленный в рамках пункта 6(b) Повестки дня КСДА в 30-ю годовщину Протокола по охране окружающей среды, отмечая, что в этом документе среди прочего обсуждались вопросы управления туризмом. АСОК предложила, чтобы КСДА: определило репрезентативные районы, которые должны оставаться свободными от туризма и некоторые из которых могут использоваться в качестве эталонных районов для изучения воздействия туризма или для других целей, в том числе для повышения устойчивости; разработало программу экологического мониторинга, ориентированную на управление туризмом; и включило формы «медленного

туризма» в планирование и проведение антарктической туристической деятельности.

(256) Аргентина сослалась на Документ Секретариата SP 7 *Новая карта и отчеты по всем участкам Антарктики, посещаемым судами*, отметив важную работу, проделанную Секретариатом по предоставлению карт и отчетов по запросу КСДА. Аргентина отметила содержащиеся в документе замечания относительно необходимости улучшения предоставляемой в СЭОИ информации для достижения большей точности и поддержала более активное участие Сторон в улучшении качества предоставляемых данных и, как результат, полезности этого инструмента. Кроме того, в отношении Информационного документа IP 104, принятого в том виде, в каком он был представлен США и Канадой, Аргентина напомнила о важности того, чтобы операторы надлежащим образом сообщали обо всех посещениях любых районов антарктических станций в национальные компетентные органы, в частности, во избежание нежелательного вмешательства в текущую работу станций в этих районах.

(257) Совещание выразило поддержку и признательность за проделанную Секретариатом работу по обеспечению наличия и доступности этой информации.

(258) Индия напомнила о своем Информационном документе IP 104, представленном на XXXVIII КСДА, в котором были кратко изложены еще не вынесенные рекомендации в отношении туризма и неправительственной деятельности в районе действия Договора об Антарктике. Индия предложила обновить этот документ и представить его на XLIV КСДА для облегчения обсуждения.

(259) В рамках данного пункта повестки дня были представлены и приняты как есть следующие документы:

- Информационный документ IP 7 *Отчет о ликвидации экологического ущерба* (Великобритания). В этом документе речь идет об удалении отходов и оборудования,
  а также о ликвидации ущерба от заброшенного склада оборудования и топлива в лагере Блу-Уан-Кэмп в 2019 г. – проекта, завершенного в соответствии с Приложением III к Протоколу по охране окружающей среды.
- Информационный документ IP 13 *Пример плодотворного сотрудничества между национальными компетентными органами Чили и Украины в отношении яхтенной деятельности в Антарктике* (Чили, Украина). В этом документе представлена информация о сотрудничестве и обмене информацией между компетентными органами Чили и Украины в отношении параллельных запросов на получение разрешений для яхтенной деятельности. В нем отмечены усилия, предпринятые обоими национальными компетентными органами для того, чтобы деятельность соответствовала правилам системы Договора об Антарктике.
- Информационный документ IP 54 *Сбор данных и отчетность о яхтенной деятельности в Антарктике в сезонах 2019/20 и 2020/21 гг.* (Аргентина, Великобритания, Чили и МААТО). В этом документе представлена информация о яхтах, замеченных в Антарктике или намеревающихся отправиться в Антарктику в сезонах 2019/20 и 2020/21 гг. (на последний существенно повлияла пандемия COVID-19). В документе сказано, что 43 яхты были замечены в Антарктике или сообщили о намерении отправиться туда в сезоне 2019/20 г. и 11 яхт, как оказалось, работали в районе действия Договора без разрешения. Соавторы призвали Совещание продолжить рассмотрение

вопроса о несанкционированных яхтах.

- МААТО представила Информационный документ IP 110 *Обзор МААТО по антарктическому туризму: исторический обзор роста, сезон 2020/21 г. и предварительные оценки на сезон 2021/22 г.»* (МААТО). В этом документе представлены данные по затронутому пандемией сезону 2020/21 г. и предварительные оценки на сезон 2021/22 г. Предварительные оценки основаны на лучшем сценарии и способности действовать (в зависимости от протоколов страны отправления, ограничений на поездки по всему миру и развертывания вакцинации). В документе также содержится исторический обзор, призванный помочь в обсуждениях вопросов роста и разнообразия туристической деятельности. МААТО отчиталась о своей работе над инструментами управления деятельностью в ожидании возврата к допандемическому уровню активности.
- Информационный документ IP 111 *Пятилетний пересмотр и отчет за сезон 2020/21 г. об использовании операторами МААТО мест высадки на Антарктическом полуострове и разработанных КСДА правил поведения для посетителей участков* (МААТО), в котором представлены данные, собранные из заполненных операторами МААТО форм отчета о посещении Антарктического полуострова за сезон 2020/21 г. Анализ показал, что хотя общий уровень туризма продолжал расти до пандемии, этот рост не был равномерным: на некоторые объекты по-прежнему приходилась большая часть роста, а на других наблюдалось снижение активности. Все двадцать основных мест высадки на полуострове регулировались разработанными КСДА Правилами поведения для посетителей участков или правилами поведения разработанными национальными программами. Было отмечено, что данные о посещениях операторами, не являющимися членами МААТО, не включены в этот анализ. МААТО сообщила, что в дополнение к своим годовым наборам данных она также добавила некоторые исторические данные, которые могут быть полезны в будущих дискуссиях по поводу использования участков.
- Информационный документ IP 140 *Участие российского ученого в рейсе Heritage Expeditions* (Российская Федерация). В этой статье сообщается об участии российского ученого в туристическом путешествии новозеландской туристической компании Heritage Expeditions в районе моря Росса в сезоне 2019/20 г. В документе отмечалось, что сотрудничество ученых и туристических компаний позволило проводить научные исследования без организации специальных экспедиций и привлечения дополнительных средств.
- Документ Секретариата SP 7 *Новая карта и отчеты по всем участкам Антарктики, посещаемым судами* (СДА). В этом документе представлены события на сайте Секретариата, касающиеся посещения всех участков Антарктики судами с неправительственными организациями. Система для создания отчетов с динамической картой, несколькими слоями данных и всплывающими окнами, содержащими дополнительную информацию, позволяет визуализировать действия посетителей на участках Антарктики. Она была создана на основе предыдущей представленной на XLII КСДА работы Секретариата по отображению информации о посещении участков, в отношении которых применяются правила поведения. Также были высказаны замечания относительно необходимости улучшения качества предоставляемой в СЭОИ информации для достижения большей точности и предложения относительно того, как Стороны могут улучшить качество

предоставляемых данных.

Пункт 18. Подготовка 44-го Совещания

a. Дата и место

(260) Участники Совещания приветствовали любезное предложение правительства Германии провести XLIV КСДА в Берлине предположительно с 23 мая по 2 июня 2022 г.

(261) В целях обеспечения возможности планирования на будущее Совещание приняло к сведению следующий предполагаемый план-график предстоящих КСДА:

- 2023 г. – Финляндия
- 2024 г. – Индия
- 2025 г. – Италия.

(262) В рамках данного пункта Повестки дня были поданы и приняты как есть следующие документы:

- Информационный документ IP 28 *Предложение Финляндии провести 45-е КСДА в Хельсинки в 2023 г.* (Финляндия). Учитывая отмену XLIII КСДА в Хельсинки в 2020 г., в документе предлагается провести КСДА в Финляндии в 2023 г. В документе сказано, что Финляндия достигла договоренности с Индией, где заседание КСДА будет перенесено на 2024 г.
- Информационный документ IP 145 *Подготовка к 44-му совещанию, Берлин, 2022 г.* (Германия). В документе сообщается о подготовке Германией к проведению XLIV КСДА в Берлине с 23 мая по 2 июня 2022 г.

b. Приглашение международных и неправительственных организаций

(263) В соответствии с установленной практикой, участники Совещания согласились, что направить своих экспертов на XLIV КСДА будет предложено следующим организациям, имеющим научные или технические интересы в Антарктике: АКАП, АСОК, МААТО, Международная организация гражданской авиации (ИКАО), Международная группа ассоциаций (клубов) взаимного страхования (IGP&I Clubs), МГО, ИМО, МОК, Международный фонд для компенсации ущерба от загрязнения нефтью, Международный союз охраны природы (МСОП), ЮНЕП, РКИК ООН, ВМО и Всемирная туристическая организация (ВТО).

c. Подготовка Повестки дня XLIV КСДА

(264) Совещание одобрило предварительную Повестку дня XLIV КСДА (см. Приложение 1).

d. Организация АТСМ КСДА

(265) В соответствии с Правилом 11 Правил процедуры участники Совещания решили предложить участвовать в XLIV КСДА тем же Рабочим группам, которые принимали участие в этом Совещании. Участники Совещания приняли решение назначить г-на Теодора Килла (Theodore Kill) из США Председателем Рабочей группы № 1 на 2022 год. Участники Совещания также приняли решение назначить назначило г-жу Соню Рамос Гарсия (Sonia Ramos García) из Испании и д-ра Филлипа Трейси (Phillip Tracey) из Австралии сопредседателями Рабочей группы

№ 2 на 2022 год.

е. Лекция СКАР

(266) Принимая во внимание серию полезных лекций, прочитанных СКАР на ряде предыдущих КСДА, на Совещании было принято решение пригласить СКАР прочитать еще одну лекцию по десятилетнему обновлению доклада ACCE на XLIV КСДА.

Пункт 19. Прочие вопросы

(267) Совещание приняло Парижскую декларацию по случаю 60-й годовщины вступления в силу Договора об Антарктике и 30-й годовщины подписания мадридского Протокола по охране окружающей среды 1991 года к Договору об Антарктике, в которой все Стороны вновь подтвердили свою решительную и непоколебимую приверженность целям Договора об Антарктике, Протокола по охране окружающей среды к нему и других инструментов системы Договора об Антарктике (Приложение 2).

(268) Аргентина сделала следующее заявление: «Что касается нашего выступления во время обсуждения КООС Рабочего документа WP 52 и Информационного документа IP 49, Аргентина просто хотела бы напомнить перед этим пленарным заседанием о своей позиции относительно того, как, по нашему мнению, СКАР должен вести свою деятельность. Уже много лет Аргентина является полноправным и очень активным членом СКАР, внося значительный вклад как в научные исследования, которые он координирует, так и в его бюджет. Мы делаем это, потому что полностью осознаем актуальность и ценим высокое качество проводимой им работы, а также понимаем, какую важную роль он играет, будучи главным научным консультативным органом в системе Договора об Антарктике. Однако мы убеждены, что вся работа, проводимая СКАР, а также документы и отчеты, которые он готовит, должны основываться строго на научных данных и представляться в нейтральной, объективной и беспристрастной манере, никоим образом не затрагивая правовой статус или политическую позицию кого-либо из его членов, особенно когда речь идет политических вопросах, выходящих за рамки его компетенции. Это в большей степени относится к документам, которые представлены на форумах системы Договора об Антарктике, учитывая, что СКАР – это организация, которая приглашена в качестве Наблюдателя для участия в наших дискуссиях исходя из своего научного опыта. Мы твердо надеемся, что СКАР будет придерживаться этих принципов в своей будущей деятельности, в том числе в управлении экологическим порталом, с тем чтобы и далее выполнять свою очень важную роль в системе Договора об Антарктике».

(269) Великобритания приветствовала Рабочий документ WP 52 и Информационный документ IP 49, которые, по ее мнению, представляют наилучшие из доступных научных знаний. Тем не менее Великобритания согласилась с тем, что в идеале никакие документы, представляемые в систему Договора об Антарктике, не должны вызывать острых политических разногласий.

(270) СКАР отметил, что высоко ценит свою роль Наблюдателя на Консультативном совещании по Договору об Антарктике и стремится предоставлять независимые, авторитетные и научно обоснованные рекомендации. Как неправительственная организация СКАР всегда нейтрален, не занимает и не поддерживает позиции, противоречащие интересам своих членов, и не комментирует ненаучные вопросы. СКАР подтверждает свою позицию нейтралитета и свою цель – предоставлять

наилучшие из доступных научных знаний для поддержки процесса принятия обоснованных решений Сторонами Договора об Антарктике.

Пункт 20. Принятие заключительного отчета

(271) Совещание приняло Заключительный отчет 43-го Консультативного совещания по Договору об Антарктике. Председатель Совещания г-н Оливье Пуавра д'Арвор выступил с заключительным словом.

Пункт 21. Закрытие Совещания

(272) Совещание было закрыто в четверг, 24 июня, в 12:27 по UTC.

2. Отчёт XXIII заседания КООС

Отчет Двадцать третьего заседания Комитета по охране окружающей среды (XXIII заседания КООС)

Париж, Франция, 14–18 июня 2021 г.

(1) В соответствии с положениями Статьи 11 Протокола по охране окружающей среды к Договору об Антарктике с 14 по 18 июня 2021 г. состоялось виртуальное заседание Представителей 38 из 41 Стороны, подписавших Протокол [Аргентины, Австралии, Беларуси, Бельгии, Болгарии, Бразилии, Великобритании, Венесуэлы, Германии, Индии, Испании, Италии, Канады, Китая, Колумбии, Малайзии, Монако, Нидерландов, Новой Зеландии, Норвегии, Перу, Польши, Португалии, Республики Корея, Российской Федерации, США, Турции, Украины, Уругвая, Финляндии, Франции, Чехии, Чили, Швейцарии, Швеции, Эквадора, ЮАР, Японии], с целью предоставления консультаций и выработки рекомендаций для Сторон в отношении реализации Протокола.

(2) В соответствии с положениями Правила 4 Правил процедуры КООС в работе заседания в статусе Наблюдателей приняли участие представители:

- Научный комитет по антарктическим исследованиям (СКАР) и Совет управляющих национальных антарктических программ (КОМНАП); а также
- научных, экологических и технических организаций: Коалиции по Антарктике и Южному океану (АСОК), Международной ассоциации антарктических туристических операторов (МААТО), Международного союза охраны природы (МСОП) и Всемирной метеорологической организации (ВМО).

Пункт 1. Открытие заседания

(3) Председатель КООС г-жа Биргит Ньостад (Birgit Njåstad) (Норвегия) открыла заседание в понедельник 14 июня 2021 г. и выразила признательность Франции за организацию и проведение заседания.

(4) Председатель КООС отметила, что заседание проходит в году, в котором отмечается 30-я годовщина подписания Протокола по охране окружающей среды к Договору об Антарктике 4 октября 1991 г. Она подчеркнула важную роль КООС в оказании поддержки Сторонам для продолжения продвижения к их общей цели всесторонней охраны окружающей среды Антарктики и поблагодарила Членов Комитета и Наблюдателей за их непрекращающуюся работу в этом направлении.

(5) От имени Комитета Председатель приветствовала Колумбию в качестве нового Члена после ее присоединения к Протоколу 14 марта 2020 г. Председатель отметил, что в состав КООС теперь входит 41 Член.

(6) Колумбия заявила, что для нее большая честь присоединиться к Комитету в качестве его Члена и поблагодарила Комитет за теплый прием. Колумбия подчеркнула, что осознает ответственность, которую подразумевает полноправное членство, и что она продолжит свои усилия по соблюдению Протокола по охране окружающей среды. Колумбия отметила свою заинтересованность в завершении процесса получения статуса Консультативного члена Договора об Антарктике.

(7) Председатель отметил, что в соответствии со специальными руководящими принципами виртуального совещания XLIII – XXII КСДА были созданы подфорумы. Посредством этого механизма был проведен раунд предварительных дискуссий по отобранным документам. Намерение состояло в том, чтобы

обсуждения во время самой встречи были более эффективными.

(8) Резюме этих обсуждений было размещено в разделе проектных отчетов на веб-сайте СДА и использовалось в качестве отправной точки для формулировок текста отчета по отдельным пунктам, измененным и расширенным по мере необходимости на основе дополнительных наблюдений и соображений, которые Члены представили в ходе встречи.

Пункт 2. Принятие Повестки дня

(9) Комитет принял Повестку дня и подтвердил распределение 50 Рабочих документов (WP), 57 Информационных документов (IP), 4 документов Секретариата (SP), а также 4 Вспомогательных документа (BP) по пунктам Повестки дня:

1. Открытие заседания
2. Принятие Повестки дня
3. Стратегическое обсуждение дальнейшей работы КООС
4. Работа КООС
5. Сотрудничество с другими организациями
6. Восстановительные мероприятия и ликвидация экологического ущерба
7. Последствия изменения климата для окружающей среды
    a. Стратегический подход
    b. Реализация и пересмотр Рабочей программы ответных мер в отношении изменения климата
8. Оценка воздействия на окружающую среду (ОВОС)
    a. Проекты документов по Всесторонней оценке окружающей среды
    b. Другие вопросы ОВОС
9. Охрана районов и планы управления
    a. Планы управления
    b. Исторические места и памятники
    c. Правила поведения для посетителей участков
    d. Пространственная охрана морской среды и меры пространственного управления
    e. Прочие вопросы, связанные с Приложением V
10. Сохранение антарктической флоры и фауны
    a. Карантин и неместные виды
    b. Особо охраняемые виды
    c. Прочие вопросы, связанные с Приложением II
11. Экологический мониторинг и представление данных об окружающей среде
12. Отчеты об инспекциях
13. Общие вопросы
14. Выборы должностных лиц
15. Подготовка следующего заседания
16. Принятие отчета

17. Закрытие заседания

Пункт 3. Стратегическое обсуждение дальнейшей работы КООС

Пятилетний план работы КООС

(10) Комитет обсудил Пятилетний план работы, принятый на XXII заседании КООС (Документ Секретариата SP 2), а также Рабочую программу ответных мер в отношении изменения климата (CCRWP) в конце рассмотрения каждого пункта Повестки дня.

(11) Комитет пересмотрел и уточнил Пятилетний план работы (Приложение 1).

Пункт 4. Работа КООС

(12) Председатель представила Информационный документ IP 143 *Комитет по охране окружающей среды (КООС): краткий обзор мероприятий, проведенных в течение межсессионного периода 2019–2021 гг.* (Норвегия), в котором содержится краткий отчет о работе в межсессионный период в свете задач, поставленных на XXII заседании КООС, и отметила значительный объем работы, проделанной в межсессионный период для реализации поставленных задач.

(13) Модератор подфорума обсуждений, Полли Пенхейл (Polly Penhale) из США, перед заседанием отметила, что рассмотрение планов управления на подфоруме до КООС привело к лучшей обработке планов управления в КООС. Продолжение такого подхода позволяет обсуждать на заседаниях КООС более насущные вопросы. Модератор предложила, чтобы ВГПУ в будущем рассмотрела отредактированные планы управления и обсудила внесенные изменения, прежде чем рекомендовать пересмотренные планы КООС. Она отметила, что это не помешает обсуждению изменений в планах управления на заседании КООС.

(14) Члены Комитета отметили координационные усилия США и попросили Вспомогательную группу по планам управления (ВГПУ) обсудить улучшение процесса пересмотра планов управления и сообщить Комитету пути повышения его эффективности. Комитет также подчеркнул коллективную ответственность всех Членов в процессе пересмотра новых и существующих планов управления.

(15) Модератор подфорума также рекомендовал Секретариату разместить последнюю версию Вопросника, который включен в Рабочие документы, представляющие новые или пересмотренные планы управления, на видном месте на веб-сайте Секретариата, чтобы обеспечить его видимость и доступность для Членов во избежание использования старых версий. контрольного списка. Комитет согласился попросить Секретариат обеспечить доступность вопросников.

Пункт 5. Сотрудничество с другими организациями

(16) КОМНАП представил Информационный документ IP 11. *Годовой отчет за 2020/21 год*, в котором описываются усилия организации в ответ на глобальную пандемию COVID-19 с целью снижению риска. В нем сообщается, что национальные антарктические программы сократили количество людей, отправляющихся в Антарктику на сезон 2020/21 года, продолжая при этом поддерживать критически важную антарктическую инфраструктуру,

обмениваться персоналом и обеспечивать оперативную, логистическую и научную поддержку, что позволило продолжить проводить глобально значимые антарктические исследования. Было отмечено, что Симпозиум КОМНАП по теме «Модернизация станций: Перспективная инфраструктура для поддержки исследований и снижения воздействия на окружающую среду» на канале КОМНАП на YouTube, и презентации симпозиума были общедоступными.

(17) СКАР представил Информационный документ IP 29 ред. 1 *Годовой отчет Научного комитета по антарктическим исследованиям за 2021 г. XLIII Консультативному совещанию по Договору об Антарктике*. В нем выделены три ведущие научно-исследовательские программы, утвержденные в 2020 г.: программа «Комплексная наука для информирования об охране Антарктики и Южного океана» (Ant-ICON), призванная дать ответ на основополагающие научные вопросы относительно сохранения Антарктики и Южного океана и управления ими; программа «Нестабильность и критические параметры в Антарктике» (INSTANT), которая позволяет оценить вклад Антарктики в уровень моря; и программа «Краткосрочная изменчивость и прогноз климатической системы Антарктики ($AntClim^{now}$)», которая проведет изучение вопроса прогнозирования условий в ближайшем будущем в климатической системе Антарктики в масштабах от нескольких лет до десятилетий. СКАР также сообщил о широком спектре мероприятий, в частности: об обновлениях своего портала по биоразнообразию Антарктики; о своем вкладе в Десятилетие науки об океане в интересах устойчивого развития (2021–2030 г.) ООН посредством разработки Плана действий по Южному океану; об исследовательской программе, инициированной Постоянным комитетом СКАР по гуманитарным и социальным наукам (SC-HASS) для оценки воздействия пандемии на исследования и исследователей Антарктики, а также долгосрочных последствий COVID-19 для антарктических операций, туризма и управления; и о первом виртуальном совещании делегатов СКАР.

(18) ВМО представила Информационный документ IP 93. *Годовой отчет ВМО*, в котором сообщалось об исследованиях, наблюдениях и работе с данными, имеющими отношение к Антарктике. В нем отмечен прогресс в Глобальной системе наблюдения за криосферой, которая включает целенаправленное участие ВМО в наблюдениях и данных из систем наблюдений в Антарктике. В нем также подчеркивается, что через свою совместно спонсируемую Всемирную программу исследований климата ВМО провела ряд исследований и моделирования, в которых климат антарктического региона является ключевым аспектом, и отмечается, что она будет предоставлять обновленную информацию по ним на будущих совещаниях. В нем также сообщается о зимних целевых периодах наблюдений за Антарктикой и дальнейших планах Года полярных прогнозов в южном полушарии (XLIII КСДА, Информационный документ IP 94), а также о прогрессе в создании сети антарктических региональных климатических центров (AntRCC), которая будет предоставлять климатическую продукцию в регионе Антарктики и Южного океана, и может иметь особое значение для CCRWP КООС.

(19) Комитет принял к сведению Информационный документ, представленный в рамках данного пункта Повестки дня:

- Информационный документ IP 95 *Сеть антарктических региональных климатических центров: сфера действия и концепция* (ВМО).

  В документе сообщается о прогрессе в создании сети антарктического регионального климатического центра (AntRCC), который будет предоставлять климатическую продукцию в регионе Антарктики и Южного океана, включая долгосрочные прогнозы, климатические данные и информацию, а также обучение. Он отметил, что ВМО созовет совещание по планированию реализации с участием заинтересованных стран, желающих внести свой вклад в развитие сети.

Назначение представителей КООС для участия в мероприятиях других организаций

(20) Комитет назначил:

- Антонио Кесада (Antonio Quesada), Испания, представлять КООС на 33-м ежегодном общем собрании КОМНАП, которое состоится в цифровом формате 2–3 июня, 9–10 июня и 12–14 июля 2021 г.; а также
- Полли Пенхейл (Polly Penhale), США, представлять КООС на 40-м совещании НК-АНТКОМ, которое состоится в цифровом формате во второй половине 2021 года (даты будут определены позднее).

Пункт 6. Восстановительные мероприятия и ликвидация экологического ущерба

(21) Комитет принял к сведению Информационный документ, представленный в рамках данного пункта Повестки дня:

- IP 7 *Отчет о ликвидации экологического ущерба* (Великобритания). В этом документе сообщается о ликвидации экологического ущерба, связанного с заброшенным складом оборудования и топлива в «Blue One Camp» и подчеркивается, что операция по ликвидации экологического ущерба была успешно завершена в соответствии с Приложением III к Протоколу по охране окружающей среды.

(22) Комитет принял к сведению указанный ниже Информационный документ, представленные в рамках данного пункта Повестки дня:

- Вспомогательный документ BP 5 *Характеристики антарктического топлива для информирования при ликвидации разливов топлива* (Австралия, Аргентина).

Пункт 7. Последствия изменения климата для окружающей среды

7а) Стратегический подход

(23) СКАР представил Рабочий документ WP 17 *Изменение климата Антарктики и Южного океана в глобальном контексте*, в котором отмечено несколько ключевых выводов из недавних специальных докладов Межправительственной группы экспертов по изменению климата (МГЭИК). Эти выводы описывают ожидаемые изменения в некоторых аспектах окружающей среды Антарктики, в частности изменения в ледяных щитах Антарктики, уровнях моря в Южном океане и устойчивости рыболовства в Южном океане. СКАР отметил, что результаты этих специальных докладов, а также представления трех созданных СКАР новых программ научных исследований станут вкладом в его десятилетнее обновление Доклада об изменении климата Антарктики и окружающей среде (Доклад ИКАОС), который должен быть представлен в течение следующего года. СКАР рекомендовал Комитету: продолжить рассмотрение представленных СКАР

результатов научных исследований, которые могут послужить основой для региональных и общеконтинентальных политических ответных мер и действий, предлагаемых в рамках Рабочей программы ответных мер в отношении изменения климата (CCRWP) и Вспомогательной группы по ответным мерам в отношении изменения климата (SGCCR); еще раз подтвердить свою поддержку научных исследований изменения климата и мер реагирования на него в регионе; объяснять своим странам значение Антарктики и Южного океана с точки зрения глобального регулирования климата и необходимость постоянной охраны окружающей среды Антарктики и Южного океана для обеспечения устойчивого будущего для человечества и биоразнообразия, от которого мы зависим; информировать свои страны о важности Парижского соглашения по климату и ожидаемого ужесточения целей по сокращению выбросов парниковых газов для сохранения окружающей среды Антарктики и Южного океана и их биоразнообразия в том виде, в каком они стали известны за 60 лет действия Договора об Антарктике; обращать внимание на доклады МГЭИК, особенно на краткие обзоры для директивных органов в каждом докладе.

(24) Комитет поблагодарил СКАР за этот документ и подчеркнул ценность предоставления такого научного обобщения в качестве основы для его работы. Он также признал важность новых программ научных исследований СКАР и подчеркнул заинтересованность в получении последней информации о прогрессе. Комитет отметил, что с нетерпением ожидает десятилетнего обновления Доклада ИКАОС в следующем году. Комитет выразил общую поддержку в отношении рекомендаций документа, при этом многие его Члены подчеркнули важность международного сотрудничества, долгосрочного мониторинга и исследований изменения климата и его последствий, научно обоснованной политики, взаимосвязей между Антарктикой и глобальной системой Земли, а также реализации Парижского соглашения. Некоторые Члены также предоставили информацию об исследованиях изменения климата, проводимых их национальными антарктическими программами.

(25) ВМО выразила поддержку в отношении рекомендаций и напомнила о своих постоянных исследованиях и моделировании, включая ввод сценариев в рамках Всемирной программы исследований климата (ВПИК), отметив, что она будет продолжать предоставлять эти обновленные данные также для региона Антарктики.

(26) АСОК поблагодарила СКАР за его обзор и поддержала рекомендации. АСОК также отметила, что описанные в документе неопределенности, не умаляют ясного консенсуса в отношении того, что климат меняется. АСОК подчеркнула, что для Сторон наилучшим способом реагирования на угрозы изменения климата и закисления океана является резкое сокращение выбросов углерода в их странах и назначение Морских охраняемых районов, чтобы помочь антарктическим видам и экосистемам справиться с этими изменениями без дополнительных антропогенных стресс-факторов, таких как рыболовство.

(27) Комитет призвал Членов:

- Продолжить рассмотрение предоставленных СКАР результатов научных исследований, которые могут служить источником информации для региональных и общеконтинентальных политических ответных мер и действий, предлагаемых через CCRWP и Вспомогательную группу CCRWP
- сделать приоритетной свою поддержку научных исследований изменения климата и мер реагирования на него в регионе;
- объяснять своим странам значение Антарктики и Южного океана с точки зрения глобального регулирования климата и необходимость постоянной

охраны окружающей среды Антарктики и Южного океана и зависимых и связанных экосистем, в соответствии с Протоколом по охране окружающей среды, в свете обеспечения устойчивого будущего для человечества и биоразнообразия, от которого мы зависим;

- информировать свои страны в контексте 60-летия Договора об Антарктике о важности Парижского соглашения по климату и ожидаемом усилении целей по сокращению выбросов парниковых газов для охраны окружающей среды Антарктики и Южного океана, а также зависимых и связанных с ними экосистем от дальнейшего воздействия, и рисков изменения климата; и
- рассмотреть доклады МГЭИК, особенно краткие обзоры для директивных органов в каждом докладе.

Рекомендации КООС для КСДА по изменению климата Южного океана в Антарктике в глобальном контексте

(28) Комитет сообщает, что он согласился побудить Членов:

- Продолжить рассмотрение предоставленных СКАР результатов научных исследований, которые могут служить источником информации для региональных и общеконтинентальных политических ответных мер и действий, предлагаемых через CCRWP и Вспомогательную группу CCRWP
- сделать приоритетной свою поддержку научных исследований изменения климата и мер реагирования на него в регионе;
- объяснять своим странам значение Антарктики и Южного океана с точки зрения глобального регулирования климата и необходимость постоянной охраны окружающей среды Антарктики и Южного океана и зависимых и связанных экосистем, в соответствии с Протоколом по охране окружающей среды, в свете обеспечения устойчивого будущего для человечества и биоразнообразия, от которого мы зависим;
- информировать свои страны в контексте 60-летия Договора об Антарктике о важности Парижского соглашения по климату и ожидаемом усилении целей по сокращению выбросов парниковых газов для охраны окружающей среды Антарктики и Южного океана, а также зависимых и связанных с ними экосистем от дальнейшего воздействия, и рисков изменения климата; и
- рассмотреть доклады МГЭИК, особенно краткие обзоры для директивных органов в каждом докладе.

---

(29) Новая Зеландия представила Рабочий документ WP 27 *Устойчивый дизайн антарктической станции: уменьшение вклада в изменение климата*, подготовленный совместно с Великобританией. В документе приводилась ссылка на Решение 1 (2009 г.) и рекомендации с Совещания экспертов по Договору об Антарктике 2010 г. и КОМНАП (XLII КСДА — IP 47), и отмечалось, что 73 % национальных антарктических программ, членов КОМНАП, планируют или уже проводят модернизацию на своих антарктических станциях. В документе сообщается предложение о рассмотрении использования инструментов или стандартов устойчивого проектирования для конструктивного оформления, строительства и эксплуатации модернизированных антарктических станций. Использование инструментов устойчивого проектирования может помочь сократить выбросы углерода в результате этой деятельности, улучшить здоровье и качество жизни людей, работающих в зданиях, а также обеспечить постоянную оптимальную эксплуатационную производительность зданий. Инициаторы рекомендовали, чтобы КООС призвал Стороны: рассмотреть возможность использования стандартов устойчивого проектирования для проектирования,

строительства и эксплуатации новых зданий или проектов модернизации инфраструктуры в Антарктике; обратить внимание на наличие специального антарктического стандарта Green Star и специализированных инструментов BREEAM, которые могут быть переданы Сторонам, приняты и адаптированы для любого проекта строительства или модернизации инфраструктуры в Антарктике; рассмотреть возможность принятия стандарта PAS 2080 или аналогичного стандарта для управления и сокращения выбросов углерода в результате строительных проектов; рассмотреть возможность разработки внутренних процессов устойчивого развития, которые были бы согласованы с местными, национальными и/или глобальными инициативами в области устойчивого развития, если полные стандарты устойчивого проектирования недоступны; и призвать КОМНАП к продолжению обмена практиками устойчивого проектирования для проектов модернизации станций.

(30) Комитет поблагодарил Новую Зеландию и Великобританию за их документ и признал важность рассмотрения стандартов конструкции станции для повышения устойчивости и энергоэффективности, а также сведения к минимуму воздействия человека на окружающую среду в Антарктике. Несколько Членов заявили, что их антарктические станции в настоящее время реконструируются монтируются, и отметили, что информация, представленная в Рабочем документе WP 27, была особенно полезной. Члены также подчеркнули важность обмена опытом в области устойчивого проектирования станций, отметив множество примеров эффективной работы Сторон, Членов и КОМНАП в этом отношении.

(31) КОМНАП выразил благодарность за признание инициаторами его работы по продолжению обмена передовым опытом в отношении модернизации, обратив внимание Комитета на недавнюю работу симпозиума КОМНАП 2020 г., описанную во Вспомогательном документе BP 10, представленном на XLIII КСДА. КОМНАП признал важность «зеленых» методов не только при проектировании и строительстве станций, но и в антарктических операциях, логистике и поддержке науки, и отметил, что он уделяет приоритетное внимание своим амбициям по этой теме.

(32) Комитет напомнил о Резолюции 4 (2017 г.) «*Зеленая экспедиция в Антарктике»* и выразил общую поддержку принципов устойчивого зеленого проектирования, обмена и распространения информации о модернизации и реконструкции станций, предостерегая при этом от принятия единых стандартов, которые не обязательно соответствуют всем обстоятельствам или соответствуют всем национальным стандартам, и которые не были разработаны для специфических условий Антарктиды. Некоторые Члены Комитета также отметили важность учета выбросов углерода при проектировании, строительстве и эксплуатации антарктических станций.

(33) СКАР представил Рабочий документ WP 36 *Закисление воды в Южном океане*, в котором содержится обзор состояния данных о закислении воды в Южном океане. СКАР обратил внимание Комитета на невиданные до сих пор изменения pH Южного океана за несколько десятилетий, влияние закисления Южного океана на антарктические экосистемы и реакцию антарктических организмов на эти изменения в окружающей их среде. Он также подчеркнул синергетическую взаимосвязь между закислением океана и повышением температуры и подчеркнул, что мониторинг закисления океана и его воздействия на окружающую среду Антарктики будет иметь важное значение для прогнозирования будущего и планирования природоохранных мероприятий в антарктическом регионе.

(34) Комитет поблагодарил СКАР за важный обзор воздействия возрастающего

закисления океана на окружающую среду Антарктики. Он поблагодарил СКАР за координацию исследований закисления воды в Южном океане и рекомендовал продолжить международное сотрудничество в области науки и мониторинга. В связи с этим несколько Членов поддержали использование новых сенсорных технологий для продолжения мониторинга изменений pH Южного океана. Учитывая быстрое потепление в районе Антарктического полуострова и концентрацию исследовательских станций нескольких Сторон, следует поощрять скоординированные усилия по наблюдению в этом районе.

(35) Члены Комитета вновь подчеркнули важность достижения целей Парижского соглашения по сокращению выбросов углерода, отметив четкую взаимосвязь между выбросами углерода и закислением океана.

(36) Комитет принял к сведению Информационный документ, представленный в рамках данного пункта Повестки дня:

- IP 16 *Специальный антарктический инструмент Green Star: стандарт устойчивого дизайна* (Новая Зеландия). В документе сообщается об индивидуальном инструменте проектирования Antarctic Green Star, разработанном в сотрудничестве с Советами по экологическому строительству Новой Зеландии и Австралии в рамках предлагаемого проекта реконструкции станции Скотт-Бейс. Инструмент может помочь Сторонам в достижении устойчивых результатов, включая минимизацию выбросов углерода. Инструмент был разработан для использования и модификации в соответствии с потребностями Сторон в качестве стандарта устойчивого проектирования для применения в любом проекте строительства зданий в Антарктике.

7b) Реализация и пересмотр Рабочей программы ответных мер в отношении изменения климата

(37) Конвинер SGCCR Кевин Хьюз (Великобритания) представил Рабочий документ WP 14 *Отчет Вспомогательной группы по ответным мерам в отношении изменения климата (SGCCR) за 2019–2021 гг.* и отметил, что SGCCR была создана в 2017 г. для содействия реализации программы CCRWP. Конвинер сообщил о работе и результатах SGCCR в межсессионный период 2019–2021 гг. SGCCR рекомендовала КООС: одобрить обновленный и переформатированный проект CCRWP (2021 г.) и использовать его для замены текущей версии CCRWP (2015 г.); одобрить добавление выявленных научных потребностей CCRWP к потребностям Пятилетнего плана работы КООС; рекомендовать КСДА, чтобы Секретариат оказал поддержку в разработке в сотрудничестве с SGCCR веб-страниц, имеющих отношение к коммуникации CCRWP, включая перевод презентаций CCRWP; проанализировать эффективность SGCCR с момента его создания; и рассмотреть работу, проделанную на сегодняшний день SGCCR, и одобрить продолжение ее работы в соответствии с текущим техническим заданием.

(38) Комитет поблагодарил SGCCR за работу в межсессионный период и лично конвинера Кевина Хьюза за его достижения. Было согласовано, что работа SGCCR должна поддерживаться в будущем в соответствии с ее текущим техническим заданием. Члены Комитета призвали всех заинтересованных Членов и Наблюдателей присоединиться и активно участвовать в работе SGCCR.

(39) АСОК поблагодарила SGCCR за работу в межсессионный период и призвала КООС поддержать предложенные рекомендации. АСОК отметила, что хотя в настоящее время SGCCR уделяет основное внимание научным исследованиям и

обмену информацией, SGCCR следует быть более амбициозной и реализовать ряд управленческих мер по реагированию на изменение климата как в органах системы Договора об Антарктике, так и внутри стран.

(40) Многие Члены поддержали рекомендации, представленные в Рабочем документе WP 14.
Из многих выступивших Членов Комитета все, за исключением одного, решительно поддержали пересмотренную CCRWP, представленную в Приложении А к Рабочему документу WP14. Этот Член Комитета предложил несколько поправок к CCRWP. Конвинер SGCCR провел консультации с Членами Комитета в ходе заседания, однако не удалось достичь консенсуса по пересмотру CCRWP или по предоставлению финансирования для разработки веб-страниц СДА, касающихся CCRWP и работы SGCCR. Многие Члены Комитета выразили разочарование в том, что не удалось достичь согласия по обновлению CCRWP. Комитет попросил SGCCR продолжить свою работу в межсессионный период и, во избежание дальнейших задержек с обновлением CCRWP, настоятельно призвал всех заинтересованных Членов присоединиться или активно взаимодействовать с SGCCR.

Рекомендация КООС для КСДА по реализации Рабочей программы ответных мер в отношении изменений климата (CCRWP)

(41) Комитет рассмотрел Отчет Вспомогательной группы по ответным мерам в отношении изменения климата (SGCCR) за 2019–2021 годы и согласился одобрить добавление установленных научно-исследовательских работ CCRWP к научным исследованиям Пятилетнего плана работы КООС.

(42) После обзора работы SGCCR за последние четыре года Комитет согласился с тем, что работа SGCCR должна продолжаться в будущем в соответствии с ее текущим Техническим заданием.

Пункт 8. Оценка воздействия на окружающую среду (ОВОС)

8а) Оценка воздействия на окружающую среду (ОВОС): проекты документов по Всесторонней оценке окружающей среды

(43) Новая Зеландия представила Рабочий документ WP 46 *Проект Всесторонней оценки окружающей среды (ВООС) для предлагаемой реконструкции станции Скотт-Бейс*. Настоящий проект ВООС подготовлен с целью оценки потенциального воздействия на окружающую среду в связи с предлагаемой реконструкцией станции Скотт-Бейс и заменой ветроэнергетической сети на полуострове Росса. Новая Зеландия подчеркнула, что предлагаемые действия необходимы, поскольку срок эксплуатации имеющихся на станции Скотт-Бейс зданий, сооружений, включая ветряную электростанцию, и связанной с ними инфраструктуры подошла к концу и риски для безопасности и окружающей среды возрастают. Было отмечено, что реконструкция станции Скотт-Бейс предполагала демонтаж и снос существующей станции Скотт-Бейс, и подчеркнуто, что

предлагаемая новая станция была спроектирована так, чтобы быть более эффективной, надежной и устойчивой, обеспечивать безопасную и здоровую среду для ее сотрудников и поддерживать научную программу Новой Зеландии в течение следующих 50 лет. Он также подчеркнул планы по замене трех существующих ветряных турбин, расположенных на горе Крейтер, четырьмя новыми турбинами, которые обеспечат возобновляемый источник энергии для 98 % потребностей новой базы в энергии. Новая Зеландия сообщила, что предлагаемая деятельность, вероятно, окажет более чем незначительное или ограниченное по времени воздействие на окружающую среду Антарктики. Новая Зеландия поблагодарила Испанию за созыв МКГ и всех участников МКГ за их конструктивные комментарии по проекту ВООС, а также отметила, что комментарии, высказанные в процессе работы МКГ, и любые дополнительные комментарии, сделанные в ходе дискуссий на XXIII заседании КООС, будут учтены в окончательной версии ВООС.

(44) Испания представила Рабочий документ WP 10 *Отчет открытой межсессионной контактной группы (МКГ) по рассмотрению проекта Всесторонней оценки окружающей среды, подготовленного Новой Зеландией для проекта «Реконструкция станции Скотт-Бейс»*, в котором подробно описаны обсуждения, проведенные в межсессионный период МКГ для обзора ВООС. Испания отметила, что МКГ согласилась с тем, что проект ВООС соответствует требованиям Статьи 3 Приложения I к Протоколу и что участники МКГ положительно прокомментировали предлагаемые мероприятия, описанные в проекте ВООС, в частности использование предыдущего местоположения станции и особенно интенсивное использование возобновляемых источников энергии, современных технологий очистки сточных вод и эффективность предложения по демонтажу первоначальной станции. Исходя из комментариев, предоставленных участниками, МКГ сообщила КООС о том, что проект ВООС ясен, четко структурирован и представлен надлежащим образом. МКГ согласилась с выводом, что предложенная деятельность приведет к более чем незначительному или ограниченному по времени воздействию на окружающую среду, что подтверждается информацией, содержащейся в проекте ВООС. МКГ пришла к выводу, что если Новая Зеландия решит начать предлагаемую деятельность, существует несколько аспектов, по которым в требуемых окончательных документах ВООС будет полезно предоставить дополнительную информацию или разъяснения, например: лучшее разрешение карт и рисунков; дополнительная информация по описанию планируемой деятельности, в частности касающаяся строительных материалов; воздействие на окружающую среду пыли и химических продуктов, образующихся в процессе сноса и строительства; совокупные воздействия, которые могут возникнуть в свете одновременной реконструкции американской станции Мак-Мёрдо рядом со станцией Скотт-Бейс.

(45) Комитет поблагодарил Новую Зеландию за представление всестороннего и хорошо структурированного проекта ВООС. Он также поблагодарил Испанию за созыв МКГ и участников МКГ за их усилия и конструктивные отзывы. Комитет выразил поддержку в отношении выводов и рекомендаций МКГ и отметил, что надеется получить окончательный вариант ВООС от Новой Зеландии.

Рекомендации КООС для КСДА по проекту Всесторонней оценки окружающей среды (ВООС) для предлагаемой реконструкции станции Скотт-Бейс

(46) Комитет подробно обсудил проект Всесторонней оценки окружающей среды (ВООС), подготовленный Новой Зеландией для предлагаемой реконструкции

станции Скотт-Бейс (Рабочий документ WP 46). Комитет обсудил доклад Испании о работе МКГ, созданной для рассмотрения проекта ВООС в соответствии с Процедурами для межсессионного рассмотрения проекта ВООС на заседаниях КООС (Рабочий документ WP 10).

(47) После анализа проекта ВООС КООС сообщил участникам КСДА, что:

1) Проект ВООС соответствует требованиям Статьи 3 Приложения I к Протоколу по охране окружающей среды к Договору об Антарктике.

2) Если Новая Зеландия примет решение начать предложенную деятельность, она должна предоставить дополнительную информацию или разъяснения по ряду аспектов в требуемой окончательной ВООС.

3) Вывод о том, что последствия реконструкции станции Скотт-Бейс «приведут к более чем незначительному или ограниченному по времени воздействию на окружающую среду», адекватно подтвердился информацией, представленной в проекте ВООС.

4) Проект ВООС ясен, четко структурирован и представлен в надлежащем виде, хотя рекомендуется более высокое разрешение карт и изображений.

---

(48) Турция представила Рабочий документ WP 18 *Проект Всесторонней оценки окружающей среды (ВООС) в отношении строительства и эксплуатации турецкой антарктической исследовательской станции (ТАИС) на острове Хорсшу, Антарктика*. В проекте ВООС оценивается потенциальное воздействие на окружающую среду, связанное со строительством предлагаемой станции взамен временного научно-исследовательского лагеря, разбитого Турцией на острове Хорсшу в 2019 г. Турция пояснила, что предлагаемая станция была спроектирована для оптимального использования 24 людьми и рассчитана на работу не менее 25 лет. Станция будет состоять в основном из сборных модулей, чтобы уменьшить объем строительных работ и количество отходов. Станция включает в себя главное здание, энергоцентр, центр по очистке сточных вод, топливные баки, ветровые турбины, солнечные панели, два ангара, вертолетная площадка, топливные насосные станции и насосные станции отработанной воды и аварийное убежище. Основными принципами проектирования станции были энергоэффективность, сокращение образования отходов и потребление топлива с использованием солнечной энергии и энергии ветра, а также обеспечение безопасности и благополучия научного коллектива. ТАИС будет возведена в два этапа за два антарктических лета. Турция сообщила, что потенциальное воздействие на окружающую среду, вызванное строительством и эксплуатацией ТАИС, было определено как выбросы в атмосферу, отходы и сточные воды, шум, разливы топлива и нефти, а также воздействие на флору и фауну. Было дано пояснение, что для сведения потенциальных воздействий к минимуму будут применяться смягчающие меры и соответствующие программы мониторинга. Было отмечено, что хотя станция будет оказывать воздействие на окружающую среду, вероятные воздействия будут сведены к минимуму путем реализации предложенных мер защиты. Турция сделала заключение, что строительство ТАИС настоятельно рекомендуется, поскольку его научные и логистические преимущества превосходят его воздействие на окружающую среду, которое, как ожидается, будет более чем незначительным или ограниченным по времени.

(49) Австралия представила Рабочий документ WP 12 *Отчет открытой межсессионной контактной группы (МКГ) по рассмотрению проекта*

Всесторонней оценки окружающей среды, подготовленного Турцией для проекта «Строительство и эксплуатация турецкой антарктической исследовательской станции (ТАИС) на острове Хорсшу в Антарктике». Австралия поблагодарила Турцию за ее презентацию и отметила, что участники МКГ положительно прокомментировали несколько аспектов предлагаемой деятельности, особенно в отношении ее планов по использованию сборной модульной конструкции станции, которая позволит свести к минимуму количество отходов, образующихся во время строительства, и будет способствовать эффективному процессу вывода из эксплуатации. Также были прокомментированы планы Турции по сведению к минимуму образования отходов во время работы станции, использованию передовых методов очистки сточных вод и возобновляемых источников для удовлетворения компонента энергетических потребностей и сокращения выбросов углерода. МКГ проинформировала Комитет о том, что проект ВООС в целом является четким, хорошо структурированным и представленным и в основном соответствует требованиям Статьи 3 Приложения I к Протоколу по охране окружающей среды несмотря на то, что некоторые из элементов Статьи 3 пришлось проработать более детально. МКГ сообщила КООС, что Турции следует рассмотреть вопросы, поднятые в ходе работы МКГ, и если она решит начать предлагаемую деятельность, существует несколько аспектов, по которым необходимо предоставить дополнительную информацию или разъяснения в требуемой окончательной версии ВООС, в частности следующее: описание предлагаемых мероприятий; возможные альтернативы деятельности; описание исходного эталонного состояния окружающей среды в предлагаемом месте; описание методов, используемых для прогнозирования предлагаемого влияния; оценка вероятных прямых, косвенных, совокупных и неизбежных воздействий планируемой деятельности, а также влияния на проведение научных исследований и других существующих видов использования и ценностей; выявление пробелов в знаниях и неопределенностей. МКГ далее сообщила, что вывод о том, что предлагаемая деятельность «приведет к минимальному нарушению окружающей среды», не подтвердился в достаточной степени информацией, содержащейся в проекте ВООС. Этот вывод следует представлять с использованием терминологии Статьи 8 и Приложения I, и в этом отношении, вероятно, предлагаемая деятельность будет иметь «более чем незначительное или ограниченное по времени воздействие».

(50) Турция представила Информационный документ IP 91 *Первоначальные ответы на комментарии по проекту ВООС в отношении строительства и эксплуатации турецкой антарктической исследовательской станции (ТАИС)на острове Хорсшу, Антарктика*, и выразила признательность за ценные комментарии участников МКГ при рассмотрении проекта ВООС. Турция поблагодарила участников МКГ за их комментарии и представила ответы на ряд тем, поднятых в отчете МКГ, включая научную деятельность на станции, планирование и график строительства, а также управление подачей энергии и отходами. Турция сообщила, что ее проект ВООС будет пересмотрен на основе этих комментариев и дискуссий, проведенных в ходе XXIII заседания КООС. Турция подчеркнула, что она выявила значительный потенциал для расширения научных исследований в регионе. Кроме того, Турция отметила, что установка ветряных турбин в настоящее время не планируется в рамках представленного проекта ВООС из-за ограниченной информации о миграционных маршрутах птиц, согласно комментариям, сделанным в МКГ.

(51) Комитет поблагодарил Турцию за проект ВООС, отметив, что он в целом ясен и соответствует требованиям. Он также выразил признательность Турции за подробный ответ в Информационном документе IP 91, в том числе за ее намерение

пересмотреть свою оценку общего воздействия предложения на окружающую среду. Комитет приветствовал растущее научное участие Турции в Антарктике.

(52) Члены выделили ряд вопросов, требующих дальнейшего рассмотрения, включая более подробное обсуждение альтернатив запланированной деятельности и более точный и подробный анализ воздействия деятельности на ценности Антарктики, в частности на ценности первозданной природы. Некоторые Члены также выразили общую озабоченность в связи с растущим влиянием деятельности человека в Антарктике. В поддержку решения поднятых вопросов некоторые Члены также предложили поделиться с Турцией своим опытом, а также своими знаниями о районе залива Маргерит.

(53) Один Член отметил, что прогнозы качества воздуха и шума во время и после сценария строительства будут дополнять комплексную оценку воздействия. Для оценки прогноза можно использовать лучшую доступную модель прогнозирования.

(54) Комитет поблагодарил Турцию за корректировку своих планов и решение полагаться на опреснение, а не на пресноводные озера для водоснабжения. В дополнение к этому некоторые Члены отметили, что озерная система в этом районе имеет такую ценность, что может быть актуальной для рассмотрения в качестве будущего ООРА.

(55) Отвечая на вопрос, Турция также пояснила, что предоставит более подробную информацию о предлагаемой мусоросжигательной установке.

(56) АСОК поблагодарила Турцию и Новую Зеландию за их ВООС и подчеркнула проблемы, общие для многих ВООС: ограниченное рассмотрение альтернативных действий, а также создание баз и инфраструктуры в почти нетронутых районах, что имеет последствия для ценностей первозданной природы. АСОК отметила, что с ее точки зрения процесс ОВОС работает хорошо и что Стороны все чаще предоставляют регулярные обновления и отчеты о соблюдении требований из ранее представленных ВООС, включая Информационный документ IP 97.

Рекомендация КООС для КСДА относительно подготовленного Турцией проекта ВООС в отношении строительства и эксплуатации турецкой антарктической исследовательской станции (ТАИС) на острове Хорсшу, Антарктика

(57) Комитет подробно обсудил проект Всесторонней оценки окружающей среды (ВООС), подготовленный Турцией, в отношении строительства и эксплуатации турецкой антарктической исследовательской станции (ТАИС) на острове Хорсшу, Антарктика (Рабочий документ WP 18). Комитет обсудил доклад Австралии о работе МКГ, созданной для рассмотрения проекта ВООС в соответствии с Порядком межсессионного рассмотрения КООС проектов ВООС (Рабочий документ WP 12). Комитет также обсудил дополнительную информацию, предоставленную Турцией в качестве ответов на комментарии МКГ (Информационный документ IP 91) и вопросы, возникшие в ходе совещания.

(58) После анализа проекта ВООС КООС сообщил участникам КСДА, что:

1) Проект ВООС в значительной степени соответствовал требованиям Статьи 3 Приложения I к Протоколу по охране окружающей среды к Договору об Антарктике, хотя и потребовалось более подробно проработать некоторые элементы Статьи 3.

2) Если Турция примет решение продолжать предлагаемую деятельность, то по некоторым аспектам в необходимой окончательной версии ВООС должна быть представлена дополнительная информация и разъяснения , как указано в

отчете МКГ и детально описано в документации, предоставленной членами МКГ, и комментариях во время совещания.

3) Информация, представленная в ВООС, не подтверждает вывод о том, что воздействие планируемой деятельности приведет к «минимальному нарушению окружающей среды». В выводе желательно использовать терминологию Статьи 8 Приложения I к Протоколу, и в этом отношении предполагаемая деятельность, вероятно, будет иметь «более чем незначительное или ограниченное по времени воздействие».

4) Проект ВООС в целом был четким, хорошо структурированным и представленным, хотя рекомендовались дополнения и улучшения карт и рисунков, а также потребовалась дополнительная информация и пояснения для представления полной оценки воздействия предлагаемой деятельности на окружающую среду.

---

(59) Комитет принял к сведению Информационный документ, представленный в рамках данного пункта Повестки дня:

- IP 102 *Подготовка Всесторонней оценки окружающей среды для предлагаемого строительства и эксплуатации аэродрома около австралийской исследовательской станции Дейвис (проект аэродрома Дейвис)* (Австралия). В документе сообщалось о том, что Австралийская антарктическая служба планировала работу над предложением по строительству и эксплуатации нового аэродрома около исследовательской станции Дейвис в оазисе Вестфолл, Восточная Антарктика (проект аэродрома Дейвис). В документе также отмечалось, что предложение будет подвергаться высочайшему уровню экологической экспертизы, включая подготовку и распространение Всесторонней оценки окружающей среды (ВООС) в соответствии с требованиями Протокола по охране окружающей среды к Договору об Антарктике.

8b) Другие вопросы ОВОС

(60) СКАР представил Рабочий документ WP 33 *Экологический кодекс СКАР при проведении полевых геонаучных исследований в Антарктике*, который является обновлением прошлого *Экологического кодекса СКАР при проведении полевых геонаучных исследований в Антарктике*. СКАР порекомендовал КООС изучить этот кодекс поведения и, в случае его согласования, способствовать его распространению и использованию при планировании и осуществлении полевых исследований в области наук о Земле в Антарктике.

(61) Комитет поблагодарил СКАР за его работу по обновлению кодекса поведения и отметил важность сведения к минимуму воздействия геологических исследований в Антарктике на окружающую среду Антарктики. Он также признал важность проводимой работы по сохранению геологического наследия. Многие Члены поблагодарили СКАР за обширный и инклюзивный процесс обновления кодекса поведения. Члены выразили свою поддержку в отношении кодекса поведения и

подчеркнули его полезность в процессах ОВОС. Члены также подтвердили свою приверженность обновлению информации о своих коллекциях геологических образцов и данных через список национальных хранилищ на сайте СКАР.

(62) Некоторые Члены предложили незначительные изменения и обновления кодекса поведения СКАР, в частности: незначительные изменения используемого языка; принятие во внимание работы, проделанной Международной ассоциацией геоэтики, включая Кейптаунское заявление 2016 г., Монреальское заявление о честности исследований при проведении межграничных исследований и Сингапурское заявление о честности исследований; расширение раздела по планированию полевых работ, чтобы способствовать лучшей подготовке для хранения данных и относительно потенциального нарушения дикой природы перед разворачиванием геологических полевых работ.

(63) Комитет согласился оказать содействие в распространении и применении кодекса поведения при планировании и осуществлении деятельности в области наук о Земле в Антарктике с учетом незначительных изменений, предложенных во время заседания.

(64) СКАР поблагодарил Комитет за широкую поддержку его работы по разработке обновленного кодекса поведения и выразил готовность рассмотреть возможность включения дополнительных предложений в следующую версию кодекса поведения.

Рекомендации КООС для КСДА в отношении Экологического кодекса СКАР при проведении полевых геонаучных исследований в Антарктике

(65) Комитет одобрил обновление *Экологического кодекса СКАР при проведении полевых геонаучных исследований в Антарктике* и согласился:

1) признать, что при разработке добровольного Экологического кодекса СКАР при проведении полевых геонаучных исследований в Антарктике были проведены широкие и всесторонние консультации;
2) подтвердить, что настоящий кодекс поведения заменяет предыдущий Кодекс поведения СКАР по отбору геологических образцов;
3) направить кодекс поведения на КСДА для утверждения проектом резолюции о поощрении его распространения и использования при планировании и проведении полевых исследований полевых геонаучных исследований в Антарктике; а также
4) рекомендовать Сторонам обновлять информацию о своих национальных хранилищах антарктических геологических и палеонтологических образцов, как указано в списке СКАР: https://www.scar.org/scar-library/search/science-4/geosciences/5595-list-of-national-geosciences-repositories/file/.

---

(66) Комитет принял к сведению Информационные документы и документы Секретариата, представленные в рамках данного пункта Повестки дня:

- IP 30 *Информационное обеспечение количественной оценки совокупного влияния на воздух в рамках оценки воздействия на окружающую среду Антарктики* (Беларусь). Была подчеркнута важность сбора и архивирования информации об источниках выбросов загрязняющих веществ на антарктических станциях и в районах действия национальных антарктических программ для использования при оценке совокупного воздействия на атмосферный воздух в ходе проведения этой оценки.

- IP 51 *Текущие гляциологические исследования на станции Дом-Фуджи и в ее окрестностях* (Япония), в котором описаны недавние полевые исследования и деятельность на станции Дом-Фуджи и в ее окрестностях. В документе отмечается, что после завершения глубоководного бурения льда на станции Дом-Фуджи в 2000-х годах японская антарктическая исследовательская экспедиция (JARE) завершила транспортировку всех образцов керна льда в Японию, получив образцы для палеоклиматических исследований за последние 720 000 лет. Японская антарктическая исследовательская экспедиция в сотрудничестве с международными партнерами также проводила полевые исследования по определению местоположения новой буровой площадки для запланированного проекта бурения старейшего льда в районе Дом-Фуджи, который состоится в период с 2023 по 2027 год.

- IP 96 *Методика оценки новых, ранее неизвестных или вызывающих особую обеспокоенность видов деятельности* (Великобритания), в котором описывается работа, проведенная Великобританией после обсуждений на XLII заседании КСДА того, как Стороны могли бы провести предварительную оценку в отношении новых, ранее неизвестных или вызывающих особую обеспокоенность видов деятельности, и ключевых вопросов, которые могли бы быть приняты во внимание. В документе подчеркивается намерение Великобритании продолжить более широкие неформальные дискуссии в предстоящий межсессионный период с целью представления Рабочего документа на XLIV КСДА в Берлине в 2022 году.

- IP 97 *Обновление и отчет о соответствии ВООС: проект реконструкции причала на мысе Ротера и укрепления береговой полосы* (Великобритания), в котором сообщалось, что проект реконструкции причала на мысе Ротера и укрепления береговой полосы был в основном завершен и пристань введена в работу. В документе сделан вывод о том, что строительный проект был успешным и соответствовал требованиям ВООС, в ВООС были эффективно спрогнозированы вероятные воздействия на окружающую среду, а описанные меры по смягчению последствий были результативными.

- IP 124 *Procedimiento implementado en el marco del Programa Antártico Colombiano para la evaluación de impacto ambiental de las actividades desarrolladas en el área del Tratado Antártico* (Колумбия), в котором представлена работа по предотвращению или минимизации воздействия на окружающую среду в рамках колумбийской антарктической программы. В документе подчеркивается необходимость усиления процедур и протоколов для выявления и оценки воздействия на окружающую среду в поддержку экологически ответственных научных исследований.

- Документ Секретариата SP 12 *Ежегодный перечень Первоначальных оценок окружающей среды (ПООС) и Всесторонних оценок окружающей среды (ВООС), подготовленных в период с 1 апреля 2019 г. по 31 марта 2021 г.* (СДА), в котором перечислены проведенные в течение этого периода ОВОС, включая краткое описание и место проведения деятельности, тип оценки воздействия (ПООС или ВООС), ответственная организация и решения, принятые после рассмотрения ОВОС.

(67) Комитет принял к сведению справочный документ, представленный в рамках данного пункта Повестки дня:

- Вспомогательный документ BP 13 *Information on the Progress of the Renovation of the Henryk Arctowski Polish Antarctic Station on King George Island, South Shetland Islands [Информация о ходе реконструкции польской антарктической станции Арцтовский на острове Кинг-Джордж (Ватерлоо), Южные Шетландские острова]* (Польша).

Пункт 9. Охрана районов и планы управления

9a) Планы управления

i) Проекты планов управления, рассмотренные Вспомогательной группой по планам управления

(68) Конвинер Вспомогательной группы по планам управления (ВГПУ) Патрисия Ортусар (Patricia Ortúzar) (Аргентина), представила Рабочий документ WP 62 *Отчет Вспомогательной группы по планам управления о деятельности в межсессионный период 2019–2021 гг.* от имени ВГПУ. Конвинер поблагодарила всех активных участников ВГПУ за их кропотливый труд и напомнила Комитету, что все Члены приглашены присоединиться к ВГПУ. В соответствии с техническими заданиями №№ 1–3 конвинер ВГПУ отметила, что шесть предложенных проектов планов управления Особо охраняемыми районами Антарктики (ООРА) были переданы группе для рассмотрения в межсессионный период.

(69) В отношении предложения по новым ООРА на островах Розенталь, острове Анверс, архипелаге Палмер (США); на островах Леони и юго-востоке острова Аделейд, Антарктический полуостров (Великобритания и Нидерланды); а также на острове Инэкспрессибл и в бухте Сивью, море Росса (Китай, Италия и Республика Корея) ВГПУ сообщила Комитету, что пересмотренные планы управления были качественные, хорошо написаны, соответствовали указаниям КООС и адекватно отражали ключевые моменты, поднятые в рекомендациях инициаторов. Исходя из этого, ВГПУ рекомендовала Комитету одобрить планы управления для этих трех новых ООРА.

(70) Комитет приветствовал эту рекомендацию и поблагодарил ВГПУ за тщательный анализ и полезные предложения по улучшению планов управления в межсессионный период. Комитет одобрил рекомендации ВГПУ, утвердил планы управления новыми ООРА и согласился направить их на заседание КСДА для принятия посредством меры.

(71) АСОК поблагодарила инициаторов за их пересмотренные планы управления и отметила значительные ценности на каждом из предложенных для охраны участков, обратив особое внимание на обоснование назначения исходя из соображений предосторожности и науки. АСОК также отметила, что поддерживает все три назначения.

(72) Конвинер ВГПУ сообщила Комитету, что Чили все еще рассматривает планы управления для трех ООРА:

- ООРА № 125: «Полуостров Файлдс», остров Кинг-Джордж (Ватерлоо, 25 мая) (Чили);
- ООРА № 146: «Южная Саут», острова Доумер, архипелаг Палмер (Чили);
- ООРА № 150: «Остров Ардли (полуостров Ардли)», залив Максуэлл, остров Кинг-Джордж (Ватерлоо, 25 мая) (Чили).

(73) Чили проинформировала Комитет о своем намерении представить пересмотренные планы управления этими ООРА до следующего заседания КООС. Комитет приветствовал эту информацию.

ii) Пересмотренные проекты планов управления, не рассмотренные Вспомогательной группой по планам управления

(74) Комитет обсудил пятилетний пересмотр 24-х планов управления ООРА и одного плана управления ОУРА. В каждом случае Комитет рассматривал изменения, которые предлагается внести в существующий план управления, и отмечал, что план был пересмотрен и отредактирован с учетом требований *Руководства по подготовке планов управления Особо охраняемыми районами Антарктики* (далее «Руководство»).

- Рабочий документ WP 2 ред. 1 *Пересмотр планов управления Особо охраняемыми районами Антарктики (ООРА) № 113 «Остров Личфилд», бухта Артур, архипелаг Палмер; № 119 «Долина Дейвис и озеро Форлидас», массив Дуфек; и № 139 «Мыс Бискоу», остров Анверс, архипелаг Палмер* (США)
- Рабочий документ WP 3 *Пересмотренный План управления Особо охраняемым районом Антарктики № 121 «Мыс Ройдс», полуостров Росса* (США)
- Рабочий документ WP 4 *Пересмотренный План управления Особо охраняемым районом Антарктики № 124 «Мыс Крозиер», полуостров Росса* (США)
- Рабочий документ WP 6 *Пересмотренный План управления Особо охраняемым районом Антарктики № 106 «Мыс Халлетт», северная часть Земли Виктории, море Росса* (США)
- Рабочий документ WP 9 ред. 1 *Пересмотр Плана управления Особо охраняемым районом Антарктики (ООРА) № 163: «Ледник Дакшин-Ганготри», Земля королевы Мод* (Индия)
- Рабочий документ WP 20 *Пересмотр Плана управления Особо охраняемым районом Антарктики (ООРА) № 104: «Остров Сабрина», острова Баллени* (Новая Зеландия)
- Рабочий документ WP 22 *Пересмотр Плана управления Особо охраняемым районом Антарктики (ООРА) № 105: «Остров Бофорт», пролив Мак-Мёрдо, море Росса* (Новая Зеландия)
- Рабочий документ WP 23 ред. 1 *Пересмотр Плана управления Особо охраняемым районом Антарктики (ООРА) № 155 «Мыс Эванс», полуостров Росса* (Новая Зеландия)
- Рабочий документ WP 24 ред. 1 *Пересмотр Плана управления Особо охраняемым районом Антарктики (ООРА) № 157 «Бухта Бакдор», мыс Ройдс, полуостров Росса* (Новая Зеландия)
- Рабочий документ WP 25 ред. 1 *Пересмотр Плана управления Особо охраняемым районом Антарктики (ООРА) № 158 «Мыс Хат», полуостров Росса* (Новая Зеландия)
- Рабочий документ WP 26 ред. 1*Пересмотр Плана управления Особо охраняемым районом Антарктики (ООРА) № 159 «Мыс Адэр», берег Боркгревинка* (Новая Зеландия)
- Рабочий документ WP 28 *Пересмотр Плана управления Особо охраняемым районом Антарктики (ООРА) № 103 «Остров Ардери и Остров Одберт», берег Бадда, Земля Уилкса, Восточная Антарктика* (Австралия)
- Рабочий документ WP 29 *Пересмотр Плана управления Особо охраняемым районом Антарктики (ООРА) № 102 «Острова Рукери», залив Холме, Земля Мак-Робертсона* (Австралия)

- Рабочий документ WP 30 *Пересмотр Плана управления Особо охраняемым районом Антарктики (ООРА) № 167 «Остров Хокер», Земля принцессы Елизаветы* (Австралия)
- Рабочий документ WP 31 *Пересмотр Планов управления Особо управляемым районом Антарктики (ОУРА) № 6 «Холмы Ларсеманн» и Особо охраняемым районом Антарктики (ООРА) № 174 «Стурнес», Восточная Антарктика* (Австралия, Китай, Индия, Российская Федерация)
- Рабочий документ WP 39 ред. 1 *Пересмотренный план управления Особо охраняемым районом Антарктики № 145 «Порт-Фостер», остров Десепшен (Тейля), Южные Шетландские острова* (Чили, Испания)
- Рабочий документ WP 40 *Пересмотр Плана управления Особо охраняемым районом Антарктики (ООРА) № 148 «Гора Флора», бухта Хоуп, Антарктический полуостров* (Великобритания, Аргентина)
- Рабочий документ WP 45 *Пересмотр Плана управления Особо охраняемым районом Антарктики (ООРА) № 131: «Ледник Канада», озеро Фрикселл, долина Тейлор, Земля Виктории* (Новая Зеландия)
- Рабочий документ WP 50 *Пересмотр Плана управления Особо охраняемым районом Антарктики (ООРА) № 101 «Гнездовье Тейлор», Земля Мак-Робертсона* (Австралия)
- Рабочий документ WP 51 *Пересмотренный План управления ООРА № 166 «Пор-Мартен», Земля Адели. Предложение о продлении существующего плана* (Франция)
- Рабочий документ WP 54 *Пересмотр Плана управления Особо охраняемым районом Антарктики (ООРА) № 120 «Мыс Жеоложи»* (Франция)
- Рабочий документ WP 64 *Пересмотренный план управления Особо охраняемым районом Антарктики (ООРА) № 134 «Мыс Сьерва и Шельфовые острова», берег Данко, Антарктический полуостров* (Аргентина)

(75) В отношении ООРА № 101 (WP 50), ООРА № 103 (WP 28), ООРА № 104 (WP 20), ООРА № 105 (WP 22), ООРА № 131 (WP 45), ООРА № 148 (WP 40), ООРА № 163 (WP 9 ред. 1) и ОУРА № 6 (WP 31) Комитет отметил, что в пересмотренных планах управления предложены лишь незначительные изменения, без каких-либо новых комментариев.

(76) В отношении ООРА № 102 (WP 29), ООРА № 106 (WP 6), ООРА № 120 (WP 54), ООРА № 121 (WP 3), ООРА № 134 (WP 64), ООРА № 155 (WP 23), ООРА № 157 (WP 24), ООРА № 158 (WP 25), ООРА № 159 (WP 26) и ООРА № 167 (WP 30) Комитет отметил, что в пересмотренных планах управления предлагаются лишь незначительные изменения. Комитет обсудил незначительные поправки к этим планам, в частности: исправление названий видов, которые недавно подверглись пересмотру; отсутствие конкретных положений о том, как обращаться с отходами из птицепродуктов; исправления легенд к рисункам и картам; уточняющие ссылки на дистанционно пилотируемые авиационные системы (ДПАС); и подтверждение того, что кодексы поведения для исторических хижин должны быть обязательными, путем изменения этого термина на «обязательный кодекс поведения» (ООРА №№ 155, 157, 158, 159).

(77) [В отношении ООРА №№ 113, 119 и 139 (WP 2) и ООРА № 124 (WP 4) Китай выразил озабоченность по поводу включения фразы «предотвращение излишнего вмешательства человека» в цели ООРА и попросил вернуть предыдущий вариант этой фразы, который использовался в первоначальных планах управления ООРА, для обеспечения согласованности, как этого требует Протокол по охране

окружающей среды.

(78) Китай также выразил озабоченность в связи с удалением части описания границ ООРА № 139 (Рабочий документ WP 2) без предоставления каких-либо научных данных и попросил оставить следующее предложение на прежнем месте: Первоначальная граница Района имела геометрическую форму и включала отдельный, свободный от ледникового покрова 300-метровый выступ к северу от этого острова, а также морскую среду в промежутке между ними. *Недавнее подробное исследование не дало достаточной информации для обоснования особых ценностей, связанных с местной морской средой. Морской район не является предметом текущих или планируемых научных исследований и не подвергается особой нагрузке или угрозе, требующей управления. По этим причинам граница была пересмотрена, и морская среда была исключена из состава Района».*

(79) Инициатор (США) отметил, что термин «человеческое присутствие» в планах по управлению ООРА был основан на рекомендациях рецензента во время межсессионного рассмотрения ВГПУ предлагаемого ООРА на островах Розенталь, остров Анверс, архипелаг Палмер (WP 62), поскольку он соответствует цели Протокола по охране окружающей среды, в частности, если охраняемыми субъектами необходимо считать дикую природу и эстетику. Инициатор также подчеркнул, что он удалил объяснение изменения границы. Это объяснение относилось к предыдущей редакции как обоснование для изменения границ. Учитывая, что здесь не было предложено никаких новых изменений границ, США не сочли это обоснование необходимым для добавления к текущему пересмотру Плана управления.

(80) В отношении ООРА № 166 (WP 51) Франция отметила, что основной целью определения ООРА № 166 была охрана археологических интересов на этом участке и разрешение проведения археологических исследований в Пор-Мартене. Из-за того, что эта работа была отложена, Франция предложила продлить план управления еще на пять лет.

(81) В отношении ООРА № 174 (WP 31) сторонники предложили не вносить никаких изменений в план управления и попросили продлить существующий план еще на пять лет.

(82) В отношении ООРА № 145 (WP 39 ред.1) Чили и Испания представили значительные изменения для внесения в существующий план управления и рекомендовали КООС запросить у ВГПУ более подробное рассмотрение пересмотренного плана в межсессионный период. Комитет поблагодарил инициаторов за их документ и признал значительные экологические, образовательные и эстетические ценности Порт-Фостера и его морской среды. Отметив ценность этого района, МААТО и АСОК приветствовали возможность внести свой вклад в пересмотр через ВГПУ.

(83) С учетом незначительных поправок Комитет одобрил семнадцать из двадцати четырех планов управления, которые не были рассмотрены ВГПУ. Комитет также одобрил продление срока действия существующих планов управления ООРА № 174 «Стурнес», Восточная Антарктика и ООРА № 166 «Пор-Мартен» еще на пять лет. Комитет согласился передать пересмотренный план управления ООРА № 145 на рассмотрение ВГПУ в межсессионный период.

(84) США выразили разочарование в связи с тем, что один из Членов Комитета не одобрил пересмотренные планы управления ООРА 113, 119, 124 и 139, и поэтому не было единого мнения о передаче этих Планов управления на рассмотрение КСДА. США не ожидали, что дальнейшее обсуждение было бы продуктивным.

Предлагаемые Планы управления в том виде, в котором они в настоящее время пересматриваются, будут представлены США для утверждения на заседаниях КООС и КСДА в 2022 году.

iii) Новые проекты планов управления для охраняемых и управляемых районов

(85) Никаких новых проектов планов управления для охраняемых и управляемых районов представлено не было.

iv) Документы, касающиеся предварительной оценки предлагаемых новых охраняемых районов

(86) Никаких документов, касающихся предварительной оценки предлагаемых новых охраняемых районов, представлено не было.

Рекомендации КООС для КСДА относительно пересмотренных планов управления ООРА

(87) Комитет согласился направить для принятия на КСДА в рамках соответствующей Меры следующие пересмотренные планы управления:

№	Название
ОУРА № 6	«Холмы Ларсеманн»
ООРА № 101	«Гнездовье Тейлор», Земля Мак-Робертсона
ООРА № 102	«Острова Рукери», залив Холме, Земля Мак-Робертсона
ООРА № 103	«Остров Ардери и Остров Одберт», берег Бадда, Земля Уилкса, Восточная Антарктика
ООРА № 104	«Остров Сабрина», острова Баллени
ООРА № 105	Остров Бофорт, пролив Мак-Мёрдо, море Росса
ООРА № 106	«Мыс Халлетт», северная часть Земли Виктории, море Росса
ООРА № 120	«Мыс Жеоложи»
ООРА № 121	«Мыс Ройдс», полуостров Росса
ООРА № 131	«Ледник Канада», озеро Фрикселл, долина Тейлор, Земля Виктории
ООРА № 134	«Мыс Сьерва и Шельфовые острова», берег Данко, Антарктический полуостров
ООРА № 148	«Гора Флора», залив Хоуп, Антарктический полуостров
ООРА № 155	«Мыс Эванс», полуостров Росса
ООРА № 157	«Бухта Бакдор», мыс Ройдс, полуостров Росса
ООРА № 158	«Мыс Хат», полуостров Росса
ООРА № 159	«Мыс Адэр», берег Боркгревинка
ООРА № 163	«Ледник Дакшин-Ганготри», Земля королевы Мод
ООРА № 167	«Остров Хокер», Земля принцессы Елизаветы
НОВЫЙ ООРА	«Острова Розенталь», остров Анверс, архипелаг Палмер
НОВЫЙ ООРА	«Острова Леони и Юго-Восточная Часть Острова Аделейд», Антарктический полуостров
НОВЫЙ ООРА	«Остров Инэкспрессибл и Бухта Сивью», море Росса

(88) Комитет согласился сообщить КСДА, что с учетом значительных изменений,

предложенных в плане управления ООРА № 145 (WP 39 ред. 1), пересмотренный план управления будет передан ВГПУ на рассмотрение в межсессионный период.

(89) Комитет принял решение сообщить на КСДА о том, что в соответствии с требованиями Статьи 6(3) Приложения V к Протоколу по охране окружающей среды был проведен обязательный раз в пять лет пересмотр Планов управления указанных ниже ООРА, а также о том, что действующие Планы управления необходимо оставить в силе и инициировать следующий пересмотр в 2026 году:

- ООРА № 166 «Порт Мартен» (Земля Адели)
- ООРА № 174 «Стурнес», Восточная Антарктика

---

v) Прочие вопросы, касающиеся планов управления охраняемыми/управляемыми районами

(90) Комитет принял к сведению указанные ниже Информационные документы, представленные в рамках данного пункта Повестки дня.

- Информационный документ IP 53 *Начало пересмотра Плана управления Особо охраняемым районом Антарктики № 126 «Полуостров Байерс», остров Ливингстон (Смоленск), Южные Шетландские острова* (Чили, Испания, Великобритания). В документе сообщается о начале пересмотра Плана управления ООРА № 126 и отмечается, что ожидается, что пересмотренный план управления будет представлен на XXIV заседании КООС в 2022 г.

- IP 133 *Прогресс в процессе пересмотра Плана управления Особо управляемым районом Антарктики № 1 «Залив Адмиралти»* (Бразилия, Эквадор, Перу, Польша, США). В документе отмечалось начало пятилетнего пересмотра Плана управления ОУРА № 1, а также сообщалось о достигнутом прогрессе и следующих шагах. В документе подчеркивается, что пересмотр будет осуществляться в соответствии с Приложением В к Резолюции 1 (2007 г.) (*Руководство по подготовке планов управления ОУРА*).

9b) Исторические места и памятники

(91) Испания представила Рабочий документ WP 1 *Предложение о включении затонувшего судна «Сан-Тельмо» в Список исторических мест и памятников Договора об Антарктике,* в котором КООС рекомендуется одобрить включение обломков испанского судна «*Сан-Тельмо*» в список Исторических мест и памятников. В 2019 г. Испания представила документ XLII КСДА — WP18, в котором говорится о ее намерении представить предложение об официальном включении судна в качестве нового ИМП, и Комитет согласился предоставить затонувшему кораблю «*Сан-Тельмо*» временную охрану, предусмотренную Резолюцией 5 (2001 г.), если его местонахождение будет обнаружено. Ввиду возможных экспедиций, направленных на поиск останков затонувшего корабля, Испания сочла целесообразным обеспечить максимальную охрану затонувшего корабля «*Сан-Тельмо*» посредством его включения в список ИМП.

(92) Комитет приветствовал предложение Испании по включению затонувшего корабля «*Сан-Тельмо*» в Список исторических мест и памятников Договора об Антарктике. Хотя расположение затонувшего корабля «*Сан-Тельмо*» неизвестно, Комитет отметил, что его обнаружение имело бы важное значение. Несколько

Членов попросили Испанию предоставить как можно больше информации о потенциальном местоположении *«Сан-Тельмо»*, во избежание непреднамеренного повреждения обломков.

(93) Несколько Членов высказали мнение, что было бы полезно продолжить обсуждение подходов к охране исторических артефактов, точное местонахождение которых неизвестно. Кроме того, Новая Зеландия отметила, что результаты работы Международного комитета по полярному наследию по разработке Передовой практики наземной и подводной археологии Антарктики (Информационный документ IP 135) могут стать источником информации для обновления *Руководства по оценке и управлению наследием Антарктики* (Резолюция 2 (2018 г.)).

(94) Испания поблагодарила Комитет за поддержку и заявила, что предоставит дополнительную информацию о затонувшем корабле *«Сан-Тельмо»* заинтересованным Членам.

(95) Комитет одобрил включение затонувшего корабля «Сан-Тельмо» в список ИМП, и отметил, что информация в Приложении 2 этого отчета должна быть интегрирована в новый формат ИМП, представленный для принятия на этом заседании.

(96) Кроме того, Комитет согласился добавить необходимость дальнейшего обсуждения ИМП с неизвестным местонахождением в Пятилетний план работы.

Рекомендации КООС для КСДА по внесению изменений и дополнений в Список исторических мест и памятников

(97) Комитет согласился направить одно предложение о добавлении к Списку исторических мест и памятников на КСДА для утверждения посредством Меры.

№	Название
ИМП №	Обломки испанского судна «Сан-Тельмо», исчезнувшего в 1819 г.

(98) Комитет выдвигает в Приложении 2 информацию об этом ИМП в формате предложенного переформатированного списка ИМП с целью включения в него.

---

(99) Аргентина представила Рабочий документ WP 60 ред. 1 *Переформатирование списка Исторических мест и памятников в соответствии с Решением 1 (2019 г.)*, подготовленный совместно с Норвегией и Великобританией. В документе представлены результаты работы сторонников переформатирования списка исторических мест и памятников в соответствии с Решением 1 (2019 г.). В WP 60 ред. 1 на рассмотрение Комитета представлен проект Меры по утверждению переформатированного списка, проект Решения об администрировании списка и проект Резолюции в поддержку пересмотренной версии шаблона обложки для новых предложений по ИМП.

(100) Комитет поблагодарил Аргентину, Норвегию и Великобританию за их масштабную работу по координации обновления списка ИМП в соответствии с Решением 1 (2019 г.). Он также поблагодарил Секретариат за его постоянную поддержку в заполнении и ведении базы данных ИМП.

(101) Комитет выразил всецелую поддержку рекомендациям, представленным в WP 60

ред. 1, отметив, что они упростят процесс определения и изменения списка ИМП и будут способствовать сохранению ценности списка ИМП как инструмента управления и обучения/информирования.

Рекомендации КООС КСДА по переформатированию списка исторических мест и памятников

(102) Комитет одобрил переформатированный список ИМП и согласился:

1) направить переформатированный список ИМП на КСДА для принятия посредством Меры;
2) рекомендуют КСДА согласовать в форме Решения, что:
   a. Информация, содержащаяся в полях «№», «Описание», «Местоположение», «Название», «Тип», «Описание исторического контекста», «Применимые критерии в соответствии с Резолюцией 3 (2009 г.)», «Природные особенности окружающей среды, культурный контекст и местная специфика», продолжает оставаться формальной частью списка ИМП, и любые изменения в этих полях требуют процедуры принятия через меру.
   b. Информация, содержащаяся в полях «Природоохранный статус», «Средства и методы управления», «Наименование/поправки», и «Фотографии», может считаться необходимой дополнительной информацией к списку ИМП, для которой любые изменения должны быть согласованы КООС и отмечены в его отчете для КСДА.

3) Одобряется пересмотренное *Руководство по представлению Рабочих документов, содержащих предложения по Особо охраняемым районам Антарктики, Особо управляемым районам Антарктики или Историческим местам и памятникам*, которое направляется на КСДА для принятия в качестве Резолюции; а также
4) Секретариату направляется просьба в кратчайшие сроки заполнить базу данных информацией, предоставленной для нового формата, и сделать эту информацию доступной через сайт СДА в соответствии с Решением 1 (2019 г.).

---

(103) Австралия представила Рабочий документ WP 13 *Оценка и управление историческими останками со сроком происхождения до 1958 года на озере Камп, оазис Вестфолл, Восточная Антарктика,* в котором подробно описан процесс оценки останков, найденных в озере Камп, оазис Вестфолл. Австралия сообщила, что она оценила историческую ценность исторических останков в соответствии с Руководством *по оценке и управлению наследием Антарктики* (Резолюция 2 (2018 г.)). Австралия отметила, что внесение в список ИМП не предлагается и что местная ценность участка для интерпретации ранних высадок в оазисе Вестфолл будет защищена с помощью механизмов управления, введенных в рамках Австралийской антарктической программы. Поэтому Австралия рекомендовала Комитету согласиться с тем, что временная охрана останков по *Руководству по обращению с историческими останками со сроком происхождения до 1958 года, существование или нынешнее местонахождение которых неизвестно* (Резолюция 5 (2001 г.)) больше не требуется.

(104) Комитет поблагодарил Австралию за ее оценку и отметил использование и применение правил при оценке участка. Один Член выразил заинтересованность в получении дополнительной информации о результатах проведенного процесса оценки. Австралия выразила готовность поделиться информацией со всеми заинтересованными Членами. Внимание было привлечено к неофициальным обсуждениям, которые проходят в межсессионный период относительно разработки Руководства по планам сохранения для ИМП, которое после его доработки и представления Комитету могло бы стать руководством не только для существующих ИМП, но и для других подобных случаев.

(105) Комитет принял к сведению вывод о том, что включение участка в список ИМП не предлагалось, и согласился проинформировать КСДА об оценке и о том, что временная охрана по Резолюции 5 (2001 г.) в отношении исторических останков со сроком происхождения до 1958 года на озере Камп, оазис Вестфолл, Восточная Антарктика, больше не нужна.

Рекомендации КООС для КСДА по обращению с историческими останками со сроком происхождения до 1958 года в Камп, оазис Вестфолл, Восточная Антарктика

(106) Комитет рассмотрел результаты оценки исторических останков со сроком происхождения до 1958 года в районе озера Камп, оазис Вестфолл, Восточная Антарктика, принял к сведению вывод о том, что внесение этого участка в список ИМП не предлагалось, и согласился с тем, что временная охрана останков по *Руководству по обращению с историческими останками со сроком происхождения до 1958 года, существование или нынешнее местонахождение которых неизвестно* (Резолюция 5 (2001 г.)) больше не требуется.

---

(107) Комитет принял к сведению Информационный документ, представленный в рамках данного пункта Повестки дня:

- Информационный документ IP 135 «Разработка *проекта Руководства по передовой практике наземной и подводной археологии Антарктики»* (СКАР). В этом документе сообщается, что Международный комитет по полярному наследию (IPHC) — международный научный комитет, занимающийся сохранением и охраной полярного наследия, — разработал проект передовой практики наземной и подводной археологии в Антарктике. В этом руководстве предлагаются профессиональные знания о том, как следует планировать и проводить антарктические археологические исследования и представлять результаты. Международный комитет по полярному наследию предложил внести свой вклад всем заинтересованным Членам и другим экспертным группам, участвующим в разработке этого руководства.

9c) Правила поведения для посетителей участков

(108) Германия представила Рабочий документ WP 11 *Отчет Межсессионной контактной группы (МКГ) об усилении существующего руководства для посетителей Антарктики — предложение принять обновленное Общее руководство для посетителей Антарктики*. В документе сообщается о предлагаемых изменениях в *Общем руководстве для посетителей Антарктики*, принятых в соответствии с Резолюцией 3 (2011 г.), и о предложении Комитету

согласиться направить измененное Руководство на заседание КСДА для принятия. В документе также сообщалось об обсуждениях сферы охвата МКГ и предложении о продлении работы МКГ еще на год.

(109) Комитет поблагодарил Германию за руководство МКГ и заявил о своей поддержке направления измененного Общего руководства на КСДА. Он выразил уверенность в том, что изменения послужат общим руководством по снижению потенциального воздействия на окружающую среду от деятельности посетителей. МААТО предложила текстовое дополнение, касающееся заправки летательных аппаратов, которое одобрил Комитет.

(110) При обсуждении вопроса о том, следует ли МКГ продолжить работу над соответствующими вопросами, многие Члены подтвердили свое желание продолжения работы МКГ, в то время как некоторые предложили, чтобы МКГ завершила работу. Некоторые Члены Комитета отметили, что они продолжат участие в МКГ, если продолжение работы МКГ будет определено как полезное, и что в случае продолжения работы технические задания должны быть достаточно ясными, чтобы все Члены Комитета и Наблюдатели могли работать сообща и создать хорошее руководство для посетителей.

(111) Члены Комитета отметили ценность *Общего руководства для посетителей Антарктики и Правил поведения для посетителей участков*, а также хорошо разработанных образовательных инструментов для донесения полезной информации и практических рекомендаций до посетителей Антарктики. Несколько Членов также отметили, что не решаются согласиться с тем, чтобы указывать в Общем руководстве и в Правилах поведения категории деятельности, разрешенной на каждом участке. Один Член отметил важность продолжения обсуждения возможных последствий диверсификации деятельности человека в Антарктике для рекомендаций посетителям. Многие Членов также отметили, что Стороны, которые лучше всего знакомы с участками (при необходимости по согласованию с МААТО) имеют наилучшие возможности для разработки новых и пересмотра существующих Правил поведения на участках в соответствии с текущей практикой. Некоторые Члены Комитета подчеркнули, что в отношении посещений станций каждая Сторона должна иметь прерогативу решать, как выполнять инструкции, отметив, что согласованные инструкции КСДА могут ограничить возможности национальных антарктических программ по разработке и изменению договоренностей о посещениях станций. Несколько респондентов считают, что разработку приложения или пересмотр формата Правил поведения для посетителей участков лучше всего провести заинтересованным Сторонам в консультации с Секретариатом для рассмотрения на будущем КООС.

(112) Некоторые Члены Комитета отметили, что из-за различных позиций и мнений по некоторым нерешенным вопросам, касающимся правил поведения для посетителей участков, достижение консенсуса может оказаться сложной задачей. Другие Члены указали, что предлагаемая текущая МКГ может предоставить возможность продолжить обмен взглядами и мнениями.

(113) Некоторые Члены подчеркнули необходимость в правилах посещения станций, особенно в случае закрытых станций с активной и продолжающейся научной деятельностью, в то время как другие Члены отметили, что ответственность лежит на соответствующей Стороне или национальной антарктической программе. МААТО приветствовала работу Сторон по разработке руководящих принципов посещения станций и подчеркнула их ценность, отметив, что они включают такие руководящие принципы в Руководство МААТО по полевым операциям, если потребуется.

(114) АСОК заявила, что было бы полезно, если бы обсуждения правил поведения для посетителей продолжались в соответствующем формате, чтобы можно было рассмотреть нерешенные вопросы, такие как взаимосвязь между Общим руководством и Правилами для конкретных участков. Это будет актуально в контексте диверсификации туристической деятельности, хотя могут потребоваться и другие инструменты управления.

(115) Германия ответила на отзывы Членов, отметив, что если МКГ продолжит работу, рекомендуемое техническое задание и объем работы МКГ не должны дублироваться в разных инициативах, например, не должна дублироваться работа СКАР/МААТО по разработке комплексного плана сохранения окружающей среды Антарктического полуострова. Германия также предложила дополнение к Вопроснику для разработки и пересмотра Правил поведения для посетителей, принятого в соответствии с Резолюцией 3 (2019 г), которое могло бы обеспечить согласованность между Правилами поведения для посетителей участков и Общим руководством поведения во всех сферах, и это может исключить необходимость дальнейшего обсуждения в ходе работы МГК. Комитет согласился с тем, что это полезный путь вперед, а также внести поправки в контрольный список, прилагаемый к Резолюции 3 (2019 г.), и направить его КСДА для принятия посредством Резолюции.

(116) Поскольку Члены Комитета сочли, что правила по конкретным видам деятельности не должны быть частью Правил посещения конкретных участков, Германия предложила обсудить этот вопрос в другом контексте, например, в рамках проводимой Великобританией работы над системой оценки новых, новаторских или вызывающих особое беспокойство видов деятельности, описанных в Информационном документе IP 96. Опираясь на первоначальную цель (усилить руководство для посетителей и, в конечном итоге, разработать современные, улучшенные и удобные для пользователя руководства), Германия предположила, что Правилам посещения участков была бы полезна повторная верстка, и хотела бы провести обсуждение нового шаблона макета Правил поведения для посетителей участков и выполнить ее в рамках неформального процесса, приглашая Секретариат, заинтересованные Стороны и МААТО присоединиться к этой работе.

Рекомендации КООС для КСДА относительно пересмотренного Общего руководства для посетителей Антарктики

(117) Комитет согласился направить пересмотренное Общее руководство для посетителей Антарктики на КСДА для утверждения посредством Резолюции.

(118) Комитет согласился внести поправки в контрольный список, прилагаемый к Резолюции 3 (2019 г.), измененный для обеспечения общей согласованности между Правилами посещения участков и Общим руководством, и направить его на КСДА для принятия посредством той же Резолюции.

---

(119) США представили Рабочий документ WP 7 *Пересмотренные Правила поведения для посетителей участка № 28 «Сиби-Хук», мыс Халлетт, северная часть Земли Виктории, море Росса*, отметив, что правила поведения для посетителей участка «Сиби-Хук» были введены в 2010 г. после значительных изменений в плане управления соседним ООРА № 106 «Мыс Халлетт». США сообщили, что после пересмотра плана управления ООРА № 106 в 2021 г. возникла необходимость в небольшом изменении северной границы этого охраняемого района, поскольку новые данные показали изменения в распространении большой колонии

пингвинов Адели на Сиби-Хук. Они предложили обновить Правила поведения для посетителей участка, чтобы обеспечить согласованность с планом управления, а также внести незначительные редакционные улучшения и пояснения.

(120) Комитет поблагодарил США за представленный документ и приветствовал обновленную информацию о численности пингвинов Адели и изменение границы для обеспечения согласованности Правил поведения с планом управления ООРА № 106.

(121) Комитет согласился передать пересмотренные Правила поведения для посетителей участка «Сиби-Хук» на утверждение КСДА посредством Резолюции.

(122) Новая Зеландия представила Рабочий документ WP 44 *Правила поведения для посетителей участков важных исторических мест в регионе моря Росса в пределах действия Договора об Антарктике*, подготовленный совместно с США. В документе отмечается необходимость принятие мер в отношении последствий регулярных и растущих посещений четырех исторических мест в регионе моря Росса: Мыс Ройдс, мыс Эванс, мыс Хат и мыс Адэр. Учитывая, что все четыре участка были определены как Исторические места и памятники (ИМП) и ООРА, были выполнены пересмотр Правил поведения на мысах Ройдс и разработка новых Правил поведения на мысе Эванс, Хат и Адэр с учетом изменений в Планы управления ООРА. В документе предложены поправки к Правилам поведения для посетителей участка «Мыс Ройдс» и принятие новых правил поведения для посетителей участков на мысе Эванс, мысе Хат и мысе Адэр.

(123) Комитет поблагодарил Новую Зеландию и США за их документ и выразил поддержку пересмотренным и новым правилам поведения для посетителей участков. Члены отметили, что предлагаемые правила поведения отражают положения планов управления ООРА, охватывающих участки или прилегающие к ним территории. Один Член отметил необходимость разъяснения роли кодекса поведения посетителей, который будет обязательным в планах управления ООРА и необязательным в правилах поведения для посетителей участков. Этот вопрос решен в новой редакции Плана управления ООРА.

(124) МААТО отметила исключительную историческую важность исторических мест в регионе моря Росса и высоко оценила ясность новых Правил поведения. МААТО подчеркнула важность продолжения дискуссий по поводу приоритетов, управления и мониторинга посетителей участков.

(125) Комитет согласился направить пересмотренные Правила поведения для посетителей участка «Мыс Ройдс» и новые Правила поведения для посетителей участков «Мыс Эванс», «Мыс Хат» и «Мыс Адэр» для принятия КСДА посредством Резолюции.

(126) Украина представила Рабочий документ WP 56 *Предлагаемые Правила поведения для посетителей участка «Аргентинские острова», архипелаг Вильгельма*. Было отмечено, что Аргентинские острова (о-ва Арджентайн-Айлендс) представляют собой небольшую группу островов, признанных одной из самых южных зарегистрированных колоний папуанских пингвинов, и что количество посетителей на украинской станции Вернадский в последние годы возросло. Украина предложила установить ограничения на количество посетителей участка; требования к высадке на берег для круизных судов и частных яхт; специальные туристические маршруты, чтобы отвлечь посетителей от зданий станции; а также добавила политику Украины в отношении посещения туристами станции Вернадский (Информационный документ IP 110 с XXXIV КСДА).

(127) Комитет приветствовал предложение по рассмотрению подходов к управлению

туристической деятельностью на Аргентинских островах (о-вах Арджентайн-Айлендс). Несколько Членов отметили, что территория, предложенная в правилах поведения для посетителей участка, включает территорию, подпадающую под Правила поведения для посетителей участка № 22 «Хижина Уорди», остров Уинтер, и из-за этого может возникнуть путаница. Некоторые Члены также напомнили, что Сторонам было рекомендовано подготовить свои собственные правила поведения для посетителей своих станций и надлежащим образом сообщить их Сторонами и МААТО, а не включать в правила поведения для посетителей участка. МААТО предложила продолжить обсуждения правил поведения, чтобы прояснить, что ожидается от туроператоров, организующих посещения станции.

(128) Украина пояснила, что предлагаемые руководящие принципы не распространяются на саму станцию, а охватывают прилегающую территорию, включая три близлежащих острова: Остров Галиндез (самый большой), остров Скуа и частично остров Уинтер, а также окружающие их воды. Во избежание возможной путаницы в управлении уже существующими Правилами посещения участка № 22 «Хижина Уорди», Украина предложила исключить весь остров Уинтер из дальнейшего рассмотрения и улучшить предлагаемые правила для применения к острову Галиндез и его окружающим водам в тесном сотрудничестве со всеми заинтересованными сторонами.

(129) Отметив, что эти предлагаемые правила поведения для посетителей Аргентинских островов (о-вов Арджентайн-Айлендс) требуют доработки, Комитет призвал Украину доработать их в межсессионный период и представить пересмотренную их версию для рассмотрения на следующем заседании КООС.

Рекомендации КООС для КСДА относительно новых и пересмотренных правил поведения для посетителей участков

(130) Комитет принял решение направить для утверждения на КСДА новые и пересмотренные Правила поведения для посетителей следующих участков:

Название
«Мыс Эванс», полуостров Росса (новые)
«Мыс Хат», полуостров Росса (новые)
«Мыс Адэр», полуостров Росса (новые)
«Мыс Ройдс», полуостров Росса
«Сиби-Хук», мыс Халлетт, северная часть Земли Виктории, море Росса

---

(131) МААТО представила Информационный документ IP 111 *Пятилетний пересмотр и отчет за сезон 2020/21 г. об использовании операторами мест высадки на Антарктическом полуострове и разработанных КСДА правил поведения для посетителей участков*, содержащий данные, собранные из заполненных

операторами МААТО форм отчета о посещении Антарктического полуострова за сезон 2020/21 г. Анализ показал, что хотя общий уровень туризма продолжал расти до пандемии, рост не был равномерным: на некоторые объекты по-прежнему приходилась большая часть роста, а на других наблюдалось снижение активности. Все двадцать основных мест высадки на полуострове регулировались разработанными КСДА Правилами поведения для посетителей или руководствами по управлению национальных программ. Было отмечено, что данные о посещениях операторами, не являющимися членами МААТО, не включены в этот анализ. В дополнение к своим годовым наборам данных МААТО сообщила, что она включила некоторые исторические данные, которые могут помочь в будущих дискуссиях по поводу использования участков.

(132) Комитет поблагодарил МААТО за этот пересмотр, отметив, что эта информация будет полезна компетентным органам для лучшего понимания совокупного воздействия туристической деятельности на объекты Антарктики. Комитет с нетерпением ждал дальнейших обновлений от МААТО.

(133) Комитет принял к сведению Информационный документ, представленный в рамках данного пункта Повестки дня:

- Информационный документ IP 99 *«Правила управления туризмом для антарктической станции Эсперанса»* (Аргентина), в котором представлены рекомендации по туристическим посещениям базы Эсперанса. Аргентина попросила включить эти правила в руководство МААТО по осуществлению полевых операций.

9d) Пространственная охрана морской среды и меры пространственного управления

(134) Новая Зеландия представила Рабочий документ WP 21 *Отчет о ходе неформального обсуждения мер по охране морской среды* (Новая Зеландия), в котором сообщается о проводимых с 2019 по 2021 г. дискуссиях о том, как меры по охране морской среды в рамках Протокола по охране окружающей среды могут поддержать инициативы по охране морской среды. Стороны напомнили о Резолюции 5 (2017 г.), в которой КСДА приветствовало создание Морского охраняемого района в регионе моря Росса (МОР в регионе моря Росса) и поручило КООС:

- рассмотреть все возможные действия в рамках компетенции КСДА для содействия достижению конкретных целей, изложенных в Мере по сохранению 91-05 АНТКОМ, в частности в отношении определения и имплементации Особо охраняемых районов Антарктики и Особо управляемых районов Антарктики в регионе моря Росса и управления соответствующей деятельностью человека;
- определить возможности для проведения и поддержки соответствующих научно-исследовательских и мониторинговых мероприятий в поддержку поставленных целей и готовящегося плана научных исследований и мониторинга МОР в регионе моря Росса, в частности посредством международного сотрудничества.

(135) В документе представлены неформальные обсуждения, завершившиеся ответом на вопросы КСДА, представленным в Приложении 1 к Рабочему документу WP 21. В Приложении 1 к Рабочему документу WP 21 перечислены существующие примеры «инструментов» КООС в соответствии с Протоколом, которые могут использоваться для внесения вклада в охрану морской среды, и сообщается о соответствующих исследованиях и деятельности по мониторингу в регионе моря

Росса. В документе также отмечены дополнительные проблемы, выявленные в ходе неофициальных обсуждений, и предложены инициативы по рассмотрению вариантов продвижения по обсуждению этих вопросов.

(136) Комитет поблагодарил Новую Зеландию за руководство неформальным обсуждением мер по охране морской среды и отметил важные, но разные рамки полномочий КСДА, КООС и АНТКОМ в области охраны моря. Несколько Членов Комитета подчеркнули взаимозависимость и взаимосвязь между наземными, прибрежными и морскими экосистемами Антарктического региона. Несколько Членов Комитета подчеркнули, что обсуждения на КООС и КСДА не должны дублировать или усложнять работу АНТКОМ, а один Член Комитета предложил поправки к Приложению 1 для гарантии того, что работа КООС и КСДА не подчиняется достижениям целей, изложенных в Мере по сохранению 91-05 АНТКОМ. Многие Члены Комитета отметили, что в Приложении 1 собрана исчерпывающая и ценная коллекция инструментов КООС и в целом поддержали рекомендацию передать Приложение 1 на КСДА в ответ на запрос в Резолюции 5 (2017 г.). Комитет также подчеркнул важность своевременного реагирования КООС на запросы КСДА о предоставлении рекомендаций.

(137) Китай подчеркнул важность достижения хорошего состояния окружающей среды в Антарктическом океане путем совместной и раздельной ответственности КСДА/КООС и АНТКОМ в отношении управления различными видами деятельности. Китай предложил КООС напомнить КСДА, что АНТКОМ следует разработать и принять план исследований и мониторинга для МОР в регионе моря Росса и что это будет полезно для определения возможностей проведения и поддержки соответствующих исследований и деятельности по мониторингу.

(138) АСОК поблагодарила Новую Зеландию за руководство этими дискуссиями и выразила надежду, что Приложение 1 будет принято без существенных изменений и передано на КСДА. АСОК отметила, что гармонизация мер по охране морской среды является важной возможностью для системы Договора об Антарктике принять целостный подход с учетом экологических и научных реалий. АСОК отметила, что по ее мнению, такие гибкие подходы к управлению будут способствовать выполнению обязательств по Договору об Антарктике, Протоколу и Конвенции АНТКОМ и отражают тот факт, что природа не всегда соответствует созданным человеком структурам управления.

(139) Некоторые респонденты поддержали дальнейшее обсуждение дополнительных вопросов, указанных в Рабочем документе WP 21, и отметили, что некоторые вопросы обсуждались в других документах, представленных на рассмотрение КООС. Несколько Членов предположили, что совместный семинар КООС/НК-АНТКОМ по рассмотрению дополнительных вопросов, возникших в ходе обсуждения, мог бы стать одним из способов такого обсуждения, а также что Комитет согласился проводить такие совместные семинары на регулярной (пятилетней) основе. Из-за виртуального характера встречи не было достаточно времени, чтобы полностью рассмотреть предложение семинара.

(140) Комитет не достиг консенсуса по рекомендации направить Приложение 1 к Рабочему документу WP 21 в ответ на Резолюцию 5 (2017 г.).

(141) Китай представил Рабочий документ WP 57 *Предложение о расширении сотрудничества в исследованиях и мониторинге динамики популяций пингвинов в районе моря Росса*. В документе отмечается значительная роль императорских пингвинов и пингвинов Адели в экосистеме региона моря Росса и сообщается об увеличении популяции обоих видов в районе моря Росса за последние два десятилетия. Китай предложил КООС поощрять Членов к расширению

сотрудничества по исследованиям, мониторингу и оценке динамики популяций пингвинов в регионе моря Росса в целях информированного принятия решений по соответствующим темам и включить соответствующие научные потребности в пятилетний Рабочий план КООС.

(142) Комитет поблагодарил Китай за представленный документ и приветствовал призыв Китая к расширению международного сотрудничества в области исследования и мониторинга пингвинов в регионе моря Росса, отметив, что эти мероприятия соответствуют научным потребностям, определенным в Пятилетнем плане работы КООС и Рабочей программе ответных мер в отношении изменения климата. Комитет отметил международное сотрудничество в области мониторинга популяций пингвинов за последние 40 лет в рамках национальных антарктических программ, действующих в районе моря Росса, как показано в документах, представленных на XXIII КООС.

(143) Некоторые Члены также отметили роль СКАР в поддержке сотрудничества и разработке научных программ для предоставления объективных и независимых научных рекомендаций КСДА.

(144) Некоторые Члены отметили большое количество исследовательских программ, осуществляемых в настоящее время в регионе моря Росса, и призвали Китай сотрудничать и участвовать в этих инициативах для реализации своего предложения по расширению исследований и мониторинга в этом районе. Было отмечено, что многие международные базы данных предлагают открытый доступ к данным о пингвинах, и координация и сотрудничество в сборе данных и доступе к ним помогут понять различные факторы давления на эти виды.

(145) Ссылаясь на Рабочий документ WP 37 и Информационный документ IP 22 ред. 1, СКАР отметил, что, согласно прогнозам, популяция императорских пингвинов будет сокращаться, а недавнее увеличение численности популяций связано с обнаружением с помощью спутниковых снимков ранее неизвестных колоний. СКАР отметил, что дальнейшие исследования с целью изучения состояния и тенденций в отношении пингвинов будут иметь решающее значение в контексте изменения климата, и приветствовал вклад Китая в эту работу.

(146) Признавая ценность исследований для усиления охраны экосистем в районе моря Росса, АСОК предостерегла Члены от необходимости полагаться на сбор дополнительной научной информации до внедрения дополнительных мер предосторожности по охране окружающей среды. АСОК отметила необходимость охраны императорских пингвинов, учитывая известные воздействия изменения климата на вид в связи с потерей мест обитания.

(147) Комитет поддержал текущее международное сотрудничество по исследованию динамики популяций пингвинов в районе моря Росса и отметил, что сотрудничество в рамках существующих программ мониторинга пингвинов и экспертных групп (например, Oceanites и Экспертной группы СКАР по птицам и морским млекопитающим) будет особенно полезным.

(148) В ответ на запрос Члена Комитета о статусе окончательной версии ВООС по строительству новой станции Китая в районе моря Росса для изучения видов пингвинов. Китай ответил, что вопрос о статусе этой версии ВООС не имеет отношения к рассматриваемой теме и может быть рассмотрен в рамках другого пункта Повестки дня. Китай подтвердил, что окончательный вариант ВООС будет разослан за 60 дней до начала работы станции, а в проекте ВООС, представленном на КСДА в 2018 г., подчеркивается важность защиты близлежащей популяции пингвинов Адели, которая в этом году была включена в предложение ООРА « Остров Инэкспрессибл».

(149) Комитет принял к сведению Информационный документ, представленный в рамках данного пункта Повестки дня:

- IP 77 *Наблюдение изменений в Южном океане и в глобальном масштабе* (США). В этом документе сообщается о проекте по «Наблюдение за климатом и уровнем концентрации углерода в Южном океане и моделирование процессов (SOCCOM)». С момента своего начала в 2014 г. проект, в котором участвовали американские ученые из одиннадцати институтов и ряд международных партнеров, развернул более 130 роботизированных ныряющих буев, оснащенных химическими и биологическими датчиками, и тем самым заложил основу для многолетней оценки естественного и антропогенного климатического влияния на окружающую среду Южного океана.

9e) Прочие вопросы, связанные с Приложением V

(150) Конвинер ВГПУ Патрисия Ортусар (Аргентина) представила вторую часть Рабочего документа WP 62 *Отчет о работе Вспомогательной группы по планам управления в межсессионный период 2019–2021 гг.* ВГПУ попросила Комитет рассмотреть возможность использования результатов обсуждений, проведенных в рамках ТЗ 4–5, в качестве источника информации для поддержки инициаторов завершения пересмотра планов управления, которые остаются в рамках ВГПУ в течение нескольких межсессионных периодов.

(151) Комитет поблагодарил ВГПУ за рекомендации. Члены согласились с выводами, сделанными ВГПУ в результате обсуждений, проведенных в отношении ТЗ 4–5, и отметили, что собранная информация будет полезна как для инициаторов, так и для ВГПУ при разработке и рассмотрении планов управления.

(152) Комитет поблагодарил конвинера ВГПУ Патрисию Ортузар (Аргентина) за ее напряженную работу и руководство во время пребывания на посту координатора Вспомогательной группы. Члены получили приглашение присоединиться к группе и принимать участие в ее работе.

(153) Комитет поблагодарил ВГПУ за рекомендации и согласился принять предложенный план работы ВГПУ на 2021–2022 гг.:

Техническое задание	Предлагаемые задачи
ТЗ 1–3	Рассмотрение проектов планов управления, переданных КООС на межсессионное рассмотрение, и предоставление рекомендаций сторонникам (включая четыре незавершенных плана из предыдущего межсессионного периода)
ТЗ 4–5	Совместная работа с соответствующими Сторонами для обеспечения прогресса в области пересмотра планов управления, просроченных для пятилетнего обзора

	Исходя из опыта предварительного подфорумного обзора пересмотренных планов управления на XXIII КООС, рассмотрите варианты эффективного предварительного обзора пересмотренных планов управления, представленных КООС для рассмотрения и принятия.
	Пересмотр и обновление плана работы ВГПУ
Рабочие документы	Подготовка отчета для XXIV КООС по ТЗ 1–5

(154) Норвегия представила WP 5 *Предлагаемые руководящие принципы по исключению из списка Особо охраняемых районов Антарктики (ООРА),* подготовленный совместно с Австралией, Китаем, Новой Зеландией, Великобританией и США, отмечая, что Протокол по охране окружающей среды не содержит положений, прямо касающихся исключения из списка ООРА, и не запрещает такой процесс. Норвегия сообщила, что предложенные руководящие принципы были составлены авторами с целью использования странами-Членами и Комитетом в качестве основы для рассмотрения вопроса об исключении из списка ООРА.

(155) Комитет поблагодарил авторов за их работу по разработке руководящих принципов по исключению из списка ООРА. Многие Члены отметили, что при рассмотрении вопроса об исключении какого-либо участка из списка следует проявлять крайнюю осторожность, отметив, что потеря ценностей, ведущая к исключению из списка, может быть только временной, и что следует убедиться, что причины, которые привели к включению в список, после исключения из списка вряд ли появятся снова. Они также подчеркнули, что руководящие принципы являются частью более широкого набора инструментов управления и что к исключению из списка нельзя относиться легкомысленно. Члены также указали, что при исключении объекта из списка следует проанализировать, как может произойти потеря охраняемых ценностей, несмотря на наличие мер охраны.

(156) АСОК отметила, что предпочитает расширять системы охраняемых территорий, а не сокращать их. В случае необходимости исключения из списка АСОК поддержала создание единообразного процесса. АСОК отметила, что эта работа сосредоточила деятельность КООС на небольших территориях, а не на систематическом подходе к охране территорий, и согласилась с тем, что этот процесс следует использовать с осторожностью. АСОК прокомментировала, что с учетом того, как сложно включать в список новые районы или расширять сеть охраняемых территорий, исключение участка из списка вызывает разочарование, и отметила, что сам по себе охранный статус может повышать ценность района.

(157) Комитет согласился одобрить руководящие принципы по исключению из списка ООРА, прилагаемые к настоящему отчету (Приложение 3) и использовать их в потенциальных будущих процессах исключения. Он также согласился с включением руководящих принципов в состав пакета руководящих материалов, которые должны учитываться в предстоящей программе работы по пересмотру и рационализации существующих руководств по охраняемым районам. Комитет также просил Секретариат разместить руководства на сайте СДА.

Рекомендации КООС для КСДА по исключению из списка Особо охраняемых районов Антарктики (ООРА)

(158) Комитет приветствовал руководящие принципы по исключению из списка ООРА

(приложение 3) и согласился использовать их во всех будущих процессах исключения, а также включить их в состав пакета руководящих материалов, которые должны учитываться в предстоящей программе работы по пересмотру и рационализации существующих руководств по охраняемым районам. Комитет подчеркнул, что при рассмотрении вопроса об исключении из списка любого участка следует проявлять осторожность. Комитет также просил Секретариат разместить руководства на сайте СДА.

---

(159) Новая Зеландия представила WP 43 *Ключевые орнитологические территории и Особо охраняемые районы Антарктики: на пути к разработке критериев отбора*, подготовленный совместно с Австралией, Германией, Норвегией, Испанией, Великобританией и США. Также была сделана ссылка на Информационный документ IP 23 *Ключевые орнитологические территории и Особо охраняемые районы Антарктики: на пути к разработке критериев отбора*. В документе упоминается Резолюция 5 (2015 г.), в которой подтверждается отчет о 204 Ключевых орнитологических территориях (КОТ) по всей территории Антарктики и на шельфовых островах к югу от 60° южной широты , и содержится предложение КООС обновить данные КСДА, по которым КОТ были или должны быть включены в список ООРА. В документе предлагается, чтобы КООС обратился к СКАР с просьбой в сотрудничестве с АКАП и другими экспертами по морским птицам, в зависимости от необходимости, уточнить и протестировать критерии, чтобы они обеспечивали научно обоснованный подход к выбору КОТ или других колоний или скоплений, которые могут заслуживать рассмотрения для включения в список ООРА. В документе КООС предлагается представить на XLIII КСДА отчет о прогрессе, достигнутом в выполнении запроса КСДА, изложенного на XXXVIII КСДА. В документе также предлагалось, чтобы КООС рассмотрел вопрос о том, как дальнейшая разработка этих критериев могла бы поддержать текущую работу КООС по систематическому развитию системы охраняемых районов Антарктики, и призвал исследовательские сообщества Членов продолжать мониторинг и исследование колоний антарктических птиц.

(160) Комитет поблагодарил авторов за их документ и значительную работу, проделанную для разработки этих критериев. Члены Комитета подняли несколько вопросов по дальнейшему рассмотрению критериев, включая следующее: можно ли адаптировать ключевые районы биоразнообразия (КРБ) как результат экспертного процесса МСОП к условиям Антарктики; многокомпонентный характер экологических проблем, включая воздействие изменения климата и других экологических факторов; необходимость оценки масштабов угроз с учетом разницы в численности популяций; следует ли учитывать районы кормления; влияние на свободную навигацию и независимые научные исследования в море; а также необходимость учета других факторов при включении в список ООРА, включая репрезентативность, степень вмешательства и оценку экологического риска (см. Резолюцию 1 (2000 г.)). Один Член предложил создать МКГ для поддержки дальнейшего обсуждения и рассмотрения странами-Членами критериев отбора потенциальных ключевых орнитологических территорий (КОТ) в Антарктике, отметив, помимо прочего, что КООС может быть неуместно рассматривать включение в список КОТ в районах кормления.

(161) Многие Члены поддержали просьбу к СКАР рассмотреть предложенные критерии совместно с АКАП и другими заинтересованными экспертами и представить КООС рекомендации и предложения по изменениям. Один Член Комитета напомнил о продолжающихся обсуждениях системы охраняемых территорий в

целом и предложил, чтобы КООС в первую очередь сосредоточился на этом приоритетном вопросе, чтобы облегчить реализацию системы для охраняемых территорий.

(162) АСОК поблагодарил авторов за важный и своевременный документ и выразил надежду, что эта работа приведет к практическим действиям по включению КОТ в будущие ООРА. АСОК также выразила заинтересованность в участии в межсессионных обсуждениях этого вопроса.

(163) Члены Комитета отметили, что это предложение относится к приоритету, включенному в Пятилетний план работы, и признал важность продолжения работы и обсуждений по разработке критериев определения КОТ и других районов обитания птиц при назначении статуса ООРА. Комитет приветствовал готовность СКАР участвовать в дальнейших обсуждениях.

(164) СКАР представил Рабочий документ WP 34 *Систематическая идентификация имеющих общемировое значение геологических объектов в Антарктике*, в котором продемонстрирован систематический метод определения имеющих общемировое значение геологических участков (антарктических геообъектов) в Антарктике и сообщил о ходе тестирования предложенного метода. СКАР отметил, что многие участки Антарктики содержат геологические и геоморфологические элементы, имеющие общемировое научное значение и что предлагаемый метод включает два основных элемента: систематическую классификацию геологического прошлого Антарктики по определенным и имеющим общемировое значение геологическим темам посредством определения списка «Геологических структур»; и последующее определение антарктических участков, имеющих исключительную геологическую ценность («Антарктических геообъектов»), по каждой из определенных Геологических структур. СКАР рекомендовал КООС: признать, что определение Антарктических геообъектов может быть полезным в качестве инструмента для оказания Сторонам помощи при проведении оценок воздействия на окружающую среду и в более общем плане при планировании и осуществлении деятельности в Антарктике; одобрить предлагаемый систематический метод определения Антарктических геообъектов; одобрить идентифицированный Антарктический геообъект переходного мелового-палеогенового (K-Pg) периода на острове Сеймур; и рассмотреть практические подходы к реализации предлагаемого метода для дальнейшего определения Антарктических геообъектов, в том числе через Экспертную группу СКАР по геологическому наследию и геоконсервации.

(165) Комитет поблагодарил СКАР за его значительный вклад в проведение исследования и разработку основы для систематического определения геосайтов Антарктики. Некоторые Члены Комитета отметили его полезность для поддержки управления ценностями и деятельностью на таких участках, в том числе посредством использования соответствующих инструментов управления. Призывая СКАР продолжить эту работу, один Член отметил, что КООС не был в состоянии одобрить научный метод и результаты, которые будут использованы или получены в СКАР. Некоторые Члены выразили озабоченность по поводу обоснования определения и ранжирования геообъектов. Один Член выразил озабоченность в связи с риском увеличения уровня административной нагрузки для исследователей на этих участках.

(166) Некоторые Члены напомнили, что дискуссии по охране геологических ценностей велись на протяжении многих лет и что соответствующие меры были включены в качестве приоритета в Пятилетний план работы.

(167) В ответ на комментарии некоторых Членов СКАР отметил, что определение

участков по каждой из 9 структур было, скорее, научной рекомендацией, чем требованием. СКАР также отметил, что методология не является предписывающей, и подтвердил, что ее можно использовать в сочетании с другими инструментами для определения важных мест. Он также отметил уязвимость некоторых геологических ценностей и выразил готовность продолжить работу над этой методологией.

(168) Комитет приветствовал продолжающуюся работу СКАР, в том числе проводимую в рамках Группы экспертов СКАР по геологическому наследию, и призвал ее отчитаться об этой работе.

(169) Комитет призвал СКАР и заинтересованные Члены продолжить работу над вопросом систематической идентификации имеющих общемировое значение геологических участков в Антарктике и сообщить об этом на одном из будущих совещаний.

(170) Китай представил WP 58 *Содействие научным исследованиям для информирования лиц, принимающих решения в Антарктике*. В документе напоминается, что обсуждения на XLII КСДА и КООС XXII привели к тому, что морская пространственная охрана и управление, а также обзор системы охраняемых территорий были включены в Пятилетний план работы КООС для содействия дальнейшим исследованиям. В документе отмечается, что, в отличие от других пунктов Пятилетнего плана работы, эти два вопроса не определяют потребностей в научных знаниях и информации. В документе предлагается, чтобы КООС провел комплексную оценку собранных исходных данных, а также оценки угрозы и рисков в отношении морской среды и системы охраняемых районов и выявил пробелы в управлении для повышения надежности и адаптируемости научных данных, используемых в процессе принятия решений в Антарктике.

(171) Комитет поблагодарил Китай за его документ. Члены Комитета отметили широкую поддержку важной роли науки в обеспечении всеобъемлющей охраны окружающей среды Антарктики и подтвердили свою приверженность продвижению работы по пространственной охране и управлению морской средой, а также по дальнейшему развитию системы охраняемых районов Антарктики.

(172) Многие Члены отметили, что большая часть работы, предложенной в документе, уже выполняется в рамках работы СКАР и национальных антарктических программ, и что прилагаются значительные усилия к тому, чтобы сделать научные результаты доступными для принятия решений в рамках существующих структур КООС. Многие Члены также подчеркнули, что системные соглашения Договора об Антарктике требуют осторожного подхода к принятию решений, основанного на наилучших имеющихся научных данных. Несколько Членов Комитета отметили, что своевременные меры предосторожности по управлению становятся все более важными для управления рисками и решения проблемы изменения климата, а также других угроз для окружающей среды Антарктики, независимо от того, желательна ли дальнейшая научная оценка. Признавая, что меры управления необходимо адаптировать по мере развития научных знаний, многие Члены Комитета отметили, что это не умаляет важности принципа предосторожности.

(173) Китай признал масштабы научной работы, проводимой СКАР и национальными антарктическими программами. Китай подтвердил свою поддержку принятия решений на основе наилучших имеющихся научных данных и (в случае риска необратимого ущерба) использования подхода на основе мер предосторожности и соответствующих предупредительных мер. Ссылаясь на заявления и руководящие принципы других международных форумов, Китай отметил, что меры предосторожности не должны препятствовать постоянной переоценке

наилучших имеющихся научных данных или рассмотрению экономически эффективных мер охраны. Китай подтвердил свою приверженность охране окружающей среды Антарктики и свободе научных исследований как одной из основ Договора об Антарктике, а также подчеркнул важность того, чтобы процессы принятия решений основывались на научных фактах.

(174) АСОК поблагодарила Китай за документ и поддержал комментарии многих Членов о важности подхода на основе мер предосторожности к принятию решений в Системе Договора об Антарктике. АСОК заявила, что из рецензируемой научной литературы ясно, что охраняемые территории — это эффективный инструмент охраны биоразнообразия и повышения устойчивости экосистем к изменению климата. АСОК отметила, что многие страны одобрили цель увеличения охвата охраняемых территорий на национальных территориях до 30 % к 2030 году, и выразили надежду, что КООС и другие органы Договора об Антарктике будут работать над развитием систем охраняемых территорий.

(175) После широкого обсуждения Комитет подтвердил центральную роль науки в охране природы Антарктики и что он продолжит поиск оптимальных способов поддержки принятия научно обоснованных решений на основе лучших имеющихся научных и технических рекомендаций.

(176) Комитет отметил, что по этому пункту Повестки дня были представлены следующие Информационные документы и документы Секретариата:

- IP 23 *Ключевые орнитологические территории и Особо охраняемые районы Антарктики: к разработке критериев отбора* (Австралия, Германия, Новая Зеландия, Норвегия, Испания, Великобритания, США). Настоящий документ дополняет Рабочий документ WP 43, представляющий проект критериев, которые могут применяться к определенным Ключевым орнитологическим территориям (КОТ), а также к другим колониям или скоплениям птиц при рассмотрении вопроса о назначении ООРА.

- IP 100 *Особо управляемый район Антарктики «Остров Десепшен (Тейля)» (ОУРА № 4) — Отчет об управлении за 2019–2021 гг.* (МААТО, АСОК, США, Великобритания, Испания, Норвегия, Чили, Аргентина). В этом документе освещаются обсуждения и действия, предпринятые Группой управления островом Десепшен (Тейля) в межсессионный период 2019–2021 гг. Обсуждаемые темы включали запланированный пересмотр Плана управления ООРА № 145, подводную среду в кальдере, сайт ОУРА и другие альтернативные средства публикации информации об острове Десепшен (Тейля) и брошюры для посетителей.

- IP 101 *Оценка экосистемных услуг и предварительное определение их взаимовлияния* (Испания). В этом документе представлена недавно опубликованная оценка по выявлению и анализу экосистемных услуг для наземной среды Антарктики. Было отмечено, что структура оценки экосистемных услуг может обеспечить всестороннюю идентификацию заинтересованных сторон, движущих сил изменений и будущих сценариев для сохранения ценностей Антарктики.

- IP 104 *Руководство по краткосрочным ночевкам: согласованность и координация путем обмена информацией* (США, Канада). В этом документе представлены результаты анкеты, касающейся краткосрочных стоянок с ночевкой, которая была распространена среди национальных компетентных органов (НКО), которые в настоящее время рассматривают эту деятельность. Вместо разработки конкретных руководств на данном этапе для координации и согласования подходов среди НКО, рассматривающих и разрешающих краткосрочные стоянки с ночевкой и другую неправительственную деятельность, был рекомендован виртуальный обмен знаниями и передовым опытом.

- IP 134 *Vigilancia Volcánica de la Isla Decepción durante la campaña antártica española 2020–2021* (Испания). В этом документе сообщается о вулканической активности на острове Десепшен (Тейля) в период с 23 января по 24 февраля 2021 г. Закрытие базы 15 марта 2020 г. и ее открытие в 2021 г. было произведено с использованием светофорной системы в соответствии с рекомендациями Международной ассоциации вулканологии и химии недр Земли (IAVCEI).
- Документ Секретариата SP 7 *Новая карта и отчеты по всем участкам Антарктики, посещаемым судами* (СДА). В этом документе представлены события на сайте Секретариата, связанные с подготовкой отчетов и картой неправительственных посещений морскими судами всех участков Антарктики, а также расширение событий, связанных с посещением участков, подпадающих под действие правил поведения, представленных на XLII КСДА.

Пункт 10.А Сохранение антарктической флоры и фауны

10a) Карантин и неместные виды

(177) КОМНАП представил Рабочий документ WP 47 *SARS-CoV-2 у антарктических видов путем обратного зооноза,* в котором рассмотрены аспекты, связанные с риском обратного зооноза SARS-CoV-2 в результате прямого контакта людей с фауной Антарктики. В документе отмечалось, что риск обратного зооноза SARS-CoV-2 в результате прямого контакта с людьми в Антарктике и фауной Антарктики является очень низким или нулевым, поскольку на момент его написания не было подтвержденных или подозреваемых случаев COVID-19 в Антарктике, но меры предосторожности остаются актуальными. Рабочий документ WP 47 содержит ряд рекомендаций для Сторон, некоторые из которых имеют отношение к Комитету при рассмотрении вопроса о предоставлении рекомендаций КСДА.

(178) Комитет поблагодарил КОМНАП в своем документе, отметив, что его анализ имеет решающее значение для минимизации рисков COVID-19 как для людей в Антарктике, так и для антарктической фауны.

(179) Многие Члены выразили свою поддержку рекомендациям КОМНАП, особенно тем, которые касаются текущих исследований и изучения болезней фауны Антарктики и Южного океана, а также обеспечения соблюдения строгих протоколов антарктическими исследователями и вспомогательным персоналом, вступающими в прямой или тесный контакт с фауной в исследовательских целях.

(180) Члены также подняли следующие дополнительные вопросы, требующие повышенного внимания: более насущную потребность, определенную в Руководстве КООС по неместным видам, в разработке правил и ресурсов для предотвращения, обнаружения и реагирования на болезни антарктической фауны; необходимость обучения ученых, работающих над исследовательскими проектами, предполагающими контакт или близость к антарктическим видам

высокого риска (в основном китообразным), чтобы свести к минимуму потенциальный риск передачи вируса; и согласно IP 47, в котором рекомендовано внедрение программы мониторинга для обнаружения присутствия SARS-CoV-2 на очистных сооружениях с использованием методов ПЦР или биосенсорных технологий, а также мониторинга экосистем.

(181) Несколько Членов отметили сеть наблюдения за болезнями, созданную Группой мониторинга здоровья антарктической фауны СКАР для координации программ исследований и наблюдения за воздействием текущих и возникающих инфекционных заболеваний на антарктическую фауну (Информационный документ IP 55). СКАР поблагодарил Комитет за освещение IP 55 и приветствовал вклад всех Членов в дальнейшее развитие его сети наблюдения за болезнями.

(182) МААТО проинформировала КООС о том, что ее стандартные рабочие процедуры, в том числе связанные с биобезопасностью, хорошо отработаны и сыграли ключевую роль в предотвращении заноса и распространения болезней в Антарктике. МААТО заявила, что она продолжает пересматривать и разрабатывать свои руководящие принципы и процедуры на основе наилучшей доступной информации для безопасных и экологически ответственных операций.

(183) Комитет одобрил рекомендации КОМНАП и поблагодарил КОМНАП за его критический и своевременный ответ на риски, которые COVID-19 представляет для фауны Антарктики и людей в Антарктике.

Рекомендации КООС для КСДА относительно риска обратного зооноза SARS-CoV-2 у антарктических видов

(184) Комитет одобрил рекомендации КОМНАП относительно риска обратного зооноза SARS-CoV-2 у антарктических видов и согласился проинформировать КСДА о том, что Сторонам следует:

- продолжать поддерживать проактивные протоколы, связанные с управлением и предотвращением вспышек COVID-19, например, *Рекомендации КОМНАП по профилактике и борьбе со вспышками COVID-19*;
- работать со своими компетентными органами и национальными неантарктическими агентствами, чтобы информировать эти агентства о мигрирующем характере антарктических морских видов и о рисках, связанных с обратным зоонозом для антарктических видов, особенно для китообразных;
- обеспечить в процессе ОВОС, чтобы исследователи Антарктики и связанный с ними исследовательский персонал, обладающий национальным разрешением, который вступает в прямой или тесный контакт с фауной в исследовательских целях, делали это в соответствии со строгими протоколами для проведения предлагаемых исследований, включая соблюдение процедур своей национальной антарктической программы и любые применимые руководящие принципы СКАР и КОМНАП;
- обеспечить, чтобы весь антарктический персонал проходил регулярное обучение, которое включает ознакомление с протоколами их программы в отношении допустимых расстояний приближения к фауне;
- информировать всех участников экспедиций о важности продолжения применения надежных методов очистки и элементарной гигиены во всех ситуациях в Антарктике (на станциях, в поле, на судне или самолете), особенно при тесном или прямом контакте с антарктической фауной;

- обеспечить, чтобы исследователи или вспомогательный исследовательский персонал, подозревающий, что у них COVID-19, соблюдали свои программные протоколы, которые могут включать самоизоляцию и тестирование, и не вступали в контакт с антарктической фауной, даже если это разрешено; а также
- поддерживать исследования по изучению обратного зооноза с участием антарктических видов и делиться информацией и данными этих исследований.

---

(185) Комитет принял к сведению Информационные документы, представленные в рамках данного пункта Повестки дня:

- Информационный документ IP 6 *Сканирование горизонтов для выявления вероятных инвазивных неместных видов в регионе Антарктического полуострова* (Великобритания). В документе представлены результаты сканирования горизонта для выявления инвазивных неместных видов, которые могут угрожать биоразнообразию и экосистемам в регионе Антарктического полуострова, и отмечается, что в списке видов с наибольшим риском преобладают морские беспозвоночные, а также представлены цветковые растения и наземные беспозвоночные.
- IP 35 *Прогресс и план по искоренению неместных видов мошек на острове Кинг-Джордж (Ватерлоо), Южные Шетландские острова* (Чили, Республика Корея, Российская Федерация, Уругвай). В документе сообщается о колониях неместных видов мошек (*Trichocera maculipennis*), присутствующих на некоторых объектах по обработке сточных вод на острове Кинг-Джордж (Ватерлоо), Южные Шетландские острова. Комитету представлена обновленная информация о достижениях инициатора в области оценки генетической изменчивости популяций неместных видов мошек и прогрессе международного сотрудничества, включая планы по разработке эффективного руководства по искоренению неместных видов мошек и стратегий мониторинга и управления.
- IP 37 *Семена для будущего. Глобальное хранилище семян диких растений* (Италия). В документе разъясняется проект «Семена для будущего» (SFF) в рамках деятельности КСДА по созданию Глобального хранилища семян диких растений в глубине льда на Антарктическом плато. В документе отмечается, что Италия более подробно представит эту инициативу на КСДА в 2022 г. для получения необходимых указаний от КСДА и КООС.
- IP 47 *Возможность зоонозной передачи SARS-CoV-2 от человека к представителям антарктической фауны* (Чили). В документе отмечалось, что в рамках своей научной программы с 2013 г. Чили разработала постоянный мониторинг патогенов и вирусов в популяциях антарктических птиц, присутствующих на Южных Шетландских островах и на Антарктическом полуострове. В документе также рекомендовалось реализовать программы мониторинга возможного присутствия SARS-CoV-2 на очистных сооружениях (с помощью методов ПЦР или биосенсорных технологий, которые широко используются для обнаружения вирусов) и соответствующих затронутых антарктических экосистемах и различных уровнях пищевой цепи Антарктики. Чили отметила, что продолжит работу над этим приоритетным исследованием.
- IP 55 *Риски COVID-19 для представителей антарктической фауны* (СКАР).

В документе представлены результаты оценки риска, которая была проведена для изучения возможности выживания SARS-CoV-2 в окружающей среде Антарктики и передачи от человека представителям фауны (и наоборот). В документе подчеркивается: уязвимость представителей антарктической фауны к новым вирусам; ограниченные знания и понимание инфекционных болезней представителей антарктической фауны; потенциальные риски, связанные с деятельностью человека на Антарктическом континенте.

- IP 88 *Искоренение неместных видов мошек Trichocera maculipennis (Diptera), производимое с польской антарктической станцией Арцтовский, западный берег залива Адмиралти, остров Кинг-Джордж (Ватерлоо), Южные Шетландские острова — обновление 2020/21* г. (Польша). В документе представлен недавний статус и стратегии искоренения неместных видов мошек *Trichocera maculipennis* (Diptera), производимого польской антарктической станцией Арцтовски, западный берег залива Адмиралти, остров Кинг-Джордж (Ватерлоо), Южные Шетландские острова.
- IP 89 *Искоренение неместной травы Poa annua L. на западном берегу залива Адмиралти, остров Кинг-Джордж (Ватерлоо), Южные Шетландские острова — обновление 2020/21 г.* (Польша). В документе представлены результаты исследования по искоренению неместных видов травы *Poa annua* на территории ООРА № 128, западный берег залива Адмиралти, и на станции Арцтовский, а также отмечена дальнейшая деятельность начиная с антарктического сезона 2020/21 г.
- IP 98 *Выявление и искоренение вторжения неместных чешуекрылых Lepidoptera в районе склада пищевых продуктов на станции Карлини* (Аргентина, Германия). В документе сообщается о неместных видах чешуекрылых (*Lepidoptera*), обнаруженных и установленных в районе склада пищевых продуктов лаборатории «Далльманн» в декабре 2020 г. В документе также представлена реализация протокола ответных мер, а также информация о долгосрочных действиях по искоренению.

10b) Особо охраняемые виды

(186) СКАР представил Рабочий документ WP 37 *Прогнозы сокращения популяции в будущем подчеркивают необходимость включения императорского пингвина в список Особо охраняемых видов Антарктики* со ссылкой на IP 22 ред.1 *Прогнозы сокращения популяции в будущем указывают на необходимость включения императорского пингвина в список Особо охраняемых видов Антарктики* (СКАР). В своем обзоре статуса императорских пингвинов СКАР обнаружил, что императорские пингвины уязвимы к текущим и прогнозируемым изменениям климата, что требует их охраны как Особо охраняемого вида Антарктики. СКАР рекомендовал Комитету: создать МКГ для рассмотрения проекта Плана действий, подготовленного СКАР; поддержать направление в МСОП заявки о повышении статуса императорских пингвинов до «уязвимого вида»; и поручить МКГ отчитаться на XLIV КСДА — XXIV КООС в Берлине с пересмотренным проектом Плана действий вместе с рекомендацией о природоохранном статусе императорских пингвинов в соответствии с *Руководством КООС по рассмотрению предложений о включении новых и пересмотру старых позиций перечня Особо охраняемых видов Антарктики в рамках Приложения II к Протоколу.*

(187) Комитет поблагодарил СКАР за представление высококачественных,

всеобъемлющих и важных документов, в которых четко освещены последствия изменения климата для императорских пингвинов. Члены сочли выводы документов надежными и убедительными и поддержали необходимость взвешенного и быстрого ответа со стороны Комитета. Многие Члены отметили, что определение особо охраняемых видов использовало один из инструментов, имеющихся в распоряжении КООС для реагирования на экологические проблемы по мере их возникновения. Члены также отметили актуальность этой инициативы как ответа на определенный пункт действий в CCRWP.

(188) Члены выразили всецелую поддержку созданию МКГ для дальнейшей разработки проекта Плана действий по видам и предложили со своей стороны участие в межсессионной работе по разработке Плана действий.

(189) Один из Членов Комитета предложил, чтобы дополнительная цель Плана действий в отношении императорских пингвинов заключалась в том, чтобы лучше понять генетическую изменчивость различных метапопуляций Антарктики.

(190) В то время как несколько Членов согласилось с тем, что следует обратиться к МСОП с просьбой повысить статус императорских пингвинов до уязвимых, другие Члены заявили, что они пока не поддерживают повышение статуса. Отмечая, что проект Плана действий будет представлен КООС вместе с оценкой СКАР природоохранного статуса императорских пингвинов в соответствии с *Руководством КООС по рассмотрению предложений о включении новых и пересмотру старых позиций перечня Особо охраняемых видов Антарктики в рамках Приложения II к Протоколу*, было указано, что любое обращение в МСОП по включению императорских пингвинов в список, если это потребуется, будет надлежащим образом осуществлен после рассмотрения оценки, подготовленной СКАР, со стороны КООС и КСДА.

(191) МААТО проинформировала КООС о том, что она считает ответственное и надлежащее управление посещением колоний императорских пингвинов очень важным и что ее рабочая группа по императорским пингвинам приветствует рекомендации экспертов и сотрудничество для содействия применению наилучших возможных методов. МААТО сочла рекомендации СКАР ценными для дальнейшего продвижения этих ценностей и предложила внести свой вклад в эту работу по мере необходимости.

(192) АСОК решительно поддержала включение императорских пингвинов в список Особо охраняемых видов Антарктики. АСОК также отметила, что это хороший пример того, как КСДА и КООС могут использовать инструменты, доступные в Протоколе, для решения текущих экологических проблем и повышения способности видов адаптироваться к изменению климата.

(193) Комитет согласился создать МКГ для подготовки пересмотренного проекта плана действий по императорским пингвинам, который будет представлен на XLIV КСДА — XXIV КООС, вместе с оценкой природоохранного статуса императорских пингвинов (в WP 37) в соответствии с *Руководством КООС по рассмотрению предложений о включении новых и пересмотру старых позиций перечня Особо охраняемых видов Антарктики в рамках Приложения II к Протоколу.*

(194) Комитет согласился с тем, что МКГ будет работать в соответствии со следующим техническим заданием:

- Ссылаясь на «Руководство по рассмотрению КООС предложений о новых и пересмотренных определениях Особо охраняемых видов Антарктики в соответствии с Приложением II к Протоколу» и принимая во внимание XLIII

КСДА/WP 37, XLIII КСДА/IP 22 и другие материалы, представленные Членами Комитета, Наблюдателями другими соответствующими научными, природоохранными и техническими организациями, подготовит проект Плана действий для императорских пингвинов.

- Предоставление отчета на XXIV заседании КООС.

(195) Комитет приветствовал предложение Великобритании [д-р Кевин Хьюз (Kevin Hughes)] действовать в качестве конвинера МКГ.

(196) СКАР поблагодарил Комитет за его всецелую поддержку работы, проделанной его экспертами, и выразил готовность поддержать работу МКГ в предстоящий межсессионный период.

Рекомендации КООС для КСДА по природоохранному статусу императорского пингвина

(197) Комитет согласился создать МКГ для подготовки пересмотренного проекта плана действий по императорским пингвинам, который будет представлен на XLIV КСДА — XXIV КООС, в соответствии с *Руководством КООС по рассмотрению предложений о включении новых и пересмотру старых позиций перечня Особо охраняемых видов Антарктики в рамках Приложения II к Протоколу.*

---

(198) Комитет принял к сведению Информационный документ, представленный в рамках данного пункта Повестки дня:

- Информационный документ IP 22 ред. 1 *Прогнозы сокращения популяции в будущем указывают на необходимость отнести императорского пингвина к Особо охраняемым видам Антарктики* (СКАР). В этом документе сообщается о статусе императорских пингвинов и отмечается, что потеря подходящей среды обитания — это самая серьезная проблема, с которой сталкиваются императорские пингвины. В то время как международные усилия направлены на борьбу с антропогенным изменением климата, возникающим в результате увеличения выбросов парниковых газов, в документе отмечается, что надлежащим применением предупредительного подхода было бы уменьшение или устранение других стресс-факторов, которые в противном случае могли бы усугубить проблемы, с которым сталкиваются императорские пингвины. В документе говорится о важности разработки вариантов управления, основанных на самых оптимальных имеющихся научных данных, и о том, что включение императорских пингвинов в список Особо охраняемых видов расширит возможности управления.

10c) Прочие вопросы, связанные с Приложением II

(199) Франция представила WP 52 *Ретроспективный анализ данных отслеживания морских млекопитающих Антарктики (RAATD): области экологического значения в морской среде Антарктики*, подготовленный совместно с ЮАР, США,

Великобританией, Германией, Бельгией и Австралией. Была сделана ссылка на IP 49 ред. 1 *Ретроспективный анализ антарктических данных отслеживания выявляет Экологически важные районы в Южном океане* (СКАР). В этих документах содержится информация о проекте СКАР, составленного с помощью анализа данных отслеживания морских хищников на уровне колоний, направленного на углубление знаний о фундаментальных экосистемных процессах в Южном океане путем выявления Экологически важных районов (AES) с высокой концентрацией нескольких видов хищников. Рабочий документ WP 52 рекомендовал Комитету принять проект резолюции, чтобы признать важность и полезность AES в морской среде Антарктики.

(200) Комитет поблагодарил авторов за их доклад, отличную работу и научную ценность проекта RAATD. Многие Члены отметили важность инициатив и инструментов, таких как RAATD и AES, для улучшения понимания взаимосвязи между сушей и океаном и то, что это понимание применимо к другим инструментам в рамках СДА, включая АНТКОМ. Они также отметили, что исследование СКАР по AES является прекрасным примером международного научного сотрудничества и взаимодействия. Многие Члены также подчеркнули важность и актуальность такого рода научных исследований для управленческих решений и призвали научное сообщество продолжать заниматься наукой, которая служит источником информации для принятия практических мер. Было также отмечено, что может потребоваться согласование различных пространственных инструментов, имеющихся в распоряжении Комитета.

(201) АСОК поддержала работу RAATD и отметила участие Члена АСОК WWF. АСОК также считает, что исследование выявило наличие огромного объема научной информации, доступной для поддержки разработки политики по широкому кругу вопросов, от ОВОС до ООРА и ОУРА до мониторинга окружающей среды. АСОК также отметила, что «Области экологической значимости» могут внести свой вклад в действия в рамках CCRWP, и выразил надежду, что КООС может рекомендовать КСДА принять Резолюцию.

(202) МААТО проинформировала КООС о том, что, стремясь поддержать мониторинг популяций хищников на суше и в море, некоторые из ее Членов привлекали наблюдателей за морскими млекопитающими и/или поддерживали соответствующие исследования. МААТО также отметила, что она установила обозначенные временные зоны вдоль Антарктического полуострова, а в мае 2021 года ее Члены также согласились, что ограничение скорости в 10 узлов будет применяться ко всем судам в обозначенных временных зонах МААТО.

(203) В то время как многие Члены Комитета выразили поддержку проекту Резолюции, несколько Членов Комитета выразили озабоченность по поводу аспектов документа. Один Член Комитета отметил необходимость принятия Резолюции для каждого уровня научных данных и подходящей международной организации, такой как АНТКОМ, для рассмотрения взаимодействий кормодобывания между хищниками и жертвами, что является сутью предлагаемого AES. В ответ на это инициаторы подчеркнули, что морские хищники зависят от наземных районов для размножения, которые биологически неотделимы от морских районов для кормления и поэтому должны рассматриваться как одно целое, чтобы обеспечить эффективную охрану этих видов. Они также подчеркнули, что КООС и АНТКОМ имеют несколько областей, представляющих взаимный интерес, включая охрану морской среды. Учитывая эти опасения, Комитет не согласился поддержать проект Резолюции, признающий важность и полезность AES в морской среде Антарктики. Говоря о ценности WP 52 и IP 49 изд. 1 для будущих исследований по сохранению антарктической фауны, Комитет отметил важность повторного

рассмотрения этой темы на одном из будущих заседаний КООС.

(204) В отношении Рабочего документа WP 52 и Информационного документа IP 49 Аргентина выступила с заявлением, как было ранее согласовано с Председателем КООС и СКАР, и выразила озабоченность по поводу конкретной номенклатуры и изображений, содержащихся в Информационном документе IP 49, в отношении территорий и морских районов, являющихся предметом спора о принадлежности в Южной Атлантике между Аргентиной и Великобританией, как это признано международным сообществом. Аргентина также отметила, что в документе СКАР есть ссылки на МОР, которые она не признает, и как этот предполагаемый МОР, так и некоторые национальные МОР в АНТКОМ были ошибочно представлены как МОР АНТКОМ, и это не соответствует положению дел. Аргентина также поставила под сомнение прямую ссылку в Информационном документе IP 49 и Рабочем документе WP52 на статью, опубликованную в *журнале Nature,* которая содержит аналогичные ошибочные представления.

(205) Несмотря на то, что была представлена пересмотренная версия Информационного документа IP 49 ред.1, Аргентина заявила, что для СКАР, организации, Членом которой она является, недопустимо создавать и представлять документы, которые содержат частичные представления или ссылки на территории, являющиеся предметом спора о принадлежности. Аргентина еще раз напомнила, что СКАР как главный научный консультативный орган Системы Договора об Антарктике должен предоставлять только советы или документацию, которые являются строго научными, объективными и беспристрастными и ни в коем случае не должны затрагивать или подрывать права или правовое положение любого его Членов. Аргентина также заявила, что сделает дополнительные комментарии во время пленарного заседания КСДА.

(206) В отношении Рабочего документа WP52 Аргентина указала, что у нее есть некоторые замечания, и, в частности, напомнила, что рекомендации, которые могут возникнуть на КСДА/КООС, должны быть ограничены рамками действия Договора об Антарктике.

(207) Великобритания приняла к сведению заявление Аргентины и отклонила его. Великобритания отметила важность представления для КСДА и КООС наилучших имеющихся научных данных и то, что при этом могут возникнуть вопросы, которые не комфортны некоторым Членам Комитета. Однако Великобритания отметила, что решительно поддерживает беспристрастность своих научных консультантов. Великобритания отметила, что позднее вернется к более конкретным комментариям Аргентины.

(208) Франция представила Рабочий документ WP 53 *Важные зоны обитания морских млекопитающих (IMMAs),* подготовленный совместно с ЮАР, Монако, Германией, Чили и Великобританией. Также была сделана ссылка на IP 24 *Важные зоны обитания морских млекопитающих» (IMMAs) в районе действия Договора об Антарктике*: *международное сотрудничество для информированного принятия решений по сохранению среды обитания и планированию природоохранных мероприятий для морских млекопитающих* (МСОП, СКАР). Инициаторы рекомендовали КООС принять Резолюцию о признании важности Важных зон обитания морских млекопитающих (IMMAs) в районе действия Договора в качестве инструмента, помогающего Сторонам при планировании и проведении деятельности в Антарктике.

(209) Комитет поблагодарил авторов за их доклад. Отмечая, что сохранение антарктической фауны является основополагающим принципом Протокола по окружающей среде, многие Члены подчеркнули важность исследований

антарктических морских млекопитающих для информирования при принятии решений и планировании их сохранения и поддержали идею о том, что научная информация, лежащая в основе этих IMMAs, может являться полезным инструментом, который следует учитывать при планировании и проведении мероприятий в Антарктике.

(210) АСОК добавила, что информация в Рабочем документе WP 53 была полезна для усиления охраны биоразнообразия в Антарктике и что участки, не входящие в категорию IMMAs, также могут иметь важное значение для охраны морских млекопитающих и заслуживать особой охраны или управления.

(211) Многие Члены согласились с тем, что было бы полезно довести отчет IMMAs до сведения других международных организаций, играющих важную роль в продвижении сохранения морских млекопитающих в антарктическом регионе. Также была отмечена важность соблюдения осторожности при использовании имен и обозначений в информации, поступающей от международных организаций, не являющихся частью Системы Договора об Антарктике.

(212) В ходе этого обсуждения также было поднято несколько ограничений. Члены отметили, что IMMAs, выявленные в ходе семинара 2018 года, не представляют все части района действия Договора об Антарктике, которые имеют важное значение для морских млекопитающих. Некоторые респонденты выразили обеспокоенность по поводу того, что научная работа по IMMAs ограничена значительными пробелами в данных и, похоже, не имеет такого уровня анализа и научной зрелости, как другие подобные усилия, такие как анализ КОТ и проект RAATD. Отметив, что IMMAs были смоделированы на примере КОТ, один Член Комитета также поставил под сомнение обоснованность КОТ, принятый на основании Резолюции 5 (2015 г.), которая направлена на предотвращение вероятности отрицательного воздействия масштабной деятельности человека в регионе на численность птиц в Антарктике. В ответ инициаторы подчеркнули, что исследование было проведено с научной точностью и было окончательно составлено для IMMAs в районе действия Договора об Антарктике. Они также пояснили, что критерии определения, используемые для IMMAs, соответствуют критериям, используемым для КОТ, но были адаптированы для морских млекопитающих с учетом специфической деятельности как морских, так и наземных млекопитающих.

(213) Несмотря на то, что многие Члены Комитета посчитали целесообразным, чтобы Комитет поддержал призыв к дальнейшим исследованиям и мониторингу популяций морских млекопитающих для информирования о мерах управления, но, поскольку время не позволяло провести углубленное обсуждение, Комитет на данном этапе не смог согласиться поддержать проект Резолюции, предложенный в Рабочем документе WP 53, но согласился продолжить обсуждение на XXIV КООС.

(214) Комитет принял к сведению указанные ниже Информационные документы, представленные в рамках данного пункта Повестки дня.

- Информационный документ IP 18 *Использование беспилотных летательных аппаратов (БПЛА) для оценки популяций антарктической фауны* (Германия). В этом документе обсуждались возможности использования съемок с БПЛА для оценки популяций антарктической фауны. Экспертные оценки показали, что можно получить надежные, понятные и воспроизводимые результаты.

- IP 19 *Управление воздействием антропогенного шума в Антарктике: шаги к разработке концепции защиты от подводного шума для Антарктики*

(Германия). В документе описывается проект по разработке матрицы критериев для изучения 24 местных видов антарктических морских млекопитающих и трех основных источников антропогенного подводного шума: сейсмических пневматических пушек, гидроакустического оборудования и судов. Для этого будет проведена серия семинаров по определению максимальных значений звукового воздействия для предотвращения слуховых травм и беспокойства от антропогенного звука.

- IP 20 ред. 1 *Оценка маскировки коммуникации у морских млекопитающих Антарктики с использованием звука пневматических пушек* (Германия). В этом документе описывается выпуск Федеральным агентством по охране окружающей среды Германии (UBA) проекта по оценке потенциальных маскирующих эффектов научного использования пневматических пушек в Антарктике для обеспечения прочной научной основы в поддержку разрешения геофизических исследований. Работа над этим проектом проводилась с институтами Австралии, Дании, Германии, Нидерландов и США.
- IP 24 *Важные зоны обитания морских млекопитающих (IMMAs) в районе действия Договора об Антарктике: международное сотрудничество для информированного принятия решений по сохранению среды обитания и планированию природоохранных мероприятий для морских млекопитающих* (МСОП, СКАР). В документе сообщается о проделанной работе по предложению зон для присвоения статуса Важных зон обитания морских млекопитающих (IMMAs) в соответствии с набором критериев, подтвержденных конкретными данными. Пятнадцать зон-кандидатов на статус IMMAs были представлены на рассмотрение независимой комиссии и 13 из них были позже утверждены в качестве IMMAs. В документе отмечалось, что четыре IMMAs были полностью или частично расположены в районе действия Договора об Антарктике, они перечислены в электронном атласе IMMAs с доступом к шейп-файлам и справочной информации (https://www.marinemammalhabitat.org/imma-eatlas/). В документе отмечается, что результаты этой работы могут быть полезны при разработке мер пространственной охраны.
- IP 48 *Второе издание руководства по осведомленности о дикой природе* (Германия, МААТО, Великобритания). В документе отмечается публикация нового издания Руководства по осведомленности о дикой природе. Руководство дает возможность пилотам планировать и выполнять полеты, избегая, насколько это возможно, участков повышенной чувствительности дикой природы.
- IP 49 ред. 1 *Ретроспективный анализ антарктических данных отслеживания выявляет Экологически важные районы в Южном океане* (СКАР). В документе представлена подробная информация о проекте «Ретроспективный анализ антарктических данных отслеживания» (RAATD), в котором данные слежения за животными использовались для моделирования предпочтений циркумполярной среды обитания 17 видов морских хищников (12 видов морских птиц и 5 видов морских млекопитающих) с целью выявления важных для всех этих видов регионов, которые обозначены как «Экологически важные районы» (AES).
- IP 60 rev. 1 *Отчет о состоянии антарктических пингвинов за 2020 г.* (СКАР). В этом документе представлен *Отчет о состоянии антарктических пингвинов за 2020 г.*, который обобщает общеконтинентальный статус, размер

и популяционные тенденции пяти видов пингвинов Антарктики.

(215) Комитет принял к сведению справочные документы, представленные в рамках данного пункта повестки дня:

- Вспомогательный документ BP 1: *Исследования с помощью беспилотных летательных аппаратов (БПЛА) сводят к минимуму реакцию хищников по сравнению с наземными исследованиями* (США).
- Вспомогательный документ BP 6: *База данных аудиограмм животных* (Германия).

Пункт 11. Экологический мониторинг и представление данных об окружающей среде

(216) СКАР представил Рабочий документ WP 19 *Портал окружающей среды Антарктики*, который предоставил обновленную информацию на сайте Портала окружающей среды Антарктики, включая новый интерфейс и дизайн, направленные на облегчение доступа к информационным сводкам. В этом документе приведены примеры прямой связи опубликованных на портале информационных сводок с вопросами, являющимися приоритетными для КООС. СКАР рекомендовал КООС продолжать поддерживать портал, признать пользу портала для разработанной КООС Рабочей программы ответных мер в отношении изменения климата и определить дополнительные информационные сводки, которые он хотел бы видеть.

(217) Комитет поблагодарил СКАР за его обширную работу над Порталом окружающей среды Антарктики и подчеркнул, что информационные сводки портала представляют собой высококачественный источник наилучших имеющихся научных данных для политиков, способствующих принятию решений. Он также отметил важность портала для поддержки работы SGCCR, особенно в отношении ее Рабочей программы ответных мер в отношении изменения климата.

(218) Несколько Членов внесли предложения по содержанию портала, в том числе подчеркнули важность информационных сводок о криосфере и закислении океана, в частности, в свете информации, представленной в WP 17 и WP 36; а также добавление в качестве новых тем кумулятивных воздействий и микропластика. Некоторые Члены Комитета также отметили важность сохранения географического баланса, языкового и гендерного разнообразия авторства и информации, представленной на Портале, отметив важность включения рецензируемых публикаций на различных языках и перевода документов, когда это возможно, на официальные языки Договора. Несколько Членов прокомментировали свои специальные мероприятия по переводу исследований на четыре языка Договора и предложили СКАР переводческую поддержку для дальнейшего повышения полезности портала для Комитета.

(219) СКАР поблагодарил Комитет за положительные отзывы и постоянную поддержку и приветствовал предложения Комитета по дополнениям к Порталу. Он подтвердил, что приветствует включение рецензируемых публикаций на нескольких языках в Портал, и отметил, что информационные сводки на Портале были написаны учеными. СКАР призвал Члены присоединиться к усилиям по предоставлению более полных резюме публикаций на разных языках. СКАР также отметил свою неизменную приверженность гендерному, языковому и географическому разнообразию информации и приветствовал любые усилия по улучшению этого положения в работе портала.

(220) Комитет поблагодарил СКАР за его работу и подтвердил свою неизменную поддержку портала, еще раз отметив его ценность как источника высококачественной научной информации по вопросам, имеющим отношение к работе Комитета.

(221) Ссылаясь на Информационный документ IP 137, один из Членов Комитета отметил важность экспертной группы SCAR-ImPACT и проявил интерес к присоединению к экспертной группе ImPACT.

(222) Комитет принял к сведению указанные ниже Информационные документы, представленные в рамках данного пункта Повестки дня.

- Информационный документ IP 9 *Мониторинг видов в районе действия Договора об Антарктике с помощью покадровой (тайм-лапс) съемки* (Великобритания). В этом документе представлены краткие сведения о дистанционном мониторинге с помощью камер в районе действия Договора об Антарктике и рабочие процессы превращения исходных данных в сводки, готовые к разработке правил.
- IP 21 *Шаг к структурированному сбору образцов и данных о загрязнении окружающей среды в Антарктике* (Германия, Италия). В этом документе представлена обновленная информация о наличии стойких органических загрязнителей (СОЗ) и их микроэлементов в Антарктике, а также обсуждается инициатива для дальнейшего сотрудничества между Членами в работе над структурированным сбором образцов и данных о загрязнении окружающей среды в Антарктике.
- IP 31 *Гнездование морских птиц, нечувствительных к повышению температуры океана* (Великобритания, Южная Африка, Новая Зеландия, Канада, Португалия). В этом документе представлены научные доказательства того, что морские птицы во всем мире не приспосабливают свои сезоны размножения к течению времени или в ответ на повышение температуры поверхности моря, что усиливает необходимость мониторинга популяций антарктических морских птиц и их взаимодействий с видами добычи, имеющими отношение к мерам управления.
- IP 34 *Использование очищенных сточных вод для выращивания овощей на гидропонике в Антарктике* (Болгария, Португалия). В этом документе описывается разработка процесса очистки сточных вод для производства питательного раствора для использования в гидропонных системах Антарктики.
- IP 137 *Стойкие органические химические вещества в Антарктике: сканирование горизонта приоритетных задач* (СКАР). В этом документе представлена работа экспертной группы СКАР «Пути поступления стойких органических загрязнителей в Антарктике» (ImPACT) по перспективному анализу приоритетных задач в области исследований стойких органических химических веществ в Антарктике. Документ содержит предлагаемые действия и потенциальные подходы к скоординированным исследованиям и усилиям по мониторингу, а также подчеркивает важность такой деятельности для принятия обоснованных политических решений.

Пункт 12. Отчеты об инспекциях

(223) США представили Информационный документ IP 1. *Отчет США об инспекции,*

февраль 2020 г. В нем сообщается об инспекциях по Договору об Антарктике с 7 по 10 февраля 2020 г., в которых участвовали три исследовательские станции — Китая, Италии и Республики Корея, — а также об ООРА № 161. США поблагодарили все Стороны за их сотрудничество и гостеприимство в ходе инспекций, а также за помощь в составлении отчета. Никаких серьезных нарушений договора или Протокола по охране окружающей среды замечено не было.

(224) Австралия представила Информационный документ IP 15 *Инспекции, проведенные Австралией в рамках Договора об Антарктике и Протокола по охране окружающей среды: январь–февраль 2020 г.* В нем сообщается об инспекциях по Договору об Антарктике в январе 2020 г., в которых участвовали шесть антарктических станций: станция Джанг Бого (Республика Корея), база на острове Инэкспрессибл (Китай), станция Гондвана (Германия), лагерь Тайшань (Китай), станция Молодежная (Российская Федерация), и станция Гора Вечерняя (Беларусь). Австралия поблагодарила все Стороны, станции которых были проинспектированы, за их сотрудничество и отметила, что наблюдаемые объекты и деятельность в целом соответствуют положениям Протокола по охране окружающей среды, хотя были выявлены некоторые возможности для улучшения эксплуатационной практики.

(225) Комитет также сослался на IP 144 *Краткий обзор межсессионного обсуждения отчетов об инспекциях в соответствии со Статьей VII Договора об Антарктике и Статьей 14 Протокола по охране окружающей среды*, совместно подготовленный Норвегией/Испанией. При межсессионном пересмотре отчетов об инспекциях, проведенных Австралией и США в антарктическом сезоне 2019/20 годов, особое внимание в документе уделялось важности инспекций для соблюдения стандартов охраны окружающей среды и улучшения логистических аспектов деятельности Сторон в Антарктике. В документе отмечена важность обновления базы данных КОМНАП и использования СЭОИ для постоянного учета деятельности, установок и оборудования, имеющихся в районе действия Договора об Антарктике.

(226) Принимая во внимание IP 1, IP 15 и IP 144, Комитет отметил, что две инспекции показали, что в целом наблюдается высокая приверженность экологическим аспектам работы станций на большинстве станций в соответствии с целями, положениями и стандартами Протокола. Комитет поблагодарил Австралию и США за их отчет и за проведение инспекций и признал важность инструмента инспекций, отметив ценность поддержания прозрачности и обмена информацией относительно всей деятельности в Антарктике. В этом контексте была отмечена желательность активного использования СЭОИ. Комитет также призвал проинспектированные Стороны обратить внимание на рекомендации, содержащиеся в их отчетах, чтобы позволить улучшить экологические аспекты своей деятельности.

(227) В отношении IP 1 Италия и Южная Корея поблагодарили США за отчет и предоставленные комментарии. Китай также поблагодарил США за их инспекцию и отчет и попросил пояснить комментарии в отчете о временных зданиях на инспектируемом участке, в частности, в отношении их включения в ВООС. Китай отметил, что эти здания были временными по своему характеру, что позволяло проводить непрерывную экологическую оценку и сбор данных для дальнейшего улучшения ВООС. Когда строительство новой исследовательской станции закончится, эти конструкции будут демонтированы и сняты. Китай отметил, что исследовательская станция будет совершенно другой инфраструктурой, и что строительство этого сооружения еще не началось. Китай распространит

окончательную версию ВООС за шестьдесят дней до начала таких строительных работ в соответствии с процедурой Протокола.

(228) Ссылаясь на Пересмотренное руководство по оценке воздействия на окружающую среду, прилагаемое к Резолюции 1 (2016 г.), США отметили, что временные сооружения считались основной характеристикой планируемой постоянной станции, которая должна быть четко обозначена в ВООС для новой постоянной станции, а не в отдельном документе или посредством отдельной процедуры.

(229) В отношении Информационного документа IP 15 Российская Федерация поблагодарила Австралию за ее инспекцию и отчет и отметила, что из-за проблем, связанных с пандемией COVID-19, она не смогла начать реализовывать предложенные улучшения. Российская Федерация проинформировала Комитет, что она будет проводить запланированные улучшения, такие как удаление старого топлива и оборудования, начиная с 2023 года. Комитет поблагодарил Российскую Федерацию за эту обновленную информацию о ее ответе на инспекцию.

(230) Беларусь, сославшись также на свой IP 17, поблагодарила Австралию за инспекцию, отметив свое намерение следовать рекомендациям в духе и в рамках Протокола по охране окружающей среды.

(231) Комитет принял к сведению Информационный документ, представленный в рамках данного пункта:

- IP 17 *О деятельности Республики Беларусь по реализации экологических принципов Мадридского протокола 1991 г. в 2019–2021 гг. (*Беларусь*).* В нем сообщалось о шагах, предпринятых Беларусью в 2019–2021 гг. для выполнения положений Протокола по охране окружающей среды. В документе также представлена обновленная информация об окончательной Всесторонней оценке окружающей среды в отношении строительства и эксплуатации беларусской антарктической станции Вечерняя гора и дан ответ на рекомендации инспекционной группы Австралии.

Пункт 13. Общие вопросы

(232) АСОК представила IP 81 *Мадридскому протоколу тридцать лет: Наше будущее*, в котором подчеркивается появление утраты биоразнообразия и изменения климата за тридцать лет после подписания Протокола по охране окружающей среды. АСОК отметила, что научные документы, представленные на этом совещании СКАР, показали, что изменения, происходящие в антарктическом регионе, не признают политических границ или чувствительности Системы Договора об Антарктике и поэтому требуют от органов Системы Договора об Антарктике сотрудничества для достижения общих целей. АСОК определила ключевые современные приоритетные области, включая охраняемые территории, изменение климата, туризм, загрязнение с судов и Полярный кодекс. Для празднования тридцатилетия Протокола АСОК рекомендовала Сторонам возобновить свою приверженность эффективной реализации принципов Протокола, чтобы следующие тридцать лет его действия были еще более успешными, чем первые тридцать.

(233) Комитет принял к сведению указанные ниже Информационные документы, представленные в рамках данного пункта Повестки дня.

- Информационный документ IP 14 *Антарктическая первозданная природа и ненарушенные территории* (Австралия, Нидерланды, Новая Зеландия). В этом документе обобщены результаты количественного анализа протяженности первозданной природы Антарктики, недавно опубликованного в *Nature* (Leihy et al., 2020). Была отмечена важность выводов для проектов КООС, таких как продолжающиеся усилия по разработке согласованного подхода к пониманию и охране первозданной природы Антарктики, а также по систематическому развитию системы охраняемых районов Антарктики, включая рассмотрение районов с исключительно ценной первозданной природой и районов без человеческого вмешательства.

- IP 32 *Образовательная и информационно-просветительская деятельность Сторон Договора об Антарктике в рамках КСДА: пересмотр* (Бельгия, Болгария, Великобритания, Португалия). В документе проанализирован уровень отчетности Сторон об образовательной и информационно-просветительской деятельности с 1961 г., что свидетельствует о значительном увеличении активности после подписания в 1991 г. Протокола по охране окружающей среды. Инициаторы предложили Сторонам, Наблюдателям и Экспертам продолжать активно участвовать и сообщать о достижениях в этой области через Межсессионную контактную группу КСДА по образовательной и информационно-просветительской деятельности и на форуме КСДА.
- IP 33 *День Магеллана и Элькано* (Португалия, Испания). В этом документе сообщается о ряде образовательных инициатив, осуществленных Португалией и Испанией в честь 500-летия первого кругосветного плавания Фернана Магеллана и Хуана Себастьяна Элькано. В документе отмечен успех этих образовательных и информационных мероприятий, несмотря на пандемию COVID-19.
- Информационный документ IP 106 *Проект «Память льда»* (Франция, Италия). После первоначальной презентации Программы Ice Memory на XLII КСДА в этом документе была представлена обновленная информация о Программе. Сторонники признают, что для определения следующих шагов Программы требуется дальнейшее обсуждение между Сторонами и наблюдателями. Инициаторы подтвердили, что проект «Память льда» будет проводиться в соответствии с Договором об Антарктике и Протоколом по охране окружающей среды с полным соблюдением Приложения I об оценке воздействия на окружающую среду.
- IP 113 *Adhesión de Colombia al Protocolo del Tratado Antártico sobre Protección del Medio Ambiente: Retos y Oportunidades* (Колумбия). В документе описываются проблемы и возможности, связанные с внедрением Протокола по охране окружающей среды в национальные учреждения и правительство Колумбии. Колумбия подтвердила свою приверженность сохранению Антарктики и своим собственным национальным экологическим принципам, содержащимся в ее Политической конституции 1991 г., также известной как «Экологическая конституция».

Пункт 14. Выборы должностных лиц

(234) Комитет избрал д-ра Анупа Кумара Тивари (Dr. Anoop Kumar Tiwari), Индия, на пост Заместителя Председателя на двухгодичный срок и поздравил его с назначением на эту должность. Д-р Тивари был также назначен координатором

ВГПУ.

(235) Комитет тепло поблагодарил г-жу Патрисию Ортусар (Patricia Ortúzar) из Аргентины за ее неустанную работу, продуктивность и лидерство на должности Заместителя Председателя КООС и координатора ВГПУ.

(236) Комитет избрал г-жу Биргит Ньостад (Birgit Njåstad) (Норвегия) Председателем КООС на второй двухлетний срок и поздравил ее с повторным назначением на эту должность.

Пункт 15. Подготовка следующего заседания

(237) Комитет принял предварительную Повестку дня XXIV заседания КООС (Дополнение 4).

(238) Комитет принял к сведению Информационный документ, представленный в рамках данного пункта Повестки дня:

- IP 28 *Предложение Финляндии по проведению 45-го КСДА в Хельсинки в 2023 г.* (Финляндия). Учитывая отмену XLIII КСДА в Хельсинки в 2020 г., в документе предлагается провести КСДА в Финляндии в 2023 г. В документе отмечается, что Финляндия достигла договоренности с Индией, где заседание КСДА будет перенесено на 2024 г.

Пункт 16. Принятие отчета

(239) Комитет принял данный Отчет.

Пункт 17. Закрытие заседания

(240) Председатель закрыл заседание в пятницу 18 июня.

Приложение 1

Пятилетний план работы КООС

Вопрос/нагрузка на окружающую среду: Интродукция неместных видов	
Приоритет: 1	
Действия: 1. Продолжить разработку практических инструкций и ресурсов для всех антарктических операторов. 2. Осуществить соответствующие мероприятия согласно Рабочей программе ответных мер в отношении изменения климата. 3. Рассмотреть подробную пространственную оценку рисков с разбивкой по видам деятельности, что позволит снизить риски, связанные с наземными неместными видами. 4. Разработать стратегию надзора за районами с высоким риском закрепления неместных видов. 5. Уделить особое внимание рискам, связанным с переносом пропагул внутри Антарктики.	
Межсессионный период 2021/22 гг.	• Приступить к разработке стратегии деятельности в области ответных мер в отношении неместных видов, включая надлежащие меры реагирования при выявлении болезней в мире дикой природы • В целях оказания помощи Комитету в вопросах оценки эффективности Руководства обратиться к КОМНАП с просьбой о предоставлении отчета о результатах проведения карантинных мероприятий и осуществления мер биобезопасности членами КОМНАП
XXIV заседание КООС, 2022 г.	• Провести обсуждение результатов работы в межсессионный период по вопросам разработки стратегии деятельности в области ответных мер для включения соответствующих положений в Руководство по неместным видам, а также по вопросам проведения карантинных мероприятий и осуществления мер биобезопасности членами КОМНАП. Провести анализ доклада ИМО по Руководству по контролю за биообрастанием корпусов судов

	• От СКАР ожидается предоставление информации об имеющихся методах, способствующих выявлению неместных видов
Межсессионный период 2022/23 гг.	• Обратиться к СКАР с просьбой составить перечень имеющихся источников информации о биоразнообразии и соответствующих баз данных в качестве вспомогательного информативного материала о местных видах, имеющихся на территории Антарктики, с целью оказания помощи Сторонам при определении текущего и будущего масштабов интродукции • Разработать общеприменимые рекомендации по осуществлению мониторинга. Для отдельных районов может потребоваться разработка более подробных рекомендаций по мониторингу, характерных для конкретного участка • Обратиться к Сторонам и Наблюдателям с просьбой о предоставлении отчета о применении руководства по обеспечению биологической безопасности их членами
XXV заседание КООС, 2023 г.	• Провести обсуждение результатов работы в межсессионный период по вопросам разработки рекомендаций по осуществлению мониторинга с целью включения их в Руководство по неместным видам. • Рассмотреть отчеты Сторон и Наблюдателей о применении руководства по обеспечению биологической безопасности их членами
Межсессионный период 2023/24 гг.	• Приступить к работе по оценке риска интродукции морских неместных видов
XXVI заседание КООС, 2024 г.	• Провести обсуждение результатов работы в межсессионный период по вопросам опасности интродукции морских неместных видов
Межсессионный период 2024/25 гг.	• Разработать целевые рекомендации по снижению уровня попадания в окружающую среду неместных видов при сбросе сточных вод • Провести анализ применения и содержания Руководства КООС по неместным видам
XXVII заседание КООС, 2025 г.	• Рассмотреть на заседании КООС вопрос о необходимости пересмотра и доработки Руководства по неместным видам

Межсессионный период 2025/26 гг.	• В случае необходимости провести в межсессионный период пересмотр Руководства по неместным видам
XXVIII заседание КООС, 2026 г.	• В случае создания МКГ рассмотреть на заседании КООС ее отчет и вопрос о принятии на КСДА пересмотренного Руководства по неместным видам посредством резолюции

Потребности в научных исследованиях и данных:

- Определение районов суши, морских районов и сред обитания, подверженных риску интродукции неместных видов.
- Определение местных видов, подверженных риску переноса, а также средств и путей внутриконтинентального переноса.
- Обобщение знаний о биоразнообразии, биогеографии и биорегионализации Антарктики и проведение фоновых исследований местных видов.
- Определение путей интродукции морских видов (включая оценку рисков, связанных со сбросом сточных вод).
- Проведение оценки рисков и путей интродукции микроорганизмов, способных отрицательно влиять на сложившиеся сообщества микроорганизмов.
- Осуществление мониторинга районов суши и морской среды в отношении неместных видов (включая активность микробной биомассы в местах сброса сточных вод из очистных сооружений).
- Определение способов и методов быстрого реагирования на интродукцию неместных видов.
- Определение путей интродукции неместных видов без непосредственного участия человека.

Вопрос/нагрузка на окружающую среду: Туризм и неправительственная деятельность

Приоритет: 1

Действия:

1. Предоставить рекомендации для КСДА по запросу.
2. Реализовать рекомендации СЭДА по морскому туризму.

Межсессионный период 2021/22 гг.	• Провести работу по методике предварительной оценки новых, ранее неизвестных или вызывающих особую обеспокоенность видов туристической деятельности.

	• Продолжить работу по разработке методики оценки чувствительности участка.
XXIV заседание КООС, 2022 г.	• Рассмотреть рекомендацию СКАР в отношении предполагаемой разработки программы мониторинга окружающей среды, призванной обеспечить возможность оценки воздействия туристической деятельности на окружающую среду • Рассмотреть результаты дискуссий по предварительной оценке новых, ранее неизвестных или вызывающих особую обеспокоенность видов туристической деятельности. • Обсуждение экспериментальной методики оценки чувствительности участка.
Межсессионный период 2022/23 гг.	
XXV заседание КООС, 2023 г.	• Рассмотреть доклад СКАР и других заинтересованных сторон по вопросу определения понятия «ценности дикой природы», имея в виду его применение на практике. • Рассмотреть доклад СКАР по вопросу расчетной интенсивности использования участков без ухудшения их состояния.
Межсессионный период 2023/24 гг.	
XXVI заседание КООС, 2024 г.	
Межсессионный период 2024/25 гг.	
XXVII заседание КООС, 2025 г.	
Межсессионный период 2025/26 гг.	
XXVIII заседание КООС, 2026 г.	

Потребности в научных исследованиях и данных:

- Последовательное осуществление целенаправленного мониторинга воздействия туристической деятельности.

• Осуществление мониторинга посещаемых участков, на которые распространяется действие Правил поведения для посетителей участков

Вопрос/нагрузка на окружающую среду: Последствия изменения климата для окружающей среды	
Приоритет: 1	
Действия: 1. Рассмотреть влияние изменения климата на управление окружающей средой Антарктики. 2. Реализовать Рабочую программу ответных мер в отношении изменения климата (CCRWP).	
Межсессионный период 2021/22 гг.	• Работа вспомогательной группы осуществляется в соответствии с согласованным планом работы • СКАР предоставляет десятилетнее обновление Доклада ИКАОС
XXIV заседание КООС, 2022 г.	• Постоянный пункт повестки дня • Рассмотреть отчет Вспомогательной группы, включая обновления CCRWP • Комитет рассматривает десятилетнее обновление Доклада ИКАОС от СКАР • Провести анализ выполнения мероприятий, намеченных по итогам совместного семинара КООС и НК-АНТКОМ (2016 г.) • Спланировать проведение совместного семинара НК-АНТКОМ и КООС в межсессионный период 2021/22 г., который должен проводиться каждые пять лет.
Межсессионный период 2022/23 гг.	
XXV заседание КООС, 2023 г.	• Выполнить окончательную доработку плана проведения совместного семинара НК-АНТКОМ и КООС в межсессионный период 2021/22 г.
Межсессионный период 2023/24 гг.	• Провести регулярный совместный семинар НК-АНТКОМ и КООС, который должен проводиться каждые пять лет
XXVI заседание КООС, 2024 г.	

Межсессионный период 2024/25 гг.	
XXVII заседание КООС, 2025 г.	
Межсессионный период 2025/26 гг.	
XXVIII заседание КООС, 2026 г.	

Потребности в научных исследованиях и данных:

- Осуществление деятельности, направленной на расширение знаний и обеспечение более глубокого понимания воздействия имеющих место и потенциальных изменений климата на наземную (в том числе водную), биотическую и абиотическую среду
- Осуществление долгосрочного мониторинга изменений в наземной (в том числе водной) биотической и абиотической среде в связи с изменением климата
- Продолжение работы по разработке биогеографических инструментов для создания надежной информационной базы для охраны и управления районами Антарктики на региональном и континентальном уровнях в условиях изменения климата, включая изучение вопроса о необходимости определения контрольных районов для будущих исследований и выявления районов, устойчивых к изменению климата
- Определение биогеографических регионов Антарктики, являющихся наиболее уязвимыми к изменению климата, и установление степени их приоритетности.
- Осуществление деятельности, направленной на обеспечение более глубокого понимания имеющих место изменений в прибрежной морской среде, возможности их прогнозирования и оценки воздействия этих изменений.
- Осуществление долгосрочного мониторинга имеющих место изменений в прибрежной морской биотической и абиотической среде в связи с изменением климата.
- Проведение оценки влияния закисления океана на морскую биоту и экосистемы.
- Осуществление деятельности, направленной на обеспечение более глубокого понимания состояния, тенденций, уязвимости и распространения популяций основных антарктических видов.
- Осуществление деятельности, направленной на обеспечение более глубокого понимания состояния, тенденций, уязвимости и распространения сред обитания.
- Осуществление наблюдений за Южным океаном и моделирование его переменных для обеспечения более глубокого понимания процессов, связанных с изменением климата.

• Определение районов, предположительно устойчивых к изменению климата. • Осуществление мониторинга колоний императорских пингвинов, включая метод дистанционного зондирования и дополняющие методы, с целью определения тенденций изменения структуры и численности популяций и потенциальных убежищ контексте изменения климата.

Вопрос/нагрузка на окружающую среду: Обработка новых и пересмотренных Планов управления охраняемыми и управляемыми районами	
Приоритет: 1	
Действия: 1. Уточнить процесс пересмотра новых и пересмотренных Планов управления. 2. Обновить существующие инструкции. 3. Разработать руководство по ОУРА.	
Межсессионный период 2021/22 гг.	• Работа ВГПУ по утвержденному плану работы.
XXIV заседание КООС, 2022 г.	• Рассмотреть отчет ВГПУ
Межсессионный период 2022/23 гг.	• Работа ВГПУ по утвержденному плану работы.
XXV заседание КООС, 2023 г.	• Рассмотреть отчет ВГПУ
Межсессионный период 2023/24 гг.	• Работа ВГПУ по утвержденному плану работы.
XXVI заседание КООС, 2024 г.	• Рассмотреть отчет ВГПУ
Межсессионный период 2024/25 гг.	• Работа ВГПУ по утвержденному плану работы.
XXVII заседание КООС, 2025 г.	• Рассмотреть отчет ВГПУ
Межсессионный период	• Работа ВГПУ по утвержденному плану работы.

2025/26 гг.	
XXVIII заседание КООС, 2026 г.	• Рассмотреть отчет ВГПУ
Потребности в научных исследованиях и данных: • Осуществление мониторинга с целью оценки состояния ценностей острова Эмперор (ООРА № 107). • Использование методов дистанционного зондирования для мониторинга изменений в растительности на территориях ООРА. • Осуществление долгосрочного мониторинга биологических ценностей в ООРА.	

Вопрос/нагрузка на окружающую среду: Работа КООС и стратегическое планирование	
Приоритет: 2	
Действия: 1. Обновлять Пятилетний план работы, руководствуясь изменяющимися обстоятельствами и требованиями КСДА. 2. Определить возможности улучшения эффективности деятельности КООС. 3. Рассмотреть долгосрочные цели для Антарктики (на 50–100 лет). 4. Рассмотреть возможности укрепления рабочих взаимоотношений между КООС и КСДА.	
Межсессионный период 2021/22 гг.	
XXIV заседание КООС, 2022 г.	
Межсессионный период 2022/23 гг.	
XXV заседание КООС, 2023 г.	
Межсессионный период 2023/24 гг.	
XXVI заседание КООС, 2024 г.	
Межсессионный период 2024/25 гг.	

XXVII заседание КООС, 2025 г.	
Межсессионный период 2025/26 гг.	
XXVIII заседание КООС, 2026 г.	

Вопрос/нагрузка на окружающую среду: Устранение вреда, наносимого окружающей среде, или ослабление его воздействия	
Приоритет: 2	
Действия: 1. Ответить на последующий запрос от КСДА, касающийся устранения вреда, наносимого окружающей среде, или ослабления его воздействия по мере необходимости. 2. Отслеживать ход работы по организации инвентаризации участков прошлой деятельности в Антарктике. 3. Рассмотреть инструкции по устранению вреда, наносимого окружающей среде, или ослаблению его воздействия 4. Члены должны разработать практические указания и дополнительные ресурсы для их включения в Руководство по очистке. 5. Продолжить разработку практических биовосстановительных мероприятий для включения в Руководство по очистке.	
Межсессионный период 2021/22 гг.	• Постоянный пересмотр Руководства. Деятельность Сторон по разработке новых методик или руководств.
XXIV заседание КООС, 2022 г.	• Включение новых методик или руководств в Руководство по очистке по мере их появления и одобрения Комитетом.
Межсессионный период 2022/23 гг.	• Постоянный пересмотр Руководства. Деятельность Сторон по разработке новых методик или руководств.
XXV заседание КООС, 2023 г.	• Постоянный пересмотр Руководства и включение в него новых методик и руководств по мере их появления.
Межсессионный период 2023/24 гг.	• Постоянный пересмотр Руководства. Деятельность Сторон по разработке новых методик или руководств.
XXVI заседание КООС, 2024 г.	• Постоянный пересмотр Руководства и включение в него новых методик и руководств по мере их появления.

Межсессионный период 2024/25 гг.	• Постоянный пересмотр Руководства. Деятельность Сторон по разработке новых методик или руководств.
XXVII заседание КООС, 2025 г.	• Постоянный пересмотр Руководства и включение в него новых методик и руководств по мере их появления.
Межсессионный период 2025/26 гг.	• Постоянный пересмотр Руководства. Деятельность Сторон по разработке новых методик или руководств.
XXVIII заседание КООС, 2026 г.	• Постоянный пересмотр Руководства и включение в него новых методик и руководств по мере их появления.
Потребности в научных исследованиях и данных: • Проведение исследований в целях создания информационной базы для определения целевых показателей качества окружающей среды при проведении работ по устранению экологического ущерба или восстановлению окружающей среды в Антарктике • Проведение исследований в области методов предотвращения мобилизации загрязняющих веществ, например отведение талых вод и устройство барьеров локализации загрязняющих веществ • Проведение исследований в области методов устранения экологического ущерба на месте и за пределами территории участков, загрязненных в результате разлива нефтепродуктов и других вредных веществ.	

Вопрос/нагрузка на окружающую среду: Контроль и состояние отчетности по окружающей среде	
Приоритет: 2	
Действия: 1. Определить ключевые экологические индикаторы и инструменты. 2. Установить порядок отчетности перед КСДА. 3. СКАР должен предоставить информацию КОМНАП и КООС.	
Межсессионный период 2021/22 гг.	
XXIV заседание КООС, 2022 г.	
Межсессионный период 2022/23 гг.	

XXV заседание КООС, 2023 г.	• Рассмотреть отчет о мониторинге, подготовленный Великобританией по ООРА № 107
Межсессионный период 2023/24 гг.	
XXVI заседание КООС, 2024 г.	
Межсессионный период 2024/25 гг.	
XXVII заседание КООС, 2025 г.	
Межсессионный период 2025/26 гг.	
XXVIII заседание КООС, 2026 г.	

Потребности в научных исследованиях и данных:

- Осуществление долгосрочного мониторинга изменений в наземной (в том числе водной) биотической и абиотической среде в связи с изменением климата
- Осуществление долгосрочного мониторинга имеющих место изменений в прибрежной морской биотической и абиотической среде в связи с изменением климата.
- Осуществление мониторинга популяций птиц с целью создания информационной базы для последующего принятия мер по управлению.
- Использование методов дистанционного зондирования для мониторинга изменений в растительности на территориях ООРА и в более широком масштабе.
- Осуществление мониторинга колоний императорских пингвинов с использованием метода дистанционного зондирования и дополняющих методов с целью определения потенциальных убежищ в контексте изменения климата.
- Осуществление долгосрочного мониторинга биологических ценностей в ООРА.
- Осуществление долгосрочного мониторинга в целях контроля и выявления антропогенного воздействия на окружающую среду.
- Осуществление долгосрочного мониторинга и долгосрочных наблюдений за изменением условий окружающей среды.
- Последовательное осуществление целенаправленного мониторинга воздействия туристической деятельности.

• Осуществление систематического регулярного мониторинга посещаемых участков, на которые распространяется действие Правил поведения для посетителей участков. • Осуществление долгосрочного мониторинга биологических индикаторов воздействия на участках, посещаемых туристами.

Вопрос/нагрузка на окружающую среду: Пространственная охрана морской среды и меры пространственного управления	
Приоритет: 2	
Действия: 1. Сотрудничество между КООС и НК-АНТКОМ по вопросам общего интереса. 2. Сотрудничество с АНТКОМ по биорайонированию Южного океана и другим общим интересам и согласованным принципам. 3. Определить и применить процессы для пространственной охраны морской среды. 4. Рассмотреть взаимосвязь суши и океана и взаимодополняющих мер, которые могут быть приняты Сторонами в отношении МОР.	
Межсессионный период 2021/22 гг.	
XXIV заседание КООС, 2022 г.	• Продолжить рассмотрение рекомендаций в отношении Резолюции 5 (2017 г.)
Межсессионный период 2022/23 гг.	
XXV заседание КООС, 2023 г.	
Межсессионный период 2023/24 гг.	
XXVI заседание КООС, 2024 г.	
Межсессионный период 2024/25 гг.	
XXVII заседание КООС, 2025 г.	

Межсессионный период 2025/26 гг.	
XXVIII заседание КООС, 2026 г.	

Вопрос/нагрузка на окружающую среду: Руководства для посетителей конкретных участков в туристических целях	
Приоритет: 2	
Действия: 1. Периодически выполнять пересмотр перечня участков, на которые распространяются Правила поведения для посетителей участков, а также рассматривать необходимость разработки Правил поведения для новых участков. 2. Регулярно пересматривать все действующие Правила поведения для посетителей участков с целью обеспечения их точности и актуальности, в том числе внесение предупредительных изменений по мере необходимости. 3. Предоставить рекомендации для КСДА по запросу. 4. Провести пересмотр формата Правил поведения для посетителей участков.	
Межсессионный период 2021/22 гг.	• Рассмотреть разработку руководства по организации краткосрочных лагерных стоянок с последовательным использованием накопленного передового опыта в целях сведения к минимуму воздействия на окружающую среду Антарктики. • Германии провести неформальное обсуждение нового шаблона макета Правил поведения для посетителей участков • Украине и заинтересованным сторонам разработать Правила поведения для посетителей участков на Аргентинских островах, архипелаге Вильгельма.
XXIV заседание КООС, 2022 г.	• Комитету рассмотреть результаты обсуждения нового шаблона макета Правил поведения для посетителей участков • Комитету рассмотреть Правила поведения для посетителей участков, разработанных для Аргентинских островов, архипелага Вильгельма

	• Постоянный пункт повестки дня. Стороны должны предоставить отчеты по пересмотру Правил поведения для посетителей участков
Межсессионный период 2022/23 гг.	• Создание онлайн-хранилища изображений участков в помощь регулярному пересмотру Правил поведения для посетителей участков.
XXV заседание КООС, 2023 г.	• Постоянный пункт повестки дня. Стороны должны предоставить отчеты по пересмотру Правил поведения для посетителей участков
Межсессионный период 2023/24 гг.	
XXVI заседание КООС, 2024 г.	
Межсессионный период 2024/25 гг.	
XXVII заседание КООС, 2025 г.	
Межсессионный период 2025/26 гг.	
XXVIII заседание КООС, 2026 г.	

Потребности в научных исследованиях и данных:

- Осуществление долгосрочного мониторинга для оценки состояния и восстановления растительности на острове Барриентос.
- Осуществление систематического регулярного мониторинга посещаемых участков, на которые распространяется действие Правил поведения для посетителей участков.

Вопрос/нагрузка на окружающую среду: Обзор системы охраняемых районов

Приоритет: 2

Действия:

1. Применить Анализ экологических доменов (АЭД) и систему Заповедных биогеографических регионов Антарктики (ЗБРА) для расширения системы охраняемых районов.
2. Поддерживать и развивать базу данных охраняемых районов.

3. Оценить степень, в которой КОТ представлены или должны быть представлены в ряде ООРА.	
Межсессионный период 2021/22 гг.	• Провести работу по выполнению мероприятий, утвержденных Комитетом по результатам семинара по вопросам охраняемых районов. • СКАР предоставить рекомендации по критериям отбора, которые могут применяться к установленным КОТ или другим орнитологическим территориям при рассмотрении вопроса о назначении статуса ООРА
XXIV заседание КООС, 2022 г.	• Комитету рассмотреть рекомендации СКАР по критериям отбора, которые могут применяться к установленным КОТ или другим орнитологическим территориям при рассмотрении вопроса о назначении статуса ООРА • Рассмотреть ход выполнения мероприятий, утвержденных Комитетом по результатам семинара по вопросам охраняемых районов.
Межсессионный период 2022/23 гг.	• Провести работу по выполнению мероприятий, утвержденных Комитетом по результатам семинара по вопросам охраняемых районов.
XXV заседание КООС, 2023 г.	• Рассмотреть ход выполнения мероприятий, утвержденных Комитетом по результатам семинара по вопросам охраняемых районов.
Межсессионный период 2023/24 гг.	
XXVI заседание КООС, 2024 г.	
Межсессионный период 2024/25 гг.	
XXVII заседание КООС, 2025 г.	
Межсессионный период 2025/26 гг.	
XXVIII заседание КООС, 2026 г.	
Потребности в научных исследованиях и данных: • Продолжение работы по разработке биогеографических инструментов для создания надежной информационной базы для охраны и управления районами Антарктики на региональном и континентальном уровнях в условиях изменения климата,	

включая изучение вопроса о необходимости определения контрольных районов для будущих исследований и выявления районов, устойчивых к изменению климата • Использование методов дистанционного зондирования для мониторинга изменений в растительности на территориях ООРА и в более широком масштабе для создания информационной базы в целях дальнейшего развития системы охраняемых районов Антарктики.

Вопрос/нагрузка на окружающую среду: Реализация и усовершенствование положений ОВОС Приложения I	
Приоритет: 2	
Действия: 1. Уточнить процесс рассмотрения ВООС и предоставления КСДА соответствующих рекомендаций. 2. Разработать инструкции для оценки кумулятивного воздействия. 3. Пересмотреть руководство по ОВОС и рассмотреть более широкую политику и другие вопросы. 4. Рассмотреть применение стратегической оценки окружающей среды в Антарктике.	
Межсессионный период 2021/22 гг.	• Обсудить вопрос о внесении изменений в базу данных ОВОС с целью представления Секретариату соответствующих предложений. Обсудить пути и способы предоставления ответов на замечания и предложения, поступающие через Межсессионные контактные группы или другие механизмы, по вопросам оценки глобального воздействия на окружающую среду. • Рассмотреть вопрос о внесении необходимых изменений в базу данных ОВОС для повышения ее функциональности • Создать МКГ по вопросам пересмотра проектов ВООС по мере необходимости • Обеспечить сотрудничество Членов КООС и Наблюдателей с целью продвижения и координации информации, которая поможет в разработке руководства по определению и оценке кумулятивных воздействий; • Работа Членов КООС по дальнейшей разработке методического руководства по представлению замечаний и предложений в отношении ВООС.
XXIV заседание КООС, 2022 г.	• Рассмотреть отчеты МКГ по проектам ВООС по мере необходимости.

Межсессионный период 2022/23 гг.	• Создать МКГ по вопросам пересмотра проектов ВООС по мере необходимости • Рассмотреть работу Членов КООС по представлению замечаний и предложений в отношении ВООС. • Обеспечить сотрудничество Членов КООС и Наблюдателей с целью продвижения и координации информации, которая поможет в разработке руководства по определению и оценке кумулятивных воздействий;
XXV заседание КООС, 2023 г.	• Обратиться к СКАР с просьбой о предоставлении информации в отношении методики исследования исходного состояния окружающей среды и рассмотреть предоставленную информацию в рабочем порядке. • Рассмотреть отчеты МКГ по проектам ВООС по мере необходимости.
Межсессионный период 2023/24 гг.	• Создать МКГ по вопросам пересмотра проектов ВООС по мере необходимости • Обеспечить сотрудничество Членов КООС и Наблюдателей с целью продвижения и координации информации, которая поможет в разработке руководства по определению и оценке кумулятивных воздействий;
XXVI заседание КООС, 2024 г.	• Рекомендовать Сторонам предоставлять свои отзывы о полезности пересмотренного *Руководства по оценке воздействия на окружающую среду Антарктики* при подготовке ОВОС. • Рассмотреть альтернативные подходы к разработке методического руководства по определению и оценке кумулятивный воздействий. • Рассмотреть отчеты МКГ по проектам ВООС по мере необходимости.
Межсессионный период 2024/25 гг.	• Создать МКГ по вопросам пересмотра проектов ВООС по мере необходимости
XXVII заседание КООС, 2025 г.	• Рассмотреть отчеты МКГ по проектам ВООС по мере необходимости.
Межсессионный период 2025/26 гг.	• Создать МКГ по вопросам пересмотра проектов ВООС по мере необходимости
XXVIII заседание КООС, 2026 г.	• Рассмотреть отчеты МКГ по проектам ВООС по мере необходимости.

<table>
<tr><td colspan="2">Вопрос/нагрузка на окружающую среду: Определение и управление Историческими местами и памятниками</td></tr>
<tr><td colspan="2">Приоритет: 2</td></tr>
<tr><td colspan="2">Действия:

1. Вести перечень и рассматривать новые предложения по мере их возникновения.

2. Рассмотреть по мере необходимости стратегические вопросы, в том числе вопросы, относящихся к определению ИМП с учетом положений Протокола по очистке территории Антарктики.

3. Пересмотреть представление перечня ИМП с целью усовершенствования доступности информации.</td></tr>
<tr><td>Межсессионный период 2021/22 гг.</td><td>• Провести в межсессионный период неформальное обсуждение путей и способов, которые позволили бы КООС наилучшим образом разработать Планы управления по сохранению антарктического наследия.</td></tr>
<tr><td>XXIV заседание КООС, 2022 г.</td><td>• Рассмотреть предложения о том, как Планы управления по сохранению объектов наследия могут способствовать управлению ИМП.</td></tr>
<tr><td>Межсессионный период 2022/23 гг.</td><td>• Разработать дальнейшие инструкции по включению в список ИМП, местонахождение которых неизвестно

• Рассмотреть, каким образом оценка воздействия на окружающую среду может стать частью оценки Исторического места и памятника.</td></tr>
<tr><td>XXV заседание КООС, 2023 г.</td><td>• Рассмотреть руководство по включению в список ИМП, местонахождение которых неизвестно

• Проанализировать предложения в отношении процесса составления перечней ОВОС и ИМП.</td></tr>
<tr><td>Межсессионный период 2023/24 гг.</td><td></td></tr>
<tr><td>XXVI заседание КООС, 2024 г.</td><td></td></tr>
<tr><td>Межсессионный период 2024/25 гг.</td><td></td></tr>
<tr><td>XXVII заседание КООС, 2025 г.</td><td></td></tr>
<tr><td>Межсессионный период</td><td></td></tr>
</table>

2025/26 гг.	
XXVIII заседание КООС, 2026 г.	

Вопрос/нагрузка на окружающую среду: Сведения о биоразнообразии	
Приоритет: 2	
Действия: 1. Поддерживать осведомленность об угрозах существующему биоразнообразию. 2. КООС должен рассмотреть дальнейшие научные рекомендации по проблеме нарушения жизни диких животных.	
Межсессионный период 2021/22 гг.	• МКГ составить плана действий по включению императорских пингвинов в список Особо охраняемых видов Антарктики • Неформальное обсуждение вопросов оценки состояния охраны антарктических тюленей.
XXIV заседание КООС, 2022 г.	• КООС рассмотреть отчет МКГ, предназначенный для составления плана действий по включению императорских пингвинов в список Особо охраняемых видов Антарктики. • Отчет о результатах неформального межсессионного обсуждения вопросов состояния охраны антарктических тюленей.
Межсессионный период 2022/23 гг.	•
XXV заседание КООС, 2023 г.	•
Межсессионный период 2023/24 гг.	
XXVI заседание КООС, 2024 г.	
Межсессионный период 2024/25 гг.	
XXVII заседание КООС, 2025 г.	
Межсессионный период	

2025/26 гг.	
XXVIII заседание КООС, 2026 г.	

Потребности в научных исследованиях и данных:

- Проведение исследований в области воздействия дистанционно-пилотируемых авиационных систем (ДПАС) на окружающую среду, в особенности на диких животных, включая следующие аспекты:
    - воздействие на различные виды животных, включая летающих морских птиц и тюленей;
    - воздействие на поведение и физиологические реакции;
    - воздействие на демографическое поведение, включая влияние на число размножающихся животных и успех размножения;
    - воздействие на условия окружающей среды, например ветер и шум;
    - степень воздействия ДПАС в зависимости от их размеров и технических характеристик;
    - воздействие дополнительного шума, производимого ДПАС, на степень беспокойства диких животных;
    - проведение сравнительного анализа с контрольными участками и антропогенным воздействием;
    - исследование эффекта привыкания.
- Продолжение работы по сбору и предоставлению данных о биоразнообразии с конкретной пространственной (территориальной) привязкой.
- Проведение исследований воздействия подводного шума на морских млекопитающих Антарктики.
- Обобщение имеющихся знаний о биогеографии, биорегионализации и эндемизме в Антарктике.
- Проведение исследований в отношении конкретных участков, конкретных периодов времени и конкретных видов животных с целью более глубокого понимания воздействия деятельности человека на диких животных и использования полученных материалов для разработки руководства по уменьшению степени воздействия на животных, основанного на фактических данных.
- Проведение описи ледяных пещер горы Эребус и сообществ микроорганизмов.
- Регулярное проведение учета численности южных гигантских буревестников и исследований, направленных на обеспечение более глубокого понимания состояния и тенденций изменения структуры и численности их популяций.

Вопрос/нагрузка на окружающую среду: Информационно-просветительская и образовательная деятельность	
Приоритет: 3	
Действия: 1. Пересмотреть имеющиеся примеры и определить возможности расширения образовательной и информационно-просветительской деятельности. 2. Призвать Членов обмениваться информацией касательно их опыта в данной области. 3. Разработать стратегию и инструкции для обмена информацией между Членами по информационно-просветительской и образовательной деятельности на долгосрочную перспективу.	
Межсессионный период 2021/22 гг.	
XXIV заседание КООС, 2022 г.	
Межсессионный период 2022/23 гг.	
XXV заседание КООС, 2023 г.	
Межсессионный период 2023/24 гг.	
XXVI заседание КООС, 2024 г.	
Межсессионный период 2024/25 гг.	
XXVII заседание КООС, 2025 г.	
Межсессионный период 2025/26 гг.	
XXVIII заседание КООС, 2026 г.	

Вопрос/нагрузка на окружающую среду: Охрана выдающихся геологических ценностей	
Приоритет: 3	
Действия: 1. Рассмотреть дальнейшие механизмы охраны выдающихся геологических ценностей	
Межсессионный период 2021/22 гг.	
XXIV заседание КООС, 2022 г.	
Межсессионный период 2022/23 гг.	
XXV заседание КООС, 2023 г.	
Межсессионный период 2023/24 гг.	
XXVI заседание КООС, 2024 г.	
Межсессионный период 2024/25 гг.	
XXVII заседание КООС, 2025 г.	
Межсессионный период 2025/26 гг.	
XXVIII заседание КООС, 2026 г.	

Приложение 2

№	
Название	Обломки «Сан-Тельмо»
Описание	Обломки корабля включают в себя все детали и аксессуары, относящиеся к судну, вооружение, оборудование, припасы, а также само судно и перевозимый на нем экипаж и военный персонал. Обозначение также включает все личные вещи, которые экипаж оставил на корабле, когда он затонул. Линейное судно третьего класса (74 орудия) с двумя палубами и 74 орудиями имело длину 190 футов, ширину 52 фута и осадку 25 футов. Его примерное водоизмещение составляло 2 750 т, а экипаж — 644 человека.
Место расположения	Точное местонахождение неизвестно, последнее наблюдение соответствует 62° ю. ш. 70° з. д.
Статус/изменение	
Сторона-инициатор предложения	Испания
Сторона, осуществляющая управление	Испания
Тип	Оставшиеся предметы: кораблекрушение
Статус сохранения	Состояние корабля на данный момент неизвестно.
Описание исторического контекста	В документах говорится, что капитан Смит дважды высадился в бухте Ширрефф и обнаружил остатки кораблекрушения, на которых были надписи с затонувшего корабля («*Сан-Тельмо*»). В 1845 г. в британской лоцманской карте сообщилось о тех же новостях, на этот раз в официальном специализированном руководстве, опубликованном Гидрографическим управлением Британского адмиралтейства, которое содержало следующий абзац: «Остатки кораблекрушения были найдены охотниками на тюленей в 1820 году без выживших на острове Ливингстон в Южных Шетландских островах». Джеймс Уэдделл, который был в этих местах в период с 1822 по 1824 гг., рассказывает, что на пляже на указанном острове было найдено разбросанными большое количество костей тюленей, что он связал с предыдущим инцидентом. По мнению испанских исследователей, проводивших археологический исследовательский проект в 1990-х годах, свидетельства, найденные на этом месте, и топонимия, оставленная британцами (остров Тельмо, залив Хаф-Мун, бухта Ширрефф), полностью соответствуют старым документам. Время, прошедшее между этими событиями и появлением в тех водах коммерческих судов, особенно охотников на тюленей, означало, что останки затонувшего судна постоянно использовались повторно и со временем исчезали, потреблялись или трансформировались. Некоторые из укрытий, включая укрытия выживших после

	кораблекрушения, были надежно идентифицированы испанскими археологами в период с 1992 по 1995 гг.
Применимые критерии в соответствии с Резолюцией 3 (2009)	а) событие, имеющее особое значение в истории освоения Антарктики; с) событие имеет особую связь с подвигом выживания или достижением. Обломки затонувшего корабля также будут представлять интерес для морских археологов и всех, кто продвигает наследие Антарктики, и поэтому: е) обладают особой технической, исторической, культурной или архитектурной ценностью с точки зрения материалов, конструкции или методов строительства; а также f) обладают исследовательским потенциалом и образовательной ценностью для просвещения людей о важной деятельности человека в Антарктике.
Средства и методы управления	Должен быть разработан после обнаружения затонувшего корабля.
Фотографии	
Физические особенности окружающей среды, культурные и местные условия	Точное местоположение затонувшего корабля неизвестно. Документальные свидетельства указывают на местонахождение затонувшего корабля в районе мыса Ширефф (остров Ливингстон, Южные Шетландские острова). Время, прошедшее между этими событиями и появлением в тех водах коммерческих судов, особенно охотников на тюленей, означало, что останки затонувшего судна постоянно использовались повторно и со временем исчезали, потреблялись или трансформировались.

Приложение 3

Уководство по отмене статуса ООРА

1. Введение

Вариант отменить статус Особо охраняемых районов Антарктики (ООРА) был впервые рассмотрен КООС в 2001 г., когда комитет пришел к выводу, что система охраняемых районов Антарктики должна быть гибкой и способствовать быстрому реагированию и что принцип отмены статуса для определенных участков не стоит сбрасывать со счетов (Отчет КООС IV,
пп. 53–56).

Первым был ООРА № 114 «Северная часть острова Коронейшн» (Южные Оркнейские острова), статус которого КООС решил отменить в 2014 г. (Мера 16 (2014 г.)). Далее потеряли свой статус другие ООРА, но уже в контексте объединения участков под одним планом управления ООРА (например ООРА № 175).

Вместе с отменой статуса ООРА № 114 КООС также решил разработать руководство по отмене статуса ООРА в целях обеспечения единого подхода к данному вопросу в будущем.

КООС признал, что к отмене статуса ООРА не стоит относиться легкомысленно, а также отметил важность динамики системы охраняемых районов Антарктики и то, что любой район после потери статуса ООРА остается под общей защитой Протокола об охране окружающей среды.

Данное руководство предназначено для использования Сторонами и КООС в качестве основания при рассмотрении вопросов об отмене статуса ООРА.

2. Блок-схема рассмотрения вопросов об отмене статуса ООРА

На рисунке 1 приведена краткая схема рассмотрения вопросов об отмене статуса ООРА. Подробное описание см. в разделах ниже.

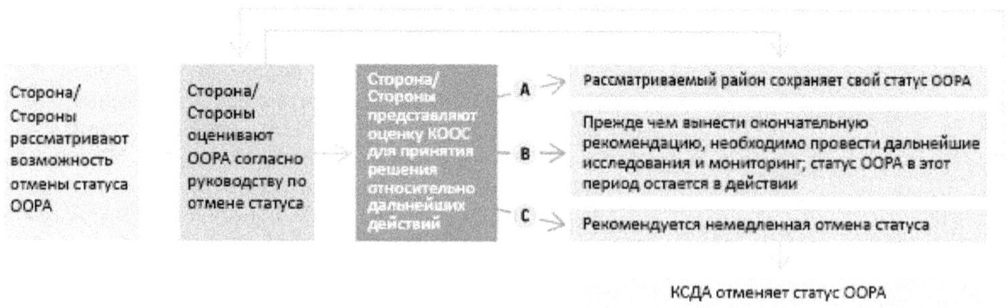

Рисунок 1. Блок-схема процесса оценки

3. Рассмотрение целесообразности отмены статуса

В соответствии с положениями Приложения V к Протоколу как минимум каждые пять лет должен осуществляться пересмотр плана управления ООРА (Статья 6(3) Приложения V). При пересмотре плана управления следует учитывать статус ценностей, для защиты которых участку был присвоен статус ООРА, и необходимость дальнейшей охраны этого участка. Такое рассмотрение является частью процесса пересмотра раз в пять лет (как указано в Руководстве по подготовке Планов управления Особо охраняемыми районами Антарктики), но может осуществляться и в любое другое время.

Если при пересмотре плана управления или в ходе любого другого процесса выясняется, что произошли существенные изменение в причинах присвоения статуса ООРА, то может возникнуть необходимость рассмотрения вопроса об отмене такого статуса ООРА. Изменения, которые могут послужить причиной для рассмотрения вопроса об отмене статуса:

- изменение статуса охраняемых ценностей в районе (например: полное исчезновение гнездящейся колонии; значительное расширение или восстановление гнездящейся колонии, которая ранее была под угрозой; удаление или разрушение исторического места или памятника) при низкой вероятности или полном отсутствии возможности восстановления ценностей, требующих особой охраны или управления;
- изменение ценности района как компонента более обширной системы охраняемых районов Антарктики в соответствии с экогеографическими рамочными основами (например, усиленная охрана тех же ценностей в других ООРА в том же биогеографическом регионе), но с учетом того, что в некоторых случаях статус ООРА может защищать уникальные ценности, не играющие особой роли в более обширной системе;
- изменение степени угрозы для охраняемых ценностей в районе в результате изменения деятельности человека в регионе (например, удаление близлежащей антарктической базы или решение больше не высаживать туристов вблизи определенных ценностей);
- использование участка в научных целях (например, завершение долгосрочной программы мониторинга и прекращение защиты участка как места проведения научных исследований).

В рамках оценки важно отметить, что даже в случае потери изначальных ценностей в районе могут появиться новые ценности, которые могут послужить основанием для продления его статуса ООРА (например, присутствие или обнаружение новых видов, ценность района как эталонного участка с ограниченным воздействием для мониторинга и исследований). В таких случаях следует провести отдельный процесс пересмотра и внесения поправок в план управления районом.

Также стоит рассмотреть возможную продолжительность изменений в ценностях района, будь то их потеря или возникновение новых ценностей. При необходимости можно запросить мнение соответствующих экспертов (например СКАР) относительно временных рамок в каждом конкретном случае. Основаниями для принятия решений могут быть:

- мониторинг или исследования, дающие основания утверждать, что изменение является существенным и длительным (например, если мониторинг показал, что ценность, служившая основанием для присвоения статуса ООРА, давно отсутствует). Подход к мониторингу/исследованиям (например, частота, интенсивность, продолжительность) будет зависеть от рассматриваемой ценности и доступности района. В некоторых случаях, когда достаточно одноразового

наблюдения, повторный мониторинг можно не проводить (например, если статус ООРА был присвоен для охраны ИМП);
- научные знания о природных циклах, имеющие отношение к определенным ценностям;
- четкое понимание механизмов, послуживших причиной изменения статуса охраняемых ценностей (например, изменение климата, изменение окружающей среды, антропогенное воздействие), и оценка того, насколько постоянным может быть изменение;
- экспертные оценки возможности и вероятности восстановления или сохранения ценностей района в будущем.

4. Рассмотрение КООС предложения об отмене статуса ООРА

Если Сторона/Стороны после надлежащего рассмотрения придут к выводу, что обстоятельства в ООРА требуют отмены статуса, они должны направить в КООС первичное уведомление в виде Рабочего документа с обоснованием. В таком Рабочем документе должны быть четко изложены причины, почему КООС следует рассмотреть вопрос об отмене статуса, и к нему должны прилагаться подтверждающие документы, такие как результаты мониторинговых исследований, результаты посещений с инспекциями, опубликованные научные работы, экспертные оценки относительно будущего статуса определенных ценностей в районе и, если необходимо, фотографии.

КООС рассмотрит Рабочий документ и решит, что порекомендовать Консультативному совещанию по Договору об Антарктике (КСДА) в отношении возможной отмены статуса ООРА, в том числе в отношении возможной отмены на основании мнений экспертов (например, научных рекомендаций СКАР), если таковые имеются. Результаты рассмотрения КООС могут быть следующими:

A) **Рассматриваемый район сохраняет свой статус ООРА.** Если КООС посчитает, что ранее установленные причины для присвоения статуса ООРА остаются в силе или имеются новые причины для сохранения статуса ООРА, КООС может порекомендовать КСДА сохранить статус ООРА. В случае появления новых ценностей КООС может потребовать внести изменения в план управления районом (например, изменить границы района или положения, касающиеся доступа на территорию района и проведения там какой-либо деятельности и т. п.).

B) **Требуются дальнейшие исследования и мониторинг.** КООС может решить, что ему не хватает информации для того, чтобы определить, действительны ли ранее установленные причины для присвоения статуса ООРА или имеются ли новые причины для сохранения статуса ООРА. В таких случаях КООС может порекомендовать провести дальнейшие исследования и мониторинг, чтобы убедиться в статусе ценностей района. Если результаты дальнейшего мониторинга или исследований свидетельствуют в пользу отмены статуса ООРА, в КООС должен быть направлен новый Рабочий документ с обновленной оценкой.

C) **Рекомендуется немедленная отмена статуса.** При наличии задокументированного, очевидного и длительного изменения в ценностях, которые требовали особой охраны или управления, и отсутствии новых ценностей, которые, по мнению КООС, могли бы требовать особой охраны или управления, КООС может решить порекомендовать КСДА отменить статус ООРА.

Приложение 4

Предварительная Повестка дня КООС XXIV

1. Открытие заседания
2. Принятие Повестки дня
3. Стратегическое обсуждение дальнейшей работы КООС
4. Работа КООС
5. Сотрудничество с другими Организациями
6. Восстановительные мероприятия и ликвидация экологического ущерба
7. Последствия изменения климата для окружающей среды:
    a. Стратегический подход
    b. Реализация и пересмотр Рабочей программы ответных мер в отношении изменения климата
8. Оценка воздействия на окружающую среду (ОВОС):
    a. Проекты документов по Всесторонней оценке окружающей среды
    b. Прочие вопросы ОВОС
9. Охрана районов и Планы управления:
    a. Планы управления
    b. Исторические места и памятники
    c. Правила поведения для посетителей участков
    d. Пространственная охрана морской среды и меры пространственного управления
    e. Прочие вопросы, связанные с Приложением V
10. Сохранение антарктической флоры и фауны:
    a. Карантин и неместные виды
    b. Особо охраняемые виды
    c. Прочие вопросы, связанные с Приложением II
11. Экологический мониторинг и представление данных об окружающей среде
12. Отчеты об инспекциях

13. Общие вопросы
14. Выборы должностных лиц
15. Подготовка следующего заседания
16. Принятие отчета
17. Закрытие заседания

3. Приложения

Предварительная повестка дня XLIV КСДА, рабочие группы и распределение пунктов повестки дня

Пленарное заседание

1) Открытие Совещания
2) Выборы должностных лиц и формирование Рабочих групп
3) Принятие Повестки дня, распределение пунктов Повестки дня по Рабочим группам и рассмотрение Многолетнего стратегического плана работы
4) Работа системы Договора об Антарктике: Отчеты Сторон, Наблюдателей и Экспертов
5) Отчет Комитета по охране окружающей среды
6) Работа системы Договора об Антарктике
   a) Запрос Беларуси на получение статуса Консультативной стороны

Рабочая группа 1 *(стратегические, правовые и институциональные вопросы)*

6) Работа Системы Договора об Антарктике:
   b) Общие вопросы
7) Работа Системы Договора об Антарктике: вопросы, касающиеся Секретариата
8) Материальная ответственность
9) Биологическая разведка в Антарктике
10) Обмен информацией
11) Вопросы образовательной и информационно-просветительской деятельности
12) Многолетний стратегический план работы

Рабочая группа 2 *(научные, операционные и туристические вопросы)*

13) Безопасность и деятельность в Антарктике
14) Инспекции в рамках Договора об Антарктике и Протокола по охране окружающей среды
15) Вопросы науки, будущих проблемных аспектов научной деятельности, научного сотрудничества и содействия
16) Последствия изменения климата для управления районом действия Договора об Антарктике
17) Туризм и неправительственная деятельность в районе действия Договора об Антарктике, включая рассмотрение вопросов компетентных органов

Пленарное заседание

18) Подготовка 45-го совещания
19) Прочие вопросы
20) Принятие заключительного отчета
21) Закрытие Совещания

Парижская декларация по случаю 60-й годовщины вступления в силу Договора об Антарктике и 30-й годовщины подписания мадридского Протокола по охране окружающей среды к Договору об Антарктике 1991 года

По случаю 60-й годовщины Договора об Антарктике, который вступил в силу 23 июня 1961 г., и 30-й годовщины Протокола по охране окружающей среды к Договору об Антарктике (Протокола по охране окружающей среды), который был подписан 4 октября 1991 г., Консультативные стороны Договора об Антарктике,

на основании Пражской декларации по случаю 60-й годовщины подписания Договора об Антарктике, принятой на XLII Консультативном совещании по Договору об Антарктике (КСДА) в 2019 г.;

на основании Сантьягской декларации в ознаменование 25-й годовщины подписания Протокола по охране окружающей среды к Договору об Антарктике, принятой на XXXIX КСДА в 2016 г.;

а также на основании того, что в 2021 году наступает 60-я годовщина первого Консультативного совещания по Договору об Антарктике, состоявшегося в Канберре;
признавая значимость Протокола по охране окружающей среды в системе Договора об Антарктике и в качестве нормативного примера для других международных систем;

напоминая об обязательствах по всесторонней охране окружающей среды Антарктики и зависящих от нее и связанных с ней экосистем и присвоения Антарктике статуса природного заповедника, предназначенного для мира и науки;

вновь подтверждая, что всесторонняя охрана окружающей среды Антарктики и зависящих от нее и связанных с ней экосистем служит интересам науки и всего человечества;

признавая достижения применения Договора об Антарктике в сохранении и поощрении мира и международного сотрудничества в Антарктике и что в интересах всего человечества, чтобы Антарктика продолжала использоваться исключительно в мирных целях;
подтверждая открытость системы Договора об Антарктике для всех государств, заинтересованных в Антарктике и желающих соблюдать ее принципы и правила;

помня о том, что свобода научных исследований в Антарктике и мирное международное сотрудничество являются краеугольными камнями Договора об Антарктике и что международное сотрудничество в научных исследованиях в Антарктике привело к важному вкладу в научные знания;
на основании взятых Консультативными сторонами Договора об Антарктике обязательств по осуществлению всех видов деятельности в Антарктике в соответствии с условиями и требованиями системы Договора об Антарктике;

также на основании того, что всесторонняя охрана окружающей среды Антарктики и зависящих от нее и связанных с ней экосистем является основополагающим принципом при планировании деятельности и научных исследований в районе действия Договора об Антарктике;

отмечая прогнозируемый рост туризма и неправительственной деятельности, а также потенциальное воздействие на окружающую среду, связанное с ростом и диверсификацией деятельности, и приветствуя все усилия Сторон по обсуждению этих вопросов и предложению адекватных действий;

выражая глубокую обеспокоенность в связи с влиянием глобальных экологических изменений, в особенности изменения климата, на окружающую среду Антарктики и зависящие от нее и связанные с ней экосистемы;

Напоминая о важности Рабочей программы ответных мер в отношении изменения климата КООС и ее видения подготовки к экологическим воздействиям изменяющегося климата и повышения устойчивости к ним в контексте цели Парижского соглашения по ограничению роста средней глобальной температуры до уровня значительно ниже 2 °C сверх предпромышленных уровней и прилагая усилия по ограничению повышения температуры до 1,5 °C сверх предпромышленных уровней, а также соответствующие инициативные меры по смягчению последствий изменения климата и активизации мер по адаптации к его последствиям,

принимая во внимание выводы Специального доклада об океане и криосфере в условиях меняющегося климата, принятого Межправительственной группой экспертов по изменению климата в 2019 г.;

вновь подтверждая важность использования наилучших из имеющихся научных и технических рекомендаций в области управления деятельностью в Антарктике и всесторонней охраны окружающей среды Антарктики и зависящих от нее и связанных с ней экосистем;

признавая важную роль Комитета по охране окружающей среды в качестве консультативного органа на Консультативных совещаниях по Договору об Антарктике в вопросах, связанных с реализацией Протокола по охране окружающей среды;

подчеркивая способность системы Договора об Антарктике развиваться и адаптироваться, в том числе реагировать на нынешнюю и будущую туристическую и неправительственную деятельность, включение новых Сторон в Договор об Антарктике и установку новых станций;
признавая в связи с этим совокупное влияние инструментов системы Договора об Антарктике, в частности, самого Договора об Антарктике, а также Конвенции о сохранении тюленей Антарктики 1972 г., Конвенции о сохранении морских живых ресурсов Антарктики 1980 г. и Протокола по охране окружающей среды,

настоящим:

1. вновь подтверждают свою твердую и непоколебимую приверженность целям и задачам Договора об Антарктике, Протокола по охране окружающей среды к Договору об Антарктике и других документов системы Договора об Антарктике;

2. вновь подтверждают важность вклада, вносимого Договором об Антарктике, в частности его Статьей IV, в обеспечение сохранения международной гармонии в Антарктике;

3. подтверждают, что система Договора об Антарктике облегчает эффективное и устойчивое международное управление Антарктикой, способствуя использованию Антарктики исключительно в мирных целях, как предусмотрено Статьей 1 Договора об Антарктике, гарантируя свободу научных исследований и

сотрудничества с этой целью и определяя Антарктику как природный заповедник, предназначенный для мира и науки;

4. вновь подтверждают свою приверженность Протоколу по охране окружающей среды и, в частности, свою твердую и недвусмысленную приверженность его Статьям 6 и 7, которые, соответственно, устанавливают принципы сотрудничества при планировании и осуществлении деятельности в районе действия Договора об Антарктике и запрещают любую деятельность, связанную с полезными ископаемыми, за исключением научных исследований;

5. вновь подтверждают свою приверженность охране окружающей среды Антарктики и зависящих от нее и связанных с ней экосистем и обязуются сохранять бдительность и продолжать выявлять и эффективно решать текущие и будущие экологические проблемы Антарктики путем принятия эффективных и своевременных мер;

6. признают значительный вклад Комитета по охране окружающей среды в качестве фундаментального источника наилучших рекомендаций по рациональному природопользованию для обоснования решений заседаний Консультативного совещания по Договору об Антарктике (КСДА);

7. вновь подтверждают свою приверженность совместной работе для лучшего понимания изменений климата Антарктики и реализации действий, согласующихся с целями Парижского соглашения, с целью ограничения неблагоприятного воздействия изменения климата на окружающую среду Антарктики и зависящие от нее и связанные с ней экосистемы, защиты экосистем и повышения устойчивости Антарктиды к изменению климата;

8. намереваются приложить все необходимые усилия для введения в действие Приложения VI «Материальная ответственность, возникающая в результате чрезвычайных экологических ситуаций» к Протоколу по охране окружающей среды, что является важнейшим шагом к реализации Статей 15 и 16 Протокола по охране окружающей среды;

9. намереваются приложить все необходимые усилия для введения в действие всех мер, принятых Консультативными совещаниями по Договору об Антарктике в соответствии с Договором об Антарктике;

10. вновь подтверждают важность Конвенции о сохранении морских живых ресурсов Антарктики (Конвенция АНТКОМ) в системе Договора об Антарктике и намереваются продолжать тесное сотрудничество с Комиссией по сохранению морских живых ресурсов Антарктики (АНТКОМ), в частности для укрепления наших совместных усилий по сохранению морских живых ресурсов Антарктики и в поддержку целей системы Договора об Антарктике;

11. утверждают значимость участия Научного комитета по антарктическим исследованиям (СКАР) в предоставлении научных рекомендаций и Совета управляющих национальных антарктических программ (КОМНАП) в предоставлении консультаций и оказании помощи Консультативным совещаниям по Договору об Антарктике по вопросам, касающимся деятельности в Антарктике;

12. подчеркивают свое намерение в рамках системы Договора об Антарктике продвигать совместные научные, технические и образовательно-просветительские программы, включая деятельность, направленную на охрану окружающей среды

Антарктики и зависящих от нее и связанных с ней экосистем, а также при наличии соответствующей возможности способствовать совместному использованию своих объектов и инфраструктуры в Антарктике для работы над совместными научными проектами и ограничить новые постоянные изменения в природной среде Антарктики;

13. вновь подтверждают свою приверженность эффективному регулированию туризма и неправительственной деятельности, в том числе решению проблем, связанных с соблюдением нормативных требований, потенциальным ростом и диверсификацией такой деятельности и ее воздействием на окружающую среду, принимая во внимание положения системы Договора об Антарктике, в частности те, которые содержатся в Протоколе по охране окружающей среды;

14. вновь подтверждают свое обязательство принимать во внимание наилучшие из имеющихся научных и технических рекомендаций при планировании и проведении своей деятельности в Антарктике, в том числе при подготовке оценок воздействия на окружающую среду, а также при определении Особо охраняемых районов Антарктики и Особо управляемых районов Антарктики и подготовке планов управления ими;

15. вновь подтверждают свою приверженность защите исторических мест и памятников Антарктики, которые в совокупности демонстрируют международное наследие исследования Антарктики;

16. вновь подтверждают свое намерение продолжать усилия по защите местной флоры и фауны, в том числе путем предотвращения интродукции неместных видов, а также по сокращению, насколько это практически возможно, количества отходов, производимых или утилизируемых в районе действия Договора об Антарктике, в частности за счет сокращения загрязнения пластиком;

17. призывают государства, которые не являются Сторонами Договора об Антарктике, но привержены его целям и задачам, присоединиться к Договору; а также

18. приветствуют увеличение числа Сторон Протокола по охране окружающей среды до сорока одной Стороны на момент настоящей декларации и призывают те государства, которые являются Сторонами Договора об Антарктике, но еще не являются Сторонами Протокола по охране окружающей среды вместе с его приложениями, а также других документов системы Договора об Антарктике в соответствии с их положениями, присоединиться к ним.

Принята в Париже 23 июня 2021 г.

PARIS JUIN 2021
XLIIIE RÉUNION CONSULTATIVE DU TRAITÉ SUR L'ANTARCTIQUE

XLIII КОНСУЛЬТАТИВНОЕ СОВЕЩАНИЕ ПО ДОГОВОРУ ОБ АНТАРКТИКЕ

ПАРИЖ, ФРАНЦИЯ 14–24 июня 2021 г.

КОММЮНИКЕ ОТ ПРИНИМАЮЩЕГО ГОСУДАРСТВА

С 14 по 24 июня 2021 г. во Франции состоялось XLIII Консультативное совещание по Договору об Антарктике (КСДА), а также XXIII заседание Комитета по охране окружающей среды (КООС).

Эти встречи, организованные Министерством Европы и иностранных дел, проводились в режиме видеоконференции в связи с эпидемиологической ситуацией.

КСДА, на котором собрались делегации 54 государств-участников Договора об Антарктике, возглавил г-н Оливье Пуавр д'Арвор, посол по делам полюсов и морским вопросам. Комитет по охране окружающей среды заседал с 14 по 18 июня под председательством г-жи Биргит Ньостад (Норвегия).

На заседаниях КСДА и КООС присутствовали более 450 участников, включая Стороны Договора об Антарктике, экспертов, представителей гражданского сообщества и международных наблюдателей.

КСДА открыл премьер-министр Жан Кастекс. На церемонии открытия выступили также министр Европы и иностранных дел Жан-Ив Ле Дриан, министр по экологическим вопросам Барбара Помпили, министр высшего образования, исследований и инноваций Фредерик Видаль.

КСДА приняло Парижскую декларацию в ознаменование 60-летия вступления в силу Договора об Антарктике и 30-й годовщины подписания Мадридского протокола об охране окружающей среды Антарктики. Данная Декларация, в частности, подтверждает приверженность Консультативных сторон принципам и целям Договора об Антарктике, их обязательства по сохранению окружающей среды Антарктики, зависимых от нее и связанных с ней экосистем, а также по совместной работе для лучшего понимания изменений климата Антарктики и реализации мер, соответствующих целям Парижского климатического соглашения.

Кроме того, Консультативные стороны утвердили Резолюцию, подтверждающую необходимость учета последствий изменения климата в рамках регулирования деятельности человека в Антарктике.

Наряду с этим, в ходе КСДА обсуждалось функционирование системы Договора об Антарктике, Участники подтвердили по этому поводу свою уверенность в ее способности реагировать на проблемы, которые могут возникнуть.

Стороны приняли к сведению и прокомментировали отчеты о проведенных в 2020 году инспекциях станций и других помещений в Антарктиде. Государства-участники смогли подтвердить свою приверженность правилам и принципам системы Договора, а также общее стремление обеспечить их соблюдение.

Вместе с тем, в процессе КСДА обсуждались вопросы, касающиеся развития туризма и неправительственной деятельности в Антарктике. Были приняты конкретные инструменты, позволяющие улучшить знание и соблюдение правил, направленных на совмещение охраны окружающей среды с туристической и неправительственной деятельностью.

Встреча также позволила Сторонам обсудить действия, которые необходимо предпринять в сфере просвещения и повышения осведомленности.

Тем временем КООС утвердил пересмотренные общие правила для посетителей Антарктиды. КООС представил рекомендации относительно сохранения флоры и фауны, последствий изменения климата для окружающей среды и оценки воздействия на экологию. Стороны дополнительно провели оценку 27 Особо охраняемых районов Антарктической зоны, а также двух исторических мест и памятников в Антарктике.

Государства-участники поблагодарили правительство Франции за хорошую организацию этого первого виртуального заседания КСДА.

По случаю закрытия мероприятия Президент Республики Эммануэль Макрон обратился с посланием к делегациям и международному антарктическому научному сообществу.

Следующее КСДА пройдет в Германии с 23 мая по 2 июня 2022 года.

Париж, 24 июня, 2021 г.

ЧАСТЬ II

Меры, Решения и Резолюции

1. Меры

Мера 1 (2021 г.)

Особо управляемый район Антарктики № 6 «Холмы Ларсеманн» (Восточная Антарктика): пересмотренный План управления

Представители,

напоминая о Статьях 4, 5 и 6 Приложения V к Протоколу по охране окружающей среды к Договору об Антарктике, регламентирующих вопросы определения Особо управляемых районов Антарктики (ОУРА) и утверждения Планов управления этими Районами;

напоминая о

- Мере 2 (2007 г.), в соответствии с которой холмы Ларсеманн (Восточная Антарктика) были определены в качестве ОУРА № 6, с прилагаемым к ней Планом управления Районом;
- Меры 15 (2014 г.), в рамках которой был принят пересмотренный План управления ОУРА № 6;

отмечая одобрение пересмотренного Плана управления ОУРА № 6 Комитетом по охране окружающей среды (КООС);

желая заменить действующий План управления ОУРА № 6 пересмотренным Планом управления,

рекомендуют своим правительствам в соответствии с пунктом 1 Статьи 6 Приложения V к Протоколу по охране окружающей среды к Договору об Антарктике следующую Меру на утверждение:

1. Утвердить пересмотренный План управления Особо управляемым районом Антарктики № 6 «Холмы Ларсеманн» (Восточная Антарктика), прилагаемый к настоящей Мере.

2. Признать План управления Особо управляемым районом Антарктики № 6, прилагаемый к Мере 15 (2014 г.), утратившим силу.

Мера 2 (2021 г.)

Особо охраняемый район Антарктики № 101 «Гнездовье Тейлор» (Земля Мак-Робертсона): пересмотренный План управления

Представители,

напоминая о Статьях 3, 5 и 6 Приложения V к Протоколу по охране окружающей среды к Договору об Антарктике, регламентирующих вопросы определения Особо охраняемых районов Антарктики (ООРА) и утверждения Планов управления этими Районами;

напоминая о

- Рекомендации IV-1 (1966 г.), в соответствии с которой гнездовье Тейлор (Земля Мак-Робертсона) было определено в качестве Особо охраняемого района (ООР) № 1;
- Рекомендации XVII-2 (1992 г.), в соответствии с которой был принят План управления Районом;
- Решении 1 (2002 г.), в рамках которого ООР № 1 был переименован в ООРА № 101;
- Мере 2 (2005 г.), Мере 1 (2010 г.) и Мере 1 (2015 г.), в соответствии с которыми были приняты пересмотренные Планы управления ООРА № 101;

напоминая о том, что Рекомендация XVII-2 (1992 г.) не вступила в силу и была отменена посредством Меры 1 (2010 г.);

отмечая одобрение пересмотренного Плана управления ООРА № 101 Комитетом по охране окружающей среды (КООС);

желая заменить действующий План управления ООРА № 101 пересмотренным Планом управления,

рекомендуют своим правительствам в соответствии с пунктом 1 Статьи 6 Приложения V к Протоколу по охране окружающей среды к Договору об Антарктике следующую Меру на утверждение:

1. Утвердить пересмотренный План управления Особо охраняемым районом Антарктики № 101 «Гнездовье Тейлор» (Земля Мак-Робертсона), прилагаемый к настоящей Мере.

2. Признать План управления Особо охраняемым районом Антарктики № 101, прилагаемый к Мере 1 (2015 г.), утратившим силу.

Мера 3 (2021 г.)

Особо охраняемый района Антарктики № 102 «Острова Рукери» (бухта Холме, Земля Мак-Робертсона, Восточная Антарктика): пересмотренный План управления

Представители,

напоминая о Статьях 3, 5 и 6 Приложения V к Протоколу по охране окружающей среды к Договору об Антарктике, регламентирующих вопросы определения Особо охраняемых районов Антарктики (ООРА) и утверждения Планов управления этими Районами;

напоминая о

- Рекомендации IV-2 (1966 г.), в соответствии с которой острова Рукери (бухта Холме) были определены в качестве Особо охраняемого Района (ООР) № 2;
- Рекомендации XVII-2 (1992 г.), в соответствии с которой был принят План управления Районом;
- Решении 1 (2002 г.), в рамках которого ООР № 2 был переименован и перенумерован в ООРА № 102;
- Мере 2 (2005 г.), Мере 2 (2010 г.) и Мере 2 (2015 г.), в соответствии с которыми были приняты пересмотренные Планы управления ООРА № 102;

напоминая о том, что Рекомендация XVII-2 (1992 г.) не вступила в силу и была отменена посредством Меры 1 (2010 г.);

отмечая одобрение пересмотренного Плана управления ООРА № 102 Комитетом по охране окружающей среды (КООС);

желая заменить действующий План управления ООРА № 102 пересмотренным Планом управления,

рекомендуют своим правительствам в соответствии с пунктом 1 Статьи 6 Приложения V к Протоколу по охране окружающей среды к Договору об Антарктике следующую Меру на утверждение:

1. Утвердить пересмотренный План управления Особо охраняемым районом Антарктики № 102 «Острова Рукери» (бухта Холме, Земля Мак-Робертсона), прилагаемый к настоящей Мере.

2. Признать План управления Особо охраняемым районом Антарктики № 102, прилагаемый к Мере 2 (2015 г.), утратившим силу.

Мера 4 (2021 г.)

Особо охраняемый район Антарктики № 103 «Остров Ардери и Остров Одберт» (берег Бадда, Земля Уилкса, Восточная Антарктика): пересмотренный План управления

редставители,

напоминая о Статьях 3, 5 и 6 Приложения V к Протоколу по охране окружающей среды к Договору об Антарктике, регламентирующих вопросы определения Особо охраняемых районов Антарктики (ООРА) и утверждения Планов управления этими Районами;

напоминая о

- Рекомендации IV-3 (1966 г.), в соответствии с которой остров Ардери и остров Одберт (берег Бадда) были определены в качестве Особо охраняемого Района (ООР) № 3;
- Рекомендации XVII-2 (1992 г.), в соответствии с которой был принят План управления районом;
- Решении 1 (2002 г.), в рамках которого ООР № 3 был переименован в ООРА № 103;
- Мере 2 (2005 г.), Мере 3 (2010 г.) и Мере 3 (2015 г.), в соответствии с которыми были приняты пересмотренные Планы управления ООРА № 103;

напоминая о том, что Рекомендация XVII-2 (1992 г.) не вступила в силу и была отменена посредством Меры 1 (2010 г.);

отмечая одобрение пересмотренного Плана управления ООРА № 103 Комитетом по охране окружающей среды (КООС);

желая заменить действующий План управления ООРА № 103 пересмотренным Планом управления,

рекомендуют своим правительствам в соответствии с пунктом 1 Статьи 6 Приложения V к Протоколу по охране окружающей среды к Договору об Антарктике следующую Меру на утверждение:

1. Утвердить пересмотренный План управления Особо охраняемым районом Антарктики № 103 «Остров Ардери и Остров Одберт» (Берег Бадда, Земля Уилкса, Восточная Антарктика), прилагаемый к настоящей Мере.

2. Признать План управления Особо охраняемым районом Антарктики № 103, прилагаемый к Мере 3 (2015 г.), утратившим силу.

Мера 5 (2021 г.)

Особо охраняемый район Антарктики № 104 «Остров Сабрина» (острова Баллени): пересмотренный План управления

Представители,

напоминая о Статьях 3, 5 и 6 Приложения V к Протоколу по охране окружающей среды к Договору об Антарктике, регламентирующих вопросы определения Особо охраняемых районов Антарктики (ООРА) и утверждения Планов управления этими Районами;

напоминая о

- Рекомендации IV-4 (1966 г.), в соответствии с которой остров Сабрина (острова Баллени) был определен как Особо охраняемый район (ООР) № 4 и к которой прилагается карта Района;
- Решении 1 (2002 г.), в рамках которого ООР № 4 был переименован в ООРА № 104;
- Мере 3 (2009 г.), в рамках которой был принят План управления ООРА № 104;
- Мере 4 (2015 г.), в рамках которой был принят пересмотренный План управления ООРА № 104;

напоминая о том, что Рекомендация IV-4 (1966 г.) была признана утратившей актуальность посредством Меры 3 (2009 г.);

отмечая одобрение пересмотренного Плана управления ООРА № 104 Комитетом по охране окружающей среды (КООС);

желая заменить действующий План управления ООРА № 104 пересмотренным Планом управления,

рекомендуют своим правительствам в соответствии с пунктом 1 Статьи 6 Приложения V к Протоколу по охране окружающей среды к Договору об Антарктике следующую Меру на утверждение:

1. Утвердить пересмотренный План управления Особо охраняемым районом Антарктики № 104 «Остров Сабрина» (острова Баллени), прилагаемый к настоящей Мере.

2. Признать План управления Особо охраняемым районом Антарктики № 104, прилагаемый к Мере 4 (2015 г.), утратившим силу.

Мера 6 (2021 г.)

Особо охраняемый район Антарктики № 105 «Остров Бофорт» (пролив Мак-Мёрдо, море Росса): пересмотренный План управления

Представители,

напоминая о Статьях 3, 5 и 6 Приложения V к Протоколу по охране окружающей среды к Договору об Антарктике, регламентирующих вопросы определения Особо охраняемых районов Антарктики (ООРА) и утверждения Планов управления этими Районами;

напоминая о

- Рекомендации IV-5 (1966 г.), в соответствии с которой остров Бофорт (море Росса) был определен как Особо охраняемый район (ООР) № 5;
- Мере 1 (1997 г.) с прилагаемым пересмотренным Планом управления Районом;
- Решении 1 (2002 г.), в рамках которого ООР № 5 был переименован в ООРА № 105;
- Мере 2 (2003 г.), Меры 4 (2010 г.) и Меры 5 (2015 г.), в соответствии с которыми были приняты пересмотренные Планы управления ООРА № 105;

напоминая о том, что Рекомендация IV-5 (1966 г.) была признана утратившей актуальность посредством Меры 4 (2010 г.);

напоминая о том, что Мера 1 (1997 г.) не вступила в силу и была отменена Мерой 4 (2010 г.);

отмечая одобрение пересмотренного Плана управления ООРА № 105 Комитетом по охране окружающей среды (КООС);

желая заменить действующий План управления ООРА № 105 пересмотренным Планом управления,

рекомендуют своим правительствам в соответствии с пунктом 1 Статьи 6 Приложения V к Протоколу по охране окружающей среды к Договору об Антарктике следующую Меру на утверждение:

1. Утвердить пересмотренный План управления Особо охраняемым районом Антарктики № 105 «Остров Бофорт» (пролив Мак-Мёрдо, море Росса), прилагаемый к настоящей Мере.

2. Признать План управления Особо охраняемым районом Антарктики № 105, прилагаемый к Мере 5 (2015 г.), утратившим силу.

Мера 7 (2021 г.)

Особо охраняемый район Антарктики № 106 «Мыс Халлетт» (северная часть Земли Виктории, море Росса): пересмотренный План управления

Представители,

напоминая о Статьях 3, 5 и 6 Приложения V к Протоколу по охране окружающей среды к Договору об Антарктике, регламентирующих вопросы определения Особо охраняемых районов Антарктики (ООРА) и утверждения Планов управления этими Районами;

напоминая о

- Рекомендации IV-7 (1966 г.), в соответствии с которой мыс Халлетт (Земля Виктории) был определен в качестве Особо охраняемого района (ООР) № 7;

- Рекомендации XIII-13 (1985 г.), в соответствии с которой были внесены изменения в описание ООР № 7 и пересмотрены его границы;

- Решении 1 (2002 г.), в рамках которого ООР № 7 был переименован в ООРА № 106;

- Мере 1 (2002 г.), Мере 5 (2010 г.) и Мере 6 (2015 г.), в рамках которых были приняты пересмотренные Планы управления для этих Районов;

напоминая о том, что Рекомендации IV-7 (1966 г.) и XIII-13 (1985 г.) были признаны утратившими актуальность посредством Меры 5 (2010 г.);

отмечая одобрение пересмотренного Плана управления ООРА № 106 Комитетом по охране окружающей среды (КООС);

желая заменить действующий План управления ООРА № 106 пересмотренным Планом управления,

рекомендуют своим правительствам в соответствии с пунктом 1 Статьи 6 Приложения V к Протоколу по охране окружающей среды к Договору об Антарктике следующую Меру на утверждение:

1. Утвердить пересмотренный План управления Особо охраняемым районом Антарктики № 106 «Мыс Халлетт» (северная часть Земли Виктории, море Росса), прилагаемый к настоящей Мере.

2. Признать План управления Особо охраняемым районом Антарктики № 106, прилагаемый к Мере 6 (2015 г.), утратившим силу.

Мера 8 (2021 г.)

Особо охраняемый район Антарктики № 120 «Мыс Жеоложи, Архипелаг» (Земля Адели): пересмотренный План управления

Представители,

напоминая о Статьях 3, 5 и 6 Приложения V к Протоколу по охране окружающей среды к Договору об Антарктике, регламентирующих вопросы определения Особо охраняемых районов Антарктики (ООРА) и утверждения Планов управления этими Районами;

напоминая о

- Мере 3 (1995 г.), в рамках которой архипелаг Жеоложи был определен в качестве Особо охраняемого района (ООР) № 24, с прилагаемым к ней Планом управления Районом;
- Решении 1 (2002 г.), в рамках которого ООР № 24 был переименован в ООРА № 120;
- Мере 2 (2005 г.), Мере 2 (2011 г.) и Мере 2 (2016 г.), в соответствии с которыми были приняты пересмотренные Планы управления ООРА № 120;

напоминая о том, что Мера 3 (1995 г.) не вступила в силу и была отменена Мерой 2 (2011 г.);

отмечая одобрение пересмотренного Плана управления ООРА № 120 Комитетом по охране окружающей среды (КООС);

желая заменить действующий План управления ООРА № 120 пересмотренным Планом управления,

рекомендуют своим правительствам в соответствии с пунктом 1 Статьи 6 Приложения V к Протоколу по охране окружающей среды к Договору об Антарктике следующую Меру на утверждение:

1. Утвердить пересмотренный План управления Особо охраняемым районом Антарктики № 120 «Мыс Жеоложи, Архипелаг» (Земля Адели), прилагаемый к настоящей Мере.

2. Признать План управления Особо охраняемым районом Антарктики № 120, прилагаемый к Мере 2 (2016 г.), утратившим силу.

Мера 9 (2021 г.)

Особо охраняемый район Антарктики № 121 «Мыс Ройдс» (полуостров Росса): пересмотренный План управления

Представители,

напоминая о Статьях 3, 5 и 6 Приложения V к Протоколу по охране окружающей среды к Договору об Антарктике, регламентирующих вопросы определения Особо охраняемых районов Антарктики (ООРА) и утверждения Планов управления этими Районами;

напоминая о

- Рекомендации VIII-4 (1975 г.), в соответствии с которой мыс Ройдс, полуостров Росса, был определен как Участок особого научного интереса (УОНИ) № 1 и к которой прилагается План управления этим Участком;

- Рекомендации X-6 (1979 г.), Рекомендации XII-5 (1983 г.), Резолюции 7 (1995 г.) и Меры 2 (2000 г.), которые продлили срок действия УОНИ № 1;

- Рекомендации XIII-9 (1985 г.), которой был принят пересмотренный План управления УОНИ № 1;

- Решения 1 (2002 г.), в рамках которого УОНИ № 1 был переименован и перенумерован в ООРА № 121;

- Меры 1 (2002 г.), Меры 5 (2009 г.) и Меры 2 (2014 г.), в соответствии с которыми были приняты пересмотренные Планы управления ООРА № 121;

напоминая о том, что Рекомендация X-6 (1979 г.), Рекомендация XII-5 (1983 г.), Рекомендация XIII-9 (1985 г.) и Резолюция 7 (1995 г.) были признаны утратившими силу на основании Решения 1 (2011 г.);

напоминая о том, что Мера 2 (2000 г.) не вступила в силу и была отменена Мерой 5 (2009 г.);

отмечая одобрение пересмотренного Плана управления ООРА № 121 Комитетом по охране окружающей среды (КООС);

желая заменить действующий План управления ООРА № 121 пересмотренным Планом управления,

рекомендуют своим правительствам в соответствии с пунктом 1 Статьи 6 Приложения V к Протоколу по охране окружающей среды к Договору об Антарктике следующую Меру на утверждение:

1. Утвердить пересмотренный План управления Особо охраняемым районом Антарктики № 121 «Мыс Ройдс» (полуостров Росса), прилагаемый к настоящей Мере.

2. Признать План управления Особо охраняемым районом Антарктики № 121, прилагаемый к Мере 2 (2014 г.), утратившим силу.

Мера 10 (2021 г.)

Особо охраняемый район Антарктики № 131 «Ледник Канада» (озеро Фрюкселль, долина Тейлор, Земля Виктории): пересмотренный План управления

Представители,

напоминая о Статьях 3, 5 и 6 Приложения V к Протоколу по охране окружающей среды к Договору об Антарктике, регламентирующих вопросы определения Особо охраняемых районов Антарктики (ООРА) и утверждения Планов управления этими Районами;

напоминая о

- Рекомендации XIII-8 (1985 г.), в рамках которой ледник Канада (озеро Фрюкселль, долина Тейлор, Земля Виктории) был определен в качестве Участка особого научного интереса (ОУНИ) № 12 с прилагаемым к ней Планом управления Участком;

- Рекомендации XVI-7 (1991 г.), в рамках которой был продлен срок действия статуса Участка в качестве УОНИ № 12;

- Мере 3 (1997 г.), в рамках которой был принят пересмотренный План управления УОНИ № 12;

- Решении 1 (2002 г.), в рамках которого УОНИ № 12 был переименован и перенумерован в ООРА № 131;

- Мере 1 (2006 г.), Меры 6 (2011 г.) и Меры 6 (2016 г.), в соответствии с которыми были приняты пересмотренные Планы управления ООРА № 131;

напоминая о том, что Мера 3 (1997 г.) не вступила в силу и была отменена Мерой 6 (2011 г.);

напоминая о том, что Рекомендация XVI-7 (1991 г.) не вступила в силу и была признана утратившей актуальность посредством Решения 1 (2011 г.);

отмечая одобрение пересмотренного Плана управления ООРА № 131 Комитетом по охране окружающей среды (КООС);

желая заменить действующий План управления ООРА № 131 пересмотренным Планом управления,

рекомендуют своим правительствам в соответствии с пунктом 1 Статьи 6 Приложения V к Протоколу по охране окружающей среды к Договору об Антарктике следующую Меру на утверждение:

1. Утвердить пересмотренный План управления Особо охраняемым районом Антарктики № 131 «Ледник Канада» (озеро Фрюкселль, долина Тейлор, Земля Виктории), прилагаемый к настоящей Мере.

2. Признать План управления Особо охраняемым районом Антарктики № 131, приложенный к Мере 6 (2016 г.), утратившим силу.

Мера 11 (2021 г.)

Особо охраняемый район Антарктики № 134 «Мыс Сьерва и Шельфовые Острова» (Берег Данко, Антарктический полуостров): пересмотренный План управления

Представители,

напоминная о Статьях 3, 5 и 6 Приложения V к Протоколу по охране окружающей среды к Договору об Антарктике, регламентирующих вопросы определения Особо охраняемых районов Антарктики (ООРА) и утверждения Планов управления этими Районами;

напоминая о

- Рекомендации XIII-8 (1985 г.), в соответствии с которой мыс Сьерва и шельфовые острова (Берег Данко, Антарктический полуостров) были определены в качестве Участка особого научного интереса (УОНИ) № 15, с прилагаемым к ней Планом управления Районом;

- Резолюции 7 (1995 г.), в рамках которой был продлен срок действия статуса Участка в качестве УОНИ № 15;

- Меры 3 (1997 г.) с приложенным к ней пересмотренным Планом управления УОНИ № 15;

- Решения 1 (2002 г.), в рамках которого УОНИ № 15 был переименован и перенумерован в ООРА № 134;

- Меры 1 (2006 г.) и Меры 5 (2013 г.), в соответствии с которыми были приняты пересмотренные Планы управления ООРА № 134;

напоминая о том, что Резолюция 7 (1995 г.) была признана утратившей актуальность посредством Решения 1 (2011 г.);

напоминая о том, что Мера 3 (1997 г.) не вступила в силу и была отменена Мерой 6 (2011 г.);

отмечая одобрение пересмотренного Плана управления ООРА № 134 Комитетом по охране окружающей среды (КООС);

желая заменить действующий План управления ООРА № 134 пересмотренным Планом управления,

рекомендуют своим правительствам в соответствии с пунктом 1 Статьи 6 Приложения V к Протоколу по охране окружающей среды к Договору об Антарктике следующую Меру на утверждение:

1. Утвердить пересмотренный План управления Особо охраняемым районом Антарктики № 134 «Мыс Сьерва и Шельфовые Острова» (Берег Данко, Антарктический полуостров), прилагаемый к настоящей Мере.

2. Признать План управления Особо охраняемым районом Антарктики № 134, прилагаемый к Мере 5 (2013 г.), утратившим силу.

Мера 12 (2021 г.)

Особо охраняемый район Антарктики № 148 «Гора Флора» (бухта Хоп, Антарктический полуостров): пересмотренный План управления

Представители,

напоминая о Статьях 3, 5 и 6 Приложения V к Протоколу по охране окружающей среды к Договору об Антарктике, регламентирующих вопросы определения Особо охраняемых районов Антарктики (ООРА) и утверждения Планов управления этими Районами;

напоминая о

- Рекомендации XV-6 (1989 г.), в соответствии с которой гора Флора (бухта Хоп, Антарктический полуостров) была определена в качестве Участка особого научного интереса (УОНИ) № 31, с прилагаемым к ней Планом управления Районом;

- Решении 1 (2002 г.), в рамках которого УОНИ № 31 был переименован и перенумерован в ООРА № 148;

- Мере 1 (2002 г.) и Мере 8 (2015 г.), в соответствии с которыми были приняты пересмотренные Планы управления ООРА № 148;

напоминая о том, что Рекомендация XV-6 (1989 г.) была признана утратившей актуальность посредством Решения 1 (2011 г.);

отмечая одобрение пересмотренного Плана управления ООРА № 148 Комитетом по охране окружающей среды (КООС);

желая заменить действующий План управления ООРА № 148 пересмотренным Планом управления,

рекомендуют своим правительствам в соответствии с пунктом 1 Статьи 6 Приложения V к Протоколу по охране окружающей среды к Договору об Антарктике следующую Меру на утверждение:

1. Утвердить пересмотренный План управления Особо охраняемым районом Антарктики № 148 «Гора Флора» (бухта Хоп, Антарктический полуостров), прилагаемый к настоящей Мере.

2. Признать План управления Особо охраняемым районом Антарктики № 148, прилагаемый к Мере 8 (2015 г.), утратившим силу.

Мера 13 (2021 г.)

Особо охраняемый район Антарктики № 155 «Мыс Эванс» (полуостров Росса): пересмотренный План управления

Представители,

напоминая о Статьях 3, 5 и 6 Приложения V к Протоколу по охране окружающей среды к Договору об Антарктике, регламентирующих вопросы определения Особо охраняемых районов Антарктики (ООРА) и утверждения Планов управления этими Районами;

напоминая о

- Мере 2 (1997 г.), в соответствии с которой историческое место «Мыс Эванс» и его окрестности были определены как Особо охраняемый район (ООР) № 25, с прилагаемым к ней Планом управления Районом;

- Решении 1 (2002 г.), в рамках которого ООР № 25 был переименован в ООРА № 155;

- Мере 2 (2005 г.), Мере 12 (2008 г.), Мере 8 (2010 г.) и Мере 11 (2015 г.), в соответствии с которыми были приняты пересмотренные Планы управления ООРА № 155;

напоминая о том что Мера 2 (1997 г.) не вступила в силу и была отменена Мерой 8 (2010 г.);

отмечая одобрение пересмотренного Плана управления ООРА № 155 Комитетом по охране окружающей среды (КООС);

желая заменить действующий План управления ООРА № 155 пересмотренным Планом управления,

рекомендуют своим правительствам в соответствии с пунктом 1 Статьи 6 Приложения V к Протоколу по охране окружающей среды к Договору об Антарктике следующую Меру на утверждение:

1. Утвердить пересмотренный План управления Особо охраняемым районом Антарктики № 155 «Мыс Эванс» (полуостров Росса), который является прилагаемый к настоящей Мере.

2. Признать План управления Особо охраняемым районом Антарктики № 155, прилагаемый к Мере 11 (2015 г.), утратившим силу.

Мера 14 (2021 г.)

Особо охраняемый район Антарктики № 157 «Бухта Бакдор» (мыс Ройдс, полуостров Росса): пересмотренный План управления

Представители,

напоминая о Статьях 3, 5 и 6 Приложения V к Протоколу по охране окружающей среды к Договору об Антарктике, регламентирующих вопросы определения Особо охраняемых районов Антарктики (ООРА) и утверждения Планов управления этими Районами;

напоминая о

- Мере 1 (1998 г.), в соответствии с которой историческое место «Мыс Ройдс» и его окрестности были определены в качестве Особо охраняемого района (ООР) № 27, с прилагаемым к ней Планом управления Районом;
- Решении 1 (2002 г.), в рамках которого ООР № 27 был переименован в ООРА № 157;
- Мере 1 (2002 г.), в рамках которой был принят пересмотренный План управления ООРА № 157;
- Мере 2 (2005 г.), Мере 9 (2010 г.) и Мере 12 (2015 г.), в соответствии с которыми были приняты пересмотренные Планы управления ООРА № 157;

напоминая о том, что Мера 1 (1998 г.) не вступила в силу и была отменена Мерой 9 (2010 г.);

отмечая одобрение пересмотренного Плана управления ООРА № 157 Комитетом по охране окружающей среды (КООС);

желая заменить действующий План управления ООРА № 157 пересмотренным Планом управления,

рекомендуют своим правительствам в соответствии с пунктом 1 Статьи 6 Приложения V к Протоколу по охране окружающей среды к Договору об Антарктике следующую Меру на утверждение:

1. Утвердить пересмотренный План управления Особо охраняемым районом Антарктики № 157 «Бухта Бакдор» (мыс Ройдс, полуостров Росса), прилагаемый к настоящей Мере.

2. Признать План управления Особо охраняемым районом Антарктики № 157, прилагаемый к Мере 12 (2015 г.), утратившим силу.

Мера 15 (2021 г.)

Особо охраняемый район Антарктики № 158 «Мыс Хат» (полуостров Росса): пересмотренный План управления

Представители,

напоминая о Статьях 3, 5 и 6 Приложения V к Протоколу по охране окружающей среды к Договору об Антарктике, регламентирующих вопросы определения Особо охраняемых районов Антарктики (ООРА) и утверждения Планов управления этими Районами;

напоминая о

- Мере 1 (1998 г.), в соответствии с которой историческое место «Мыс Хат» было определено в качестве Особо охраняемого района («ООР») № 28, с прилагаемым к ней Планом управления Районом;
- Решении 1 (2002 г.), в рамках которого ООР № 28 был переименован в ООРА № 158;
- Мере 2 (2005 г.), Мере 10 (2010 г.) и Мере 13 (2015 г.), в соответствии с которыми были приняты пересмотренные планы управления ООРА № 158;

напоминая о том, что Мера 1 (1998 г.) не вступила в силу и была отменена Мерой 9 (2010 г.);

отмечая одобрение пересмотренного Плана управления ООРА № 158 Комитетом по охране окружающей среды (КООС);

желая заменить действующий План управления ООРА № 158 пересмотренным Планом управления,

рекомендуют своим правительствам в соответствии с пунктом 1 Статьи 6 Приложения V к Протоколу по охране окружающей среды к Договору об Антарктике следующую Меру на утверждение:

1. Утвердить пересмотренный План управления Особо охраняемым районом Антарктики № 158 «Мыс Хат» (полуостров Росса), прилагаемый к настоящей Мере.

2. Признать План управления Особо охраняемым районом Антарктики № 158, прилагаемый к Мере 13 (2015 г.), утратившим силу.

Мера 16 (2021 г.)

Особо охраняемый район Антарктики № 159 «Мыс Адэр» (Берег Боркгревинка): пересмотренный План управления

Представители,

напоминая о Статьях 3, 5 и 6 Приложения V к Протоколу по охране окружающей среды к Договору об Антарктике, регламентирующих вопросы определения Особо охраняемых районов Антарктики (ООРА) и утверждения Планов управления этими Районами;

напоминая о

- Мере 1 (1998 г.), в соответствии с которой историческое место «Мыс Адэр» и его окрестности были определены в качестве Особо охраняемого района (ООР) № 29, с прилагаемым к ней Планом управления районом;

- Решении 1 (2002 г.), в рамках которого ООР № 29 был переименован в ООРА № 159;

- Мере 2 (2005 г.), Мере 11 (2010 г.) и Мере 14 (2015 г.), в соответствии с которыми были приняты пересмотренные Планы управления ООРА № 159;

напоминая о том, что Мера 1 (1998 г.) не вступила в силу и была отменена Мерой 9 (2010 г.);

отмечая одобрение пересмотренного Плана управления ООРА № 159 Комитетом по охране окружающей среды (КООС);

желая заменить действующий План управления ООРА № 159 пересмотренным Планом управления,

рекомендуют своим правительствам в соответствии с пунктом 1 Статьи 6 Приложения V к Протоколу по охране окружающей среды к Договору об Антарктике следующую Меру на утверждение:

1. Утвердить пересмотренный План управления Особо охраняемым районом Антарктики № 159 «Мыс Адэр» (берег Боркгревинка), прилагаемый к настоящей Мере.

2. Признать План управления Особо охраняемым районом Антарктики № 159, прилагаемый к Мере 14 (2015 г.), утратившим силу.

Мера 17 (2021 г.)

Особо охраняемый район Антарктики № 163 «Ледник Дакшин-Ганготри» (Земля королевы Мод): пересмотренный План управления

Представители,

Напоминая о Статьях 3, 5 и 6 Приложения V к Протоколу по охране окружающей среды к Договору об Антарктике, регламентирующих вопросы определения Особо охраняемых районов Антарктики (ООРА) и утверждения Планов управления этими Районами;

напоминая о

- Мере 2 (2005 г.), в соответствии с которой ледник Дакшин-Ганготри (Земля Королевы Мод) был определен в качестве ООРА № 163, с прилагаемым к ней Планом управления Районом;

- Мере 12 (2010 г.) и Мере 15 (2015 г.), в соответствии с которыми были приняты пересмотренные Планы управления ООРА № 163;

отмечая одобрение пересмотренного Плана управления ООРА № 163 Комитетом по охране окружающей среды (КООС);

желая заменить действующий План управления ООРА № 163 пересмотренным Планом управления,

рекомендуют своим правительствам в соответствии с пунктом 1 Статьи 6 Приложения V к Протоколу по охране окружающей среды к Договору об Антарктике следующую Меру на утверждение:

1. Утвердить пересмотренный План управления Особо охраняемым районом Антарктики № 163 «Ледник Дакшин-Ганготри» (Земля Королевы Мод), прилагаемый к настоящей Мере.

2. Признать План управления Особо охраняемым районом Антарктики № 163, прилагаемый к Мере 15 (2015 г.), утратившим силу.

Мера 18 (2021 г.)

Особо охраняемый район Антарктики № 167 «Остров Хокер» (Земля Принцессы Елизаветы): пересмотренный План управления

Представители,

напоминая о Статьях 3, 5 и 6 Приложения V к Протоколу по охране окружающей среды к Договору об Антарктике, регламентирующих вопросы определения Особо охраняемых районов Антарктики (ООРА) и утверждения Планов управления этими Районами;

напоминая о

- Мере 1 (2006 г.), в рамках которой «Остров Хокер» (холмы Вестфолл, берег Ингрид Кристенсен, Земля Принцессы Елизаветы, Восточная Антарктика) был определен в качестве ООРА № 167 с прилагаемым к ней Планом управления Районом;

- Мере 9 (2011 г.) и Меры 8 (2016 г.), в соответствии с которыми были приняты пересмотренные Планы управления ООРА № 167;

отмечая одобрение пересмотренного Плана управления ООРА № 167 Комитетом по охране окружающей среды (КООС);

желая заменить действующий План управления ООРА № 167 пересмотренным Планом управления,

рекомендуют своим правительствам в соответствии с пунктом 1 Статьи 6 Приложения V к Протоколу по охране окружающей среды к Договору об Антарктике следующую Меру на утверждение:

1. Утвердить пересмотренный План управления Особо охраняемым районом Антарктики № 167 «Остров Хокер» (Земля Принцессы Елизаветы), прилагаемый к настоящей Мере.

2. Признать План управления Особо охраняемым районом Антарктики № 167, прилагаемый к Мере 8 (2016 г.), утратившим силу.

Мера 19 (2021 г.)

Особо охраняемый район Антарктики № 176 «Острова Розенталь» (остров Анверс, архипелаг Палмер): План управления

Представители,

напоминая о Статьях 3, 5 и 6 Приложения V к Протоколу по охране окружающей среды к Договору об Антарктике, регламентирующих вопросы определения Особо охраняемых районов Антарктики (ООРА) и утверждения Планов управления этими Районами;

напоминая о

- Мере 1 (2008 г.), в соответствии с которой юго-западная часть острова Анверс и бассейн Палмера были определены в качестве Особо управляемого района Антарктики (ОУРА) № 7, с прилагаемым к ней Планом управления Районом;

- Мере 2 (2009 г.) и Мере 14 (2010 г.), в соответствии с которыми были приняты пересмотренные Планы управления ООРА № 7;

отмечая Меру 6 (2014 г.), касающуюся ООРА № 139 *«Мыс Биско», остров Анверс*;

отмечая Меру 1 (2014 г.), касающуюся ООРА № 113 *«Остров Личфилд», бухта Артур, остров Анверс, архипелаг Палмер*;

отмечая, что Комитет по охране окружающей среды (КООС) одобрил План управления ООРА № 176;

признавая тот факт, что данная территория обладает исключительными экологическими, научными, историческими, эстетическими ценностями и ценностями первозданной природы; здесь также проводятся и планируются научные исследования; и особая защита обеспечит лучшие условия;

желая определить острова Розенталь, остров Анверс, архипелаг Палмер, в качестве ООРА № 176 и утвердить План управления для этого Района,

рекомендуют своим правительствам в соответствии с пунктом 1 Статьи 6 Приложения V к Протоколу по охране окружающей среды к Договору об Антарктике следующую Меру на утверждение:

1. Определить острова Розенталь (остров Анверс, архипелаг Палмер), как Особо охраняемый район Антарктики № 176.

2. Утвердить План управления, прилагаемый к настоящей Мере.

Мера 20 (2021 г.)

Особо охраняемый район Антарктики № 177 «Острова Леони и Юго-Восточная Часть Острова Аделейд» (Антарктический полуостров): План управления

Представители,

напоминая о Статьях 3, 5 и 6 Приложения V к Протоколу по охране окружающей среды к Договору об Антарктике, регламентирующих вопросы определения Особо охраняемых районов Антарктики (ООРА) и утверждения Планов управления этими Районами;

отмечая, что Комитет по охране окружающей среды (КООС) одобрил План управления ООРА № 177;

признавая тот факт, что этот район обладает исключительными экологическими, научными, историческими, эстетическими ценностями и ценностями первозданной природы; здесь также проводятся и планируются научные исследования; и особая охрана обеспечит лучшие условия;

желая определить острова Леони и юго-восточную часть острова Аделейд, Антарктический полуостров, в качестве ООРА № 177 и утвердить План управления этим Районом,

рекомендуют своим правительствам в соответствии с пунктом 1 Статьи 6 Приложения V к Протоколу по охране окружающей среды к Договору об Антарктике следующую Меру на утверждение:

1. Определить острова Леони и юго-восточную часть острова Аделейд (Антарктический полуостров), в качестве Особо охраняемого района Антарктики № 177.

2. Утвердить План управления, прилагаемый к настоящей Мере.

Мера 21 (2021 г.)

Особо охраняемый район Антарктики № 178 «Остров Инэкспрессибл и Бухта Сивью» (море Росса): План управления

Представители,

напоминая о Статьях 3, 5 и 6 Приложения V к Протоколу по охране окружающей среды к Договору об Антарктике, регламентирующих вопросы определения Особо охраняемых районов Антарктики (ООРА) и утверждения Планов управления этими Районами;

отмечая, что Комитет по охране окружающей среды (КООС) одобрил План управления ООРА № 178;

признавая тот факт, что данная территория обладает исключительными экологическими, научными, историческими, эстетическими ценностями и ценностями первозданной природы; здесь также проводятся и планируются научные исследования; и особая охрана обеспечит лучшие условия;

желая определить остров Инэкспрессибл и бухту Сивью (море Росса) в качестве ООРА № 178 и утвердить План управления этим Районом,

рекомендуют своим правительствам в соответствии с пунктом 1 Статьи 6 Приложения V к Протоколу по охране окружающей среды к Договору об Антарктике следующую Меру на утверждение:

1. Определить остров Инэкспрессибл и бухту Сивью (море Росса), в качестве Особо охраняемого района Антарктики № 178.

2. Утвердить План управления, прилагаемый к настоящей Мере.

Мера 22 (2021 г.)

Пересмотренный Перечень Исторических мест и памятников Антарктики: Обломки «Сан-Тельмо»

Представители,

напоминая о требованиях Статьи 8 Приложения V к Протоколу по охране окружающей среды к Договору об Антарктике в отношении ведения Перечня имеющихся Исторических мест и памятников (ИМП), а также положении о том, что данные объекты не подлежат нарушению, удалению или разрушению;

напоминая о

- Мере 12 (2019 г.), в рамках которой был пересмотрен и уточнен Перечень Исторических мест и памятников и последующих Мерах, в рамках которых Перечень был дополнен новыми ИМП;

- Резолюции 2 (2018 г.), в рамках которой было принято рекомендательное Руководство по методике оценки и управления наследием Антарктики,

рекомендуют своим правительствам на утверждение следующую Меру в соответствии с пунктом 2 Статьи 8 Приложения V к Протоколу по охране окружающей среды к Договору об Антарктике:

А именно: добавить в Перечень исторических мест и памятников следующий объект:

Обломки «Сан-Тельмо»

Самые ранние записи о кораблекрушении имеются в современных британских документах на момент гибели судна; сообщается, что капитан Смит дважды высаживался в бухте Шеррефф и нашел останки затонувшего корабля, на которых до сих пор сохранились надписи с затонувшего корабля «Сан-Тельмо».

4 сентября 1819 г. испанское судно «Сан-Тельмо» оказалось дрейфующим в одиночестве в условиях ужасного шторма. Корабль исчез вместе с экипажем из 644 человек (моряков, солдат и морских пехотинцев). Это Государственный корабль и Общий военный памятник.

История присутствия человека в Антарктике очень коротка, и останки корабля «Сан-Тельмо», если они будут найдены, можно считать первыми человеческими останками в Антарктике. Судно и его артефакты сами по себе представляют археологическую ценность, будучи затопленными более 100 лет назад, что является общепризнанным сроком, позволяющим рассматривать их в качестве подводного наследия. Обломки корабля включают в себя все детали и аксессуары, относящиеся к судну, вооружение, оборудование, припасы, а также само судно и перевозимый на нем экипаж и военный персонал. Исторический памятник также включает все личные вещи, которые экипаж оставил на корабле при его затоплении.

Местоположение: Место последнего обнаружения судна «Сан-Тельмо» соответствует 62° ю. ш. и 70° в. д. – точке, в которой ветры и течение неизбежно приведут в северную часть острова Ливингстон (Смоленск), Южные Шетландские острова (Дон Альваро де Базан, Генеральный архив военно-морского флота Испании).

Сторона – инициатор предложения: Испания

Сторона, осуществляющая управление: Испания.

Мера 23 (2021 г.)

Система охраняемых районов Антарктики: переформатированный список исторических мест и памятников

Представители,

отмечая требования Статьи 8 Приложения V к Протоколу по охране окружающей среды к Договору об Антарктике в отношении ведения списка имеющихся Исторических мест и памятников (ИМП), а также положения о том, что данные объекты не подлежат нарушению, удалению или разрушению;

напоминая Рекомендации I-IX, V-4, VI-14, VII-9, XII-7, XIII-16, XIV-8, XV-12, XVI-11, XVII-3 и Меры 4 (1995 г.), 2 (1996 г.), 4 (1997 г.), 2 (1998 г.), 1 (2001 г.), 2 (2001 г.), 3 (2003 г.), 11 и 12 (2011 г.), 11 (2012 г.), 18, 19, 20 и 21 (2013 г.), 19 (2015 г.), 9 (2016 г.) и 12 (2019 г.);

отмечая Руководства по определению и охране Исторических мест и памятников, принятого в соответствии с Резолюцией 3 (2009 г.), и Руководства по методике оценки и управления наследием Антарктики, принятого в соответствии с Резолюцией 2 (2018 г.);

кроме того, ссылаясь на Решение 1 (2019 г.), в котором Стороны достигли соглашения о включении новых информационных полей в дополнение к существующим полям в списке ИМП;

желая обновить описания ИМП в соответствии с форматом, предписанным Решением 1 (2019 г.),

рекомендуют своим правительствам в соответствии с Пунктом 2 Статьи 8 Приложения V к Протоколу по охране окружающей среды к Договору об Антарктике заменить список определенных и описанных предлагающим(-и) Правительством(-ами) Исторических памятников, прилагаемый к Рекомендации VII-9 и измененный в соответствии с вышеупомянутыми Рекомендациями и Мерами, на пересмотренный и обновленный список Исторических мест и памятников прилагаемый к настоящей Мере.

№	Название	Описание	Место-положение	Определение/поправки	Сторона-инициатор предложения	Сторона, осуществляющая управление	Тип	Состояние сохранности	Описание исторического контекста	Применимые критерии в соответствии с Резолюцией 3 (2009 г.)	Средства и методы управления	Фотографии	Природные особенности окружающей среды, культурный контекст и местная специфика
1.	Флагшток «Операция 90»	Флагшток, установленный в декабре 1965 г. на Южном географическом полюсе Первой аргентинской сухопутной полярной экспедицией.	90° ю. ш.	Рек. VII-9	Аргентина	Аргентина	Другие останки: другое	Погребен подо льдом	Металлический флагшток, установленный в декабре 1965 г. на Южном географическом полюсе в ходе Первой аргентинской сухопутной экспедиции на Южный полюс под названием «Операция 90». Его возглавил полковник Хорхе Эдгард Леал, который основал станцию Эсперанса в 1952 г. По пути экспедиция установила также станцию Собрал, удаленную от Южного полюса на 780 км.	На этом месте произошло событие, имеющее особое значение в истории науки и исследования Антарктики. Это место связано с проявлением беспримерной стойкости или выдающимся достижением. В этом месте осуществлялась (полностью или частично) широкомасштабная деятельность, имевшая большое значение для освоения и изучения Антарктики.		ИМП 1-А. Автор: коллекция Bassani Grande/Аргентинский антарктический институт (IAA) ИМП 1-В. кадр из документального фильма «90»	Географический Южный полюс на полярном плато в районе станции Амундсен-Скотт.
2.	Пирамида из камней в память о Фукушиме	Пирамида из камней и мемориальные таблички на станции Сёва в память о Шине Фукушиме, члене 4-й японской антарктической научной экспедиции, погибшем в октябре 1960 г. при исполнении своих служебных обязанностей. Пирамида была возведена 11 января 1961 г. его коллегами. В пирамиде	69°00' ю. ш., 39°35' в. д.	Рек. VII-9	Япония	Япония	Памятный предмет: мемориальная табличка	Останки в хорошем состоянии.	Пирамида из камней и мемориальные таблички на станции Сёва в память о Шине Фукушиме, члене 4-й японской антарктической научной экспедиции, погибшем в октябре 1960 г. при исполнении своих служебных обязанностей. Пирамида была возведена 11 января 1961 г. его коллегами. В пирамиде находится часть его праха.	Относится к особому событию, имеющему важное значение в истории науки или исследований Антарктики. Это место связано с человеком, сыгравшим важную роль в развитии антарктической науки или исследования Антарктики.	Необходимо сохранить, чтобы не было разрушено	ИМП 2: пирамида из камней и мемориальная табличка в память о Шине Фукушиме	Пирамида из камней, укрепленная бетоном, находящаяся в углу на станции Сёва

№	Название	Описание	Место-положение	Определение/поправки	Сторона-инициатор предложения	Сторона, осуществляющая управление	Тип	Состояние сохранности	Описание исторического контекста	Применимые критерии в соответствии с Резолюцией 3 (2009 г.)	Средства и методы управления	Фотографии	Природные особенности окружающей среды, культурный контекст и местная специфика
		находится часть его праха.											
3.	Пирамида из камней, сооруженная Моусоном, остров Прокламейшен	Пирамида из камней и мемориальная табличка на о-ве Прокламейшен (Земля Эндерби), сооруженные сэром Дугласом Моусоном в январе 1930 г. Пирамида и мемориальная табличка увековечивают высадку на о-ве Прокламейшен сэра Дугласа Моусона и членов совместной антарктической научной экспедиции Великобритании, Австралии и Новой Зеландии 1929–1931 гг.	65°51' ю. ш., 53°41' в. д.	Рек. VII-9	Австралия	Австралия	Другие останки: пирамида из камней, сооруженная экспедицией	Пирамида и мемориальная табличка остались нетронутыми.	13 января 1930 г. сэр Дуглас Моусон и другие члены антарктической научной экспедиции Великобритании, Австралии и Новой Зеландии 1929–31 гг. (БАНЗАРЭ) высадились на о-ве Прокламейшен, где они установили каменную пирамиду и мемориальную табличку.	Относится к особому событию, имеющему важное значение в истории науки или исследований Антарктики. Имеет конкретную связь с человеком, который сыграл важную роль в истории науки или исследований в Антарктике.	Руководители новых станций на австралийских станциях ежегодно участвуют в обсуждениях вопросов наследия, включая ИМП.	ИМП 3, остров Прокламейшен — 1930 г. (Фото: Дж. Ф. Херли)	Остров Прокламейшен – небольшой скалистый остров в 5 км к западу от мыса Баттерби и к востоку от островов Аагард в Антарктике.
4.	Здание станции Полюс Недоступности	Здание станции, на котором установлен бюст В. И. Ленина вместе с памятной табличкой в честь покорения Полюса Недоступности советскими исследователями Антарктики в 1958 г. Бюст Ленина расположен на деревянном	82°06'42" ю. ш., 55°01'57" в. д.	Рек. VII-9 Мера 11 (2012 г.)	Россия	Россия	Сооружение: станция	Здание станции находится под снегом. Бюст в обветренном состоянии.	Станция в районе Полюса Недоступности была открыта в конечной точке научного внутреннего похода, в ходе которого были исследованы толщина ледникового покрова и характеристики подледного рельефа, многочисленные геофизические, гляциологические и метеорологические измерения	На этом месте произошло событие, имеющее особое значение в истории науки и исследования Антарктики. В этом месте осуществлялась (полностью или частично) широкомасштабная деятельность, имевшая большое значение для	Никаких специальных мер не установлено.	ИМП 4: здание станции «Полюс недоступности» (Фото: Олав Орхейм, Норвежский институт полярных исследований)	Здание станции расположено на снежно-фирновой поверхности Антарктического плато в наиболее удаленном от побережья районе.

№	Название	Описание	Место-положение	Определение/поправки	Сторона-инициатор предложения	Сторона, осуществляющая управление	Тип	Состояние сохранности	Описание исторического контекста	Применимые критерии в соответствии с Резолюцией 3 (2009 г.)	Средства и методы управления	Фотографии	Природные особенности окружающей среды, культурный контекст и местная специфика
		коробе, смонтированном на крыше здания на высоте около 1,5 м над снежной поверхностью.							проводились в неизведанных в то время центральных районах Восточной Антарктики. Историческое место связано с Международным геофизическим годом (МГГ) 1957-1958.	освоения и изучения Антарктики.			
5	Пирамида из камней, сооруженная Моусоном, мыс Брус	Пирамида из камней и мемориальная табличка на мысе Брус. Земля Робертсона, построенная в феврале 1931 г. сэром Дугласом Моусоном. Пирамида из камней и мемориальная табличка увековечивают высадку на мысе Брус сэра Дугласа Моусона и членов совместной антарктической научной экспедиции Великобритании, Австралии и Новой Зеландии 1929–1931 гг.	67°25' ю. ш., 60°47' в. д.	Рек. VII-9	Австралия	Австралия	Другие останки: пирамида из камней, сооруженная экспедицией	Пирамида и мемориальная табличка остались нетронутыми.	18 февраля 1931 г. сэр Дуглас Моусон и другие члены антарктической научной экспедиции Великобритании, Австралии и Новой Зеландии 1929–1931 гг. (БАНЗАРЭ) высадились на мысе Брус, где они установили каменную пирамиду и мемориальную табличку и подняли флаг «Юнион Джек». Пирамида из камней с медной табличкой и провозглашением были вновь открыты 3 июля 1957 г.	Относится к особому событию, имеющему важное значение в истории науки или исследований Антарктики. Имеет конкретную связь с человеком, который сыграл важную роль в истории науки или исследований в Антарктике.	Этот объект и его статус наследия указаны на всех картах станции Моусон и в инструкциях для операторов Австралийской антарктической программы. Руководители новых станций на австралийских станциях ежегодно участвуют в обсуждениях вопросов наследия, включая ИМП.	ИМП 5: мыс Брус — 1931 г. (Фото: Фрэнк Херли)	Мыс Брус – северная оконечность небольшого острова к западу от ледника Тейлора на Земле. Робертсона, примерно в 100 км к западу от станции Моусон.
6	Пирамида Уилкинса	Пирамида из камней на скалах Уолкабаут, оазис Вестфолл (Земля Принцессы Елизаветы), сооруженная в	68°22' ю. ш., 78°33' в. д.	Рек. VII-9	Австралия	Австралия	Другие останки: пирамида из камней, сооруж	Пирамида и канистра остаются нетронутыми. Место отмечено бамбуковым шестом.	11 января 1939 г. первый австралийский полярный летчик и исследователь сэр Хьюберт Уилкинс посетил это место и оставил запись своего	Относится к особому событию, имеющему важное значение в истории науки или исследований Антарктики.	Этот объект и его статус наследия указаны на всех картах станции Дейвис и в инструкциях для операторов Австралийской антарктической	1) ИМП 6: пирамида Уилкинса — пейзаж (Фото: Джон Вархэм) 2) ИМП 6: пирамида	Пирамида Уилкинса расположена на северо-восточной оконечности холмов Вестфолл на возвышенности с впечатляющим

№	Название	Описание	Место-положение	Определение/поправки	Сторона-инициатор предложения	Сторона, осуществляющая управление	Тип	Состояние сохранности	Описание исторического контекста	Применимые критерии в соответствии с Резолюцией 3 (2009 г.)	Средства и методы управления	Фотографии	Природные особенности окружающей среды, культурный контекст и местная специфика
		1939 г. сэром Хубертом Уилкинсом. Внутри пирамиды находится контейнер с запиской о его посещении.					енная экспедицией	Документ о посещении и журнал «Уолкэбаут», в котором он был первоначально завернут, были изготовлены в 1989 г. из плексигласа и помещены в ящик из нержавеющей стали. Эти документы, а также оригинальные эмалированные стаканы с красным австралийским вымпелом находятся внутри фанерного контейнера в 900 мм к западу от валуна, под которым были обнаружены журнал и флаг.	визита, экземпляр австралийского журнала «Walkabout» и австралийский красный вымпел. В 1957 г. полевая экспедиция на станции Дейвис обнаружила это место и построила пирамиду из камней, чтобы отметить его.	Имеет конкретную связь с человеком, который сыграл важную роль в истории науки или исследований в Антарктике.	программы. Руководители новых станций на австралийских станциях ежегодно участвуют в обсуждениях вопросов наследия, включая ИМП.	Уилкинса — артефакты 3) ИМП 6: пирамида Уилкинса — пирамида (1957 г.) и контейнер (1989 г.)	видом на побережье.
7.	Камень-памятник Ивану Хмаре	Камень с вырезанной на нем мемориальной надписью, установленный на острове Буромского в память о водителе-механике по имени Иван	66°32'04" ю. ш., 92°59'57" в. д.	Рек. VII-9 Мера 11 (2012 г.)	Россия	Россия	Памятный предмет: другое	Камень в хорошем состоянии	Камень был установлен в память о водителе-механике по имени Иван Хмара, который был участником 1-й комплексной антарктической экспедиции СССР (1-й советской антарктической экспедиции) и погиб	На этом месте произошло событие, имеющее особое значение в истории науки и исследования Антарктики.	Местоположение ИМП указано на карте района станции Мирный. Все лица, прибывающие на станцию Мирный, информируются о наличии и местонахождении ИМП 7.	ИМП 7: камень Ивана Хмары (Фото: Сергей Тарасенко)	Камень расположен на скалистой поверхности острова Буромского примерно в 2 км от станции Мирный.

№	Название	Описание	Место-положение	Определение/поправки	Сторона-инициатор предложения	Сторона, осуществляющая управление	Тип	Состояние сохранности	Описание исторического контекста	Применимые критерии в соответствии с Резолюцией 3 (2009 г.)	Средства и методы управления	Фотографии	Природные особенности окружающей среды, культурный контекст и местная специфика
		Хмара, который был участником 1-й Комплексной антарктической экспедиции СССР (1-й Советской антарктической экспедиции) и погиб на припае 21.01.1956 г. при исполнении своих служебных обязанностей. Первоначально камень был установлен на мысе Мабус в обсерватории Мирный. В 1974 г., во время 19-й САЭ, в связи со строительством камень перенесен на остров Буромского.							на припае при исполнении своих служебных обязанностей при строительстве станции Мирный.				
8.	Памятник Анатолию Щеглову	Памятник Анатолию Щеглову. Металлическая стела с мемориальной табличкой в память о водителе-механике по имени Анатолий Щеглов, погибшем при исполнении служебных обязанностей, установленная на санях на трассе	66°34'43" ю. ш., 92°58'23" в. д.	Рек. VII-9 Мера 11 (2012 г.)	Россия	Россия	Памятный предмет: другое	Стела с мемориальной доской в хорошем состоянии.	Стела установлена в память о члене 9-й советской антарктической экспедиции, который погиб 25 февраля 1964 г. возле станции Мирный и тело которого не удалось извлечь из расселины.	На этом месте произошло событие, имеющее особое значение в истории науки и исследования Антарктики.	Местоположение ИМП указано на карте района станции Мирный. Все лица, прибывающие на станцию Мирный, информируются о наличии и местонахождении ИМП 8.	<u>ИМП 8: памятник Анатолию Щеглову (Фото: Станислав Коган)</u>	Стела расположена на снежно-фирновой поверхности в 2 км от станции Мирный.

№	Название	Описание	Место-положение	Определение/поправки	Сторона-инициатор предложения	Сторона, осуществляющая управление	Тип	Состояние сохранности	Описание исторического контекста	Применимые критерии в соответствии с Резолюцией 3 (2009 г.)	Средства и методы управления	Фотографии	Природные особенности окружающей среды, культурный контекст и местная специфика
		Мирный – Восток в 2 км от станции Мирный.											
9.	Кладбище на острове Буромского	Кладбище на острове Буромского рядом с обсерваторией Мирный, на котором похоронены граждане СССР (России), Чехословакии, ГДР и Швейцарии (участники советских и российских антарктических экспедиций), погибшие при исполнении своих служебных обязанностей.	66°32'04" ю. ш., 93°00' в. д.	Рек. VII-9 Мера 11 (2012 г.)	Россия	Россия	Участок	Реставрационные работы проводились в 2017 г.	На острове находится кладбище нескольких десятков граждан Советского Союза, Чехословакии, Германской Демократической Республики и Швейцарии, погибших при исполнении служебных обязанностей в составе советских и российских антарктических экспедиций.	Это символ или памятное место для представителей многих стран.	Местоположение ИМП указано на карте района станции Мирный. Все лица, прибывающие на станцию Мирный, информируются о наличии и местонахождении ИМП 9.	ИМП 9: Кладбище на острове Буромского	Кладбище находится на скалистой поверхности острова Буромского примерно в 2 км от станции Мирный.
10.	Обсерватория советской станции Оазис	Здание магнитной обсерватории на станции Добровольский (переданная Польше часть бывшей советской станции Оазис) в оазисе Бангера с мемориальной табличкой в память об открытии станции Оазис в 1956 г.	66°16'30" ю. ш., 100°45'03" в. д.	Рек. VII-9 Мера 11 (2012 г.)	Россия	Россия	Сооружение: станция	Здание в плохом состоянии, мемориальная табличка утрачена.	Станция Оазис была открыта в октябре 1956 г. и стала первой станцией в истории освоения Восточной Антарктики, расположенной на большой территории без ледового покрова. На станции проводились метеорологические, гляциологические, сейсмологические, геомагнитные наблюдения, исследовались полярные сияния и земные течения. Полевые	На этом месте произошло событие, имеющее особое значение в истории науки и исследования Антарктики. В этом месте осуществлялась (полностью или частично) широкомасштабная деятельность, имевшая большое значение для освоения и изучения Антарктики.	Никаких специальных мер не установлено.		ИМП 10 расположен на юго-западной стороне моренного холма, спускающегося к озеру Фигурное (Алджи).

№	Название	Описание	Место-положение	Определение/поправки	Сторона-инициатор предложения	Сторона, осуществляющая управление	Тип	Состояние сохранности	Описание исторического контекста	Применимые критерии в соответствии с Резолюцией 3 (2009 г.)	Средства и методы управления	Фотографии	Природные особенности окружающей среды, культурный контекст и местная специфика
									исследования по геологии, гидрологии, гляциологии, биологии, геоморфологии и гравиметрии проводились в оазисе Бангера. Историческое место связано с Международным геофизическим годом (МГГ) 1957-1958. Станция Оазис была впоследствии передана Советским Союзом Польше в январе 1959 г.				
11.	Тягач на станции Восток	Тяжелый тягач АТТ 11 на станции Восток, участвовавший в первом походе на геомагнитный полюс Земли, с мемориальной табличкой в память об открытии станции в 1957 г.	78°27'48" ю. ш., 106°50'06" в. д.	Рек. VII-9 Мера 11 (2012 г.)	Россия	Россия	Памятный предмет: другое	Тягач в хорошем состоянии.	В соответствии с принятыми СССР обязательствами по выполнению Программы Международного геофизического года (МГГ) Советский Союз открыл научную станцию в районе Южного геомагнитного полюса (16 декабря 1957 г., станция Восток). Открытие станции осуществлялось с помощью гусеничных тягачей и тяжелых артиллерийских тягачей. Среди машин первого санно-тракторного похода на геомагнитный полюс Земли был АТТ № 11.	На этом месте произошло событие, имеющее особое значение в истории науки и исследования Антарктики. Материал, из которого изготовлен этот объект, его конструкция или метод сооружения представляют особую ценность с технической, исторической, культурной или архитектурной точек зрения.	Местоположение ИМП указано на карте района станции Восток. Все лица, прибывающие на станцию Восток, извещаются о существовании и местонахождении ИМП 11.	<u>ИМП 11: Тягач на станции Восток (Фото: Андрей Воеводин)</u>	Трактор находится в непосредственной близости от объектов станции Восток. Все объекты и сооружения станции Восток находятся на снежно-фирновой поверхности Антарктического плато на высоте 3488 м над уровнем моря.
14.	Ледяная пещера	Место, где находилась	74°54' ю. ш.,	Рек. VII-9		Новая Зеланди	Объект	Сама ледяная пещера	Место вынужденного зимнего укрытия,	Материал, из которого изготовлен	Плакат «Исторические места и памятники в	<u>ИМП 14: ледяная</u>	ИМП 14 расположен на

№	Название	Описание	Место-положение	Определение/поправки	Сторона-инициатор предложения	Сторона, осуществляющая управление	Тип	Состояние сохранности	Описание исторического контекста	Применимые критерии в соответствии с Резолюцией 3 (2009 г.)	Средства и методы управления	Фотографии	Природные особенности окружающей среды, культурный контекст и местная специфика
	"Северного" отряда, остров Инэкспрессибл	ледяная пещера на о-ве Инэкспрессибл (залив Терра-Нова), построенная в марте 1912 г. "Северным" отрядом Виктора Кемпбелла, входившим в состав Британской антарктической экспедиции 1910–1913 гг. В этой ледяной пещере группа провела зиму 1912 г. На этом месте остались деревянный указатель, мемориальная табличка и кости тюленей.	163°43' в. д.	Мера 5 (1995 г.)	Новая Зеландия	я, Италия, Великобритания		разрушена абляцией. Остатки костей тюленя и пингвинов периода заселения остаются на этом месте. Табличка осталась нетронутой, деревянного знака уже нет.	созданного "Северным" отрядом Скотта (Британской антарктической экспедицией) в 1912 г. и оставленноготам после того, как *Аврора* не смогла забрать их во время научно-исследовательского путешествия вдоль северного берега Земли Виктории. Шесть человек пережили шесть зимних месяцев с половиной походного рациона в ледяной пещере 3,6x2,7x1,7, прежде чем весной совершили 40-дневный 370-километровый марш обратно к мысу Эванс.	этот объект, его конструкция или метод сооружения представляют особую ценность с технической, исторической, культурной или архитектурной точек зрения.	регионе моря Росса» на станциях в этом регионе	пещера Северного отряда, остров Инэкспрессибл, табличка (А) ИМП 14: останки тюленей (В) (Фото: коллекция изображений Антарктической службы Новой Зеландии)	скалистом острове, окруженном ледниками и открывающемся на восток заливу Терра-Нова. На этом участке встречаются лишайники, а поблизости находится колония пингвинов Адели. Туристы посещают объект. Предполагается, что на острове Инэкспрессибл будет создана китайская исследовательская станция.
15.	Дом Шеклтона «Нимрод», мыс Ройдс, полуостров Росса	Строение на мысе Ройдс (полуостров Росса), построенное в феврале 1908 г. членами Британской антарктической экспедиции 1907–1909 гг. под руководством сэра Эрнста Шеклтона. Восстановлена в январе 1961 г. сотрудниками Антарктического	77°33' ю. ш., 166°10' в. д.	Рек. VII-9	Новая Зеландия, Великобритания	Новая Зеландия, Великобритания	Сооружение: строение	После масштабных работ по консервации, проведенных новозеландским траст-фондом «Антарктическое наследие» в 2005–2011 гг., сооружение сохранило прочность во время жестких погодных условий, и коллекция артефактов	Строение на мысе Ройдс и связанные с ним артефакты – один из шести памятников, относящихся к «героической эпохе» исследования Антарктики, которые все еще остаются на месте. Британская антарктическая экспедиция Шеклтона 1907–1909 гг. установила и заняла это место, выполнив ряд важных мероприятий, включая первое восхождение	На этом месте произошло событие, имеющее особое значение в истории науки и исследования Антарктики. Особая техническая, историческая, культурная или архитектурная ценность материалов, конструкции или методы строительства. Это место связано с человеком,	План управления ООРА № 157 Строение заперто, ключ предоставлен, требуются обученные гиды, кодекс поведения для входа. Руководство для посетителей по Договору об Антарктике и плакат «Исторические места и памятники в регионе моря Росса» на станциях в этом регионе.	ИМП 15: хижина Шеклтона «Нимрод», мыс Ройдс, северная сторона острова Росс (А) ИМП 15: восточная сторона (В) ИМП 15: западная сторона и мемориальная табличка (С) (Фото:	Мыс Ройдс (166°09'56" в. д., 77°33'20" ю. ш.) расположен в западной части полуострова Росса (залив Мак-Мёрдо) на западной оконечности прибрежной, свободной от ледникового покрова полосы земли шириной около 8 км на более низких западных склонах горы Эребус.

№	Название	Описание	Место-положение	Определение/поправки	Сторона-инициатор предложения	Сторона, осуществляющая управление	Тип	Состояние сохранности	Описание исторического контекста	Применимые критерии в соответствии с Резолюцией 3 (2009 г.)	Средства и методы управления	Фотографии	Природные особенности окружающей среды, культурный контекст и местная специфика
		отдела Новозеландского Департамента научно-индустриальных исследований. Этот участок является частью ООРА № 157						была сохранена. Ежегодный мониторинг и обслуживание обеспечивают постоянную стабильность этого объекта.	на гору Эребус, первое местоположение южного магнитного полюса и достигла самой южной широты на то время. Дополнительно были проведены научные и другие исследовательские мероприятия. Это место посещали более поздние экспедиции «героической эпохи», в том числе посещение и занятие моря Росса экспедицией Шеклтона (Королевская трансантарктическая экспедиция) в 1915–1916 гг.	сыгравшим важную роль в развитии антарктической науки или исследования Антарктики.		коллекция изображений Антарктической службы Новой Зеландии)	ООРА № 157 примыкает к ООРА № 121. Его часто посещают сотрудники станций Мак-Мёрдо и Скотт-Бейс, когда морской лед позволяет подъехать на транспортном средстве, посещают также и туристы.
16.	Дом Скотта «Терра Нова», мыс Эванс, полуостров Росса	Строение на мысе Эванс, полуостров Росса, построенное в январе 1911 г. Британской антарктической экспедицией 1910–1913 гг. под руководством капитана Роберта Ф. Скотта. Восстановлено в январе 1961 г. сотрудниками Антарктического отдела Новозеландского Департамента научно-	77°38' ю. ш., 166°24' в. д.	Рек. VII-9	Новая Зеландия, Великобритания	Новая Зеландия, Великобритания	Сооружение: строение	После масштабных работ по консервации, проведенных базирующимся в Новой Зеландии Фондом антарктического наследия в 2008–2013 гг., сооружение сохранило прочность во время жестких погодных условий, и коллекция артефактов	Дом и хозяйственные постройки на мысе Эванс, а также связанные с ней артефакты и мемориальный крест на холме Уинд-Вейн (Wind Vane Hill) – один из шести памятников, относящихся к «героической эпохе» исследования Антарктики, которые все еще остаются на месте. Британская антарктическая экспедиция Скотта в 1910–1913 гг. основала и освоила	На этом месте произошло событие, имеющее особое значение в истории науки и исследования Антарктики. Особая техническая, историческая, культурная или архитектурная ценность материалов, конструкция или методы строительства. Это место связано с человеком, сыгравшим важную роль в развитии	План управления ООРА № 155 Строение заперто, ключ предоставлен, требуются обученные гиды, кодекс поведения для входа. Плакат «Исторические места и памятники в регионе моря Росса» на станциях в этом регионе	ИМП 16: хижина Скотта «Терра Нова», мыс Эванс, сторона пляжа острова Росса (A) ИМП 16 Интерьер (B) (Фото: коллекция изображений Антарктической службы Новой Зеландии)	Мыс Эванс – это небольшая, свободная ото льда треугольная территория с открытыми базальтовыми структурами на юго-западе полуострова Росса в 10 км к югу от мыса Ройдс и в 22 км к северу от полуострова Хат-Пойнт на полуострове Росса. Это место в регионе моря Росса, наиболее посещаемое

№	Название	Описание	Место-положение	Определение/поправки	Сторона-инициатор предложения	Сторона, осуществляющая управление	Тип	Состояние сохранности	Описание исторического контекста	Применимые критерии в соответствии с Резолюцией 3 (2009 г.)	Средства и методы управления	Фотографии	Природные особенности окружающей среды, культурный контекст и местная специфика
		индустриальных исследований. Этот участок является частью ООРА № 155						была сохранена. Ежегодный мониторинг и обслуживание обеспечивают постоянную стабильность этого объекта. Оригинальная магнитная постройка на холме Уинд-Вейн (Wind Vane Hill) защищена временной обшивкой.	это место при выполнении крупной научно-исследовательской программы в районе моря Росса и до Южного полюса. Объект связан с подробными и всесторонними научными исследованиями по целому ряду дисциплин, многие из которых сегодня используются в качестве исходных данных. С этим местом связано несколько легендарных антарктических историй, включая пробег на полюс, зимнее путешествие на мыс Крозиер и миссию по закладке депо экспедицией Шеклтона в море Росса (Королевская трансантарктическая экспедиция), участники которой проживали на этом месте в 1915–1917 гг.	антарктической науки или исследования Антарктики.			сотрудниками станций Скотт-Бейс и Мак-Мёрдо, а также туристами.
17.	Крест на холме Уинд-Вейн (Wind Vane Hill), мыс Эванс, полуостров Росса	Крест на холме Уинд-Вейн (мыс Эванс, полуостров Росса), установленный членами экспедиционного отряда «Море	77°38' ю. ш., 166°24' в. д.	Рек. VII-9	Новая Зеландия, Великобритания	Новая Зеландия, Великобритания	Памятный предмет: крест	Крест подвергся ветровой эрозии и ультрафиолетовому излучению, но его конструкция стабильна. Надпись	Установлен 16 января 1917 г. в память о трех погибших членах отряда "Моря Росса", входившего в состав Королевской трансантарктической экспедиции Шеклтона, которые с	Это место связано с проявлением беспримерной стойкости или выдающимся достижением. На этом месте произошло событие, имеющее особое	План управления ООРА № 155 Плакат «Исторические места и памятники в регионе моря Росса» на станциях в этом регионе	ИМП 17: крест на холме Уинд-Вейн, мыс Эванс, полуостров Росса (Фото: коллекция изображений	Мыс Эванс – это небольшая, свободная ото льда треугольная территория с открытыми базальтовыми структурами на юго-западе

№	Название	Описание	Место-положение	Определение/поправки	Сторона-инициатор предложения	Сторона, осуществляющая управление	Тип	Состояние сохранности	Описание исторического контекста	Применимые критерии в соответствии с Резолюцией 3 (2009 г.)	Средства и методы управления	Фотографии	Природные особенности окружающей среды, культурный контекст и местная специфика
		Росса» под руководством капитана Энеаса Макинтоша, входившего в состав Королевской трансантарктической экспедиции 1914–1916 гг. под руководством сэра Эрнеста Шеклтона, в память о трех членах отряда, погибших в этом районе в 1916 г. Этот участок является частью ООРА № 155						никогда не была сделана, однако предполагаемая надпись находится на соседней мемориальной табличке.	ограниченными запасами проехали на санях более 1000 км, чтобы заложить склады в ожидании похода Шеклтона (который впоследствии никогда не будет осуществлен), транспортный участок между ледником Бирдмора и морем Росса. Преподобный Спенсер Смит умер на обратном пути от цинги. Макинтош и Хейворд пропали, пересекая тонкий морской лед во время метели, и больше их никто не видел.	значение в истории науки и исследования Антарктики		Антарктической службы Новой Зеландии)	полуострова Росса в 10 км к югу от мыса Ройдс и в 22 км к северу от полуострова Хат-Пойнт на полуострове Росса. Это – место в регионе моря Росса, наиболее посещаемое сотрудниками станций Скотт-Бейс и Мак-Мёрдо, а также туристами. Крест расположен на холме Уинд-Вейн к югу от дома Скотта «Терра Нова».
18.	Дом Скотта «Дискавери», мыс Хат, полуостров Росса	Дом на мысе Хат, полуостров Росса, построенная в январе 1902 г. Британской антарктической экспедицией 1901–1904 гг. под руководством капитана Роберта Ф. Скотта. Частично восстановлена в январе 1964 г. Новозеландским антарктическим обществом при содействии правительства США. Этот участок является	77°50' ю. ш., 166°37' в. д.	Рек. VII-9	Новая Зеландия, Великобритания	Новая Зеландия, Великобритания	Сооружение: строение	После масштабных работ по консервации, проведенных базирующимся в Новой Зеландии Фондом антарктического наследия в 2014–15 гг., сооружение сохранило прочность во время жестких погодных условий, и коллекция артефактов была сохранена. Ежегодный	Дом «Дискавери» на мысе Хат и связанные с ней артефакты – один из шести памятников, относящихся к «героической эпохе» исследования Антарктики, которые все еще остаются на месте. Национальная антарктическая экспедиция Скотта 1901–1904 гг. основала и освоила это место, преимущественно живя на своем корабле *Дискавери* (пришвартован рядом с домом) и использует здание для хранения,	На этом месте произошло событие, имеющее особое значение в истории науки и исследования Антарктики.	План управления ООРА № 158 Хижина заперта, ключ предоставлен, требуются обученные гиды, кодекс поведения для входа. Плакат «Исторические места и памятники в регионе моря Росса» на станциях в этом регионе	ИМП 18: хижина Скотта «Дискавери», мыс Хат, остров Росса, западный угол острова Росса и мемориальная доска (А) ИМП 18 Интерьер (В) (Фото: коллекция изображений Антарктической службы Новой Зеландии)	Мыс Хат – это небольшая, не имеющая ледникового покрова территория на полуострове Хат, которая вдается в море в юго-западном направлении и находится к западу от станции Мак-Мёрдо (США). Дом часто посещают сотрудники станций Мак-Мёрдо и Скотт-Бейс и реже туристы.

№	Название	Описание	Место-положение	Определение/поправки	Сторона-инициатор предложения	Сторона, осуществляющая управление	Тип	Состояние сохранности	Описание исторического контекста	Применимые критерии в соответствии с Резолюцией 3 (2009 г.)	Средства и методы управления	Фотографии	Природные особенности окружающей среды, культурный контекст и местная специфика
		частью ООРА № 158						мониторинг и обслуживание обеспечивают постоянную стабильность этого объекта.	науки, рекреации и общих целей. Будучи первой экспедицией, проживавшей на полуострове Росса, они провели новаторские научные и исследовательские работы в этом регионе, в том числе установили Антарктиду как континент. На этом месте было проведено два полных года, включая зиму, и впоследствии хижина использовалась как склад и жилое помещение для трех экспедиций «героической эпохи» в период с 1908 по 1916 год.				
19.	Крест Винса, мыс Хат, полуостров Росса	Крест на мысе Хат (полуостров Росса), установленный в феврале 1904 г. членами Британской антарктической экспедиции 1901–1904 гг. в память о Джордже Винсе – члене экспедиции, погибшем в этом районе.	77°50' ю. ш., 166°37' в. д.	Рек. VII-9	Новая Зеландия, Великобритания	Новая Зеландия, Великобритания	Памятный предмет: крест	Крест подвергся ветровой эрозии и ультрафиолетовому излучению, но его конструкция стабильна. Надпись, нанесенная остатками краски, частично стерта, но все еще легко различима. Береговая эрозия делает территорию, находящуюся в	Опытный моряк Джордж Винс был первым человеком, который умер в районе пролива Мак-Мёрдо. Этот деревянный крест, установленный рядом с домом «Дискавери» на мысе Хат, увековечивает память о Винсе, хотя точное место его гибели неизвестно, поскольку он потерял равновесие и упал с ледяной скалы на близлежащих опасных склонах Дейнджер.	Относится к особому событию, имеющему важное значение в истории науки или исследований Антарктики. Это место связано с человеком, сыгравшим важную роль в развитии антарктической науки или исследования Антарктики.	Плакат «Исторические места и памятники в регионе моря Росса» на станциях в этом регионе	<u>ИМП 19: крест Винса и холм Обсервейшен (Фото: коллекция изображений Антарктической службы Новой Зеландии)</u>	Крест находится примерно в 75 м к западу от исторической хижины. Его посещают сотрудники станций Мак-Мёрдо и Скотт-Бейс, а также туристы.

№	Название	Описание	Место-положение	Определение/поправки	Сторона-инициатор предложения	Сторона, осуществляющая управление	Тип	Состояние сохранности	Описание исторического контекста	Применимые критерии в соответствии с Резолюцией 3 (2009 г.)	Средства и методы управления	Фотографии	Природные особенности окружающей среды, культурный контекст и местная специфика
								непосредственной близости к кресту, нестабильной.					
20.	Крест на холме Обсервейшен, холм Обсервейшен, полуостров Росса	Крест на холме Обсервейшен (полуостров Росса), установленный в январе 1913 г. членами Британской антарктической экспедиции 1910–1913 гг. в память о членах экспедиции капитана Роберта Ф. Скотта, погибших при возвращении с Южного полюса в марте 1912 г.	77°51' ю. ш., 166°41' в. д.	Рек. VII-9	Новая Зеландия, Великобритания	Новая Зеландия, Великобритания	Памятный предмет: крест	Крест подвергся ветровой эрозии и ультрафиолетовому излучению, но его конструкция стабильна. Надпись и остатки оригинальной краски сильно размыты. Зимой устанавливают временное укрытие, чтобы уменьшить ежегодный эффект эрозии.	Холм Обсервейшен назван так потому, что он является самой высокой и лучшей местной смотровой площадкой для наблюдения за кораблями и возвращающимися экспедициями на санях. Мемориальный крест был установлен в январе 1919 г. членами Британской антарктической экспедиции Скотта в ознаменование гибели Скотта, Уилсона, Оутса, Бауэрса и Эванса на обратном пути с Южного полюса в 1912 г. На нем написана цитата из «Улисса» Теннисона, которая теперь неразрывно связана с последней экспедицией Скотта, гласящая: «Бороться, искать, найти и не сдаваться».	Это место связано с проявлением беспримерной стойкости или выдающимся достижением. На этом месте произошло событие, имеющее особое значение в истории науки и исследования Антарктики	Плакат «Исторические места и памятники в регионе моря Росса», размещенный на станциях в этом регионе. Защитный кожух устанавливается на крест на время зимы и снимается весной.	ИМП 20: крест на холме Обсервейшен, холм Обсервейшен, полуостров Росса. Крест и мемориальная доска (Фото: коллекция изображений Антарктической службы Новой Зеландии)	К кресту ведет пешеходная тропа, используемая в основном для отдыха персонала станций Скотт-Бейс и Мак-Мёрдо. Памятное место широкого обзора мероприятий, местных баз, шельфового ледника, морского льда и горных хребтов.
21.	Каменная хижина, мыс Крозиер, полуостров Росса	Развалины каменной хижины на мысе Крозье (остров Росса), построенной в июле 1911 г. отрядом Эдварда Уилсона, входившим в	77°31' ю. ш., 169°22' в. д.	Рек. VII-9	Новая Зеландия	Новая Зеландия, Великобритания	Сооружение: другие останки сооружений	Каменные стены каменной хижины сохранились в основном нетронутые, но с некоторым разбросом по территории.	Каменная хижина стала важным убежищем для Уилсона, Черри-Гаррара и Бауэрса во время их зимнего путешествия от Эванса до мыса Крозиер.	Это место связано с проявлением беспримерной стойкости или выдающимся достижением. На этом месте произошло событие, имеющее особое	План управления ООРА № 124 Плакат «Исторические места и памятники в регионе моря Росса» на станциях в этом регионе	ИМП 21: каменная хижина, мыс Крозиер, полуостров Росса — каменная хижина и мемориальная	Мыс Крозиер расположен на восточной оконечности острова Росса, где в нижней части восточного склона горы Террор находится

№	Название	Описание	Место-положение	Определение/поправки	Сторона-инициатор предложения	Сторона, осуществляющая управление	Тип	Состояние сохранности	Описание исторического контекста	Применимые критерии в соответствии с Резолюцией 3 (2009 г.)	Средства и методы управления	Фотографии	Природные особенности окружающей среды, культурный контекст и местная специфика
		состав Британской антарктической экспедиции (1910–1913 гг.), во время зимнего похода за яйцами императорских пингвинов.						Большинство артефактов было вывезено во время Трансантарктической экспедиции 1957 г. В развалинах, находящихся на месте под снегом и льдом, находятся шкуры императорских пингвинов и фрагменты бамбуковых шестов.	Предполагается, что сбор яиц императорских пингвинов, содержащих эмбрионы, имеет огромное значение для понимания эволюции. Другой целью было испытание различных видов питания при езде на санях. Выдержав температуру до –60°С, команда была близка к смерти, но в конце концов вернулась на мыс Эванс без потерь.	значение в истории науки и исследования Антарктики. Это место связано с человеком, сыгравшим важную роль в развитии антарктической науки или исследования Антарктики. Особая техническая, историческая, культурная или архитектурная ценность материалов, конструкция или методы строительства.		доска с видом на отрог Иглу (А) ИМП 21: каменная хижина и мемориальная табличка с видом на пик Боум (В) (Фото: коллекция изображений Антарктической службы Новой Зеландии)	свободный от ледникового покрова участок суши. Лишайники и водорослевые пленки обнаружены рядом с каменной хижиной. Это удаленный и изолированный объект с небольшим количеством посетителей. Поблизости находятся колонии пингвинов Адели и императорских пингвинов.
22.	Дом Борхгревинка «Южный крест», мыс Адэр Дом "Северного" отряда Скотта (остатки)	Три дома и связанные с ними исторические реликвии на мысе Адэр. Два дома были построены в феврале 1899 г. членами Британской антарктической экспедиции "Южный крест" под руководством норвежского исследователя Карстена Э. Борхгревинка (1898–1900 гг.). Третья была построена в феврале 1911 г. Северным отрядом под	71°18'26.2" ю. ш. 170°11'28.3" в. д.	Рек. VII-9	Новая Зеландия, Великобритания	Новая Зеландия, Великобритания	Сооружение: историческое строение	Сооружения в опасности. В настоящее время Фондом антарктического наследия в Новой Зеландии осуществляется природоохранный проект для защиты и сохранения хижин и их остатков. Коллекция артефактов сохранена и временно находится в Новой Зеландии, ожидая	Карстен Борхгревинк возглавил первую команду, которая создала базу и перезимовала на Антарктическом континенте. Это единственное место в мире, где сохранились первые постройки на континенте. Впоследствии объект повторно использовался "Северным" отрядом Скотта (Британской антарктической экспедицией), которая построила свой собственный дом (осталось только крыльцо), а строения Борхгревинка	На этом месте произошло событие, имеющее особое значение в истории науки и исследования Антарктики. Особая техническая, историческая, культурная или архитектурная ценность материалов, конструкция или методы строительства. Это место связано с человеком, сыгравшим важную роль в развитии антарктической науки или исследования	План управления ООРА № 159 Строение заперто, ключ предоставлен, требуются обученные гиды, кодекс поведения для входа. Плакат «Исторические места и памятники в регионе моря Росса» на станциях в этом регионе	ИМП 22: дом Борхгревинка «Южный крест», мыс Адэр. Жилые и складские хижины на западной стороне и мемориальная доска (А) ИМП 22: жилой дом на северной оконечности (В) ИМП 22: остатки дома "Северного" отряда (С) (Фото: коллекция изображений	Мыс Адэр – это мыс вулканического происхождения с неровным рельефом на северной оконечности полуострова Адэр, Земля Виктории, берег Борхгревинка, море Росса. Мыс поднимается на высоту более 350 м (примерно 1150 футов). Строения расположены на большом плоском треугольном участке из гальки, который простирается к западу от северной оконечности полуострова Адэр, в

№	Название	Описание	Место-положение	Определение/поправки	Сторона-инициатор предложения	Сторона, осуществляющая управление	Тип	Состояние сохранности	Описание исторического контекста	Применимые критерии в соответствии с Резолюцией 3 (2009 г.)	Средства и методы управления	Фотографии	Природные особенности окружающей среды, культурный контекст и местная специфика
		руководством Виктора Л. А. Кемпбелла. Хижина "Северного" отряда Скотта в 2002 г. в значительной степени разрушилась, осталось только крыльцо. Участок включен в ООРА № 159.						возвращения на место.	использовались в качестве дополнительного хранилища.	Антарктики. Это место связано с проявлением беспримерной стойкости или выдающимся достижением.		Антарктической службы Новой Зеландии)	пределах самой большой колонии пингвинов Адели (Pygoscelis adeliae) в Антарктике. Хотя высадка с маломерного судна в очень ветреном месте затруднена, объект посещают туристы.
23.	Могила Николая Хансона, мыс Адэр	Могила норвежского биолога Николая Хансона, члена Британской антарктической экспедиции (*Южный крест*) 1898–1900 гг. под руководством Карстена Э. Борхгревинка, на мысе Адэр. У изголовья могилы находится крупный валун, а периметр могилы выложен белым кварцем. К валуну прикреплены крест и мемориальная табличка.	71°18'04" ю.ш., 170°13'51" в.д.	Рек. VII-9	Новая Зеландия, Великобритания	Новая Зеландия, Норвегия	Памятный предмет: другое	Могила и постамент остаются в основном свободными от снега и в хорошем состоянии, несмотря на некоторую коррозию металлических элементов. Сайт был отреставрирован (повторно прикреплена мемориальная доска и галька преобразована в предполагаемую планировку) в 1982 г.	В рамках новаторской Британской антарктической экспедиции Борхгревинка 1898–1899 гг. Хансон провел первые континентальные биологические наблюдения. Он также был первым человеком из экспедиции, который умер в Антарктиде и был похоронен там (мы думаем, что исходный текст мог бы читаться так, как будто он был первым человеком, который когда-либо умер в Антарктиде, и мы не уверены, что это правильно или преднамеренно). Могила и мемориальная табличка датируются экспедицией Борхгревинка, а	Относится к особому событию, имеющему важное значение в истории науки или исследований Антарктики. Это место связано с человеком, сыгравшим важную роль в развитии антарктической науки или исследования Антарктики.	Плакат «Исторические места и памятники в регионе моря Росса» на станциях в этом регионе	ИМП 23: могила Николая Хансона, мыс Адэр (Фото: коллекция изображений Антарктической службы Новой Зеландии)	Мыс Адэр – это мыс вулканического происхождения с неровным рельефом на северной оконечности полуострова Адэр, Земля Виктории, берег Борхгревинка, море Росса. Мыс поднимается на высоту более 350 м (примерно 1150 футов). Могила находится на верхних склонах мыса.

№	Название	Описание	Место-положение	Определение/поправки	Сторона-инициатор предложения	Сторона, осуществляющая управление	Тип	Состояние сохранности	Описание исторического контекста	Применимые критерии в соответствии с Резолюцией 3 (2009 г.)	Средства и методы управления	Фотографии	Природные особенности окружающей среды, культурный контекст и местная специфика
									украшения из гальки – "Северным" отрядом Скотта (Британская антарктическая экспедиция 1910–1913 гг.).				
24.	Пирамида Амундсена	Пирамида из камней, на горе Бетти (хребет Королевы Мод), известная как «Пирамида Амундсена» и сооруженная Роальдом Амундсеном 6 января 1912 г. при возвращении с Южного полюса на базу *Фрамхейм*.	85°11' ю. ш., 163°45' з. д.	Рек. VII-9	Норвегия	Норвегия	Другие останки: пирамида из камней, сооруженная экспедицией	Пирамида осталась нетронутой. Внутри пирамиды находится бак из парафина. В память об этом есть мемориальная табличка на пирамиде из камней.	Пирамида из камней была воздвигнута Роальдом Амундсеном 6 января 1912 г. на обратном пути в Фрамхейм с Южного полюса.	На этом месте произошло событие, имеющее особое значение в истории науки и исследования Антарктики. Особая техническая, историческая, культурная или архитектурная ценность материалов, конструкция или методы строительства. Это место связано с человеком, сыгравшим важную роль в развитии антарктической науки или исследования Антарктики.			Пирамида Амундсена находится на горе Бетти, Земля Королевы Мод. Гора Бетти – это небольшой горный хребет с видом на шельфовый ледник Росса, расположенный на северной стороне Бигенд-Седл на северо-восточной оконечности хребта Герберт.
26.	Памятные сооружения станции Сан-Мартин.	Покинутые объекты аргентинской станции Сан-Мартин на о-ве Барри (острова Дебенэм, залив Маргерит), включая крест, флагшток и монолит, установленные в 1951 г.	68°08' ю. ш., 67°08' з. д.	Рек. VII-9	Аргентина	Аргентина	Другие останки: другое	Объект сохранился в хорошем состоянии.	Оригинальные памятные остатки установки первой станции аргентинской армии и в то время самой южной в мире действующей станции. Объект был установлен полковником Эрнаном Пухато, полярником и первым директором Аргентинского	Это символ или памятное место для представителей многих стран.	-	ИМП 26-А. Автор: Родриго Аспилкуэта — Аргентинский антарктический институт (IAA) ИМП 26-В. Источник: Родриго Аспилкуэта —	Станция Сан-Мартин, 68°07′48″ ю. ш., 67°06′08″, островок Сан-Мартин (остров Барри), залив Маргерит

№	Название	Описание	Место-положение	Определение/поправки	Сторона-инициатор предложения	Сторона, осуществляющая управление	Тип	Состояние сохранности	Описание исторического контекста	Применимые критерии в соответствии с Резолюцией 3 (2009 г.)	Средства и методы управления	Фотографии	Природные особенности окружающей среды, культурный контекст и местная специфика
									антарктического института.			Аргентинский антарктический институт (IAA) ИМП 26-C. Источник: Родриго Аспилкуэта — Аргентинский антарктический институт (IAA) ИМП 26-D. Источник: Родриго Аспилкуэта — Аргентинский антарктический институт (IAA)	
27.	Пирамида Шарко	Пирамида с копией свинцовой мемориальной таблички, установленная на холме Мегалестрис (о-в Петерманн)	65°10' ю. ш., 64°09' з. д.	Рек. VII-9	Аргентина, Франция, Великобритания	Франция, Великобритания	Памятный предмет: мемориальная табличка	На месте (пирамида)/Не на месте (оригинальная табличка)	Пирамида из камней с копией свинцовой мемориальной таблички, сооруженная на холме Мегалестрис (о-в Петерманн) в 1909 г. членами второй Французской экспедиции под руководством Жан-Батиста Э. А. Шарко. Первоначальная мемориальная табличка находится в запасниках Национального музея естественных наук (Париж).	На этом месте произошло событие, имеющее особое значение в истории науки и исследования Антарктики.			
28.		Пирамида из камней в Порт-Шарко (о-в Бут) с	65°03' ю. ш.,	Рек. VII-9	Аргентина	Аргентина,	Памятный предмет	Пирамида из камней сохранилась в	Пирамида из камней, шест и мемориальная табличка были	На этом месте произошло событие, имеющее особое	Неприменимо	ИМП 28: пирамида Шарко 1904 г.	Объект расположен на вершине небольшого

№	Название	Описание	Место-положение	Определение/поправки	Сторона-инициатор предложения	Сторона, осуществляющая управление	Тип	Состояние сохранности	Описание исторического контекста	Применимые критерии в соответствии с Резолюцией 3 (2009 г.)	Средства и методы управления	Фотографии	Природные особенности окружающей среды, культурный контекст и местная специфика
	Пирамида Шарко 1904 г.	деревянной колонной и вырезанной мемориальной табличкой, в которой перечислены имена членов первой французской экспедиции под руководством Жан-Батиста Э. А. Шарко, перезимовавших в этом районе в 1904 г. на борту «Ле Франсе».	64°01' з. д.			Франция	: мемориальная табличка Другие останки: пирамида из камней, сооруженная экспедицией	хорошем состоянии, но столб и мемориальная табличка отсутствуют.	установлены в 1904 г. на зимовке корабля «Ле Франсе» Третьей Французской антарктической экспедицией. Эта экспедиция была первой под руководством Жан-Батиста Шарко. Это происходило в контексте исследования континента в «героическую эпоху».	значение в истории науки и исследования Антарктики.		(A) ИМП 28: пирамида Шарко 1904 г. (B)	возвышения в нескольких метрах от берега каменной породы в гавани Шарко, остров Бут, к западу от Антарктического полуострова.
29.	Маяк «Примеро-де-Майо»	Маяк «Примеро-де-Майо», установленный Аргентиной на о-ве Лямбда (о-ва Мельчиор) в 1942 г. Это был первый аргентинский маяк в Антарктике.	64°18' ю. ш., 62°59' з. д.	Рек. VII-9	Аргентина	Аргентина	Другие останки: маяк	Объект сохранился в хорошем состоянии.	Первый аргентинский маяк в Антарктиде. Установлен во время антарктического плавания корабля *ARA 1 de Mayo* ВМС Аргентины в 1942 г. Эта экспедиция исследовала будущие места, где Аргентина построила свои станции и совершила первый аргентинский полет в Антарктиду.	В этом месте осуществлялась (полностью или частично) широкомасштабная деятельность, имевшая большое значение для освоения и изучения Антарктики.; Особая техническая, историческая, культурная или архитектурная ценность материалов, конструкция или методы строительства.		ИМП 29-A. Автор: Служба морской гидрографии Аргентины ИМП 29-B. Служба морской гидрографии Аргентины ИМП 29-C. Служба морской гидрографии Аргентины	Объект расположен рядом со скалистым побережьем восточной оконечности острова Майо, (о-ва Мельчиор).
30.	Укрытие в бухте Парадиз	Укрытие в бухте Парадиз, сооруженное в 1950 г. в окрестностях чилийской	64°49' ю. ш., 62°51' з. д.	Рек. VII-9	Чили	Чили	Сооружение: станция	Объект или памятник до сих пор существует и находится в плохом состоянии.	Укрытие в бухте Парадиз отражает оригинальный пример чилийского строительства, предшествовавший	В этом месте осуществлялась (полностью или частично) широкомасштабная деятельность,	Чилийские военно-воздушные силы в лице организации, управляющей антарктической базой Президенте-Габриель-	ИМП 30: укрытие в бухте Парадиз (A) ИМП 30: укрытие в	В непосредственной близости от антарктической базы Президенте-Габриель-Гонсалес-Видела находятся

№	Название	Описание	Местоположение	Определение/поправки	Сторона-инициатор предложения	Сторона, осуществляющая управление	Тип	Состояние сохранности	Описание исторического контекста	Применимые критерии в соответствии с Резолюцией 3 (2009 г.)	Средства и методы управления	Фотографии	Природные особенности окружающей среды, культурный контекст и местная специфика
		станции Пресиденте-Габриель-Гонсалес-Видела в честь Габриеля Гонсалеса Виделы, первого главы государства, посетившего Антарктику. Укрытие свидетельствует о деятельности, осуществлявшейся до начала МГГ, и является важным национальным памятным объектом.							Международному геофизическому году 1957–1958. Объект был установлен в антарктическом сезоне 1950–1951 гг. в районе полуострова Мунита, ближе к мысу Уотербоут, канал Агирре Серда, берег Данко, в окрестностях хижины «Мыс Уотербоут» (ИМП № 56). Укрытие считается частью антарктической базы Пресиденте-Габриель-Гонсалес-Видела, названной в честь первого главы государства, посетившего Антарктиду. Этот объект является важным национальным памятным объектом. Экипажи, которые использовали укрытие, с 1950 г. выполняли определенные научные задачи, такие как исследования в области метеорологии, геомагнетизма и гляциологии.	имевшая большое значение для освоения и изучения Антарктики. Изучение этого места может раскрыть информацию или дать людям представление о важной человеческой деятельности в Антарктике.	Гонсалес-Видела, разработали план территориального управления для станции в качестве инструмента для систематического и комплексного экологического управления природными богатствами и историческим наследием в этом районе. Он включает в себя правила поведения для посетителей относительно поведения с фауной, присутствующей в этом районе, и в исторических местах.	бухте Парадиз (B) ИМП 30: укрытие в бухте Парадиз (C)	морские и геологические ценности. Актуально наличие в этом районе колоний пингвинов, численность которых составляет около 3000 особей. Папуанские пингвины гнездятся не только на станции, но и в других колониях у берегов острова Брайд ввиду наличия антарктических бакланов. Небольшие колонии антарктических и папуанских пингвинов также расположены к северу от мыса Уотербоут, на побережье острова Лаутаро.
32.	Гидрографический монолит	Бетонный монолит, установленный в 1947 г. в окрестностях станции Капитан-	62°28,9' ю. ш., 59°39,89' з. д.	Рек. VII-9	Чили	Чили	Памятный предмет: другое	Объект или памятник до сих пор существует и находится в обычном состоянии.	Бетонный монолит расположен напротив залива Чили (бухта Дискавери) на острове Гринвич. Монолит был установлен в	В этом месте осуществлялась (полностью или частично) широкомасштабная деятельность,	Никакого специального инструмента управления не применяется. Ежегодное техническое обслуживание, а также	ИМП 32: гидрографический монолит (A) ИМП 32: гидрографиче	Антарктическая станция Капитан-Артуро-Прат расположена на полуострове Гуэсалага, на

№	Название	Описание	Место-положение	Определение/поправки	Сторона-инициатор предложения	Сторона, осуществляющая управление	Тип	Состояние сохранности	Описание исторического контекста	Применимые критерии в соответствии с Резолюцией 3 (2009 г.)	Средства и методы управления	Фотографии	Природные особенности окружающей среды, культурный контекст и местная специфика
		Артуро-Прат (Чили) на о-ве Гринвич (Березина) (Южные Шетландские о-ва). Является контрольной точкой для чилийских гидрографических исследований в Антарктике. Монолит свидетельствует о деятельности, осуществлявшейся до начала МГГ, и в настоящее время охраняется и поддерживается сотрудниками станции Капитан-Артуро-Прат.							1947 г. примерно в 350 метрах к юго-западу от станции в качестве ориентира для гидрографических работ, проводимых в этом районе, включая океанографические и приливные измерения. Монолит также связан с деятельностью по строительству антарктической станции Капитан-Артуро-Прат и с геодезическими работами в этом районе. Памятник расположен в окрестностях ИМП № 35.	имевшая большое значение для освоения и изучения Антарктики. Изучение этого места может раскрыть информацию или дать людям представление о важной человеческой деятельности в Антарктике.	плановые работы по техническому обслуживанию антарктической станции Капитан-Артуро-Прат.	ский монолит (В)	восточной стороне Чилийского залива (бухта Дискавери), на острове Гринвич (Южные Шетландские острова). На побережье в основном находятся ледники, откуда выходят вершины открытых скал. Пляжи в основном состоят из валунов. В окрестностях станции Капитан-Артуро-Прат в небольшом количестве гнездятся антарктические летающие птицы, преимущественно чайки и бакланы. Пингвины Адели и папуанские пингвины регулярно выходят на пляжи, а весной в этом районе живут тюлени Уэдделла. Малый полосатик и горбатый кит наблюдаются в Чилийском заливе (бухта Дискавери) в летний сезон.
33.	Укрытие Гонсалеса Пачеко	Укрытие и крест с мемориальной табличкой в окрестностях станции Капитан-Артуро-Прат	62°28,8' ю. ш., 59°39,85' з. д.	Рек. VII-9	Чили	Чили	Сооружение: хижина	Объект или памятник до сих пор существует и находится в хорошем состоянии.	В рамках национальных антарктических экспедиций, поддерживаемых чилийским военно-	Изучение этого места может раскрыть информацию или дать людям представление о	Никакого специального инструмента управления не применяется. Ежегодное техническое обслуживание, а также	ИМП 33: укрытие Гонсалес-Пачеко (А) ИМП 33: укрытие	Антарктическая станция Капитан-Артуро-Прат расположена на полуострове Гуэсалага, на

№	Название	Описание	Место-положение	Определение/поправки	Сторона-инициатор предложения	Сторона, осуществляющая управление	Тип	Состояние сохранности	Описание исторического контекста	Применимые критерии в соответствии с Резолюцией 3 (2009 г.)	Средства и методы управления	Фотографии	Природные особенности окружающей среды, культурный контекст и местная специфика
		(Чили) на о-ве Гринвич (Березина) (Южные Шетландские о-ва). Названы в честь капитан-лейтенанта Гонсалеса Пачеко, погибшего в 1960 г., когда он руководил станцией. Памятник увековечивает события, связанные с человеком, роль и обстоятельства гибели которого имеют символическое значение и могут быть использованы в просветительских целях для распространения информации о значении деятельности человека в Антарктике.							морским флотом, ученые и научные сотрудники вместе с офицерами гидрографической службы чилийского военно-морского флота (SHOA) предоставили информацию по картографии и гляциологии, а также данные об имеющемся морском биоразнообразии на острове Гринвич (Березина). Во время проведения научных исследований в антарктическом сезоне 1960–1961 гг. руководитель антарктической базы Артуро Прат, капитан Педро Гонсалес Пачеко скончался после падения с высоты 150 м при проверке гляциологических условий в Чилийском заливе (бухта Дисковери). Построенное им укрытие находится в 70 метрах к юго-западу от основных корпусов станции.	важной человеческой деятельности в Антарктике.	плановые работы по техническому обслуживанию антарктической станции Капитан-Артуро-Прат.	Гонсалес-Пачеко (B) ИМП 33: укрытие Гонсалес-Пачеко (C)	восточной стороне Чилийского залива (бухта Дискавери), на острове Гринвич (Березина) (Южные Шетландские острова). На побережье в основном находятся ледники, откуда выходят вершины открытых скал. Пляжи в основном состоят из валунов. В окрестностях базы Артуро Прат в небольшом количестве гнездятся антарктические летающие птицы, преимущественно чайки и бакланы. Пингвины Адели и папуанские пингвины регулярно выходят на пляжи, а весной в этом районе живут тюлени Уэдделла. Малый полосатик и горбатый кит наблюдаются в Чилийском заливе (бухта Дискавери) в летний сезон.
34.	Бюст Артуро Прата	Бюст героя ВМФ Чили Артуро Прата на станции Капитан-Артуро-Прат (Чили), о-в Гринвич	62°50' ю. ш., 59°41' з. д.	Рек. VII-9	Чили	Чили	Памятный предмет: бюст	Объект все еще существует и находится в хорошем состоянии, хотя оригинальный	В 1947 г. Чили построила свою первую антарктическую базу на полуострове Гуэсалага, напротив	Изучение этого места может раскрыть информацию или дать людям представление о	Никакого специального инструмента управления не применяется. Ежегодное техническое обслуживание, а также	ИМП 34: бюст Артуро Прата (A) ИМП 34: бюст Артуро Прата (B)	Антарктическая станция Капитан-Артуро-Прат расположена на полуострове Гуэсалага, на

№	Название	Описание	Место-положение	Определение/поправки	Сторона-инициатор предложения	Сторона, осуществляющая управление	Тип	Состояние сохранности	Описание исторического контекста	Применимые критерии в соответствии с Резолюцией 3 (2009 г.)	Средства и методы управления	Фотографии	Природные особенности окружающей среды, культурный контекст и местная специфика
		(Березина), Южные Шетландские о-ва, установленный в 1947 г. Памятник свидетельствует о деятельности, осуществлявшейся до начала МГГ, и является символом чилийского присутствия в Антарктике.						бюст был перенесен в Пунта-Аренас. На том же месте в 2008 г. был установлен бюст большего размера.	Чилийского залива (бухта Дискавери), на острове Гринвич (Березина) . За это строительство и за эксплуатацию базы отвечал чилийский военно-морской флот. Как в сооружениях чилийского военно-морского флота бюст капитана Артуро Прата, чилийского военно-морского героя, охраняет деятельность своего личного состава, так и бюст героя был установлен на антарктической базе. Первоначальный бюст был удален в 2003 г., когда база была временно закрыта и перемещена в офисы ВМС Чили в Пунта-Аренас в целях сохранения ее исторической ценности. Бюст капитана Артуро Прата большего размера, ранее находившийся в окрестностях базы, был установлен в 2008 г. на том же месте после возобновления ежегодной деятельности.	важной человеческой деятельности в Антарктике.	плановые работы по техническому обслуживанию антарктической станции Капитан-Артуро-Прат.		восточной стороне Чилийского залива (бухта Дискавери), на острове Гринвич (Березина) (Южные Шетландские острова). На побережье в основном находятся ледники, откуда выходят вершины открытых скал. Пляжи в основном состоят из валунов. В окрестностях станции Капитан-Артуро-Прат в небольшом количестве гнездятся антарктические летающие птицы, преимущественно чайки и бакланы. Пингвины Адели и папуанские пингвины регулярно выходят на пляжи, а весной в этом районе живут тюлени Уэдделла. Малый полосатик и горбатый кит наблюдаются в Чилийском заливе (бухта Дискавери) в летний сезон.
35.	Статуя Девы Кармен (Пресвятой	Деревянный крест и статуя Девы Кармен,	62°28,91' ю. ш.,	Рек. VII-9	Чили	Чили	Памятный	Объект или памятник до сих пор существует	Маленькая статуя Девы Кармен (Пресвятая Кармель),	Изучение этого места может раскрыть	Никакого специального инструмента управления не	ИМП 35: статуя Девы Кармен	Антарктическая станция Капитан-Артуро-Прат

№	Название	Описание	Место-положение	Определение/поправки	Сторона-инициатор предложения	Сторона, осуществляющая управление	Тип	Состояние сохранности	Описание исторического контекста	Применимые критерии в соответствии с Резолюцией 3 (2009 г.)	Средства и методы управления	Фотографии	Природные особенности окружающей среды, культурный контекст и местная специфика
	Кармель) и деревянный крест	воздвигнутые в 1947 г. недалеко от станции Капитан-Артуро-Прат (Чили), остров Гринвич (Березина), Южные Шетландские острова. Памятник свидетельствует о деятельности, осуществлявшейся до начала МГГ, и имеет особое символическое и архитектурное значение.	59°39,9' з. д.				предмет: крест	и находится в обычном состоянии.	покровительницы чилийских моряков, и деревянный крест — католические символы, установленные для персонала станции в ходе строительства в 1947 г. в окрестностях первой чилийской антарктической станции (в 350 метрах к юго-западу от антарктической станции Капитан-Артуро-Прат). Небольшое укрытие было построено позже в качестве часовни. Памятник расположен в окрестностях ИМП № 32.	информацию или дать людям представление о важной человеческой деятельности в Антарктике.	применяется. Ежегодное техническое обслуживание, а также плановые работы по техническому обслуживанию антарктической станции Капитан-Артуро-Прат.	(Пресвятой Кармель) и деревянный крест (A) ИМП 35: статуя Девы Кармен (Пресвятой Кармель) и деревянный крест (B) ИМП 35: статуя Девы Кармен (Пресвятой Кармель) и деревянный крест (C) ИМП 35: статуя Девы Кармен (Пресвятой Кармель) и деревянный крест (D)	расположена на полуострове Гуэсалага, на восточной стороне Чилийского залива (бухта Дискавери), на острове Гринвич (Южные Шетландские острова). На побережье в основном находятся ледники, откуда выходят вершины открытых скал. Пляжи в основном состоят из валунов. В окрестностях базы Капитан-Артуро-Прат в небольшом количестве гнездятся антарктические летающие птицы, преимущественно чайки и бакланы. Пингвины Адели и папуанские пингвины регулярно выходят на пляжи, а весной в этом районе живут тюлени Уэдделла. Малый полосатик и горбатый кит наблюдаются в Чилийском заливе (бухта Дискавери) в летний сезон.
36.	Мемориальная табличка в память об экспедиции Далльманна	Копия металлической мемориальной таблички, установленной	62°14' ю. ш., 58°39' з. д.	Рек. VII-9	Аргентина, Великобритания	Аргентина, Германия	Памятный предмет: мемори		Металлическая мемориальная табличка, установленная Эдуардом	На этом месте произошло событие, имеющее особое значение в истории науки и		ИМП 36: мемориальная табличка в память об экспедиции	Мемориальная табличка находится недалеко от «Пунта Элефанте», в районе желтого маяка у

№	Название	Описание	Место-положение	Определение/поправки	Сторона-инициатор предложения	Сторона, осуществляющая управление	Тип	Состояние сохранности	Описание исторического контекста	Применимые критерии в соответствии с Резолюцией 3 (2009 г.)	Средства и методы управления	Фотографии	Природные особенности окружающей среды, культурный контекст и местная специфика
		Эдуардом Даллььманном в бухте Поттер (о-в Кинг-Джордж (Ватерлоо) в ознаменование посещения этого района руководимой им немецкой экспедицией на судне «Грёнланд» 1 марта 1874 г.					альная доска		Даллььманном в бухте Поттер в ознаменование посещения этого района руководимой им немецкой экспедицией на судне «Грёнланд» 1 марта 1874 г.	исследования Антарктики.		Даллььманна	входа в бухту Поттер. В 1994 г. Германия (Институт полярных исследований имени Альфреда Вегенера) и Аргентина (Национальное управление Антарктики/Аргентинский антарктический институт) открыли общую лабораторию «Даллььманн» на аргентинской базе Хубани, ныне Карлини.
37.	Историческое место имени О'Хиггинса	Историческое место им. О'Хиггинса, расположенное на мысе Легупий (Антарктический полуостров), где имеются следующие объекты, обладающие исторической ценностью: Бюст генерал-капитана Бернардо О'Хиггинса Рикельме, установленный в 1948 г. напротив одноименной станции (Хенераль-Бернардо-О'Хиггинс).	63°19' ю. ш., 57°54' з. д.	Рек. VII-9 Мера 11 (2012 г.)	Чили	Чили	Объект	Объект или памятник до сих пор существует и находится в хорошем состоянии.	Антарктическая станция Хенераль-Бернардо-О'Хиггинс была второй чилийской станцией в Антарктиде, построенной в 1948 г. в заливе Ковадонга, мыс Легупий, полуостров Тринити/полуостров Луи-Филиппа, Антарктический полуостров, для проведения метеорологических исследований, морского позиционирования и исследований безопасности в Антарктической континентальной зоне. Станция Хенераль-Бернардо-	В этом месте осуществлялась (полностью или частично) широкомасштабная деятельность, имевшая большое значение для освоения и изучения Антарктики. Изучение этого места может раскрыть информацию или дать людям представление о важной человеческой деятельности в Антарктике.	В 2012 г. станция Хенераль-Бернардо-О'Хиггинс была объявлена национальным памятником Министерством национальных потребительских товаров. Национальный памятник охватывает оригинальный фундамент, построенный в 1948 г.; базы машинного отделения; мемориальную табличку в память о погибших; грот Девы Кармен; бюст капитана Бернардо О'Хиггинса и первую в Антарктике старую сейсмографическую станцию. Ежегодное техническое	ИМП 37: историческое место О'Хиггинса (A) ИМП 37: историческое место О'Хиггинса (B) ИМП 37: историческое место О'Хиггинса (C) ИМП 37: историческое место О'Хиггинса (D) ИМП 37: историческое место О'Хиггинса (E)	Станция Хенераль-Бернардо-О'Хиггинс расположена на мысе Легупий, полуостров Тринити/полуостров Луи-Филиппа примерно в 30 км к юго-западу от северной оконечности Антарктического полуострова, на небольшом островке, также известном как полуостров Шмидта. Остров размером 150 м в ширину и 200 м в длину, с каменистыми и галечными участками, и он

№	Название	Описание	Место-положение	Определение/поправки	Сторона-инициатор предложения	Сторона, осуществляющая управление	Тип	Состояние сохранности	Описание исторического контекста	Применимые критерии в соответствии с Резолюцией 3 (2009 г.)	Средства и методы управления	Фотографии	Природные особенности окружающей среды, культурный контекст и местная специфика
		Генерал О'Хиггинс был первым правителем Чили, который признал важное значение Антарктики. Памятник имеет символическое значение для истории исследований Антарктики, поскольку именно в период правления О'Хиггинса судно «Дракон» пристало к берегам Антарктического полуострова в 1820 г. Данный памятник также свидетельствует о деятельности, осуществлявшейся в Антарктике до МГГ (63°19'14,3" ю. ш./57°53'53,9" з. д.). Бывшая антарктическая станция Хенераль-Бернардо-О'Хиггинс, открытая 18 февраля 1948 г. президентом Республики Чили Габриэлем Гонсалесом Виделой – первым в мире							О'Хиггинс состоит из двух сооружений: металлический дом с полукруглым каркасом из оцинкованного железа и наружным слоем нефтяной краски и деревянный дом, в котором деревянная конструкция защищена изоляционным полотном и внешним слоем гудроновой краски. Оба сооружения имеют цинковое покрытие.		обслуживание, а также плановые работы по техническому обслуживанию антарктической станции Хенераль-Бернардо-О'Хиггинс.	ИМП 37: историческое место О'Хиггинса (F)	находится всего в нескольких метрах от материковой части Антарктики. В окрестностях базы обитает сотня пар папуанских пингвинов. Однако ключевые колонии папуанских пингвинов, пингвинов Адели и антарктических пингвинов расположены в окрестностях мыса Легупий на островах Дюрош, в основном на островах Копайтик, Ларго, Ортис и Гандара.

№	Название	Описание	Место-положение	Определение/поправки	Сторона-инициатор предложения	Сторона, осуществляющая управление	Тип	Состояние сохранности	Описание исторического контекста	Применимые критерии в соответствии с Резолюцией 3 (2009 г.)	Средства и методы управления	Фотографии	Природные особенности окружающей среды, культурный контекст и местная специфика
		президентом, посетившим Антарктику. Данный объект считается образцом исследовательской станции современного периода изучения Антарктики (63°19' ю. ш., 57°54' з. д.). Мемориальная доска в память о лейтенантах Оскаре Иностроза Контрерасе и Серхио Понсе Торреальба, погибших на Антарктическом континенте во имя мира и науки 12 августа 1957 г. (63°19'15,4" ю. ш., 57°53'52,9" з. д.). Грот Девы Кармен, расположенный в окрестностях станции и построенный около сорока лет назад. Объект служил местом духовного уединения для сотрудников различных антарктических станций и экспедиций											

№	Название	Описание	Местоположение	Определение/поправки	Сторона-инициатор предложения	Сторона, осуществляющая управление	Тип	Состояние сохранности	Описание исторического контекста	Применимые критерии в соответствии с Резолюцией 3 (2009 г.)	Средства и методы управления	Фотографии	Природные особенности окружающей среды, культурный контекст и местная специфика
		(63°19'15,9"ю.ш./ 57°54'03,2" з. д.).											
38.	Шведский дом на Сноу-Хилл	Деревянное строение на о-ве Сноу-Хилл, построенный в феврале 1902 г. главным отрядом шведской южнополярной экспедиции под руководством Отто Норденшельда.	64°22' ю. ш., 56°59' з. д.	Рек. VII-9	Аргентина, Великобритания	Аргентина, Швеция	Сооружение: строение	Сохраняется в хорошем состоянии благодаря реставрационным работам с 1980 г. и имеет хранилище исторических объектов.	Героический век освоения Антарктики. Деревянный дом на о-ве Сноу-Хилл, построенный в феврале 1902 г. главной группой шведской южнополярной экспедиции под руководством Отто Норденшельда. Хижина имеет высоту 4,25 м, длину 6,30×4 м. Это предварительно собранная шведская модель с двускатной крышей, покрытая рубероидом. Там зимовали геолог и руководитель экспедиции доктор Отто Норденшельд с четырьмя шведскими членами команды и офицером ВМС Аргентины Хосе Мария Собрал. Сделанные ими научные открытия ознаменовали прорыв в геологии и палеонтологии Антарктики.	На этом месте произошло событие, имеющее особое значение в истории науки и исследования Антарктики. Это место связано с человеком, сыгравшим важную роль в развитии антарктической науки или исследования Антарктики. Событие, имеющее особое значение в истории науки и исследования. В этом месте осуществлялась (полностью или частично) широкомасштабная деятельность, имевшая большое значение для освоения и изучения Антарктики. Особая техническая, историческая, культурная или архитектурная ценность материалов, конструкция или методы строительства. Изучение этого места может раскрыть информацию или	Правила поведения для посетителей участка «Дом Сноу-Хилл»	ИМП 38. Автор: Пабло Фонтана — Аргентинский антарктический институт	Остров Сноу-Хилл. Прибрежная осадочная территория без ледового покрова. Наличие окаменелостей.

№	Название	Описание	Место-положение	Определение/поправки	Сторона-инициатор предложения	Сторона, осуществляющая управление	Тип	Состояние сохранности	Описание исторического контекста	Применимые критерии в соответствии с Резолюцией 3 (2009 г.)	Средства и методы управления	Фотографии	Природные особенности окружающей среды, культурный контекст и местная специфика
										дать людям представление о важной человеческой деятельности в Антарктике. Это символ или памятное место для представителей многих стран.			
39.	Каменная хижина в бухте Хоп	Каменная хижина в бухте Хоп (п-ов Тринити), построенная в январе 1903 г. членами одного из отрядов шведской южнополярной экспедиции.	63°24' ю. ш., 56°59' з. д.	Рек. VII-9	Аргентина, Великобритания	Аргентина, Швеция	Сооружение: другие останки сооружений	Объект сохранился и частично перестроен в начале 1990-х годов.	Построен тремя членами шведской антарктической экспедиции 1901–1903 гг., которым пришлось зимовать на этом месте: геологом и палеонтологом Йоханом Гуннаром Андерссоном, картографом Сэмюэлем А. Дузе и моряком Торальфом Грюнденом. Андерссон сделал важные палеоботанические открытия во время своего пребывания в хижине. Через восемь месяцев группе удалось найти зимовавший на Сноу-Хилле отряд и, наконец, их спасла аргентинская экспедиция *ARA Uruguay*.	На этом месте произошло событие, имеющее особое значение в истории науки и исследования Антарктики. Это место связано с человеком, сыгравшим важную роль в развитии антарктической науки или исследования Антарктики. Событие, имеющее особое значение в истории науки и исследования. В этом месте осуществлялась (полностью или частично) широкомасштабная деятельность, имевшая большое значение для освоения и изучения Антарктики. Особая техническая, историческая, культурная или архитектурная ценность		ИМП 39. Автор: Пабло Фонтана — Аргентинский антарктический институт	

№	Название	Описание	Место-положение	Определение/поправки	Сторона-инициатор предложения	Сторона, осуществляющая управление	Тип	Состояние сохранности	Описание исторического контекста	Применимые критерии в соответствии с Резолюцией 3 (2009 г.)	Средства и методы управления	Фотографии	Природные особенности окружающей среды, культурный контекст и местная специфика
										материалов, конструкция или методы строительства. Изучение этого места может раскрыть информацию или дать людям представление о важной человеческой деятельности в Антарктике. Это символ или памятное место для представителей многих стран.			
40.	Памятные сооружения базы Эсперанса.	Бюст генерала Сан-Мартина, грот со статуей Луханской Девы и флагшток на базе Эсперанса (залив Хоп), установленные Аргентиной в 1955 г., а также кладбище со стелой в память о членах аргентинских экспедиций, погибших в этом районе.	63°24' ю. ш., 56°59' з. д.	Рек. VII-9	**Аргентина**	Аргентина	Объект:	Хорошо сохранился. Бюст Сан-Мартина, первоначально стоявший рядом с мачтой и Пресвятой Девой, был перенесен и установлен рядом с причалом станции.	Официальные, религиозные и памятные сооружения, которые были построены в первые годы существования базы Эсперанса, установленной в 1952 г., в период интенсивного развертывания аргентинских станций (1947–1955 гг.).	Это символ или памятное место для представителей многих стран.		ИМП 40-A. Автор: Пабло Фонтана — Аргентинский антарктический институт ИМП 40-B. Пабло Фонтана — Аргентинский антарктический институт ИМП 40-C. Пабло Фонтана — Аргентинский антарктический институт	
												ИМП 40-D. Nahueltripay — COCOANTAR	
												ИМП 40-E. Автор: командир	

№	Название	Описание	Место-положение	Определение/поправки	Сторона-инициатор предложения	Сторона, осуществляющая управление	Тип	Состояние сохранности	Описание исторического контекста	Применимые критерии в соответствии с Резолюцией 3 (2009 г.)	Средства и методы управления	Фотографии	Природные особенности окружающей среды, культурный контекст и местная специфика
												станции Эсперанса — COCOANTAR	
41.	Исторические останки экипажа судна «Антарктик» на острове Полет	Каменная хижина на о-ве Полет, построенная в феврале 1903 г. выжившими членами экипажа потерпевшего крушение судна «Антарктик» под руководством капитана Карла А. Ларсена, которое входило в состав шведской южнополярной экспедиции под руководством Отто Норденшельда, а также могила одного из членов этой экспедиции и пирамида из камней на самой высокой точке острова, сложенная теми, кто пережил это кораблекрушение, чтобы привлечь внимание спасательных экспедиций.	63°34' ю. ш., 55°45' з. д.	Рек. VII-9 Мера 5 (1997 г.)	Аргентина, Великобритания	Аргентина, Швеция, Норвегия	Объект	Укрытие частично обрушено, часть его стен осталась. Пирамида в хорошем состоянии, на могиле утрачен крест.	Укрытие и пирамида из камней были построены в 1903 г. во время кораблекрушения. Судно *Антарктика* под командованием Карла Антона Ларсена в составе шведской антарктической экспедиции 1901–1903 гг. Корабль собирался забрать перезимовавший отряд со Сноу-Хилл. Могила принадлежит одному из моряков по имени Уле Веннерсгаард, который умер в июне 1903 г. В ноябре выживших спасла аргентинская экспедиция на судне *ARA Uruguay*.	На этом месте произошло событие, имеющее особое значение в истории науки и исследования Антарктики. Это место связано с человеком, сыгравшим важную роль в развитии антарктической науки или исследования Антарктики. Событие, имеющее особое значение в истории науки и исследования. В этом месте осуществлялась (полностью или частично) широкомасштабная деятельность, имевшая большое значение для освоения и изучения Антарктики. Особая техническая, историческая, культурная или архитектурная ценность материалов, конструкция или методы строительства. Изучение этого места может	Правила посещения участка «Остров Полет»	ИМП 41-А. Автор: Паула Казела — Национальное управление Антарктики ИМП 41-В. Паула Казела — Национальное управление Антарктики	Остров Полет. Хижина и могила находятся недалеко от северо-западного побережья острова в большой колонии пингвинов Адели. Пирамида из камней находится на вершине острова на высоте 350 м над уровнем моря.

№	Название	Описание	Место-положение	Определение/поправки	Сторона-инициатор предложения	Сторона, осуществляющая управление	Тип	Состояние сохранности	Описание исторического контекста	Применимые критерии в соответствии с Резолюцией 3 (2009 г.)	Средства и методы управления	Фотографии	Природные особенности окружающей среды, культурный контекст и местная специфика
										раскрыть информацию или дать людям представление о важной человеческой деятельности в Антарктике. Это символ или памятное место для представителей многих стран.			
42.	Обсерватории острова Лори	Район бухты Скоша, остров Лори, Южные Оркнейские острова, на которых находится каменная хижина, построенная в 1903 г. членами шотландской антарктической экспедиции под руководством Уильяма С. Брюса; аргентинская метеорологическая хижина и магнитная обсерватория, построенные в 1905 г. и известные как «Дом Монета»; кладбище с двенадцатью могилами, самая ранняя из которых датируется 1903 годом.	60°46' ю. ш., 44°40' з. д.	Рек. VII-9	Аргентина	Аргентина, Великобритания	Объект	Каменные стены хижины «Омонд» частично сохранились. Деревянная станция, построенная Аргентиной в 1905 г., находится в хорошем состоянии и работает как музей. Кладбище в хорошем состоянии.	Хижина «Омонд» была построена Шотландской национальной антарктической экспедицией (SNAE) 1902–1904 гг. под руководством Уильяма Спирса Брюса; она использовалась в 1904 г. первым аргентинским отрядом, что положило начало постоянному научному присутствию Аргентины в Антарктике в 1904 г.; Дом Монета, построенный в 1905 г. Аргентиной, работает как главное здание обсерватории и является первым аргентинским зданием в Антарктике.	На этом месте произошло событие, имеющее особое значение в истории науки и исследования Антарктики. Это место связано с человеком, сыгравшим важную роль в развитии антарктической науки или исследования Антарктики. Событие, имеющее особое значение в истории науки и исследования. В этом месте осуществлялась (полностью или частично) широкомасштабная деятельность, имевшая большое значение для освоения и изучения Антарктики. Особая техническая, историческая, культурная или		ИМП 42-A. Автор: Пабло Фонтана — Аргентинский антарктический институт ИМП 42-B. Автор: Пабло Фонтана — Аргентинский антарктический институт ИМП 42-C. Автор: Пабло Фонтана — Аргентинский антарктический институт ИМП 42-D. Автор: Агустин Биазотти — Аргентинский антарктический институт	Все объекты, составляющие ИМП, находятся в пределах станции Оркадас. Она расположена на перешейке острова Лори, на берегах которого наблюдается присутствие тюленей.

№	Название	Описание	Место-положение	Определение/поправки	Сторона-инициатор предложения	Сторона, осуществляющая управление	Тип	Состояние сохранности	Описание исторического контекста	Применимые критерии в соответствии с Резолюцией 3 (2009 г.)	Средства и методы управления	Фотографии	Природные особенности окружающей среды, культурный контекст и местная специфика
										архитектурная ценность материалов, конструкция или методы строительства. Изучение этого места может раскрыть информацию или дать людям представление о важной человеческой деятельности в Антарктике. Это символ или памятное место для представителей многих стран.			
43.	Крест на станции Бельграно	Крест, установленный в 1955 г. на расстоянии 1300 м к северо-востоку от станции Бельграно I (Аргентина) и впоследствии перенесенный на станцию Бельграно II (Аргентина), Нунатак Бертраб (берег Конфин (Луитпольда), Земля Котса) в 1979 г.	77°52' ю. ш., 34°37' з. д.	Рек. VII-9	**Аргентина**	Аргентина	Памятные предметы: крест	Крест в хорошем состоянии.	Установка аргентинской станции Бельграно I в 1955 г., на тот момент самой южной станции. С базы совершались разведочные полеты, в результате которых были обнаружены многочисленные горные хребты к югу от моря Уэдделла.	Это символ или памятное место для представителей многих стран.		ИМП 43. Автор: Пабло Фонтана — Аргентинский антарктический институт	Недалеко от станции Бельграно II, нунатак Мольтке, к юго-востоку от моря Уэдделла. На станции нет представителей фауны.
44.	Дакшин-Ганготри	Мемориальная табличка, установленная на первой постоянной	70°05'37" ю. ш., 12°00'00" в. д.	Рек. XII-7	Индия	Индия	Памятный предмет: мемори	Погребен подо льдом	Эта станция была введена в эксплуатацию в 1883–1884 гг. и имела прекрасное	На этом месте произошло конкретное важное событие, имеющее большое значение в	Члены индийской экспедиции в Антарктиду регулярно посещают прилегающую	ИМП 44: станция Дакшин Ганготри,	Объект расположен на шельфе берега Принцессы Астрид. Шельф имеет пологий рельеф со

№	Название	Описание	Место-положение	Определение/поправки	Сторона-инициатор предложения	Сторона, осуществляющая управление	Тип	Состояние сохранности	Описание исторического контекста	Применимые критерии в соответствии с Резолюцией 3 (2009 г.)	Средства и методы управления	Фотографии	Природные особенности окружающей среды, культурный контекст и местная специфика
		индийской станции Дакшин-Ганготри (берег Принцессы Астрид, Земля Королевы Мод), в которой перечисляются имена членов Первой Индийской антарктической экспедиции, высадившихся на берег в этом районе 9 января 1982 г.					альная табличка		современное оборудование и хорошо оснащенные лаборатории для проведения научных исследований. Площадка расположена примерно в 10 км от края шельфа в сторону холмов Ширмахера. Станция Дакшин-Ганготри была выведена из эксплуатации в 1989–1990 гг. из-за чрезмерного снежного покрова. Прилегающая территория в настоящее время используется как база снабжения.	истории антарктической науки или исследования Антарктики. Это место связано с проявлением беспримерной стойкости или выдающимся достижением. В этом месте осуществлялась (полностью или частично) широкомасштабная деятельность, имевшая большое значение для освоения и изучения Антарктики.	территорию (базу снабжения). Они контролируют и проводят техническое обслуживание объекта.	построенная в 1985 г. ИМП 44: погребенная под снегом станция Дакшин-Ганготри с мемориальной табличкой с надписью «Индийская антарктическая станция, Дакшин-Ганготри»	средней высотой 20 м над уровнем моря. Толщина шельфа меньше всего у моря и увеличивается по направлению к суше.
45.	Мемориальная табличка экспедиции Жерлаша	Мемориальная табличка на о-ве Брабант (мыс Мечникова), установленная на высоте 70 м на гребне морены, отделяющем этот мыс от ледника. На табличке написано: *«Этот памятник воздвигнут Франсуа де Жерлашем и другими членами Совместной вспомогательной экспедиции 1983–1985 гг. в ознаменование*	64°02,395 ю. ш. 62°34,078 з. д.	Рек. XIII-16	Бельгия	Бельгия	Памятный предмет: мемориальная табличка	Отличное общее состояние. Последняя проверка состоялась 3 марта 2019 г., в общей сложности 4 часа 30 минут. Группа бросила якорь в бухте к югу от мыса Мечников около 8:30 (GMT). Первая бригада из трех человек была размещена на тендере на южной стороне мыса. С помощью дрона	Этот памятник воздвигнут Франсуа де Жерлашем и другими членами Совместной вспомогательной экспедиции 1983–1985 гг. в ознаменование первой высадки на острове Брабант членов Бельгийской антарктической экспедиции 1897–1899 гг. Экспедиция *Belgica* вошла в историю как новаторская научно-исследовательская экспедиция в Антарктиду и была	a) на этом месте произошло событие, имеющее особое значение в истории науки и исследования Антарктики; b) имеет конкретную связь с человеком, который сыграл важную роль в истории науки или исследований в Антарктике; d) в этом месте осуществлялась (полностью или частично) широкомасштабная деятельность, имевшая большое		ИМП 45: памятная доска Экспедиции Адриана де Жерлаша (1897–1899 гг.) (A) ИМП 45: памятная доска экспедиции Адриана де Жерлаша (1897–1899 гг.) (B)	Памятник установлен на скале высотой 70 м на гребне морены, отделяющем мыс Мечникова от ледника. В 2019 г. рядом с участком была замечена колония морских котиков. Поскольку объект расположен в ООРА № 153 «Восточная Часть Бухты Далльманн», памятник обычно недоступен для туристов.

№	Название	Описание	Место-положение	Определение/поправки	Сторона-инициатор предложения	Сторона, осуществляющая управление	Тип	Состояние сохранности	Описание исторического контекста	Применимые критерии в соответствии с Резолюцией 3 (2009 г.)	Средства и методы управления	Фотографии	Природные особенности окружающей среды, культурный контекст и местная специфика
		первой высадки на острове Брабант членов Бельгийской антарктической экспедиции 1897–1899 гг.: с 30 января по 6 февраля 1898 г. в окрестностях этого района находился лагерь Адриена де Жерлаша (Бельгия) (руководитель), Роальда Амундсена (Норвегия), Хенрика Арцтовского (Польша), Фредерика Кука (США) и Эмиля Данко (Бельгия)».						было определено подходящее место для высадки остальной части команды (8 человек). Группа была размещена с использованием двух тендеров на северном побережье мыса, которое более доступно и находится на значительном удалении от колонии морских котиков. Памятная табличка находится в хорошем состоянии и не требует специального ухода. За мемориальной табличкой была найдена небольшая копия бронзовой фигурки Адриана де Жерлаша без прикрепления, со слегка сколотым козырьком. После того, как фигурку	первой, зимовавшей там. Экспедиция покинула Антверпен 16 августа 1897 г. и направилась к западному побережью полуострова. Команда международных ученых, в которую входили биолог, гляциолог, географ, естествоиспытатель и врач, отправилась собрать как можно больше информации об этих первозданных территориях. Корабль, застрявший во льдах у острова Петра I, следующие 13 месяцев дрейфовал в море Беллинсгаузена. В результате было собрано большое количество научных данных и наблюдений за годовым циклом в Антарктиде. После нескольких месяцев дрейфа кораблю удалось выйти из льдов и отправиться в Бельгию, где исследователей встретили как героев. Примечательно также, что на борту этой экспедиции находились покоритель Северного полюса (Кук) и покоритель Южного полюса (Амундсен).	значение для освоения и изучения Антарктики; g) это символ или памятное место для представителей многих стран.			

№	Название	Описание	Местоположение	Определение/поправки	Сторона-инициатор предложения	Сторона, осуществляющая управление	Тип	Состояние сохранности	Описание исторического контекста	Применимые критерии в соответствии с Резолюцией 3 (2009 г.)	Средства и методы управления	Фотографии	Природные особенности окружающей среды, культурный контекст и местная специфика
								сфотографировали, ее снова поставили на место, не прикрепив. Эта статуэтка, возможно, изначально отсутствовала в 1983–1985 гг. После завершения проверки команда снялась с якоря около 13:00 (GMT) и отправилась в бухту Неко.					
46.	Пор-Мартен (Земля Адели)	Все здания и сооружения на станции Пор-Мартен (Земля Адели), построенные в 1950 г. членами 3-й французской экспедиции на Землю Адели и частично разрушенные пожаром в ночь с 23 на 24 января 1952 г. Объект был первоначально обозначен как ИМП 46 в Рек. XIII-16 (1985 г.), затем переименован в ООРА № 166 вместе с текущим Планом управления в	66° 49' ю. ш., 141° 24' в. д.	Рек. XIII-16	Франция	Франция	Объект	На месте	Центр Района находится в точке, которая соответствует отметке, известной как *Astrolabe pillar*, расположенной слева от «укрытия» в Пор-Мартене, Земля Адели. На этом месте находятся остатки главного здания (разрушенного пожаром в 1952 г.) и несколько пристроек, построенных участниками последовательных французских антарктических экспедиций в период с 1948 по 1952 год. С тех пор совершалось только ограниченное посещение в течение нескольких часов. Учитывая короткую	Основной причиной обозначения было «H – места или памятники признанной исторической ценности».	План управления Особо охраняемым районом Антарктики № 166 (Мера 1 (2006 г.). Данный План управления был представлен на рассмотрение Комитета по охране окружающей среды в 2011 г. и принят без изменений. Этот План управления был представлен КООС в 2016 г., и было решено, что текущий план должен оставаться в силе.	ИМП 46: станция Мартин-1950	Центр участка находится в точке (географические координаты: 66°49' ю. ш./141°23' в. д.), которая соответствует отметке, известной как *Astrolabe pillar* и расположенной слева от «укрытия».

№	Название	Описание	Местоположение	Определение/поправки	Сторона-инициатор предложения	Сторона, осуществляющая управление	Тип	Состояние сохранности	Описание исторического контекста	Применимые критерии в соответствии с Резолюцией 3 (2009 г.)	Средства и методы управления	Фотографии	Природные особенности окружающей среды, культурный контекст и местная специфика
		соответствии Мерой 1 (2006 г.).							продолжительность работы, остатки базы Пор-Мартен являются прекрасной иллюстрацией базы в Антарктиде в послевоенный период. Для будущей археологии это место представляет собой оптимальную территорию для разработки технологий и методов, адаптированных к экстремальным условиям археологических исследований. ИМП считается не только местом исторического моста, но и своеобразным археологическим объектом.				
47.	«Бейс-Марре»	Деревянное здание под названием «Бейс-Марре» на о-ве Петрель (Земля Адели).	66°40' ю. ш., 140°01' в. д.	Рек. XIII-16	Франция	Франция	Сооружение: хижина	На месте	Деревянное здание, где в 1952 г. перезимовали семь человек под командованием Марио Марре после пожара на базе Порт-Мартин (ООРА № 166).	Материал, из которого изготовлен этот объект, его конструкция или метод сооружения представляют особую ценность с технической, исторической, культурной или архитектурной точек зрения.		ИМП 47: станция Мартин — 2014 г.	
48.	Крест Прюдома	Железный крест на Северо-восточном мысе на о-ве Петрель (Земля Адели).	66°40' ю. ш., 140°01' в. д.	Рек. XIII-16	Франция	Франция	Памятный предмет: крест	На месте	Крест установлен в память об Андре Прюдоме, главном метеорологе экспедиции Третьего международного геофизического года,	Это место связано с человеком, сыгравшим важную роль в развитии антарктической науки или		ИМП 48: крест Прюдома	

№	Название	Описание	Место-положение	Определение/поправки	Сторона-инициатор предложения	Сторона, осуществляющая управление	Тип	Состояние сохранности	Описание исторического контекста	Применимые критерии в соответствии с Резолюцией 3 (2009 г.)	Средства и методы управления	Фотографии	Природные особенности окружающей среды, культурный контекст и местная специфика
									пропавшего во время снежной бури 7 января 1959 г.	исследования Антарктики.			
49.	Колонна в оазисе Бангера	Бетонная колонна, установленная в январе 1959 г. членами Первой польской антарктической экспедиции на станции Добровольский (оазис Бангера) для измерения гравитационного ускорения g = 982 439,4 мгал ±0.4 мгал по отношению к Варшаве (согласно Потсдамской системе).	66°16' ю. ш., 100°45' в. д.	Рек. XIII-16	Польша	Польша	Памятный предмет: другое	Текущее состояние неизвестно. Польских экспедиций не было с 1979 г., когда столб был в хорошем состоянии.	Бетонный столб, установленный Первой Польской экспедицией в январе 1959 г. для измерения ускорения свободного падения. Объект был признан Историческим местом или памятником (ИМП 49) по предложению Польши на КСДА (XIII КСДА, Брюссель, 1985 г.).	На этом месте произошло событие, имеющее особое значение в истории науки и исследования Антарктики. Это место связано с проявлением беспримерной стойкости или выдающимся достижением. Особая техническая, историческая, культурная или архитектурная ценность материалов, конструкция или методы строительства.	Станцию Добровольский периодически посещают польские и другие исследовательские группы. В настоящее время она имеет статус «недействующая». Реанимация, разработанная профессором Мареком Левандовским, заведующим отделом полярных и морских исследований Института геофизики Польской академии наук, начнется в 2021/2022 г. В дополнение к этой реанимации будет оценено состояние колонны и при необходимости она будет отремонтирована.		Оазис Бангера – это совокупность холмов среднего размера с прудами талой пресной воды. Первое исторически зарегистрированное посещение оазиса человеком произошло на самолете в 1947 г. Самолетом командовал полковник Дэвид Бангер, который высадился на одном из замерзших талых озер. Окрестности впоследствии стали называть холмы Бангер. Станция в оазисе Бангер была создана в 1956 г. по инициативе Советской антарктической экспедиции, а в 1959 г. была передана Польше и переименована в Польскую полярную станцию имени Антони Б. Добровольского. Антони Болеслав Добровольский (1872–1954 гг.) был геофизиком, полярником и педагогом. В 2001 г. Польская академия

№	Название	Описание	Место-положение	Определение/поправки	Сторона-инициатор предложения	Сторона, осуществляющая управление	Тип	Состояние сохранности	Описание исторического контекста	Применимые критерии в соответствии с Резолюцией 3 (2009 г.)	Средства и методы управления	Фотографии	Природные особенности окружающей среды, культурный контекст и местная специфика
													наук передала управление станцией Добровольский Институту геофизики Польской Академии наук. Рядом со станцией Добровольский на расстоянии примерно 200 м расположена летняя база Оазис 2, находящаяся в ведении Арктического и антарктического научно-исследовательского института в Санкт-Петербурге. В 7 км к востоку от станции Добровольский расположен летний лагерь Эджуорт-Дейвид, которым управляет Австралийский антарктический отдел.
50.	Табличка с Польским орлом	Латунная мемориальная табличка с изображением Польского орла – государственного герба Польши, даты 1975 г. и 1976 г., а также текст следующего содержания на польском, английском и	62°12' ю. ш., 59°01' з. д.	Рек. XIII-16	Польша	Польша	Памятный предмет: мемориальная табличка	Мемориальная табличка требует ремонта.	В середине 1970-х годов польское правительство по факту истощения имеющихся глубоководных ресурсов приняло решение провести исследования в водах, окружающих Антарктиду. В сезоне 1975/1976 г. была организована научная	В этом месте осуществлялась (полностью или частично) широкомасштабная деятельность, имевшая большое значение для освоения и изучения Антарктики. Изучение этого места может раскрыть	Мемориальная табличка находится в ведении членов Польской экспедиции во время перехода от станции Пресиденте-Фрей к станции Арцтовский и при необходимости обновляется.	ИМП 50: табличка с Польским орлом (февраль 2020 г.)	Мемориальная табличка посвящена экспедиции, успех которой привел к основанию Польской антарктической станции Арцтовский. Станция была создана в 1977 г. и с тех пор работает непрерывно, как

№	Название	Описание	Место-положение	Определение/поправки	Сторона-инициатор предложения	Сторона, осуществляющая управление	Тип	Состояние сохранности	Описание исторического контекста	Применимые критерии в соответствии с Резолюцией 3 (2009 г.)	Средства и методы управления	Фотографии	Природные особенности окружающей среды, культурный контекст и местная специфика
		русском языках: «В память о членах Первой Польской антарктической морской научной экспедиции, высадившихся на берег с судов «Профессор Сидлецкий» и «Тазар» в феврале 1976 г.». Эта мемориальная табличка, которая находится к юго-западу от чилийской и советской станций, установлена на скале над заливом Максвелл (п-ов Файлдс, о-в Кинг-Джордж (Ватерлоо).							экспедиция совместно с Институтом морского рыболовства на судах «Профессор Седлецкий» и «Тазар»; экспедицию возглавил доктор Даниэль Дудкевич, научный руководитель – доктор наук С. Ракуса-Сущевский. Мемориальная табличка посвящена этой первой исследовательской экспедиции. Экспедиция подтвердила наличие в этих районах богатых запасов рыбы и криля. Ввиду необходимости продолжения естественных исследований было решено отправить еще одну экспедицию и создать в этом районе постоянную исследовательскую станцию.	информацию или дать людям представление о важной человеческой деятельности в Антарктике. Это место связано с проявлением беспримерной стойкости или выдающимся достижением. Особая техническая, историческая, культурная или архитектурная ценность материалов, конструкция или методы строительства.			круглогодичная. Станция названа в честь Хенрика Арцтовского (1871–1959 гг.), который в качестве метеоролога сопровождал бельгийского исследователя барона Адриена де Жерлаша в бельгийской антарктической экспедиции «Belgica» в 1897–1899 гг. Станция управляется Институтом биохимии и биофизики Польской Академии наук; ее основные области исследований включают морскую биологию, океанографию, геологию, геоморфологию, гляциологию, метеорологию и климатологию.
51.	Могила Пухальского	Могила Влодзимежа Пухальского с железным крестом, которая находится на холме южнее станции Арцтовский на о-ве Кинг-Джордж (Ватерлоо). В.	62°13' ю. ш., 58°28' з. д.	Рек. XIII-16	Польша	Польша	Другие останки: другое	Памятник в хорошем состоянии.	Влодзимеж Пухальский был фотографом дикой природы и режиссером. Пухальский был назначен в третью полярную экспедицию под руководством Станислава Ракуса-Сущевского и прибыл	Это место связано с проявлением беспримерной стойкости или выдающимся достижением. Особая техническая, историческая, культурная или архитектурная ценность	Памятник посещают несколько раз в году и при необходимости ремонтируют.	ИМП 51: могила Пухальского (ноябрь 2020 г.)	Могила Пухальского расположена на вершине холма недалеко от станции Арцтовский. В день гибели В. Пухальского (19 января), а также в День Всех Святых (1 ноября) и по

№	Название	Описание	Место-положение	Определение/поправки	Сторона-инициатор предложения	Сторона, осуществляющая управление	Тип	Состояние сохранности	Описание исторического контекста	Применимые критерии в соответствии с Резолюцией 3 (2009 г.)	Средства и методы управления	Фотографии	Природные особенности окружающей среды, культурный контекст и местная специфика
		Пухальский был художником и продюсером документальных фильмов о природе; он погиб 19января 1979 г. во время работы на станции.							на Польскую антарктическую станцию Арцтовский в 1978 г. Цель заключалась в том, чтобы увековечить невероятную природу Антарктики с помощью видеозаписи. Он скончался 19 января 1979 г. при работе на станции и по завещанию был похоронен в районе станции.	материалов, конструкция или методы строительства.			возможности могилу посещают сотрудники станции, а также туристы, чтобы почтить память его достижений. На скале, где расположен маяк, среди многочисленных памятных табличек есть одна с надписью: «Февраль 1979 г. посвящено Влодзимежу Пухальскому, вы навсегда останетесь в нашей памяти. Экипаж судна «Антони Гарнушевский» (корабль, который в 1977–1988 гг. заходил на станцию Арцтовский).
52.	Монолит – Станция Великая стена (Чаньчэнчжань, Грейт-Уолл)	Монолит, установленный в ознаменование открытия 20 февраля 1985 г. станции Китайской Народной Республики Великая Стена (Чаньчэнчжань, Грейт-Уолл) (п-ов Файлдс, о-в Кинг-Джордж (Ватерлоо), Южные Шетландские о-ва). На монолите	62°13' ю. ш., 58°58' з. д.	Рек. XIII-16	Китай	Китай	Памятный предмет: другое	Сохранился в хорошем состоянии.	Монолит был возведен в ознаменование открытия 20 февраля 1985 г. первой китайской антарктической станции Великая Стена (Чаньчэнчжань).	На этом месте произошло событие, имеющее особое значение в истории науки и исследования Антарктики. Это символ или памятное место для представителей многих стран.	Все экспедиционные станции, особенно руководители станций, ежегодно участвуют в обсуждениях вопросов наследия, включая ИМП. Монолит регулярно проверяется на предмет сохранности участниками экспедиций со станции.		Монолит расположен в районе станции Великая стена примерно в 200 метрах от береговой линии.

№	Название	Описание	Место-положение	Определение/поправки	Сторона-инициатор предложения	Сторона, осуществляющая управление	Тип	Состояние сохранности	Описание исторического контекста	Применимые критерии в соответствии с Резолюцией 3 (2009 г.)	Средства и методы управления	Фотографии	Природные особенности окружающей среды, культурный контекст и местная специфика
		вырезана надпись на китайском языке: «Станция Великая Стена, Первая китайская антарктическая научная экспедиция, 20 февраля 1985 г.».											
53.	Бюст Луиса Пардо и мемориальная табличка	Бюст капитана Луиса Альберто Пардо, монолит и мемориальные таблички на мысе Уайлд, о-в Элефант (Мордвинова), Южные Шетландские о-ва, в ознаменование спасения чилийским военно-морским катером «Елчо» тех, кто пережил крушение британского судна «Эндьюранс», со словами: «Здесь 30 августа 1916 г. чилийский военно-морской катер «Елчо» под командованием Луиса Пардо Виллалона спас 22члена экспедиции Шеклтона, которые пережили крушение судна	61°03' ю. ш., 54°50' з. д.	Рек. XIV-8 Рек. XV-13	Чили	Чили	Памятный предмет: бюст	Объект или памятник до сих пор существует и находится в обычном состоянии.	После непредвиденного события Британской трансантарктической экспедиции под руководством сэра Эрнеста Шеклтона экипаж «Эндьюранс» достигает острова Элефант в апреле 1916 г. В конце того же месяца Шеклтон и пятеро его людей путешествуют на борту одного из вельботов, пересекающих пролив Дрейка, и прибывают в Южную Георгию в поисках подмоги, чтобы спасти остальную часть его команды. После трех неудачных попыток спасти 22 человек, ожидавших на острове Элефант, в августе 1916 г. чилийское судно «Елчо», возглавляемое капитаном Луисом Пардо Виллалоном, отправляется из Пунта-Аренаса с сэром Эрнестом	В этом месте осуществлялась (полностью или частично) широкомасштабная деятельность, имевшая большое значение для освоения и изучения Антарктики. Изучение этого места может раскрыть информацию или дать людям представление о важной человеческой деятельности в Антарктике.	Никакого специального инструмента управления не применяется. Тем не менее правила для посетителей мыса Вайлд помогают лучше ознакомиться с объектом. Периодическое техническое обслуживание в соответствии с планом визита чилийских ВМС в этот район.	ИМП 53: бюст Луиса Пардо и мемориальная табличка (A) ИМП 53: бюст Луиса Пардо и мемориальная табличка (B) ИМП 53: бюст Луиса Пардо и мемориальная табличка (C)	Остров Элефант (Мордвинова) расположен на расстоянии около 100 км на восточной оконечности Южного Шетландского архипелага в небольшой группе, также известной как острова Пилото Пардо (**61**°10' ю. ш.; 54°30' з. д.), к северу от моря Уэдделла. Остров высокий, покрытый льдом и имеет гористый, крутой рельеф с крутыми берегами. Мыс Вайлд (61°05'53,0 "ю. ш.; 54°51'39,3" з. д.) расположен в 11 км к западу от мыса Вэлентайн, на северном побережье острова Элефант (Мордвинова). Небольшой, невысокий, узкий песчано-скалистый мыс, поднимающийся к небольшому

№	Название	Описание	Место-положение	Определение/поправки	Сторона-инициатор предложения	Сторона, осуществляющая управление	Тип	Состояние сохранности	Описание исторического контекста	Применимые критерии в соответствии с Резолюцией 3 (2009 г.)	Средства и методы управления	Фотографии	Природные особенности окружающей среды, культурный контекст и местная специфика
		«Эндьюранс» и провели четыре с половиной месяца на этом острове». Монолит и мемориальные таблички были установлены на о-ве Элефант (Мордвинова), а их копии – на чилийских станциях Капитан-Артуро-Прат (62°30’ ю. ш., 59°49’ з. д.) и Пресиденте-Эдуардо-Фрей (62°12’ ю. ш., 62°12’ з. д.). В ходе XXIV чилийской антарктической научной экспедиции 1987–1988 гг. на трех вышеупомянутых монолитах были установлены бронзовые бюсты командира катера Луиса Пардо Виллалона.							Шеклтоном. Прибыв на мыс Вайлд, они нашли и спасли остальную часть экипажа Эндьюранс после 138 дней проживания там.				скалистому выступу у северной границы. Мыс окаймляют крутые приливные ледники и скалы. Флора на участке представлена небольшими участками уснеи и коркового лишайника, в том числе виды Xanthoria spp., Buellia spp., Caloplaca spp. и Usnea spp. В этом районе обитают птицы и морские млекопитающие. Антарктические пингвины гнездятся на мысу Вайлд. Здесь также гнездятся доминиканские чайки и антарктические крачки. Южный морской котик – регулярный посетитель в этом районе, в основном самцы молодых особей, но здесь также можно увидеть морских леопардов и тюленей Уэдделла. Горбатые киты и финвалы – постоянные посетители возле мыса Вайлд.

№	Название	Описание	Место-положение	Определение/поправки	Сторона-инициатор предложения	Сторона, осуществляющая управление	Тип	Состояние сохранности	Описание исторического контекста	Применимые критерии в соответствии с Резолюцией 3 (2009 г.)	Средства и методы управления	Фотографии	Природные особенности окружающей среды, культурный контекст и местная специфика
54.	Исторический памятник Ричарду Э. Бэрду (станция Мак-Мёрдо, Антарктика)	Бронзовый бюст Ричарда Э. Бэрда на пьедестале из полированного черного норвежского мрамора, установленный на открытом воздухе на станции Мак-Мёрдо. Бюст был установлен на станции Мак-Мёрдо в 1965 г. на пожертвование Национального географического общества США. Скульптор Феликс де Велдон. Бэрд был приверженцем международного сотрудничества. В основании мемориала Мак-Мёрдо написаны его слова: «Я надеюсь, что Антарктика в ее символическом белом одеянии засияет как континент мира, поскольку страны, работающие вместе во имя науки, станут примером международного сотрудничества».	77°51' ю. ш., 166°40' в. д.	Рек. XV-12	США	США	Памятный предмет: бюст	Бюст в отличном состоянии.	Бэрд (1888–1957 гг.) руководил пятью антарктическими экспедициями США, первая из которых была проведена в 1928–1930 гг. Последняя экспедиция была в 1957–1958 гг., когда США готовились к своему антарктическому участию в Международном геофизическом году. В ходе первой экспедиции широко использовались самолеты, радио, аэрофотоаппараты и другое механизированное оборудование, что считается первой полной реализацией эпохи инженерных исследований в Антарктике. Ранние открытия включали горы Рокфеллера, Землю Мэри Бэрд и хребты Форда. 29 ноября 1929 г. он первым пролетел над Южным полюсом на самолете.	На этом месте произошло событие, имеющее особое значение в истории науки и исследования Антарктики. Это место связано с человеком, сыгравшим важную роль в развитии антарктической науки или исследования Антарктики. Событие, имеющее особое значение в истории науки и исследования. В этом месте осуществлялась (полностью или частично) широкомасштабная деятельность, имевшая большое значение для освоения и изучения Антарктики. Особая техническая, историческая, культурная или архитектурная ценность материалов, конструкция или методы строительства. Изучение этого места может раскрыть информацию или дать людям представление о важной	Плакат «Исторические места и памятники в регионе моря Росса» на станции Мак-Мёрдо	ИМП 54: бюст Бэрда (Фото: Питер Рейчек) - -	Бюст расположен на открытой террасе «Шале», бывшего здания штаб-квартиры антарктической программы США на станции Мак-Мёрдо. Бюст расположен рядом с флагами двенадцати первых стран, подписавших Договор об Антарктике.

№	Название	Описание	Место-положение	Определение/поправки	Сторона-инициатор предложения	Сторона, осуществляющая управление	Тип	Состояние сохранности	Описание исторического контекста	Применимые критерии в соответствии с Резолюцией 3 (2009 г.)	Средства и методы управления	Фотографии	Природные особенности окружающей среды, культурный контекст и местная специфика
										человеческой деятельности в Антарктике.			
55.	Станция Ист-Бейс, о-в Стонингтон, Антарктика	Здания и артефакты на территории Ист-Бейс (о-в Стонингтон) и в ее ближайших окрестностях. Эти сооружения были возведены и использовались во время двух зимних экспедиций США: Антарктической вспомогательной экспедиции (1939–1941 гг.) и Антарктической научной экспедиции Ронне (1947–1948 гг.). Протяженность этого исторического участка составляет около 1000 м с севера на юг (от пляжа до Северо-восточного ледника, примыкающего к заливу Бэк-Бей) и около 500 м с востока на запад. Остались три основных сооружения.	68°11' ю. ш., 67°00' з. д.	Рек. XIV-8	США	США	Сооружение: станция	Остальные постройки нуждаются в ремонте. Продолжаются обсуждения с Антарктическим управлением Великобритании. Антарктический исторический фонд для оказания помощи США в разработке плана сохранения станции Ист-Бейс.	Станция Ист-Бейс была заказана президентом Франклином Д. Рузвельтом как первая научно-исследовательская станция США в Антарктиде. Станция была построена на острове Стонингтон в 1940 г. в рамках спонсируемой правительством экспедиции Антарктической службы США (1939–1941 гг.) под руководством Ричарда Э. Бэрда. Станция была в эксплуатации до марта 1941 г. В 1947–1948 гг. станция Ист-Бейс снова была занята Антарктической исследовательской экспедицией Ронне, частной экспедицией под руководством Финна Ронне. В эту экспедицию вошли первые женщины, перезимовавшие в Антарктике, – Эдит Ронн и Дженни Дарлингтон. Основная цель этой экспедиции состояла в том, чтобы нанести на карту ранее неизведанные	На этом месте произошло событие, имеющее особое значение в истории науки и исследования Антарктики. Это место связано с человеком, сыгравшим важную роль в развитии антарктической науки или исследования Антарктики. Событие, имеющее особое значение в истории науки и исследования. В этом месте осуществлялась (полностью или частично) широкомасштабная деятельность, имевшая большое значение для освоения и изучения Антарктики. Особая техническая, историческая, культурная или архитектурная ценность материалов, конструкция или методы строительства. Изучение этого места может раскрыть	Правила поведения для посетителей острова Стонингтон	ИМП 55: станция Ист-Бейс, о-в Стонингтон, Антарктика	Объект расположен на острове Стонингтон, в южной части залива Маргерит. Размер острова составляет примерно 750x250 м. Этот остров больше не связан с материковой частью Антарктики Северо-Восточным ледником. Объект состоит из трех основных зданий: жилого помещения, научного корпуса и хижины Ронне. ИМП 64, британская База E, расположена примерно в 250 м от Ист-Бейс.

№	Название	Описание	Место-положение	Определение/поправки	Сторона-инициатор предложения	Сторона, осуществляющая управление	Тип	Состояние сохранности	Описание исторического контекста	Применимые критерии в соответствии с Резолюцией 3 (2009 г.)	Средства и методы управления	Фотографии	Природные особенности окружающей среды, культурный контекст и местная специфика
									районы Антарктического полуострова к югу от острова Стонингтон. Станция Ист-Бейс имеет общую историю с соседней британской Базой Е.	информацию или дать людям представление о важной человеческой деятельности в Антарктике.			
56.	Мыс Уотербоут	Мыс Уотербоут (берег Данко, Антарктический п-ов). Развалины и ближайшие окрестности хижины «Мыс Уотербоут». В 1921–1922 гг. здесь жили члены экспедиции Великобритании, в состав которой входили всего два человека: Томас У. Бэгшейв (Thomas W. Bagshawe) и Максим С. Лестер (Maxime C. Lester). До наших дней сохранились только дно лодки, основания дверных косяков и очертания хижины и пристройки. Она находится рядом с чилийской станцией Пресиденте-Габриель-Гонсалес-Видела.	64° 49' ю. ш., 62° 51' з. д.	Рек. XVI-11	Чили, Великобритания	Чили, Великобритания	Сооружение: хижина	Останки подверглись выветриванию.	Мыс Уотербоут – это место, где останки китобойного судна были превращены в импровизированную хижину, где два антарктических исследователя Максим С. Лестер и Томас У. Бэгшоу зимовали в 1921–1922 гг. с очень небольшим запасом оборудования и провизии. После суровой зимы они посвятили весну серьезному изучению колонии пингвинов, собрав больше данных, чем любая предыдущая экспедиция.	На этом месте произошло событие, имеющее особое значение в истории науки и исследования Антарктики. Это место связано с человеком, сыгравшим важную роль в развитии антарктической науки или исследования Антарктики. Это место связано с проявлением беспримерной стойкости или выдающимся достижением.		ИМП 56: мыс Уотербоут, Антарктика (Фото: Лиам Куинн – Flickr)	Самая южная и самая западная точка полуострова между бухтой Парадиз и заливом Андворд (Andvord Bay). На территории до сих пор сохранились остатки лодки и хижины. Там же находится большая колония папуанских пингвинов.

№	Название	Описание	Место-положение	Определение/поправки	Сторона-инициатор предложения	Сторона, осуществляющая управление	Тип	Состояние сохранности	Описание исторического контекста	Применимые критерии в соответствии с Резолюцией 3 (2009 г.)	Средства и методы управления	Фотографии	Природные особенности окружающей среды, культурный контекст и местная специфика
57.	Мемориальная табличка в бухте Янки	Мемориальная табличка в бухте Янки, которая является частью пролива Мак-Фарлин, о-в Гринвич (Березина), Южные Шетландские о-ва. Находится рядом с чилийским убежищем. Установлена в память о капитане Эндрю Мак-Фарлейне, который в 1820 г. исследовал район Антарктического полуострова на бригантине «Дракон».	62°32' ю. ш., 59°45' з. д.	Рек. XVI-11	Чили, Великобритания	Чили, Великобритания	Памятный предмет: мемориальная табличка	Табличка в хорошем состоянии.	Бухта Янки была популярным местом лежбища тюленей и сегодня увековечивает достижения шотландца Эндрю Мак-Фарлейна, капитана чилийской бригантины «Дракон», которая исследовала Антарктический полуостров в 1820 г. и совершила первую высадку на острове Десепшен (Тейля) в ноябре того же года.	Это место связано с человеком, сыгравшим важную роль в развитии антарктической науки или исследования Антарктики.	Правила поведения для посетителей бухты Янки		Небольшая бухта и мелководный пляж с большой колонией папуанских пингвинов (4000 гнездящихся пар). Можно увидеть мемориальную табличку, посвященную Мак-Фарлейну, и следы пребывания охотников на тюленей.
59.	Пирамида Сан-Тельмо	Мемориальная табличка на «Серро-Гавиота» напротив островков Сан-Тельмо в память об офицерах, солдатах и моряках испанского судна «Сан-Тельмо», затонувшего в сентябре 1819 г. Возможно, это были первые люди, которые жили и погибли в Антарктике. Участок включен	62°28'00,9" ю. ш. 60°48'10,7" з. д.	Рек. XVI-11	Чили, Испания, Перу	Чили, Испания, Перу	Памятный предмет: мемориальная доска	Мемориальная табличка сохранилась, но покрыта трещинами.	Объект посвящен служащим, солдатам и морякам на борту испанского судна «Сан-Тельмо», затонувшего в сентябре 1819 г. Возможно, это были первые люди, которые жили и погибли в Антарктике.	На этом месте произошло событие, имеющее особое значение в истории науки и исследования Антарктики.	Посещайте ИМП по крайней мере каждые 5 лет, чтобы проверить статус консервации.	ИМП 59: пирамида Сан-Тельмо	Разнообразие растений и животных, исключительные научные ценности и данные для мониторинга, связанные с многочисленными и разнообразными популяциями морских птиц и ластоногих. На территории Района имеется целый ряд артефактов, связанных с деятельностью человека до 1958 г.

№	Название	Описание	Место-положение	Определение/поправки	Сторона-инициатор предложения	Сторона, осуществляющая управление	Тип	Состояние сохранности	Описание исторического контекста	Применимые критерии в соответствии с Резолюцией 3 (2009 г.)	Средства и методы управления	Фотографии	Природные особенности окружающей среды, культурный контекст и местная специфика
		в ООРА № 149.											
60.	Монолит в бухте Пенгуинс, мемориальные таблички, остатки складов и пирамиды из камней	Деревянный шест и пирамида из камней, а также деревянная мемориальная табличка и пирамида из камней, расположенные в бухте Пенгуинс на южном берегу острова Симор (Марамбио), архипелаг Джеймса Росса. Деревянный шест и пирамида были установлены в 1902 г. во время Шведской южно-полярной экспедиции под руководством д-ра Отто Норденшельда. На пирамиде когда-то был установлен деревянный шест высотой 4 м (сегодня его высота составляет лишь 44 см) с оттяжками и флагом, и она была сооружена для обозначения надежно оборудованной закладки, состоящей из нескольких	64°17'47,2" ю. ш., 56°41'30,7" з. д.	Рек. XVII-3 Мера 9 (2016 г.)	Аргентина, Швеция	Аргентина, Швеция	Объект	От оригинального постамента, построенного в 1901 г., остался только один метр столба. Деревянная плита, установленная в 1903 г., находится в хорошем состоянии, как и монолит с плитами, установленным и в 1990 г. Из запасов сохранились лишь несколько остатков полупогруженных деревянных ящиков.	Шведская антарктическая экспедиция 1901–1903 гг. и аргентинская спасательная экспедиция на корабле *ARA Uruguay*под командованием лейтенанта Джулиана Ризара. Шведская экспедиция стала пионером научных открытий, особенно в области геологии и антарктической палеонтологии. Спасение экспедиции кораблем *ARA Uruguay* ознаменовало начало развертывания аргентинских военно-морских сил в Антарктиде с установкой многочисленных научных станций.	На этом месте произошло событие, имеющее особое значение в истории науки и исследования Антарктики. Это место связано с человеком, сыгравшим важную роль в развитии антарктической науки или исследования Антарктики. Событие, имеющее особое значение в истории науки и исследования. В этом месте осуществлялась (полностью или частично) широкомасштабная деятельность, имевшая большое значение для освоения и изучения Антарктики. Особая техническая, историческая, культурная или архитектурная ценность материалов, конструкция или методы строительства. Это символ или памятное место для представителей многих стран.			В нескольких метрах от юго-восточного побережья острова Марамбио (Симор), в колонии пингвинов Адели. Деревянная табличка и пирамида из камней расположены несколько в стороне от столба и другой пирамиды из камней, в точке с координатами 64°16' ю. ш., 56°39' з. д.

№	Название	Описание	Место-положение	Определение/поправки	Сторона-инициатор предложения	Сторона, осуществляющая управление	Тип	Состояние сохранности	Описание исторического контекста	Применимые критерии в соответствии с Резолюцией 3 (2009 г.)	Средства и методы управления	Фотографии	Природные особенности окружающей среды, культурный контекст и местная специфика
		ящиков с продовольствием, записками и письмами, закупоренными в бутылки. Закладку предполагалось использовать в случае вынужденного возвращения при неудачной попытке продвижения в южном направлении. Мемориальная табличка была установлена 10 ноября 1903 г. экипажем спасательной экспедиции аргентинского корвета «Уругвай» на месте встречи экипажа с членами шведской экспедиции под руководством д-ра Отто Норденшельда. На деревянной мемориальной табличке вырезан текст следующего содержания: «10.XI.1903 корабль «Уругвай» (ВМФ Аргентины) прибыл на											

№	Название	Описание	Место-положение	Определение/поправки	Сторона-инициатор предложения	Сторона, осуществляющая управление	Тип	Состояние сохранности	Описание исторического контекста	Применимые критерии в соответствии с Резолюцией 3 (2009 г.)	Средства и методы управления	Фотографии	Природные особенности окружающей среды, культурный контекст и местная специфика
		помощь членам шведской антарктической экспедиции». В январе 1990 г. в память об этом событии Аргентина соорудила пирамиду из камней (II) в месте расположения мемориальной таблички.											
61.	База А, Порт-Локрой	База А в Порт-Локрой, о-в Гудье рядом с о-вом Винке, Антарктический полуостров. Имеет историческое значение как база операции «Табарин» (1944 г.), а также место проведения научных исследований, включая первые измерения ионосферы, и место первой регистрации атмосферного прохождения радиоволн в Антарктике. Порт-Локрой был одним из основных районов мониторинга в течение	64°49' ю. ш., 63°29' з. д.	Мера 4 (1995 г.)	Великобритания	Великобритания	Сооружение: станция	Восстановленные дом и лодочный сарай находятся и поддерживаются в отличном состоянии, как в 1950-х годах. Музей и почтовое отделение занимают главное здание дома Брансфилд, а прилегающий к нему дом Ниссена представляет собой современное здание в историческом стиле, в котором могут разместиться сотрудники.	База А – первая постоянная станция Великобритании в Антарктике. Она была построена в ходе секретной операции «Табарин» в 1944 г. по созданию станций зимовки на Антарктическом полуострове в военное время. Станция признана местом рождения Британской антарктической службы, на ней размещались ученые до 1962 г., потом станция была закрыта. Здесь проводились важные научные исследования, включая первые измерения ионосферы и первую регистрацию атмосферного прохождения	На этом месте произошло событие, имеющее особое значение в истории науки и исследования Антарктики. В этом месте осуществлялась (полностью или частично) широкомасштабная деятельность, имевшая большое значение для освоения и изучения Антарктики. Изучение этого места может раскрыть информацию или дать людям представление о важной человеческой деятельности в Антарктике.	Правила поведения для посетителей острова Гудье	ИМП 61: База А, Порт Локрой (Фото: британский траст-фонд «Антарктическое наследие»)	Объект включает главный дом, дом «Брансфилд», лодочный навес, башни анемометра, радиомачту и экран Стивенсона, а также современный дом Ниссена, созданную по образцу оригинального дома Ниссена на том же основании. На острове проживает колония папуанских пингвинов – примерно 500 гнездящихся пар. Историческая бывшая научная станция, в настоящее время управляемая британским траст-фондом «Антарктическое наследие» как музеем и объектом

№	Название	Описание	Место-положение	Определение/поправки	Сторона-инициатор предложения	Сторона, осуществляющая управление	Тип	Состояние сохранности	Описание исторического контекста	Применимые критерии в соответствии с Резолюцией 3 (2009 г.)	Средства и методы управления	Фотографии	Природные особенности окружающей среды, культурный контекст и местная специфика
		Международного геофизического года 1957/1958.							радиоволн в Антарктике.				культурного наследия. www.ukaht.org. У этого объекта есть комплексный План управления по сохранению, и его охраняет профессиональная охранная команда. Каждое лето в южном полушарии на станции работает небольшая команда, и в течение всего сезона она встречает морские судна с посетителями.
62.	База F (Дом Уорди) на острове Уинтер.	База F (н.ст. Арджентайн-Айлендс) (Дом Уорди) на острове Уинтер, о-ва Арджентайн. Имеет историческое значение как образец одной из первых британских научных баз.	65°15' ю. ш., 64°16' з. д.	Мера 4 (1995 г.)	Великобритания	Великобритания, Украина	Сооружение: станция	Дом находится в хорошем состоянии и поддерживается в том состоянии, в котором он был обнаружен, когда был определен как ИМП 62.	Дом Уорди был основан в 1947 г. и назван в честь Джеймса Уорди, геолога экспедиции Эндьюранс под руководством Шеклтона. Он был построен на фундаменте более раннего строения, построенного во время Британской экспедиции на Землю Грейама в 1935–1936 гг. Основным научным направлением, проводимым здесь, была метеорология, поскольку здесь началась одна из самых длительных и важных программ метеорологических записей в Антарктике.	На этом месте произошло событие, имеющее особое значение в истории науки и исследования Антарктики. Изучение этого места может раскрыть информацию или дать людям представление о важной человеческой деятельности в Антарктике.	Правила поведения для посетителей Дома Уорди на острове Уинтер.	ИМП 62: База F, Дом Уорди (Фото: британский траст-фонд «Антарктическое наследие»)	На территории находится основной дом, остатки оборудования для наблюдения за погодой и деревянный знак. Они расположены на небольшом скалистом острове Уинтер на Аргентинских островах, в тени большого ледника. Историческая бывшая научная станция, в настоящее время управляемая британским траст-фондом «Антарктическое наследие» как объект культурного наследия.

№	Название	Описание	Место-положение	Определение/поправки	Сторона-инициатор предложения	Сторона, осуществляющая управление	Тип	Состояние сохранности	Описание исторического контекста	Применимые критерии в соответствии с Резолюцией 3 (2009 г.)	Средства и методы управления	Фотографии	Природные особенности окружающей среды, культурный контекст и местная специфика
									Когда в 1954 г. здесь закончились операции, эти работы были перенесены на близлежащую базу Фарадей.				www.ukaht.org. У этого объекта есть комплексный план управления по сохранению, и его охраняет профессиональная охранная команда. Все посещения регулируются в соответствии с правилами объекта для посетителей.
63.	База Y, остров Хорсшу	База Y на острове Хорсшу, залив Маргерит, западная часть Земли Грейама. Примечательна как относительно мало измененная и полностью оборудованная британская научная база конца 1950-х годов. Рядом находится убежище «Блейклоу», которое считается неотъемлемой частью базы.	67°48' ю. ш., 67°18' з. д.	Мера 4 (1995 г.)	Великобритания	Великобритания	Сооружение: станция	Дом, загоны для щенков, аварийный склад и навес для воздушных шаров находятся в хорошем состоянии и активно поддерживаются в том состоянии, в котором они были обнаружены, когда были определены как ИМП 63.	База Y была создана как научная база в марте 1955 г. и закрыта в августе 1960 г. Проводимые здесь исследования включали геологию, метеорологию и топографическую съемку. Со станции часто предпринимались обширные исследовательские поездки на сотни миль и продолжительностью в несколько месяцев с использованием собачьих упряжек и саней.	На этом месте произошло событие, имеющее особое значение в истории науки и исследования Антарктики. Изучение этого места может раскрыть информацию или дать людям представление о важной человеческой деятельности в Антарктике.	Правила поведения для посетителей острова Хорсшу	ИМП 63: База Y, остров Хорсшу (Фото: британский траст-фонд «Антарктическое наследие»)	Участок, расположенный на небольшом перешейке в бухте Салли, включает оригинальное главное здание, навес для метеозонда, загоны для собак и аварийный склад. Рядом с главным зданием стоят две мачты на возвышенностях, а в небольшой бухте к северу – две маленькие деревянные лодки. Внутри станции находится почти все первоначальное оборудование, приспособления и принадлежности, включая кухонную утварь, запасы еды и топлива, инструменты для мастерских, радиооборудование

№	Название	Описание	Место-положение	Определение/поправки	Сторона-инициатор предложения	Сторона, осуществляющая управление	Тип	Состояние сохранности	Описание исторического контекста	Применимые критерии в соответствии с Резолюцией 3 (2009 г.)	Средства и методы управления	Фотографии	Природные особенности окружающей среды, культурный контекст и местная специфика
													и дизельный генератор. Отличное состояние и целостность как зданий, так и артефактов имеют большое историческое значение; вместе они представляют собой особую временную капсулу британской жизни и науки в Антарктике в конце 1950-х годов. Историческая бывшая научная станция и станция для саней, в настоящее время управляемая британским траст-фондом «Антарктическое наследие» как объект культурного наследия. www.ukaht.org. У этого объекта есть комплексный план управления по сохранению, и его охраняет профессиональная охранная команда.
64.	База Е, остров Стонингтон	База Е, на острове Стонингтон, залив Маргерит, западная часть Земли Грейама. Имеет историческое значение как	68°11' ю. ш., 67°00' з. д.	Мера 4 (1995 г.)	Великобритания	Великобритания	Сооружение: станция	Дом и вспомогательные постройки находятся в удовлетворительном состоянии, в них будет проводиться	База Е была впервые создана в феврале 1946 г. и работала с 1946 по 1950 г., а затем с 1960 по 1975 г., после чего база закрылась навсегда. Это здание является	На этом месте произошло событие, имеющее особое значение в истории науки и исследования Антарктики. Особая техническая,	Правила поведения для посетителей острова Стонингтон	ИМП 64: База Е, остров Стонингтон (Фото: британский траст-фонд «Антарктичес	Участок охватывает основное строение, сарай для генератора, загоны для собак, резервуар для воды и различные мачты. В 250 м находится

№	Название	Описание	Место-положение	Определение/поправки	Сторона-инициатор предложения	Сторона, осуществляющая управление	Тип	Состояние сохранности	Описание исторического контекста	Применимые критерии в соответствии с Резолюцией 3 (2009 г.)	Средства и методы управления	Фотографии	Природные особенности окружающей среды, культурный контекст и местная специфика
		объект, относящийся к началу исследований и более позднему периоду деятельности Британского антарктического управления (BAS) в 1960-х и 1970-х гг.						программа восстановительных работ по их стабилизации и сохранению.	вторым британским сооружением, построенным на острове, и первоначально использовалось в качестве базы для санных операций в этом районе. Известно, что базой командовал сэр Вивиан Фукс, но она также имеет общую историю с близлежащей Ист-Бейс, исторической базой США. Отсюда проводились некоторые предварительные полетные исследования. Это также ранний пример использования двухэтажной конструкции со стальным каркасом в Антарктике.	историческая, культурная или архитектурная ценность материалов, конструкция или методы строительства. Изучение этого места может раскрыть информацию или дать людям представление о важной человеческой деятельности в Антарктике.		кое наследие»)	Ист-Бейс, историческая база США. Остров невысокий и больше не граничит со льдом материка. Историческая бывшая научная станция и станция для саней, в настоящее время управляемая британским траст-фондом «Антарктическое наследие» как объект культурного наследия. www.ukaht.org. У этого объекта есть комплексный План управления по сохранению, и его охраняет профессиональная охранная команда.
65.	Столб для сообщений на острове Свенд-Фойн	Столб для сообщений на острове Свенд-Фойн, острова Позешен. Столб с прикрепленной к нему коробкой был установлен на острове 16 января 1895 г. во время китобойной экспедиции Хенрика Булла и капитана Леонарда Кристенсена с	71°56' ю. ш., 171°05' з. д.	Мера 4 (1995 г.)	Новая Зеландия, Норвегия, Великобритания	Новая Зеландия, Норвегия	Другие останки: другое	Последнее подтвержденное наблюдение 1965 г. (USS Glacier). Нынешнее состояние и местонахождение неизвестны.	Маркерный столб и ящик для сообщений, размещенные в 1895 г. одним из первых судов, исследовавших этот регион, – судном «Антарктик». На объекте находятся подписи экипажа корабля, а также карта Свенда Фойна, норвежского китобоя, который финансировал экспедицию на судне «Антарктик» и в честь	На этом месте произошло событие, имеющее особое значение в истории науки и исследования Антарктики.	Плакат «Исторические места и памятники в регионе моря Росса» на станциях в этом регионе		На острова Позешен редко высаживаются. На острове Фойн есть колония пингвинов Адели.

№	Название	Описание	Место-положение	Определение/поправки	Сторона-инициатор предложения	Сторона, осуществляющая управление	Тип	Состояние сохранности	Описание исторического контекста	Применимые критерии в соответствии с Резолюцией 3 (2009 г.)	Средства и методы управления	Фотографии	Природные особенности окружающей среды, культурный контекст и местная специфика
		судна «Антарктик». Он был обследован и признан нетронутым членами Британской антарктической экспедиции 1898–1900 гг., а затем его наблюдали с пляжа члены экипажей «Эдисто» (USS, 1956 г.) и «Глэйшер» (USCGS, 1965 г.).							которого назван остров. Перемещен и проверен Борхгревинком в 1900 г.				
66.	Каменная пирамида Преструда, нунатаки Скотта	Каменная пирамида Преструда, нунатаки Скотта, горы Александры, п-ов Эдуарда VII. Небольшая пирамида из камней была сооружена у подножья главного утеса на северной стороне нунатаков лейтенантом К. Преструдом 3 декабря 1911 г. во время Норвежской антарктической экспедиции 1910–1912 гг.	77°11' ю. ш., 154°32' з. д.	Мера 4 (1995 г.)	Новая Зеландия, Норвегия, Великобритания	Новая Зеландия, Норвегия	Другие останки: пирамида из камней, сооруженная экспедицией	Последнее подтвержденное наблюдение – 1987 г. (Научный отряд Новой Зеландии, Крис Адамс). Текущее состояние неизвестно.	Заметная местная достопримечательность на хребте Куин-Александра. Названная в честь Кристиана Преструда (Восточный отряд на санях Амундсена), пирамида из камней знаменует его восхождение в 1911 г.	Относится к особому событию, имеющему важное значение в истории науки или исследований Антарктики. Это место связано с человеком, сыгравшим важную роль в развитии антарктической науки или исследования Антарктики.	Плакат «Исторические места и памятники в регионе моря Росса» на станциях в этом регионе		Нунатаки Скотт находятся на северной оконечности гор Александра на Земле короля Эдуарда VII в Антарктиде. Их редко посещают.
67.	Гранитный дом – Каменное убежище	Каменное убежище «Гранитный дом» (мыс Джеолоджи, бухта Гранит).	77°00' ю. ш., 162°32' в. д.	Мера 4 (1995 г.)	Новая Зеландия, Норвегия,	Новая Зеландия, Велико	Сооружение: другие останки	Каменные стены остались на месте, но частично обрушились.	Связанная со вторым "Западным" отрядом Британской антарктической экспедиции Скотта	На этом месте произошло событие, имеющее особое значение в истории науки и	План управления ООРА № 154; «Управляемые территории для доступа посетителей»; Плакат	<u>ИМП 67: Гранитный Дом — Каменное убежище</u>	Укрытие находится недалеко от берега в зоне густой растительности. Объект время от

№	Название	Описание	Место-положение	Определение/поправки	Сторона-инициатор предложения	Сторона, осуществляющая управление	Тип	Состояние сохранности	Описание исторического контекста	Применимые критерии в соответствии с Резолюцией 3 (2009 г.)	Средства и методы управления	Фотографии	Природные особенности окружающей среды, культурный контекст и местная специфика
		Это убежище было сооружено в 1911 г. как полевая кухня членов второй геологической экскурсии Гриффита Тэйлора в составе Британской антарктической экспедиции 1910–1913 гг. С трех сторон ее защищали стены из гранитных валунов, а крышу из шкур тюленей поддерживали сани. Каменные стены убежища частично обрушились. Внутри убежища находятся проржавевшие остатки консервных банок, шкура тюленя и обрывки веревок. Сани сейчас находятся ближе к морю, в 50 м от убежища и представляют собой несколько разбросанных кусков дерева, обрывков ремней и пряжек. Участок включен в ООРА № 154.			Великобритания	британия	сооружений	Крыша из тюленьей кожи рассыпалась. Большинство артефактов, в том числе остатки саней, были удалены с течением времени. Остатки кожи тюленя и металлические фрагменты все еще можно найти в прилегающей зоне.	(Тейлор, Гран, Дебенхэм и Форд), каменная хижина с крышей из тюленьей кожи использовалась с декабря 1911 г. по январь 1912 г. в качестве укрытия для кухни. С использованием этой базы группа провела обширные исследования местности, включая прибрежные ледники и Сухие долины.	исследования Антарктики. Особая техническая, историческая, культурная или архитектурная ценность материалов, конструкция или методы строительства.	«Исторические места и памятники в регионе моря Росса» на станциях в этом регионе	(Фото: коллекция изображений Антарктической службы Новой Зеландии)	времени посещают представители научных кругов или специалистов по охране окружающей среды.

№	Название	Описание	Место-положение	Определение/поправки	Сторона-инициатор предложения	Сторона, осуществляющая управление	Тип	Состояние сохранности	Описание исторического контекста	Применимые критерии в соответствии с Резолюцией 3 (2009 г.)	Средства и методы управления	Фотографии	Природные особенности окружающей среды, культурный контекст и местная специфика
68	Склад снабжения – морена Хеллз-Гейт	Место склада в районе морены Хеллз-Гейт, о-в Инэкспрессибл, залив Терра-Нова. На этом складе, созданном в качестве аварийного запаса, находились сани, нагруженные припасами и оборудованием, которые были размещены здесь 25 января 1913 г. Британской антарктической экспедицией 1910–1913 гг. Сани и припасы были вывезены в 1994 г. в целях предотвращения их дальнейшего разрушения.	74°52' ю. ш., 163°50' в. д.	Мера 4 (1995 г.)	Новая Зеландия, Норвегия, Великобритания	Новая Зеландия, Великобритания	Объект	Сани и припасы вывезены с объекта в 1994 г. В настоящее время находятся на временном хранении на станции Скотт-Бейс Новой Зеландии. Артефакты были задокументированы и сохранены (2017 г.) новозеландским траст-фондом «Антарктическое наследие». Несмотря на стабильность, артефакты чрезвычайно хрупкие, подвержены коррозии и воздействию ультрафиолета.	Связанный с историей экстремального выживания Северного отряда Скотта (Британская антарктическая экспедиция 1910–1913 гг.), этот склад был отправлен в исходное плавание корабля *Терра Нова* в качестве склада неприкосновенного запаса на случай, если будущие исследователи окажутся в столь же отчаянной ситуации.	На этом месте произошло событие, имеющее особое значение в истории науки и исследования Антарктики.	Артефакты удалены для сохранения. Плакат «Исторические места и памятники в регионе моря Росса» на станциях в этом регионе	ИМП 68: склад снабжения — морена Хеллз-Гейт. Артефакты на месте (Фото: коллекция изображений Антарктической службы Новой Зеландии)	О-в Инекспрессибл – скалистый остров, окруженный ледниками и открывающийся на восток к заливу Терра-Нова. Предполагается, что на острове Инэкспрессибл будет создана китайская исследовательская станция.
69.	Столб для сообщений на мысе Крозиер, полуостров Росса	Столб для сообщений на мысе Крозиер (полуостров Росса), установленный 22 января 1902 г. членами экспедиции капитана Роберта Ф. Скотта, прибывшими на судне «Дискавери»	77°27' ю. ш., 169°16' в. д.	Мера 4 (1995 г.)	Новая Зеландия, Норвегия, Великобритания	Новая Зеландия, Великобритания	Другие останки: другое	Текущее состояние неизвестно.	Относится к Британской национальной антарктической экспедиции 1901–1904 гг. Размещение сообщений в логичных и легко обнаруживаемых местах было обычным средством передачи информации судам, которые шли на помощь экспедиции,	На этом месте произошло событие, имеющее особое значение в истории науки и исследования Антарктики.	План управления ООРА № 124 Плакат «Исторические места и памятники в регионе моря Росса» на станциях в этом регионе	ИМП 69:столб для сообщений — мыс Крозиер, полуостров Росса (Фото: коллекция изображений Антарктической службы Новой Зеландии)	Мыс Крозиер расположен на восточной оконечности полуострова Росса, где в нижней части восточного склона горы Террор находится свободный от ледникового покрова участок суши. Столб расположен в

№	Название	Описание	Место-положение	Определение/поправки	Сторона-инициатор предложения	Сторона, осуществляющая управление	Тип	Состояние сохранности	Описание исторического контекста	Применимые критерии в соответствии с Резолюцией 3 (2009 г.)	Средства и методы управления	Фотографии	Природные особенности окружающей среды, культурный контекст и местная специфика
		(1901–1904 гг.). Он служил для передачи информации судам, которые шли на помощь экспедиции, и к нему был привязан металлический цилиндр для сообщений, которого сейчас нет. Этот участок является частью ООРА № 124							или от одной экспедиции к другой. Первоначальное сообщение говорило, что группа остановится на «Барьере», однако позже, после высадки на мысе Хат, была организована миссия по изменению сообщения, оставленного на мысе Крозиер. Джордж Винс умер на обратном пути этой миссии.				западной колонии пингвинов Адели и недалеко от колонии императорских пингвинов.
70.	Столб для сообщений на мысе Уодуэрт, о-в Коулмен	Столб для сообщений на мысе Уодуэрт, о-в Коулмен. Это металлический цилиндр, прибитый к красному шесту на высоте 8м над уровнем моря, который был установлен капитаном Робертом Ф. Скоттом 15 января 1902 г. Для того, чтобы шест был более заметным, он раскрасил скалы, которые находятся сзади шеста, в красный и белый цвет.	73°19' ю. ш., 169°47' в. д.	Мера 4 (1995 г.)	Новая Зеландия, Норвегия, Великобритания	Новая Зеландия, Великобритания	Другие останки: другое	Последнее подтвержденное наблюдение – 1990 г. Текущее состояние неизвестно.	Относится к Британской национальной антарктической экспедиции 1901–1904 гг. Размещение сообщений в логичных и легко обнаруживаемых местах было обычным средством передачи информации судам, которые шли на помощь экспедиции, или от одной экспедиции к другой.	Относится к особому событию, имеющему важное значение в истории науки или исследований Антарктики. Это место связано с человеком, сыгравшим важную роль в развитии антарктической науки или исследования Антарктики.	Плакат «Исторические места и памятники в регионе моря Росса» на станциях в этом регионе		На острове Коулмен находится самая большая в мире колония императорских пингвинов, которую иногда посещают туристы.
71.	Бухта Уэйлерс, о-в Десепшен (Тейля),	Бухта Уэйлерс, о-в Десепшен (Тейля), Южные	62°59' ю. ш.,	Мера 4 (1995 г.)	Чили, Норвегия	Чили, Норвегия,	Объект	На этом месте находятся следующие	В течение южнополярного лета 1906/1907 г.	На этом месте произошло событие, имеющее особое	Правила поведения для посетителей залива Уэйлерс	ИМП 71: бухта Уэйлерс,	Залив Уэйлерс расположен на острове Десепшен

№	Название	Описание	Место-положение	Определение/поправки	Сторона-инициатор предложения	Сторона, осуществляющая управление	Тип	Состояние сохранности	Описание исторического контекста	Применимые критерии в соответствии с Резолюцией 3 (2009 г.)	Средства и методы управления	Фотографии	Природные особенности окружающей среды, культурный контекст и местная специфика
	Южные Шетландские о-ва	Шетландские о-ва. В состав этого участка входят остатки всех объектов, которые находились на берегу бухты Уэйлерс до 1970 г., включая объекты, относящиеся к началу китобойного промысла (1906–1912 гг.), инициатором которого стал капитан Адольфус Андресен, основатель чилийской компании «Сосьедад Балленера де Магалланес»; остатки норвежской китобойной станции «Гектор», основанной в 1912 г., и все артефакты, связанные с деятельностью этой станции, которая просуществовала до 1931 г.; место бывшего кладбища с 35 захоронениями и памятником	60°34' з. д.			Великобритания		исторические останки: Период китобойного промысла Различные останки периода китобойного промысла на острове Десепшен (Тейля) (1906–1931), кладбище (в настоящее время видны 1 крест и 1 пустой гроб), резиденция магистрата, больница/складское здание, котлы, плиты и сопутствующее оборудование, фундамент здания кухни/столовой и свинарник, цистерны для хранения топлива, полузатопленный док, барак для китобоев. Период научной деятельности «Охотничья сторожка», ангар для самолетов, трактор фирмы Massey Ferguson.	норвежский капитан Адольфус Андресен, основатель компании Sociedad Ballenera de Magallanes (Чили), начал китобойный промысел на острове Десепшен (Тейля). Бухта Уэйлерс служила защищенной якорной стоянкой промысловым судам, на борту которых обрабатывался китовый жир. В 1908 г. здесь было устроено кладбище. Это кладбище было частично погребено, а частично разрушено в результате извержения вулкана в 1969 г., когда там находились 35 могил и памятник десяти китобоям, пропавшим в море (было найдено только одно тело). В 1912 г. норвежская компания Aktieselskabet Hektor построила на берегу залива Уэйлерс китобойную станцию. Китобойная станция Гектор работала до 1931 г. В течение южнополярного лета 1943/1944 г. Великобритания использовала часть заброшенной китобойной станции	значение в истории науки и исследования Антарктики. В этом месте осуществлялась (полностью или частично) широкомасштабная деятельность, имевшая большое значение для освоения и изучения Антарктики. Изучение этого места может раскрыть информацию или дать людям представление о важной человеческой деятельности в Антарктике.	 Specially Managed Area No. 4 Management Plan, which includes a conservation strategy for Whalers Bay	остров Десепшен (Тейля) (A) ИМП 71: бухта Уэйлерс, остров Десепшен (Тейля) (B)	(Тейля), Южные Шетландские острова, Антарктика. Залив Уэйлерс (62°57' ю. ш.) – это защищенная гавань на острове Десепшен (Тейля), расположенная к северо-востоку после прохождения через узкий пролив, известный как проход Нептьюнз-Беллоус. Остров имеет характерную форму подковы, которая была создана затонувшей кальдерой действующего вулкана. Остров Десепшен (Тейля) – один из самых активных извергавшихся вулканов за всю историю. В результате извержения вулкана на острове Десепшен (Тейля) в 1967 г. в бухте Уэйлерс образовался слой пепла толщиной от 1 до 5 см, а в результате извержения 1969 г. возник селевой поток, под которым оказалась погребенной часть

№	Название	Описание	Место-положение	Определение/поправки	Сторона-инициатор предложения	Сторона, осуществляющая управление	Тип	Состояние сохранности	Описание исторического контекста	Применимые критерии в соответствии с Резолюцией 3 (2009 г.)	Средства и методы управления	Фотографии	Природные особенности окружающей среды, культурный контекст и местная специфика
		десяти китобоям, погибшим в море; объекты, относящиеся к периоду научной и картографической деятельности Великобритании в этом районе (1944–1969 гг.). Кроме того, этот участок утверждает и увековечивает историческое значение других событий, которые происходили в этом районе и от которых не осталось никаких следов.						Полное описание можно найти в Приложении 3 к пакету управления. План сохранения ОУРА № 4 можно найти в Приложении 3 к Плану управления ОУРА. Общая цель стратегии сохранения, изложенная в документах, заключается в том, чтобы обеспечить охрану ценностей исторического места «Бухта Уэйлерс». Великобритания, Норвегия и Чили должны проводить консультации в составе расширенной Группы управления островом Десепшен (Тейля), с тем чтобы обеспечить соблюдение положений и выполнение цели настоящей	для организации постоянной базы (Базы B) в рамках операции «Табарин». База B работала как исследовательская станция, в основном занимавшаяся изучением метеорологии и геологии. Она также служила центром крупной британской экспедиции по аэрофотосъемке. Станция была заброшена после того, как была разрушена потоками лавы во время извержения вулкана на острове Десепшен (Тейля) в 1967 г.				этого участка. К северу от китобойной станции находятся важные в геологическом отношении и хрупкие аллювиальные террасы, которые, однако, в настоящее время подвергаются эрозии под действием талых водотоков. На территории этого исторического места находятся другие важные в ботаническом отношении районы. В бухте Уэйлерс находятся гнездовья доминиканских чаек (Larus dominicanus), а на скалах Катидрал гнездятся капские буревестники (Daption capensis). В состав этого участка входят остатки всех объектов, включая объекты, относящиеся к началу китобойного промысла (1906–1912 гг.), инициатором которого стал капитан Адольфус Андресен, основатель

№	Название	Описание	Место-положение	Определение/поправки	Сторона-инициатор предложения	Сторона, осуществляющая управление	Тип	Состояние сохранности	Описание исторического контекста	Применимые критерии в соответствии с Резолюцией 3 (2009 г.)	Средства и методы управления	Фотографии	Природные особенности окружающей среды, культурный контекст и местная специфика
								стратегии сохранения, изложенной в плане управления ОУРА № 4.					чилийской компании Sociedad Ballenera de Magallanes. Остатки норвежской китобойной станции «Гектор», основанной в 1912 г., и все артефакты, связанные с деятельностью этой станции, просуществовавшей до 1931 г.; место бывшего кладбища с 35 захоронениями и памятником десяти китобоям, погибшим в море; объекты, относящиеся к периоду научной и картографической деятельности Великобритании в этом районе (1944–1969 гг.). Кроме того, этот участок утверждает и увековечивает историческое значение других событий, которые происходили в этом районе и от которых не осталось никаких следов.
72.	Каменная пирамида Миккельсена	Пирамида и деревянная мачта, сооруженные высадившейся на берег группой под руководством	68°22' ю. ш. 78°24' в. д.	Мера 2 (1996 г.)	Австралия, Норвегия	Австралия, Норвегия	Другие останки: пирамида из камней,	Пирамида из камней и деревянная мачта остались нетронутыми.	Пирамида Миккельсена знаменует высадку в Антарктиде капитана Клариуса Миккельсена и его	На этом месте произошло событие, имеющее особое значение в истории науки и исследования	Этот объект и его статус наследия указаны на всех картах станции Дейвис и в инструкциях для операторов Австралийской	1) ИМП 72: пирамида Миккельсена — группа высадки 1935 г. (Фото:	Каменная пирамида Миккельсена расположена в небольшой бухте на главном острове группы островов

№	Название	Описание	Место-положение	Определение/поправки	Сторона-инициатор предложения	Сторона, осуществляющая управление	Тип	Состояние сохранности	Описание исторического контекста	Применимые критерии в соответствии с Резолюцией 3 (2009 г.)	Средства и методы управления	Фотографии	Природные особенности окружающей среды, культурный контекст и местная специфика
		капитана Клариуса Миккельсена с норвежского китобойного судна «Торшавн»; в составе этой группы была Каролин Миккельсен, жена капитана Миккельсена, первая женщина, вступившая на землю Восточной Антарктиды. Пирамида была обнаружена полевыми отрядами Австралийской государственной антарктической научной экспедиции в 1957 г., а затем в 1995 г.					сооруженная экспедицией	На участке есть канистра, не имеющая отношения к высадившейся на берег группе в 1935 г., но в ней есть кусок веревки и кусок коры от флагштока, предположительно принадлежащий отряду 1935 г.	группы, прибывших на борту норвежского китобойного судна *Торсхавн* 20 февраля 1935 г. Эта высадка имеет историческое значение, поскольку она ознаменовала открытие холмов Вестфолд и в ее состав входила первая известная женщина в Восточной Антарктиде. Отряд установил каменную пирамиду с деревянной мачтой, чтобы отметить место высадки. Миккельсен и его группа высадились на островах Трайн, которые являются продолжением незамерзающей прибрежной группы холмов. Миккельсен назвал холмы Вестфолл в честь норвежского графства, в котором базировалась его китобойная компания. Жена капитана, Кэролайн Миккельсен, сопровождавшая его на высадке, стала первой женщиной, ступившей на Восточную Антарктиду.	Антарктики. Это символ или памятное место для представителей многих стран.	антарктической программы. Вновь прибывающие руководители австралийских станций ежегодно информируются по вопросам наследия, включая ИМП.	Норвежский институт полярных исследований) 2) ИМП 72: пирамида Миккельсена — август 2011 г. (Фото: Керри Штайнбернер) 3) ИМП 72: пирамида Миккельсена — пингвины, окружающие объект в летнее время (Фото: Барри Беккер)	Трюне, к северо-востоку от станции Дейвис. Острова Трюне представляют собой группу многочисленных небольших антарктических островов и скал протяженностью около 7 км, образующих западную границу бухты Трюне и пролив Трюне на северо-востоке холмов Вестфолл. Холмы Вестфолл – это самая большая свободная ото льда территория Восточной Антарктиды, которая занимает площадь около 512 квадратных километров. Пирамида Миккельсена имеет впечатляющий вид: флагшток высотой от 4 до 5 метров все еще стоит на вершине холма над колонией пингвинов Адели. Летом колония пингвинов окружает это место. Пирамида Миккельсена знаменует открытие холмов Вестфолл и

№	Название	Описание	Место-положение	Определение/поправки	Сторона-инициатор предложения	Сторона, осуществляющая управление	Тип	Состояние сохранности	Описание исторического контекста	Применимые критерии в соответствии с Резолюцией 3 (2009 г.)	Средства и методы управления	Фотографии	Природные особенности окружающей среды, культурный контекст и местная специфика
									В 1957 г. пирамида из камней была обнаружена участниками австралийской экспедиции с недавно открытой станции Дейвис, но после двух дальнейших посещений в начале 1960-х местоположение этого места было потеряно более чем на 30 лет. 12 ноября 1995 г. после архивных и полевых исследований австралийская группа из трех человек заново открыла пирамиду из камней.				первую известную высадку женщины – Кэролайн Миккельсен – в Восточной Антарктиде в 1935 г.
73.	Мемориальный крест на горе Эребус, полуостров Росса	Крест в память о жертвах авиакатастрофы в районе горы Эребус (бухта Льюис, полуостров Росса), случившейся в 1979 г. Крест из нержавеющей стали, который был установлен в январе 1987 г. на скалистом мысе в трех километрах от места авиакатастрофы на горе Эребус в память о 257 людях разных национальностей,	77°25' ю. ш., 167°27' в. д.	Мера 4 (1997 г.)	Новая Зеландия	Новая Зеландия	Памятный предмет: крест	Текущее состояние неизвестно.	Самая крупная человеческая жертва в Антарктике произошла в результате крушения в районе Эребуса. Этот крест увековечивает утрату, которую испытали семьи, друзья, Антарктика, Новая Зеландия и международное сообщество.	Это символ или памятное место для представителей многих стран.	План управления ООРА № 156 Плакат «Исторические места и памятники в регионе моря Росса» на станциях в этом регионе	ИМП 73: мемориальный крест на горе Эребус, полуостров Росса (Фото: коллекция изображений Антарктической службы Новой Зеландии)	Площадка доступна для пролета или посадки только по разрешению. Снежный покров меняется из года в год, иногда обнажая обломки.

№	Название	Описание	Место-положение	Определение/поправки	Сторона-инициатор предложения	Сторона, осуществляющая управление	Тип	Состояние сохранности	Описание исторического контекста	Применимые критерии в соответствии с Резолюцией 3 (2009 г.)	Средства и методы управления	Фотографии	Природные особенности окружающей среды, культурный контекст и местная специфика
		погибших, когда их самолет врезался в нижние склоны горы Эребус, полуостров Росса. Крест был установлен в знак уважения и в память о жертвах этой трагедии.											
74.	Юго-западное побережье острова Элефант (Мордвинова)	Юго-западное побережье острова Элефант (Мордвинова) между южной стороной залива Менса (61°10' ю. ш., 55°24' з. д.) и мысом Лукаут (61°17' ю. ш., 55°13' з. д.), включая все прибрежные и приливные зоны, в которых были найдены обломки большого деревянного парусного корабля.	61°14' ю. ш., 55°22' з. д.	Мера 2 (1998 г.)	Великобритания	Великобритания	Объект		Хотя идентификация потерпевшего крушение судна на острове Элефант (Мордвинова) остается неподтвержденной, косвенные свидетельства, полученные из исторических и дендрохронологических данных, позволяют предположить, что это могло быть судно Чарльза Ширера. Дата и место постройки этого судна не определены, но предполагается, что оно было построено в начале 1860-х годов и, вероятно, в порту Стонингтон, США или около него. 3 июля 1877 г. Чарльз Ширер отплыл из Стонингтона под командованием Джеймса Эпплтона (или Эпплмана), снова направляясь в Антарктику. Судно	На этом месте произошло событие, имеющее особое значение в истории науки и исследования Антарктики. В этом месте осуществлялась (полностью или частично) широкомасштабная деятельность, имевшая большое значение для освоения и изучения Антарктики. Изучение этого места может раскрыть информацию или дать людям представление о важной человеческой деятельности в Антарктике.			Обломки корабля разбросаны по пляжу и в приливной зоне бухты на юго-западе острова.

№	Название	Описание	Место-положение	Определение/поправки	Сторона-инициатор предложения	Сторона, осуществляющая управление	Тип	Состояние сохранности	Описание исторического контекста	Применимые критерии в соответствии с Резолюцией 3 (2009 г.)	Средства и методы управления	Фотографии	Природные особенности окружающей среды, культурный контекст и местная специфика
									посетило группу тюленей на острове Диего Рамирес в октябре 1877 г., а затем отправилось на юг к Южным Шетландским островам, где бесследно исчезло. В течение южного лета 1879–1880 гг. два рейса за тюленями из Стонингтона безуспешно пытались найти Чарльза Ширера и всех оставшихся в живых.				
75.	Дом Хиллари TAE/IGY «A», Скотт-Бейс, полуостров Росса	Строение «A» на станции Скотт-Бейс, которое является единственным зданием в Антарктиде, оставшимся от Трансантарктической экспедиции 1956/1957 гг.; находится на мысе Прам, полуо-в Росса, регион моря Росса, Антарктида.	77°51' ю. ш., 166° 46' в. д.	Мера 1 (2001 г.)	Новая Зеландия	Новая Зеландия	Сооружение: станция	После масштабных работ по консервации, проведенных новозеландским траст-фондом «Антарктическое наследие» в 2016–2017 гг., сооружение сохранило прочность во время жестких погодных условий, и коллекция артефактов была сохранена. Ежегодный мониторинг и обслуживание обеспечивают постоянную стабильность этого объекта.	Это строение представляет собой начало новозеландской антарктической программы в 1957 г. Это была база, с которой сэр Эдмунд Хиллари совершил свой поход на Южный полюс на тракторе в рамках Трансантарктической экспедиции. Это был центр вклада ученых Новой Зеландии в Международный геофизический год (1957–1958).	На этом месте произошло событие, имеющее особое значение в истории науки и исследования Антарктики. В этом месте осуществлялась (полностью или частично) широкомасштабная деятельность, имевшая большое значение для освоения и изучения Антарктики. Материал, из которого изготовлен этот объект, его конструкция или метод сооружения представляют особую ценность с технической, исторической, культурной или	Инструктаж для всех прибывающих на базу Скотт. Кодекс поведения. Система экскурсий по строению. Плакат «Исторические места и памятники в регионе моря Росса» на станциях в этом регионе	ИМП 75: дом Хиллари TAE/IGY «A», Скотт-Бейс, полуостров Росса. Дом (Фото: коллекция изображений Антарктической службы Новой Зеландии) ИМП 75B: дом Хиллари TAE/IGY «A», станция Скотт-Бейс, полуостров Росса. Коммуникационное оборудование	Строение находится в непосредственной близости от Скотт-Бейс. Строение часто посещают местные сотрудники станций Скотт-Бейс и Мак-Мёрдо, а также сезонные туристы. Строение отапливается и содержится в хорошем состоянии.

№	Название	Описание	Место-положение	Определение/поправки	Сторона-инициатор предложения	Сторона, осуществляющая управление	Тип	Состояние сохранности	Описание исторического контекста	Применимые критерии в соответствии с Резолюцией 3 (2009 г.)	Средства и методы управления	Фотографии	Природные особенности окружающей среды, культурный контекст и местная специфика
										архитектурной точек зрения.		(Фото: коллекция изображений Антарктической службы Новой Зеландии)	
76.	Развалины станции Агирре-Серда	Развалины станции Агирре-Серда, бывшего чилийского метеорологического и вулканологического центра в бухте Пендьюлем (о-в Десепшен (Тейля), Антарктика), разрушенного в результате извержений вулкана в 1967 и 1969 гг.	62°59' ю. ш., 60°40' з. д.	Мера 2 (2001 г.)	Чили	Чили	Сооружение: другие останки сооружений	Объект или памятник до сих пор существует и находится в хорошем состоянии.	База Агирре-Серда, управляемая чилийскими военно-воздушными силами, была создана 12 февраля 1955 г. в бухте Пендьюлем на острове Десепшен (Тейля) (62°52' ю. ш.; 60°36' з. д.). База работала в основном как метеорологический и коммуникационный центр до 4 декабря 1967 г., когда она была разрушена крупномасштабным извержением вулкана, за которым последовали новые извержения в 1969 и 1970 гг. Она была названа в память о государственном деятеле, завершившем делимитацию чилийского антарктического сектора в 1940 г. Установка, эксплуатация и развитие базы Агирре-Серда отражают характеристики периода до AGI. База была оборудована	В этом месте осуществлялась (полностью или частично) широкомасштабная деятельность, имевшая большое значение для освоения и изучения Антарктики. Изучение этого места может раскрыть информацию или дать людям представление о важной человеческой деятельности в Антарктике.	Никакого специального инструмента управления не применяется. Тем не менее правила для посетителей бухты Пендьюлем помогают лучше ознакомиться с объектом.	ИМП 76: развалины станции Педро Агирре Серда (A) ИМП 76: развалины станции Педро Агирре Серда (B) ИМП 76: развалины станции Агирре-Серда (C)	Бухта Пендьюлем – это небольшая бухта на северо-востоке кальдеры Порт-Фостер на острове Десепшен (Тейля). Почва состоит из черных песков в результате извержений вулканов. Постоянный туман у кромки воды свидетельствует о теплоте песка и вулканической активности острова. На участке отсутствуют какие-либо виды растений. Кроме того, обычно здесь нет гнездящейся фауны, хотя время от времени упоминалось о гнездовании голубоглазых бакланов на этом участке. Антарктические крачки часто наблюдаются в районе, также можно увидеть молодых самцов антарктических

№	Название	Описание	Место-положение	Определение/поправки	Сторона-инициатор предложения	Сторона, осуществляющая управление	Тип	Состояние сохранности	Описание исторического контекста	Применимые критерии в соответствии с Резолюцией 3 (2009 г.)	Средства и методы управления	Фотографии	Природные особенности окружающей среды, культурный контекст и местная специфика
									радиомаяком, который позволял совершать посадку самолетов с большей безопасностью. Построена взлетно-посадочная полоса. Военно-морской флот установил резервуар для воды и построил маяк.				морских котиков в основном в конце летнего сезона.
77.	Мыс Денисон	Мыс Денисон (бухта Коммонуэлт, берег Георга V), включая бухту Боут и исторические артефакты, которые находятся в ее водах. Находится на территории ООРА № 162.	67°00'30" ю. ш., 142°39'40"	Мера 3 (2004 г.)	Австралия	Австралия	Объект	Два строения (главный дом и постройка для магнитографии) имеют прочную конструкцию, а два домика (транзитного и абсолютного магнетизма) находятся в полуразрушенном состоянии.	Мыс Эванс — одно из главных мест, связанных с первыми шагами человека в Антарктике. Здесь находится база Австрало-Азиатской антарктической экспедиции 1911–1914 гг., организованной и возглавляемой сэром Дугласом Моусоном. Символ «героической эпохи» освоения Антарктики (1895–1917 гг.), один из лишь шести оставшихся с тех времен участков с хижинами. Мыс Денисон был местом проведения нескольких наиболее ранних комплексных исследований антарктической геологии, гляциологии, океанографии, географии, земного магнетизма, астрономии,	Относится к особому событию, имеющему важное значение в истории науки или исследований Антарктики. Имеет конкретную связь с человеком, который сыграл важную роль в истории науки или исследований в Антарктике.	Мыс Денисон определен как ООРА № 162, в первую очередь для охраны хижин Моусона и связанных с ними ландшафтов, а деятельность на территории осуществляется в соответствии с планом управления ООРА. Посещения также регулируются в соответствии с правилами поведения для посетителей участка. Существует комплексный план управления сохранением этого участка, которым возглавляет Австралийский антарктический отдел и который реализуется в партнерстве с Фондом строений Моусона.	1) ИМП 77: мыс Денисон — главный дом Моусона (Фото: Сандра Поттер) 2) ИМП 77: мыс Денисон — пейзаж (Фото: Род Ледингем)	Сам мыс Денисон – это сильно изрезанная полуторакилометровая полоса льда, снега, скал и морен, протянувшаяся вглубь залива Коммонуэлт от отвесной стены ледниковой шапки антарктического континента. Отличительной особенностью мыса Денисон являются четыре долины, расположенные на северо-западе/юго-востоке. Большинство артефактов австралазийской антарктической экспедиции, включая постройки Моусона и другие сооружения, сосредоточены в самой западной долине и на скалистых грядах,

№	Название	Описание	Место-положение	Определение/поправки	Сторона-инициатор предложения	Сторона, осуществляющая управление	Тип	Состояние сохранности	Описание исторического контекста	Применимые критерии в соответствии с Резолюцией 3 (2009 г.)	Средства и методы управления	Фотографии	Природные особенности окружающей среды, культурный контекст и местная специфика
									метеорологии, биологии, зоологии и ботаники. Он был базой многочисленных экспедиций внутрь континента, а также имеет артефакты, связанные с этими экспедициями на санях.				расположенных по обеим сторонам долины. Исторические строения и их окрестности входят в ООРА № 162. Изоляция и экстремальные погодные условия этого района дают посетителям уникальное представление о том, в каких условиях приходилось работать ученым и исследователям «героической эпохи», и возможность по достоинству оценить их результаты работы.
78.	Мемориальная табличка, горы Гумбольдта – центральная часть Земли Королевы Мод	Мемориальная табличка на мысе Индиа (горы Гумбольдта, массив Вольтат, центральная часть Земли Королевы Мод), установленная в память о трех ученых Геологической службы Индии (ГСИ) и связиста ВМФ Индии – членов девятой Индийской	71° 45' 08" ю. ш., 11° 12' 30" в. д.	Мера 3 (2004 г.)	Индия	Индия	Памятный предмет: мемориальная табличка	Сохранился в хорошем состоянии.	Именно в отдаленных частях гор в центральной части Земли Королевы Мод обитатели лагеря погибли 8 января 1990 г., когда произошел трагический инцидент с отравлением газом. Их тела были обнаружены на следующий день во время обычного визита руководителя экспедиции, который примерно через месяц	На этом месте произошло конкретное важное событие, имеющее большое значение в истории антарктической науки или исследования Антарктики. Изучение этого места может раскрыть информацию или дать людям представление о важной	На индийской станции Майтри на видном месте выставлена подробная карта с точным расположением горного лагеря и места установки памятной таблички. Руководитель и участники экспедиции проинформированы о ИМП и правилах посещения.	ИМП 78: Мемориальная доска, горы Гумбольдта — cDML (A) ИМП 78: мемориальная доска Гумбольдта — cDML (B)	Горы Гумбольдта, массив Вольтат, центральная часть Земли Королевы Мод, расположенные к юго-западу от станции Мейтри.

№	Название	Описание	Место-положение	Определение/поправки	Сторона-инициатор предложения	Сторона, осуществляющая управление	Тип	Состояние сохранности	Описание исторического контекста	Применимые критерии в соответствии с Резолюцией 3 (2009 г.)	Средства и методы управления	Фотографии	Природные особенности окружающей среды, культурный контекст и местная специфика
		антарктической экспедиции, погибших в этом горном лагере в результате несчастного случая 8 января 1990 г.							улетел домой для необходимых ритуалов. В память о погибших в феврале 1991 г. на территории лагеря была установлена черная долеритовая табличка с выгравированными именами.	человеческой деятельности в Антарктике.			
79.	Домик «Лили Марлен»	Домик «Лили Марлен» (гора Докери, гряда Эверетт, северная часть Земли Виктории). Домик «Лили Марлен» был сооружен для оказания содействия немецкой антарктической экспедиции на севере Земли Виктории 1979/1980 гг. (ГАНОВЕКС I). Домик, который представляет собой жилое помещение из готовых стекловолоконных блоков с теплоизоляцией из пенополиуретана, берет свое название от ледника Лили и песни «Лили Марлен». Домик тесно связан с	71° 12' ю. ш., 164° 31' в. д.	Мера 5 (2005 г.)	Германия	Германия	Сооружение: домик	Последний визит в сезоне 2015–2016 г. Федерального института геолого-геофизических исследований и природных ресурсов (BGR; KOPRI); домик был в хорошем состоянии. Плановая проверка в сезоне 2018–2019 г. не была возможна из-за тяжелых погодных условий.	Домик «Лили Марлен» был сооружен для оказания содействия немецкой антарктической экспедиции на севере Земли Виктории 1979/1980 гг. (ГАНОВЕКС I). Домик тесно связан с драматической историей экспедиционного судна «Готланд II», затонувшего во время экспедиции ГАНОВЕКС II в декабре 1981 г. Эта история ознаменована гравюрой, сделанной участником экспедиции ГАНОВЕКС II на гранитном валуне рядом с хижиной.	На этом месте произошло событие, имеющее особое значение в истории науки и исследования Антарктики.	Посещения, как правило, осуществляются BGR на нерегулярной основе во время собственных экспедиций и/или антарктических программ (Южная Корея, Италия) по сотрудничеству, подотчетных BGR. Во время посещений проверяется и документируется общее состояние хижины.	ИМП 79: Домик «Лили Марлен»	Свободная ото льда каменистая территория

№	Название	Описание	Место-положение	Определение/поправки	Сторона-инициатор предложения	Сторона, осуществляющая управление	Тип	Состояние сохранности	Описание исторического контекста	Применимые критерии в соответствии с Резолюцией 3 (2009 г.)	Средства и методы управления	Фотографии	Природные особенности окружающей среды, культурный контекст и местная специфика
		драматической историей экспедиционного судна «Готланд II», затонувшего во время экспедиции ГАНОВЕКС II в декабре 1981 г. Эта история ознаменована гравюрой, сделанной участником экспедиции ГАНОВЕКС II на гранитном валуне рядом с хижиной.											
80.	Палатка Амундсена	Палатка Амундсена. Палатка была сооружена на 90-й параллели южной широты группой норвежских исследователей под руководством Роальда Амундсена по прибытии на Южный полюс 14 декабря 1911 г. В настоящее время палатка погребена под снегом и льдом в районе Южного полюса.	90° ю. ш.	Мера 5 (2005 г.)	Норвегия	Норвегия	Другие останки: палатка	В настоящее время палатка закопана под снегом и льдом в районе Южного полюса. Точные координаты и состояние обломков судна остаются неизвестными.	Палатка была сооружена на 90-й параллели южной широты группой норвежских исследователей под руководством Роальда Амундсена по прибытии на Южный полюс 14 декабря 1911 г. В настоящее время палатка погребена под снегом и льдом в районе Южного полюса.	Относится к особому событию, имеющему важное значение в истории науки или исследований Антарктики. Это место связано с человеком, сыгравшим важную роль в развитии антарктической науки или исследования Антарктики.		ИМП 80: палатка Амундсена (Фото: фотоархив Норвежского института полярных исследований)	Палатка находится под снегом и льдом в районе Южного полюса.
81.	Причальная скала	Роше-дю-Дебаркеман (Причальная скала)	66°36,30' ю. ш., 140°03,85' в. д.	Мера 3 (2006 г.)	Франция	Франция	Объект	На месте	Это небольшой остров, на котором адмирал Дюмон д'Юрвиль с командой высадился 21 января	На этом месте произошло событие, имеющее особое значение в истории науки и		ИМП 81: Роше-дю-Дебаркеман	

№	Название	Описание	Место-положение	Определение/поправки	Сторона-инициатор предложения	Сторона, осуществляющая управление	Тип	Состояние сохранности	Описание исторического контекста	Применимые критерии в соответствии с Резолюцией 3 (2009 г.)	Средства и методы управления	Фотографии	Природные особенности окружающей среды, культурный контекст и местная специфика
									1840 г., когда он открыл Землю Адели.	исследования Антарктики.			
82.	Монумент в честь Договора об Антарктике и мемориальная доска	Монумент в честь Договора об Антарктике и мемориальная доска. Данный монумент установлен вблизи станций Пресиденте-Фрей, Беллинсгаузен и Эскудеро на полуострове Файлдс, остров Кинг-Джордж (Ватерлоо). Мемориальная доска, установленная у подножья монумента, посвящена государствам, подписавшим Договор об Антарктике. На монументе установлено 4 мемориальные доски с надписями на официальных языках Договора об Антарктике. Мемориальные доски были установлены в феврале 2011 г. и имеют следующее содержание: «Данный исторический памятник,	62°12'01" ю. ш., 58°57'41" з. д.	Мера 3 (2007 г.) Мера 11 (2011 г.)	Чили	Чили	Памятный предмет: мемориальная табличка	Объект или памятник до сих пор существует и находится в хорошем состоянии.	В 1999 г. в ознаменование 40-летней годовщины подписания Договора об Антарктике в 1959 г. Чили установила и открыла памятник Договору об Антарктике в окрестностях своих баз Пресиденте-Фрей и Хулио-Эскудеро на полуострове Файлдс, остров Кинг-Джордж (Ватерлоо, 25 Мая). Конструкция из меди с двенадцатью панелями, каждая из которых посвящена подписавшим Договор государствам, названия которых выгравированы медными буквами, и все они поддерживают медный глобус. На памятнике также есть четыре надписи на каждом из четырех языков Договора об Антарктике (испанском, английском, французском и русском): «В честь Договора об Антарктике и тех, кто его поддерживает и так успешно сотрудничает в изучении и	Изучение этого места может раскрыть информацию или дать людям представление о важной человеческой деятельности в Антарктике.	Никакого специального инструмента управления не применяется. Ежегодное техническое обслуживание, а также плановые работы по техническому обслуживанию антарктической станции Эдуардо-Фрей.	ИМП 82: памятник Договору об Антарктике и мемориальная доска (А) ИМП 82: монумент в честь Договора об Антарктике и мемориальная табличка (В)	Полуостров Файлдс — самая большая незамерзающая прибрежная зона на острове Кинг-Джордж (остров 25 мая) в течение южного лета. Остров обычно покрыт льдом. Полуостров отделен от острова Нельсон (Лейпциг) проливом Файлдс, наименьшая ширина которого составляет всего 370 м. Он ограничен на юго-восточном побережье заливом Максвелл (залив Файлдс/Гуардия-Насьональ), а его северо-западный сектор граничит с открытыми водами пролива Дрейка. В геологическом отношении полуостров представляет собой плато, образованное древними прибрежными формами рельефа, с многочисленными скалистыми выходами породы и средней высотой 30 м над уровнем моря. Длина полуострова от основания до

№	Название	Описание	Место-положение	Определение/поправки	Сторона-инициатор предложения	Сторона, осуществляющая управление	Тип	Состояние сохранности	Описание исторического контекста	Применимые критерии в соответствии с Резолюцией 3 (2009 г.)	Средства и методы управления	Фотографии	Природные особенности окружающей среды, культурный контекст и местная специфика
		посвященный государствам, которые подписали Договор об Антарктике в Вашингтоне, округ Колумбия, в 1959 г., является также напоминанием о наследии Первого и Второго международных полярных годов (1882–1883 и 1932–1933 гг.) и Международного геофизического года (1957–1958 гг.), предшествовавшего подписанию Договора об Антарктике, а также напоминает о наследии международного сотрудничества, способствовавшего проведению Международного полярного года 2007–2008». Автором данного монумента является Джозеф В. Пирсон, гражданин США, предложивший монумент Чили. Он был открыт в 1999 г. в ознаменование 40-й годовщины							сохранении Антарктики как мирового сокровища 1959–1999». В 2007 г. Чили добавила к памятнику четыре бронзовые доски на четырех языках Договора об Антарктике в ознаменование последовательных Международных полярных лет, напоминая о международном сотрудничестве, которое привело к проведению Международного полярного года 2007–2008.				вершины, обращенной на юго-запад, составляет 11,5 км, а ширина колеблется от 2 до 4 км. Общая площадь составляет около 33 $км^2$. Полуостров Файлдс характеризуется самой высокой в Антарктике концентрацией научных объектов или баз из разных стран: чилийские морские станции Фрей, Эскудеро и Файлдс из Чили; китайская Великая Стена; российская Беллинсгаузен; и уругвайская Артигас. На полуострове можно наблюдать присутствие разных видов лишайников и мхов, а также луговик антарктический (Deschampsia antarctica). На участке гнездятся чайки, поморники и буревестники, и это обычное место отдыха папуанских и антарктических пингвинов. На северном побережье полуострова есть место размножения морских слонов, а весной тюлени

№	Название	Описание	Место-положение	Определение/поправки	Сторона-инициатор предложения	Сторона, осуществляющая управление	Тип	Состояние сохранности	Описание исторического контекста	Применимые критерии в соответствии с Резолюцией 3 (2009 г.)	Средства и методы управления	Фотографии	Природные особенности окружающей среды, культурный контекст и местная специфика
		подписания Договора об Антарктике.											Уэдделла выводят потомство на южном побережье. Это место также посещают самцы антарктических морских котиков, в основном в конце летнего сезона. В заливе Максвелл были замечены горбатые и южные киты. Два Особо охраняемых района Антарктики расположены в районе полуострова Файлдс: ООРА № 125 «Полуостров Файлдс» и ООРА № 150 «Полуостров Ардли» (остров Ардли).
83.	База W, остров Детай	База W, остров Детай, фьорд Лальман, берег Лубе. База W расположена на узком перешейке на северной оконечности острова Детай, фьорд Лальман, берег Лубе. Здесь находится /деревянное/ строение и ряд связанных с ним сооружений и служебных построек, включая небольшой	66°52' ю. ш.; 66°48' з. д.	Мера 14 (2009 г.)	Великобритания	Великобритания	Сооружение: станция	Дом, загоны для щенков, аварийный склад и навес для воздушных шаров находятся в хорошем состоянии, активно поддерживаются в том состоянии, в котором они были обнаружены, когда были определены как ИМП 83.	База W была создана как научная база в марте 1956 г. и спешно закрыта в 1959 г. Проводимые здесь исследования включали геологию, метеорологию и топографическую съемку. Со станции часто предпринимались обширные исследовательские поездки на сотни миль и продолжительностью в несколько месяцев с использованием	На этом месте произошло событие, имеющее особое значение в истории науки и исследования Антарктики.	Правила поведения для посетителей острова Детай	ИМП 83: База W, остров Детай (Фото: британский траст-фонд «Антарктическое наследие»)	Объект состоит из главного здания, небольшого аварийного склада, загонов для щенков, башни анемометра и радиомачт. Историческая бывшая научная станция и станция для саней, в настоящее время управляемая британским траст-фондом «Антарктическое наследие» как объект культурного наследия.

№	Название	Описание	Место-положение	Определение/поправки	Сторона-инициатор предложения	Сторона, осуществляющая управление	Тип	Состояние сохранности	Описание исторического контекста	Применимые критерии в соответствии с Резолюцией 3 (2009 г.)	Средства и методы управления	Фотографии	Природные особенности окружающей среды, культурный контекст и местная специфика
		аварийный склад, загоны для сук и щенков, анемометрическую вышку и две типовые стальные трубы, выполнявшие функцию радиомачт (одна находится к юго-западу от основной хижины, вторая — к востоку от нее). База W была создана в 1956 г. как британская научная база, предназначенная главным образом для осуществления геодезических съемок, геологических и метеорологических исследований и содействия в проведении МГГ 1957. Как относительно нетронутая база конца 1950-х годов, база W является важным памятником науки и быта того периода, когда 50 лет назад был подписан Договор об Антарктике.							собачьих упряжек и саней.				www.ukaht.org. У этого объекта есть комплексный план управления по сохранению, и его охраняет профессиональная охранная команда.

№	Название	Описание	Место-положение	Определение/поправки	Сторона-инициатор предложения	Сторона, осуществляющая управление	Тип	Состояние сохранности	Описание исторического контекста	Применимые критерии в соответствии с Резолюцией 3 (2009 г.)	Средства и методы управления	Фотографии	Природные особенности окружающей среды, культурный контекст и местная специфика
84.	Дом на мысе Дамой, бухта Дориан-Бей	Дом на мысе Дамой, бухта Дориан-Бей, о-в Винке, архипелаг Палмер. На этом участке есть хорошо сохранившийся дом, в котором находится научное оборудование и прочие артефакты. Он расположен на мысе Дамой в бухте Дориан-Бей, о-в Винке, архипелаг Палмер. Дом был построен в 1973 г. и в течение ряда лет использовался как британская летняя авиабаза и транзитная станция для размещения научного персонала. В последний раз люди жили в нем в 1993 г.	64°49' ю. ш.; 63°31' з. д.	Мера 14 (2009 г.)	Великобритания	Великобритания	Сооружение: дом	Дом находится в хорошем состоянии и поддерживается в том состоянии, в котором он был обнаружен, когда он был определен как ИМП 84.	Дом Дамой был основан в Дориан-Бей в 1973 г. как транзитная станция и летнее авиационное сооружение. Летательные аппараты приземлялись и взлетали с ледяной взлетно-посадочной полосы на вершине ледника над хижиной. Остановка здесь проводилась для дозаправки и приема грузов и персонала с рейсовых судов. Это отличный пример антарктической логистики и первых воздушных операций в Антарктиде. Дом перестал использоваться в 1993 г.	На этом месте произошло событие, имеющее особое значение в истории науки и исследования Антарктики. Изучение этого места может раскрыть информацию или дать людям представление о важной человеческой деятельности в Антарктике.	Правила поведения для посетителей мыса Дамой	ИМП 84: дом Дамой, Мыс Дамой (Фото: британский траст-фонд «Антарктическое наследие»)	Дом расположен в бухте Дориан-Бей на острове Винке, у подножья большого ледника, недалеко от небольшого аргентинского строения. Историческая бывшая научная станция и станция для саней, в настоящее время управляемая британским траст-фондом «Антарктическое наследие» как объект культурного наследия. www.ukaht.org. У этого объекта есть комплексный план управления по сохранению, и его охраняет профессиональная охранная команда.
85.	Мемориальная табличка, посвященная атомной электростанции РМ-3А на станции Мак-Мёрдо.	Бронзовая табличка, посвященная атомной электростанции РМ-3А на станции Мак-Мёрдо. Мемориальная доска имеет размеры	77°51' ю. ш., 166°41' в. д.	Мера 15 (2010 г.)	США	США	Памятный предмет: мемориальная табличка	Мемориальная табличка в отличном состоянии.	Ядерный реактор ПМ-3А был первым и единственным экспериментом по подаче электроэнергии на антарктическую станцию с использованием ядерного реактора. Мотивация	На этом месте произошло событие, имеющее особое значение в истории науки и исследования Антарктики. Это место связано с проявлением беспримерной стойкости или	Плакат «Исторические места и памятники в регионе моря Росса» на станции Мак-Мёрдо	ИМП 85: мемориальная табличка, посвященная атомной электростанции РМ-3А, на станции Мак-Мёрдо. (Фото: Питер Рейчек)	Мемориальная табличка, прикрепленная к большой скале, расположена на западном склоне горы Обсервейшен, примерно на полпути к вершине холма высотой 230 м, примыкающего к

№	Название	Описание	Место-положение	Определение/поправки	Сторона-инициатор предложения	Сторона, осуществляющая управление	Тип	Состояние сохранности	Описание исторического контекста	Применимые критерии в соответствии с Резолюцией 3 (2009 г.)	Средства и методы управления	Фотографии	Природные особенности окружающей среды, культурный контекст и местная специфика
		примерно 45x60 см. Она закреплена на большой отвесной скале на территории станции Мак-Мёрдо, где раньше находился ядерный реактор PM-3A. Мемориальная доска расположена на западном склоне горы Обсервейшен примерно на полпути к вершине. Надпись на мемориальной доске рассказывает о достижениях атомной электростанции PM-3A, которая была первой атомной электростанцией в Антарктике.							заключалась в том, чтобы уменьшить зависимость от мазута на станции Мак-Мёрдо. PM-3A прибыл на станцию Мак-Мёрдо 12 декабря 1961 г. и начал вырабатывать электроэнергию для станции 10 июля 1962 г. Реактор мощностью 1,8 мегаватт был выведен из эксплуатации, когда дальнейшая эксплуатация перестала быть рентабельной. Разборка и демонтаж станции и большинства связанных с ней зданий продолжались до 1979 г., когда радиологическое обследование и последующая проверка, проведенная по заказу ВМС США, определили, что уровни радиации на месте были аналогичны уровням фонового излучения, и риск от радиации был минимальным. Затем Министерство энергетики США предоставило объект для неограниченного использования. Последние оставшиеся постройки	выдающимся достижением. Особая техническая, историческая, культурная или архитектурная ценность материалов, конструкция или методы строительства.			станции Мак-Мёрдо.

№	Название	Описание	Место-положение	Определение/поправки	Сторона-инициатор предложения	Сторона, осуществляющая управление	Тип	Состояние сохранности	Описание исторического контекста	Применимые критерии в соответствии с Резолюцией 3 (2009 г.)	Средства и методы управления	Фотографии	Природные особенности окружающей среды, культурный контекст и местная специфика
									были снесены южным летом 2009–2010 гг.				
86.	Сооружение № 1 – станция Великая Стена (Чаньчэнчжань, Грейт-Уолл)	Сооружение №1 на станции Великая Стена (Чаньчэнчжань, Грейт-Уолл). Сооружение № 1 общей площадью 175 кв. м, построенное в 1985 г., расположено в центре китайской антарктической станции Великая Стена на полуострове Файлдс, остров Кинг-Джордж (Ватерлоо), Южные Шетландские острова, Западная Антарктика. Сооружение ознаменовало начало антарктических исследований Китая в 1980-х гг. и поэтому имеет большое значение как напоминание о китайской антарктической экспедиции.	62°13′44″ ю. ш., 58°57′44″ з. д.	Мера 12 (2011 г.)	Китай	Китай	Сооружение: станция	Сооружение было отремонтировано в 2013/2014 г. в целях безопасности и защиты и с тех пор сохранилось в хорошем состоянии.	Сооружение № 1 было первым постоянным зданием, построенным на станции Великая Стена (Чаньчэнчжань, Грейт-Уолл). Строительство сооружения было начато 20 января 1985 г. и завершено 20 февраля 1985 г. Сооружение положило начало первой зимней экспедиции Китая в условиях отсутствия опыта и тяжелой строительной техники. Сооружение также олицетворяло дух антарктической экспедиции – смелость в исследованиях и инновациях и готовность к преодолению трудностей.	На этом месте произошло событие, имеющее особое значение в истории науки и исследования Антарктики. Изучение этого места может раскрыть информацию или дать людям представление о важной человеческой деятельности в Антарктике. Это символ или памятное место для представителей многих стран.	Информация о ИМП в этом районе отображается на всех картах станции Великая Стена (Чаньчэнчжань, Грейт-Уолл). Сооружение используется в качестве музея для демонстрации истории китайской антарктической экспедиции, основных достижений китайских антарктических научных исследований и т. д. Сооружение было включено в школьные учебники в Китае как важный исторический символ китайской антарктической экспедиции. В последнее время сооружение ежегодно посещают туристы.		Сооружение расположено в районе станции Великая Стена (Чаньчэнчжань, Грейт-Уолл) примерно в 300 м от береговой линии.
87.	Памятная табличка на месте первой постояннодействующей немецкой исследовательс	Расположение первой постояннодействующей немецкой антарктической исследовательской станции Георг-	70°46'39" ю. ш., 11°51'03" в. д.	Мера 18 (2013 г.)	Германия	Германия	Памятный предмет: мемориальная		После подписания Договора об Антарктике в 1974 г. Восточной Германией, станция Георг-Форстер была сдана в эксплуатацию	На этом месте произошло событие, имеющее особое значение в истории науки и исследования Антарктики.	Никаких специальных мер не установлено; инспекционные посещения на объекте проходят время от времени.	ИМП 87: мемориальная табличка на месте первой немецкой исследовательской станции	Территория без ледового покрова в оазисе Ширмахера; мемориальная доска, прикрепленная к каменной стене на

№	Название	Описание	Место-положение	Определение/поправки	Сторона-инициатор предложения	Сторона, осуществляющая управление	Тип	Состояние сохранности	Описание исторического контекста	Применимые критерии в соответствии с Резолюцией 3 (2009 г.)	Средства и методы управления	Фотографии	Природные особенности окружающей среды, культурный контекст и местная специфика
	кой станции в Антарктике	Форстер - в оазисе Ширмахера, Земля Королевы Мод. Первоначальный участок находится в оазисе Ширмахера и отмечен мемориальной бронзовой табличкой с надписью на немецком языке: «Антарктическая станция Георг-Форстер, 70°46'39" ю. ш./11°51'03" в. д. с 1976 по 1996 г.». Табличка хорошо сохранилась и прикреплена к каменной стене на южной оконечности месторасположения. Эта антарктическая исследовательская станция была открыта 21 апреля 1976 г. и закрыта в 1993 г. Весь участок был полностью очищен после успешного завершения демонтажа станции 12 февраля 1996 г. Этот участок					табличка		21 апреля 1976 г. и получила полный статус исследовательской станции в октябре 1987 г., когда Восточная Германия стала Консультативной стороной Договора. Все логистические операции до вывода из эксплуатации в сезоне 1992/1993 г. согласовывались с Российской антарктической экспедицией.			в Антарктиде, на которой постоянно живут люди	южной окраине бывшего участка станции. Мемориальная табличка установлена по следующим причинам: Мемориальная табличка связана с началом постоянного научного участия немецких исследовательских организаций в рамках Договора об Антарктике и с долгосрочным мониторингом стратосферного озонового слоя над Антарктикой. Мемориальная табличка знаменует собой первое обязательство Германии полностью удалить научные объекты после вывода из эксплуатации в соответствии с Протоколом. Геодезическая точка в географических координатах отмечена небольшой треногой в коренных породах на участке 141 м над уровнем моря.

№	Название	Описание	Место-положение	Определение/поправки	Сторона-инициатор предложения	Сторона, осуществляющая управление	Тип	Состояние сохранности	Описание исторического контекста	Применимые критерии в соответствии с Резолюцией 3 (2009 г.)	Средства и методы управления	Фотографии	Природные особенности окружающей среды, культурный контекст и местная специфика
		расположен примерно в 1,5 км на восток от действующей российской антарктической исследовательской станции Новолазаревская.											
88.	Здание бурового комплекса им. профессора Кудряшова	Здание бурового комплекса было построено летом 1983-1984 г. Под руководством профессора Бориса Кудряшова были получены образцы многовекового материкового льда.	78°28' ю. ш., 106° 48' в. д.	Мера 19 (2013 г.)	Россия	Россия	Сооружение: другие останки сооружений	Сооружение в хорошем состоянии.	При использовании этого бурового комплекса с помощью российских технологий и средств бурения пробурена самая глубокая в мире ледниковая скважина длиной 3769,3 м по ледяному керну. Основанием увековечивания имени профессора Кудряшова является то, что профессор Кудряшов, заведующий кафедрой бурения скважин Санкт-Петербургского Горного института, в 1967 г. возглавил работы по разработке технологии и инструментария глубокого бурения скважин в ледниках. Он непосредственно принимал участие в работах 20-й (1974–1975 гг.) и 24-й (1978–1979 гг.) советских антарктических экспедициях. С помощью разработанного	Это место связано с человеком, сыгравшим важную роль в развитии антарктической науки или исследования Антарктики. В этом месте осуществлялась (полностью или частично) широкомасштабная деятельность, имевшая большое значение для освоения и изучения Антарктики. Материал, из которого изготовлен этот объект, его конструкция или метод сооружения представляют особую ценность с технической, исторической, культурной или архитектурной точек зрения.	Местоположение ИМП указано на карте района станции Восток. Все лица, прибывающие на станцию Восток, извещаются о существовании и местонахождении ИМП 88.	ИМП 88: сооружение бурового комплекса имени профессора Кудряшова	Буровой комплекс расположен на удалении 100 метров к югу от здания каюткомпании станции Восток. Все объекты и сооружения станции Восток находятся на снежно-фирновой поверхности Антарктического плато на высоте 3488 м над уровнем моря.

№	Название	Описание	Место-положение	Определение/поправки	Сторона-инициатор предложения	Сторона, осуществляющая управление	Тип	Состояние сохранности	Описание исторического контекста	Применимые критерии в соответствии с Резолюцией 3 (2009 г.)	Средства и методы управления	Фотографии	Природные особенности окружающей среды, культурный контекст и местная специфика
									Борисом Кудряшовым оборудования и технологии в Восточной Антарктиде и на Северной Земле в Арктике было пробурено большое число ледяных скважин с полным отбором ледяного керна общей длиной более 18 тыс. м, а скважина 5Г на станции Восток является рекордной из всех подобных объектов, созданных человечеством на нашей планете.				
89.	Лагерь экспедиции «Терра Нова», гора Эребус, полуостров Росса	Экспедиция «Терра Нова» 1910–1912 гг., верхний лагерь Саммит-Кэмп (Summit Camp), , который использовался во время исследования горы Эребус в декабре 1912 г. Месторасположение лагеря включает часть круга из камней, которые, скорее всего, использовались для удержания балдахина палатки. Территория лагеря	77°30,348' ю. ш., 167°10,223' в. д.	Мера 20 (2013 г.)	Великобритания, Новая Зеландия, США	Великобритания, Новая Зеландия, США	Объект	На территории находятся ровные скалы, состояние стабильное.	Отмечает путь и прогресс одного из самых ранних восхождений на гору Эребус и раннее научное исследование геологии горы экспедицией Скотта «Терра Нова».	На этом месте произошло событие, имеющее особое значение в истории науки и исследования Антарктики.	Плакат «Исторические места и памятники в регионе моря Росса» на станциях в этом регионе	ИМП 89: верхний лагерь экспедиции «Терра Нова», гора Эребус, полуостров Росса. 1912 и 2012 гг. (Фото: Институт полярных исследований им. Скотта, Кембриджский университет (снимок 1912 г.) и Клайв Оппенгеймер (снимок 2012 г.)).	Верхний лагерь находится менее чем в 1 км от нынешней нижней хижины Антарктической программы США на горе Эребус, на северной границе кальдеры, Хело-Клиффс. Считается, что его не посещали до его повторного открытия в 2012 г. Приблизительно 3410 м над уровнем моря.

№	Название	Описание	Местоположение	Определение/поправки	Сторона-инициатор предложения	Сторона, осуществляющая управление	Тип	Состояние сохранности	Описание исторического контекста	Применимые критерии в соответствии с Резолюцией 3 (2009 г.)	Средства и методы управления	Фотографии	Природные особенности окружающей среды, культурный контекст и местная специфика
		использовалась группой ученых из научной экспедиции «Терра Нова» капитана Скотта, которая проводила картографирование и собрала геологические образцы горы Эребус в декабре 1912 г.											
90.	Нижний лагерь экспедиции «Терра Нова», гора Эребус, полуостров Росса	Экспедиция «Терра Нова» 1910–1912 гг., нижний лагерь Кэмп-Е (Camp E), который использовался во время исследования горы Эребус в декабре 1912 г. Месторасположение лагеря представляет собой слегка приподнятый район галечника и включает несколько выстроенных в ряд камней, которые, вероятно, использовались для удержания балдахина палатки. Территория лагеря использовалась	77°30,348' ю. ш. 167°9,246' в. д.	Мера 21 (2013 г.)	Великобритания, Новая Зеландия, США	Великобритания, Новая Зеландия, США	Объект	На территории находятся ровные скалы, состояние стабильное.	Отмечает путь и прогресс одного из самых ранних восхождений на гору Эребус и раннее научное исследование геологии горы экспедицией Скотта «Терра Нова».	На этом месте произошло событие, имеющее особое значение в истории науки и исследования Антарктики.	Плакат «Исторические места и памятники в регионе моря Росса» на станциях в этом регионе	ИМП 90: нижний лагерь экспедиции «Терра Нова», гора Эребус, полуостров Росса. 1912 и 2012 гг. (Фото: Институт полярных исследований им. Скотта, Кембриджский университет (снимок 1912 г.) и Клайв Оппенгеймер (снимок 2012 г.)).	Нижний лагерь на вершине расположен на краю древней кальдеры недалеко от лагеря «Фенг» нынешней антарктической программы США, который используется для акклиматизации перед выходом в хижину Нижний Эребус. Приблизительно 3410 м над уровнем моря.

№	Название	Описание	Место-положение	Определение/поправки	Сторона-инициатор предложения	Сторона, осуществляющая управление	Тип	Состояние сохранности	Описание исторического контекста	Применимые критерии в соответствии с Резолюцией 3 (2009 г.)	Средства и методы управления	Фотографии	Природные особенности окружающей среды, культурный контекст и местная специфика
		группой ученых из научной экспедиции «Терра Нова» капитана Скотта, которая проводила картографирование и собрала геологическое образцы горы Эребус в декабре 1912 г.											
91.	Балок "Хромая собака" (Lame Dog Hut) на болгарской станции Святой Климент Охридский, остров Ливингстон	Балок "Хромая собака" был построен в апреле 1988 г. и использовался в качестве основного здания на станции Святой Климент Охридский до 1998 г. В настоящее время это самое старое сохранившееся здание на острове Ливингстон (Смоленск), использующееся в качестве радиорубки и почтового отделения. В нем также расположена музейная выставка артефактов раннего периода деятельности Болгарии по осуществлению	62°38'29" ю. ш., 60°21'53" в.д.	Мера 19 (2015 г.)	Болгария	Болгария	Сооружение: станция	Строению было нанесено некоторое повреждение из-за давления снега, в то время как обычно бесснежная в летнее время территория базы оставалась засыпанной снегом в период 2012–2017 гг. Здание прошло капитальный ремонт, включая полную замену кровли в сезоне 2019/2020, и с тех пор находится в отличном состоянии.	Во время Первой Болгарской антарктической экспедиции строение было отправлено в Антарктиду на борту советского научно-экспедиционного судна «Михаил Сомов» и собрано на острове Ливингстон (Смоленск) болгарской группой из четырех человек в период с 26 по 28 апреля 1988 г. Хижина была отремонтирована и 11 декабря 1993 г. вместе с деревянным складом меньшего размера сдан в эксплуатацию в качестве антарктической базы Святого Климента Охридского. Балок оказался наиболее удобным в местных условиях и оставался единственным постоянным жилым	На этом месте произошло событие, имеющее особое значение в истории науки и исследования Антарктики. Особая техническая, историческая, культурная или архитектурная ценность материалов, конструкция или методы строительства. Это символ или памятное место для представителей многих стран.	Болгарский антарктический институт находится в процессе разработки проекта плана управления в соответствии с Резолюцией 2 КСДА (2018 г.).	ИМП 91: возведение балка в 1988 г. (Фото: коллекция Болгарского антарктического института/З. Вергилов) ИМП 91: балок в 2003 г. (Фото: коллекция Болгарского антарктического института/Л. Иванов) ИМП 91: часть интерьера, 2013 г. (Фото: коллекция Болгарского антарктического института/Н. Иванова) ИМП 91: балок в	Балок "Хромая собака" расположен на Болгарском пляже на острове Ливингстон (Смоленск) между холмами Песьяков и Синеморец, в 70 м к югу от восточной стороны главного здания базы Святого Климента Охридского и в 200 м от берега Эмона Анкориджа в Южном заливе, с видом на Гранд Лагуну. Балок стоит на металлических опорах, врытых в моренную террасу на высоте 15,5 м над уровнем моря, и окружена рукавами Резовского ручья, устье которого находится на юго-западной оконечности Болгарского пляжа,

№	Название	Описание	Место-положение	Определение/поправки	Сторона-инициатор предложения	Сторона, осуществляющая управление	Тип	Состояние сохранности	Описание исторического контекста	Применимые критерии в соответствии с Резолюцией 3 (2009 г.)	Средства и методы управления	Фотографии	Природные особенности окружающей среды, культурный контекст и местная специфика
		научных исследований и материально-технического обеспечения в Антарктике.							объектом базы до тех пор, пока в 1998 г. не было построено новое главное здание. С 1994 г. он также использовался в качестве радиорубки и почтового отделения, а с 2012 г. в нем располагается музейная выставка артефактов раннего периода научно-логистической деятельности Болгарии в Антарктике. Популярное название "Хромая собака" появилось примерно в 1999 г., когда после зимы балок обнаружили качающимся на ветру из-за повреждения опор.			феврале 2020 г. (Фото: коллекция Болгарского антарктического института/Д. Матеев) ИМП 91: часть отреставрированного интерьера, 2020 г. (Фото: коллекция Болгарского антарктического института/Д. Матеев)	используемого в качестве места посадки, обслуживающего болгарскую базу. Неподалеку расположены часовня Св. Ивана Рильского и болгаро-монгольский памятник кириллице. Несколько удобных наземных маршрутов ведут от хижины к различным внутренним и прибрежным районам острова Ливингстон (Смоленск). Балок представляет собой сооружение из многослойных панелей размером 6x3,5 м, болгарского производства, с кухней и жилыми удобствами на 6 человек. Первоначально стандартный жилой контейнер, предназначенный для использования в тогдашней болгарской лесозаготовительной промышленности на севере России, он был преобразован в уютный и

№	Название	Описание	Место-положение	Определение/поправки	Сторона-инициатор предложения	Сторона, осуществляющая управление	Тип	Состояние сохранности	Описание исторического контекста	Применимые критерии в соответствии с Резолюцией 3 (2009 г.)	Средства и методы управления	Фотографии	Природные особенности окружающей среды, культурный контекст и местная специфика
													гостеприимный антарктический объект, очень любимый людьми из разных стран, посещающих или работающих на болгарской базе.
92.	Тяжелый гусеничный снегоход «Харьковчанка», который эксплуатировался в Антарктике с 1959 по 2010 г.	Тяжелый гусеничный снегоход «Харьковчанка» был сконструирован и произведен на харьковском Заводе тяжелого машиностроения имени Малышева специально для внутриматериковых походов в Антарктиде с использованием санно-гусеничных поездов. Снегоход был первым несерийным транспортным средством советской машиностроительной промышленности и был произведен специально для работы в Антарктиде. Этот снегоход никогда не эксплуатировался за пределами Антарктики.	69°22′41,0″ ю. ш., 76°22′59,1″ в. д.	Мера 19 (2015 г.)	Россия	Россия	Памятный предмет: другое	Трактор в отличном состоянии.	На этой машине участники САЭ выполнили значительное количество санно-тракторных переходов по суше на станции: Восток и Советская; американскую станцию Амундсен-Скотт, расположенную на Южном географическом полюсе (1958–1959 гг.); Мирный – Комсомольская – Советская – Восток – Мирный (1961 г.), Молодежная (Земля Эндерби) – Новолазаревская (Земля Королевы Мод) (1964 г.) и Мирный – Полюс недоступности – Молодежная (1967 г.). «Харьковчанка» № 22 полностью соответствует оригиналу, выпущенному в 1958 г. на Харьковском заводе тяжелого машиностроения им.	Материал, из которого изготовлен этот объект, его конструкция или метод сооружения представляют особую ценность с технической, исторической, культурной или архитектурной точек зрения.	Местоположение ИМП указано на карте района станции Прогресс. Подробная информация об ИМП приведена в плане управления ОУРА № 6. Все лица, прибывающие на станцию Прогресс, извещаются о существовании и местонахождении ИМП 92.	ИМП 92: снегоход «Харьковчанка» (Фото: Сергей Тарасенко)	Снегоходный тяжелый тягач «Харьковчанка» № 22 расположен на возвышенности западнее объектов станции Прогресс менее чем в 100 м от берега озера Степпед.

№	Название	Описание	Место-положение	Определение/поправки	Сторона-инициатор предложения	Сторона, осуществляющая управление	Тип	Состояние сохранности	Описание исторического контекста	Применимые критерии в соответствии с Резолюцией 3 (2009 г.)	Средства и методы управления	Фотографии	Природные особенности окружающей среды, культурный контекст и местная специфика
		«Харьковчанка» СТТ является уникальным, исторически значимым образцом инженерно-конструкторской разработки, специально предназначенной для исследования Антарктики.							Малышева, а его окраска соответствует нормам, принятым в САЭ-РАЭ для транспортных средств.				
93.	Крушение «Эндьюранс»	Обломки судна «Эндьюранс», включая все артефакты, находящиеся или ранее находившиеся на судне, которые могут лежать на морском дне внутри или вблизи обломков судна в радиусе 150 м. Сюда входит весь стоячий и бегучий такелаж судна, в том числе штурвал, рында и т. п. В эту категорию также входят все предметы личного имущества, оставленные на судне командой в момент его затопления. Точные координаты	68° 39' 30” ю. ш., 52° 26' 30” з. д.	Мера 12 (2019 г.)	Великобритания	Великобритания	Другие останки: кораблекрушение	Состояние корабля на данный момент неизвестно.	Судно «Эндьюранс», принадлежавшее сэру Эрнесту Шеклтону. На нем он совершал свою Трансантарктическую экспедицию 1914–1916 гг. «Эндьюранс» оказался окруженным морским льдом, прежде чем был раздавлен и в конце концов опустился на морское дно в 1915 г. За этим последовало смелое спасение Шеклтоном – спасательная шлюпка «Джеймс Кэрд» приплыла в Южную Георгию за помощью. Все люди, оставленные на острове Элефант (Мордвинова), были спасены и возвращены домой в 1916 г.	На этом месте произошло событие, имеющее особое значение в истории науки и исследования Антарктики. Это место связано с человеком, сыгравшим важную роль в развитии антарктической науки или исследования Антарктики. Это место связано с проявлением беспримерной стойкости или выдающимся достижением.	Будут разработаны после обнаружения крушения.		Точные координаты местонахождения обломков неизвестны, так как судно некоторое время дрейфовало в паковых льдах. Известно, что затонувший корабль находится где-то на глубине около 2 миль на дне в море Уэдделла. Записи о местонахождении, сделанные Фрэнком Уорсли, капитаном и главным штурманом Шеклтона, дают точные координаты места затопления корабля, но они не проверялись с 1915 г. Эти последние известные координаты включены как «местоположение».

№	Название	Описание	Место-положение	Определение/поправки	Сторона-инициатор предложения	Сторона, осуществляющая управление	Тип	Состояние сохранности	Описание исторического контекста	Применимые критерии в соответствии с Резолюцией 3 (2009 г.)	Средства и методы управления	Фотографии	Природные особенности окружающей среды, культурный контекст и местная специфика
		местонахождения обломков неизвестны, так как судно некоторое время дрейфовало в паковых льдах. Мы знаем, что затонувший корабль находится где-то на дне моря Уэдделла. Записи о местонахождении, сделанные Фрэнком Уорсли, капитаном и главным штурманом Шеклтона, дают точные координаты места затопления корабля, но они не проверялись с 1915 г. Эти последние известные координаты были включены как «местоположение».											
94	Пирамида нескольких экспедиций К. А. Ларсена	Пирамида нескольких экспедиций К. А. Ларсена. Место включает в себя пирамиду из камней, установленную в 1892 г. норвежским капитаном	64°14'13,06" ю. ш., 56°35'7,50" з. д.	Мера 12 (2019 г.)	Аргентина, Великобритания, Норвегия и Швеция	Аргентина, Норвегия, Швеция и Великобритания	Другие остатки: пирамида из камней, сооруженная экспедицией	Пирамида из камней в хорошем состоянии, но потерян столб, который был в ее центре.	Остатки пирамиды из камней, установленной норвежской китобойной экспедицией «Ясон» Карла Антона Ларсена 1892–1893 гг. Два члена Шведской антарктической экспедиции 1901–	На этом месте произошло событие, имеющее особое значение в истории науки и исследования Антарктики. Имеет конкретную связь с человеком, который сыграл важную роль в истории науки или	Аргентина проводит мероприятия по информированию и распространению сведений об этом месте и его руководящих принципах по сохранению, особенно для персонала близлежащей станции Марамбио.	ИМП 94. Автор: Пабло Фонтана — Аргентинский антарктический институт	Он расположен в непосредственной близости от станции Марамбио, в нескольких метрах от северо-восточного побережья острова, в стране с небольшими осадочными

№	Название	Описание	Место-положение	Определение/поправки	Сторона-инициатор предложения	Сторона, осуществляющая управление	Тип	Состояние сохранности	Описание исторического контекста	Применимые критерии в соответствии с Резолюцией 3 (2009 г.)	Средства и методы управления	Фотографии	Природные особенности окружающей среды, культурный контекст и местная специфика
		Карлом Антоном Ларсеном во время первого исследования суши в районе вокруг нынешнего места расположения аргентинской станции Марамбио, где были впервые обнаружены антарктические ископаемые объекты. На пирамиде когда-то был установлен деревянный шест (2 м высотой и 5 см в диаметре), от которого ничего не осталось. Расположение: к северо-востоку от аргентинской станции Марамбио, Антарктический полуостров.							1903 гг. (Гуннар Андерссон и аргентинский энсин Хосе Мария Собрал) записали свои имена в одном и том же месте. В 1903 г. аргентинская спасательная экспедиция корвета «ARA Uruguay» отправила туда сообщение, но оно было удалено операцией «Табарин» в 1945 г.	исследований в Антарктике. Событие, имеющее особое значение в истории науки и исследования. В этом месте осуществлялась (полностью или частично) широкомасштабная деятельность, имевшая большое значение для освоения и изучения Антарктики. Особая техническая, историческая, культурная или архитектурная ценность материалов, конструкция или методы строительства. Это символ или памятное место для представителей многих стран.	Стороны, осуществляющие управление, разместят информацию вблизи ИМП. Стороны, осуществляющие управление, будут координировать действия по мониторингу, контролю и сохранению ИМП с точки зрения «минимального вмешательства и контролируемой деградации». Стороны, осуществляющие управление, будут работать и содействовать проведению научных исследований, относящихся к историческим событиям, связанным с ИМП. Будет обеспечена фоторегистрация места.		волнами, иногда вблизи летающих птиц.
95	Обломки «Сан-Тельмо»	Обломки корабля включают в себя все детали и аксессуары, относящиеся к судну, вооружение, оборудование, припасы, а также само судно и перевозимый на нем экипаж и	62° ю. ш., 70° з. д.	Мера 22 (2021 г.)	Испания	Испания	Другие останки: кораблекрушение	Состояние корабля на данный момент неизвестно.	В документах говорится, что капитан Смит дважды высадился в бухте Ширрефф и обнаружил остатки кораблекрушения, на которых были надписи с затонувшего корабля («Сан-Тельмо»). В 1845 г. в британской	а) событие, имеющее особое значение в истории освоения Антарктики; с) событие имеет особую связь с подвигом выживания или достижением. Обломки затонувшего	Будет разработан после обнаружения крушения.		Точные координаты местонахождения обломков неизвестны, так как судно некоторое время дрейфовало в паковых льдах. Известно, что затонувший корабль находится где-то на глубине около 2 миль на дне в море

№	Название	Описание	Место-положение	Определение/поправки	Сторона-инициатор предложения	Сторона, осуществляющая управление	Тип	Состояние сохранности	Описание исторического контекста	Применимые критерии в соответствии с Резолюцией 3 (2009 г.)	Средства и методы управления	Фотографии	Природные особенности окружающей среды, культурный контекст и местная специфика
		военный персонал. Обозначение также включает все личные вещи, которые экипаж оставил на корабле, когда он затонул. Линейное судно третьего класса (74 орудия) с двумя палубами и 74 орудиями имело длину 190 футов, ширину 52 фута и осадку 25 футов. Его примерное водоизмещение составляло 2 750 т, а экипаж – 644 человека.							лоцманской карте сообщилось о тех же новостях, на этот раз в официальном специализированном руководстве, опубликованном Гидрографическим управлением Британского адмиралтейства, которое содержало следующий абзац: «Остатки кораблекрушения были найдены охотниками на тюленей в 1820 году без выживших на острове Ливингстон (Смоленск) на Южных Шетландских островах». Джеймс Уэдделл, который был в этих местах в период с 1822 по 1824 гг., рассказывает, что на пляже на указанном острове было найдено разбросанными большое количество костей тюленей, что он связал с предыдущим инцидентом. По мнению испанских исследователей, проводивших археологический исследовательский проект в 1990-х годах, свидетельства, найденные на этом месте, и топонимия,	корабля также будут представлять интерес для морских археологов и всех, кто продвигает наследие Антарктики, и поэтому: e) обладают особой технической, исторической, культурной или архитектурной ценностью с точки зрения материалов, конструкции или методов строительства; а также f) обладают исследовательским потенциалом и образовательной ценностью для просвещения людей о важной деятельности человека в Антарктике.			Уэдделла. Записи о местонахождении, сделанные Фрэнком Уорсли, капитаном и главным штурманом Шеклтона, дают точные координаты места затопления корабля, но они не проверялись с 1915 г. Эти последние известные координаты включены как «местоположение».

№	Название	Описание	Место-положение	Определение/поправки	Сторона-инициатор предложения	Сторона, осуществляющая управление	Тип	Состояние сохранности	Описание исторического контекста	Применимые критерии в соответствии с Резолюцией 3 (2009 г.)	Средства и методы управления	Фотографии	Природные особенности окружающей среды, культурный контекст и местная специфика
									оставленная британцами (остров Тельмо, залив Хаф-Мун, бухта Ширрефф), полностью соответствуют старым документам. Время, прошедшее между этими событиями и появлением в тех водах коммерческих судов, особенно охотников на тюленей, означало, что останки затонувшего судна постоянно использовались повторно и со временем исчезали, потреблялись или трансформировались. Некоторые из укрытий, включая укрытия выживших после кораблекрушения, были надежно идентифицированы испанскими археологами в период с 1992 по 1995 гг.				

2. Решения

Решение 1 (2021 г.)

Система охраняемых районов Антарктики: переформатированный Перечень Исторических мест и памятников

Представители,

напоминая о Решении 1 (2019 г.), в котором Стороны достигли соглашения о включении новых полей информации в дополнение к существующим полям в Перечне Исторических мест и памятников (Перечень ИМП);

желая обновить описания Исторических мест и памятников (ИМП) в соответствии с форматом, предписанным Решением 1 (2019 г.), но в то же время осознавая, что, вероятно, будут регулярные обновления незначительного и технического характера в определенных новых областях информации,

принимают следующее решение:

1. Информация, содержащаяся в полях «№», «Описание», «Местоположение», «Название», «Тип», «Описание исторического контекста», «Применимые критерии в соответствии с Резолюцией 3 (2009 г.)» и «Природные особенности окружающей среды, культурный контекст и местная специфика», продолжает оставаться формальной частью Перечня ИМП, и любые изменения в этих полях требуют принятия с помощью Меры.

2. Рассматривать информацию, содержащуюся в полях «Состояние сохранности», «Средства и методы управления», «Определение/поправки» и «Фотографии» как дополнительную информацию к Перечню ИМП, для которого любые изменения будут согласовываться Комитетом по охране окружающей среды (КООС) и отмечаться в его отчете для Консультативного совещания по Договору об Антарктике (КСДА), и в базе данных ИМП Секретариатом Договора об Антарктике.

Решение 2 (2021 г.)

Правила персонала Секретариата Договора об Антарктике

Представители,

напоминая о Мере 1 (2003 г.) о создании Секретариата Договора об Антарктике (Секретариат);

напоминая о Решении 4 (2019 г.) о Правилах персонала Секретариата,

принимают следующее решение:

1. Принять Правила персонала Секретариата Договора об Антарктике, приложенные к настоящему Решению; и

2. Признать Приложение к Решению 4 (2019 г.) утратившим силу.

Положения о персонале Секретариата Договора об Антарктике

ПОЛОЖЕНИЯ О ПЕРСОНАЛЕ

ПОЛОЖЕНИЕ 1
ПРЕАМБУЛА

1.1 Настоящие Положения о персонале устанавливают основные принципы найма, регулируют рабочие взаимоотношения и определяют права и обязанности сотрудников Секретариата Договора об Антарктике (Секретариат) и распространяются на персонал, который выполняет работу в Секретариате и получает от него вознаграждение.

1.2 Совещание пришло к согласию о том, что упоминание в тексте Положений о персонале сотрудников в мужском роде распространяется на сотрудников обоих полов за исключением случаев, когда это явно не следует из контекста.

ПОЛОЖЕНИЕ 2
ОБЯЗАННОСТИ, ОБЯЗАТЕЛЬСТВА И ПРИВИЛЕГИИ

2.1 Принимая свое назначение, сотрудники обязуются честно исполнять свои обязанности и вести себя исключительно в соответствии с интересами КСДА. Как персонал Секретариата сотрудники несут ответственность исключительно перед КСДА, а не перед государствами, гражданами которых они являются.

2.2 Сотрудники всегда должны строить свое поведение, руководствуясь приверженностью Договору об Антарктике. Сотрудники всегда должны помнить о том, что возложенная на них ответственность обязывает их вести себя лояльно, сдержанно и тактично при выполнении своих обязанностей. Они должны воздерживаться от любых действий, заявлений или общественной деятельности, которые могут нанести ущерб КСДА и его целям.

2.3 От сотрудников не требуется отказа ни от своих национальных чувств, ни от политических или религиозных убеждений, но при этом сотрудники должны принимать меры к тому, чтобы такие взгляды или убеждения не оказывали отрицательного влияния на выполнение их служебных обязанностей или наносили ущерб интересам КСДА. Сотрудники должны обеспечивать высокий уровень работоспособности, компетентности и добросовестности. Понятие добросовестности включает порядочность, беспристрастность, справедливость, честность и правдивость во всех вопросах, касающихся их работы и статуса, но не ограничивается ими.

2.4 При исполнении своих обязанностей сотрудники не должны запрашивать или принимать указания от какого бы то ни было правительства или органа власти, за исключением КСДА.

2.5 Сотрудники должны проявлять крайнюю осмотрительность в отношении служебных вопросов и воздерживаться от использования в личных целях сведений, которыми они обладают в силу своего служебного положения. Правом выдачи разрешений на разглашение информации для официальных целей обладает КСДА или Исполнительный секретарь (в зависимости от обстоятельств).

2.6 Сотрудники, как правило, не должны иметь никакой другой работы, кроме работы в Секретариате. В особых случаях сотрудники могут согласиться на другую работу, при условии, чтоона не мешает исполнению их обязанностей в Секретариате и что предварительно они получили на это согласие Исполнительного секретаря. В отношении Исполнительного секретаря должно быть получено предварительное согласие КСДА.

2.7 Ни один сотрудник не должен принимать участия в управлении коммерческими делами, промышленными или иными предприятиями, или иметь финансовую заинтересованность в таких делах или предприятиях, если в силу своего официального положения в Секретариате он/она может извлечь выгоду из такого участия или заинтересованности. Владение акциями, не составляющими контрольный пакет какой-либо компании, не рассматривается как финансовая заинтересованность в контексте данного Положения.

2.8 Сотрудники пользуются привилегиями и иммунитетами, на которые они имеют право согласно Соглашению о штаб-квартире Секретариата Договора об Антарктике в соответствии со Статьей 5 Меры 1 (2003 г.) XXVI КСДА.

ПОЛОЖЕНИЕ 3
ЧАСЫ РАБОТЫ

3.1 Обычный рабочий день равен восьми часам, с понедельника по пятницу, т.е. всего сорок часов в неделю.

3.2 Часы работы устанавливает Исполнительный секретарь, который может изменять их в интересах КСДА, как того требуют сложившиеся обстоятельства.

3.3 Сотрудники имеют право работать по гибкому графику в соответствии с моделью скользящего графика, предусмотренной правилами внутреннего трудового распорядка, с согласия Исполнительного секретаря и исходя из необходимости обеспечения деятельности Секретариата.

3.4 Для постоянных штатных сотрудников должен предусматриваться обеденный перерыв продолжительностью не менее 30 минут, не более 1 часа и не позднее, чем через пять часов после начала рабочего дня.

ПОЛОЖЕНИЕ 4
КЛАССИФИКАЦИЯ СОТРУДНИКОВ

4.1 Сотрудники относятся к одной из двух следующих категорий:

(а) Сотрудники руководящей категории

Должности руководящего характера, предполагающие большую ответственность. Эти должности будут занимать профессионалы, обладающие соответствующей квалификацией, предпочтительно с университетским или эквивалентным ему образованием. Сотрудники этой категории будут набираться в разных странах, но только среди граждан Консультативных сторон.

(b) Сотрудники общей категории

Все остальные сотрудники, включая письменных и устных переводчиков, технический, административный и вспомогательный персонал. Эти сотрудники будут набираться в Аргентине среди граждан Консультативных сторон.

4.2 Лица, нанятые в соответствии с Положением 11, не относятся к числу сотрудников.

ПОЛОЖЕНИЕ 5
ОКЛАДЫ И ВОЗНАГРАЖДЕНИЕ

5.1 Шкала окладов сотрудников руководящей категории прилагается в Дополнении А. Оклады сотрудников руководящей категории выплачиваются в валюте Соединенных Штатов Америки.

5.2 Шкала окладов сотрудников общей категории прилагается в Дополнении В. Оклады сотрудников общей категории выплачиваются в валюте Соединенных Штатов Америки.

5.3 Для целей настоящих Положений термин «иждивенец» означает:

(a) любого не получающего зарплату ребенка, родившегося у сотрудника, его/ее супруги/супруга или их детей или усыновленного (удочеренного) ими, которому меньше восемнадцати лет и который является иждивенцем сотрудника, будучи у него/нее на основном и постоянном иждивении;

(b) любого ребенка, отвечающего условиям, установленным в пункте (а) выше, но в возрасте от восемнадцати до двадцати пяти лет, который получает школьное или университетское образование, или проходит профессиональную подготовку;

(c) любого ребенка с физическими или умственными недостатками, являющегося иждивенцем сотрудника, будучи у него/нее на основном и постоянном иждивении;

(d) любого другого ребенка, который проживает у сотрудника и находится на его/ее иждивении, будучи у него/нее на основном и постоянном иждивении;

(e) любого члена семьи, входящего в состав домохозяйства сотрудника, за основное и постоянное содержание которого сотрудник несет ответственность по закону.

5.4 Оклады сотрудников руководящей категории отсчитываются с Первой ступени того уровня, на который они назначаются на должность. Сотрудники остаются на этом уровне по крайней мере в течение первого года службы.

5.5 Перевод окладов Исполнительного секретаря и других сотрудников с одного уровня на другой требует предварительного одобрения КСДА.

5.6 Исполнительный секретарь принимает меры к тому, чтобы любому сотруднику руководящей категории, на которого распространяется национальный подоходный налог, была возвращена сумма налога, уплаченного им/ею со своего оклада. Такие меры принимаются только при условии, что прямые издержки возврата налога оплачивает страна, гражданином которой является сотрудник. Сотрудники общей категории несут ответственность за уплату национального подоходного налога со своего оклада, если таковой предусмотрен.

5.7 Сотрудники получают ежегодные надбавки в случае удовлетворительного исполнения своих обязанностей. Выплата надбавок прекращается, когда сотрудник достигает высшей ступени того уровня, который он/она занимает.

5.8 Назначение сотрудников руководящей категории на оклад выше Первой ступени соответствующего уровня возможно только в исключительных случаях по предложению Исполнительного секретаря и с одобрения КСДА.

5.9 Сотрудники руководящей категории не имеют права на получение сверхурочных или отгулов за переработку.

5.10 Для сотрудников общей категории, которые вынуждены работать более 40 часов в течение одной недели, на усмотрение Исполнительного секретаря предусматривается компенсация в виде:

(a) отгулов, продолжительность которых равна количеству часов сверхурочной работы;

(b) сверхурочных за каждый час сверхурочной работы, которые рассчитываются по полуторной ставке или, если дополнительная работа пришлась на воскресенье или праздники, перечисленные в Положении 7.8, по двойной ставке.

5.11 КСДА оплачивает Исполнительному секретарю обоснованные представительские расходы, понесенные им/ею при исполнении своих обязанностей в пределах, установленных годовым бюджетом.

5.12 С предварительного одобрения Исполнительного секретаря сотруднику общей категории, исполняющему все обязанности сотрудника более высокой категории в течение не менее четырех недель, выплачивается заработная плата в размере оклада сотрудника более высокой категории в течение срока выполнения упомянутых обязанностей.

ПОЛОЖЕНИЕ 6
НАБОР И НАЗНАЧЕНИЕ ПЕРСОНАЛА

6.1 Согласно Статье 3 Меры 1 (2003) КСДА назначает Исполнительного секретаря и устанавливает размер вознаграждения и прочие льготы, которые оно сочтет уместными. Срок пребывания в должности Исполнительного секретаря составляет четыре года, если КСДА не примет иного решения; Исполнительный секретарь имеет право быть повторно назначенным на эту должность на один дополнительный срок. Общая продолжительность работы на этой должности не может превышать восьми лет.

6.2 Согласно Статье 3 Меры 1 (2003 г.) Исполнительный секретарь назначает других сотрудников, руководит ими и осуществляет контроль за из работой. При назначении, переводе или повышении сотрудников в должности следует руководствоваться, главным образом, необходимостью обеспечить высокий уровень работоспособности, компетентности и добросовестности. При отборе кандидатов в условиях равноценной квалификации будут учитываться гендерное равенство и обеспечение географической сбалансированности. При этом необходимо уделять должное внимание тому, чтобы наем персонала руководящей категории осуществлялся среди граждан Консультативных сторон, по возможности, на самой широкой основе.

6.3 Каждый выбранный сотрудник получает предложение о назначении на должность с указанием:

(a) того, что это назначение регулируется настоящими Положениями, включая поправки, которые могут периодически в них вноситься;
(b) характера назначения, включая описание должностных обязанностей и служебных задач;
(c) даты, когда сотрудник должен приступить к работе и график работы;
(d) срока пребывания в должности, срока заблаговременного уведомления об увольнении и длительности испытательного срока;
(e) для сотрудников руководящей категории, срока пребывания в должности, который не должен превышать четырех лет и может быть продлен по согласованию с КСДА;
(f) категории, уровня, исходного оклада, шкалы надбавок и максимально возможного размера оклада;
(g) пособий, полагающихся на этой должности;
(h) любых особых условий, которые могут быть применимы к данному случаю.

6.4 Вместе с предложением о назначении на должность персоналу вручается копия настоящих Положений. Принимая предложение о назначении на должность, сотрудники подписывают соответствующий трудовой договор и заявляют в письменной форме, что они ознакомились и согласны с условиями, изложенными в настоящих Положениях.

6.5 Исполнительный секретарь, используя общепризнанную методику, проводит ежегодную оценку эффективности выполнения сотрудником своих должностных обязанностей с целью постоянного улучшения качества управления, а также для аргументированного решения вопроса о продвижении по службе или отстранении сотрудника от работы.

ПОЛОЖЕНИЕ 7
ОТПУСК

7.1 Сотрудники имеют право на ежегодный отпуск в размере 25 оплачиваемых рабочих дней в течение каждого года работы или, для периодов менее полного календарного года, в размере двух оплачиваемых рабочих дней за каждый полный месяц работы. Вышеупомянутый отпуск разбивается на регулярный отпуск продолжительностью 15 оплачиваемых рабочих дней, которые можно брать подряд, и дополнительный отпуск продолжительностью 10 оплачиваемых рабочих дней, которые можно брать частями не более чем по 3 дня подряд. В конце каждого календарного года неиспользованные в течение данного года дни регулярного отпуска в количестве не более 15 рабочих дней можно переносить на следующий год. Дополнительный отпуск не является накопительным.

7.2 Отпуск не должен являться причиной нарушения обычной работы Секретариата.

Согласно этому принципу сроки и продолжительность отпуска устанавливаются с учетом потребностей КСДА. Сроки отпусков утверждаются Исполнительным секретарем, который, по мере возможности, принимает во внимание личные обстоятельства, потребности и предпочтения сотрудников.

7.3 Ежегодный отпуск можно взять в один или несколько приемов. Сотрудники должны заранее, не менее чем за четыре недели, уведомлять Исполнительного секретаря о своем намерении взять регулярный отпуск после проведения консультаций с другими сотрудниками с тем, чтобы убедиться, что их отпуск не нарушит режим нормального функционирования Секретариата.

7.4 Любое отсутствие, не предусмотренное условиями настоящих Положений, вычитается из ежегодного отпуска.

7.5 Сотрудники, у которых по истечении срока их пребывания в должности остаются накопленные дни ежегодного отпуска, получают наличными эквивалентную сумму, рассчитанную на основе последнего полученного оклада, но не более чем за 30 дней.

7.6 Согласно Положениям 9.3 и 9.4 после 18 месяцев работы Секретариат
оплачивает сотрудникам, нанятым в других странах, и их иждивенцам расходы на поездку на родину в связи с ежегодным отпуском. После этого оплачиваемая поездка на родину в отпуск разрешается один раз в два года при условии, что:

(a) иждивенцы, пользующиеся такой безвозмездной помощью, проживали в Буэнос-Айресе по крайней мере в течение 6 месяцев до поездки;

(b) предполагается, что сотрудники вернутся в Секретариат для дальнейшей работы не менее чем еще на 6 месяцев.

7.7 Возможность совмещения поездки на родину в отпуск со служебной поездкой по делам Секретариата также может быть рассмотрена при условии, что это не нанесет ущерба функциям Секретариата.

7.8 Сотрудники имеют право на выходные и праздничные дни, законодательно установленные в Аргентинской Республике и (или) городе Буэнос-Айресе, а именно:

Праздники, отмечаемые ежегодно в один и тот же день

1 января	Новый год
24 марта	национальный праздник
2 апреля	национальный праздник
01 мая	национальный праздник
25 мая	национальный праздник
9 июля	национальный праздник
8 декабря	праздник Непорочного Зачатия Пресвятой Девы Марии
25 декабря	Рождественские праздники и

нерабочие дни

	Понедельник и вторник карнавала в
	Великий четверг
	Страстная Пятница
17 июня	национальный праздник
20 июня	национальный праздник
17 августа	национальный праздник
12 октября	национальный праздник
20 ноября	национальный праздник

7.9 Если при особых обстоятельствах сотрудники вынуждены работать в один из указанных выше дней или если один из этих праздников выпадает на субботу или воскресенье, выходной переносится на другой день в соответствии с решением Исполнительного секретаря, который должен обеспечить эффективную работу Секретариата.

7.10 Сотрудники имеют право на следующие виды специального краткосрочного отпуска:[1]

a) в связи с вступлением в брак: продолжительностью 10 календарных дней
b) отпуск в связи со смертью супруга/супруги, гражданского супруга/гражданской супруги, детей или родителей продолжительностью 3 календарных дня
c) отпуск в связи со смертью родных братьев/сестер, родителей жены/мужа или прародителей продолжительностью 1 день;
d) отпуск в связи с переездом на новое место жительства продолжительностью 2 дня;
e) отпуск для сдачи экзаменов (аспирантура, университет) продолжительностью 2 календарных дня на каждый экзамен, но не более 10 дней в календарном году;
f) отпуск по уходу за супругом/супругой, родителями или детьми сотрудника из-за их болезни продолжительностью 2 дня или более по усмотрению Исполнительного секретаря и при наличии обоснованных причин.

7.11 Через 12 месяцев непрерывной трудовой деятельности в Секретариате сотрудники имеют право на предоставление отпуска по личным обстоятельствам без сохранения содержания продолжительностью до 3 месяцев. Предоставление такого отпуска не должно приводить к нарушению режима нормального функционирования Секретариата. В силу этого сроки и продолжительность отпуска подлежат утверждению Исполнительным секретарем.

7.12 Сотрудники не имеют права на предоставление отпуска по болезни продолжительностью более 3 календарных дней или суммарно более 7 рабочих дней в календарном году без представления больничного листа.

7.13 a) Сотрудники имеют право на предоставление отпуска по болезни, если произошел *несчастный случай или заболевание, не связанное с профессией, в соответствии с положениями действующего правового режима Аргентинской Республики.*

(b) В случае этого несчастного случая или заболевания, лишающих сотрудника возможности исполнять свои обязанности в Секретариате, сотрудник и его/ее иждивенцы имеют право на путевые расходы на проезд и переезд в страну гражданской принадлежности или прежнего местожительства за счет Секретариата.

7.14 Сотрудники имеют право на декретный отпуск в соответствии с положениями действующего правового режима Аргентинской Республики. При этом отец новорожденного имеет право на отпуск продолжительностью 10 дней с сохранением содержания, который может быть использован в указанный выше период времени.

[1] Положения 7.10, 7.11 и 7.14 установлены в соответствии с действующим национальным законодательством Аргентины; КСДА должен рассмотреть любые существенные изменения в национальном законодательстве Аргентины, но может в любое время пересмотреть эти положения.

7.15 Через 12 месяцев непрерывной трудовой деятельности в Секретариате сотрудники имеют право на отпуск по уходу за ребенком без сохранения содержания продолжительностью до трех месяцев в случае рождения или усыновления/удочерения ребенка.

ПОЛОЖЕНИЕ 8
СОЦИАЛЬНОЕ ОБЕСПЕЧЕНИЕ

8.1 Сотрудники будут нести ответственность за полную выплату своих личных взносов на социальное страхование. Секретариат возьмет на себя ответственность за отчисления на социальное страхование, являющиеся обязанностью работодателя; и выплатит любые виды обязательного страхования, аналогично работодателю, в соответствии с нормативными актами Аргентинской Республики.

8.2 В случае смерти сотрудника его иждивенцы будут иметь право на получение пособия в случае смерти и оплаты на путевых расходов на проезд и переезд в страну гражданской принадлежности или прежнего местожительства за счет Секретариата, независимо от любых компенсаций, которые они могут получить. регулируется постановлениями Аргентинской Республики и постановлениями, упомянутыми в Статье 10.

8.3 Лица, находящиеся на иждивении умершего сотрудника, теряют право на оплату расходов по возвращению домой и перевозке имущества, если переезд не состоялся в течение шести месяцев со дня смерти сотрудника.

8.4 Вышеуказанное пособие по случаю смерти кормильца рассчитывается по следующей шкале:

Стаж работы	Выплаты по случаю смерти, выраженные в месяцах оклада до вычета налогов
Меньше 3 лет	3 месяца
3 года и больше, но меньше 7 лет	4 месяца
7 лет и больше, но меньше 9 лет	5 месяца
9 лет и больше	6 месяца

8.5 Секретариат оплачивает обычные и разумно обоснованные расходы на перевозку тела сотрудника с места смерти в место, указанное ближайшими родственниками.

ПОЛОЖЕНИЕ 9
ПОЕЗДКИ

9.1 Сотрудники могут быть направлены в поездку, в том числе международную, по поручению Секретариата. Все командировки должны быть заранее санкционированы Исполнительным секретарем в пределах имеющегося бюджета, а маршрут и условия поездки должны быть наиболее подходящими для обеспечения максимальной эффективности выполнения порученного задания.

9.2 В случае командировки заранее выплачивается разумно обоснованное командировочное пособие, покрывающее стоимость проживания и суточные расходы.

9.3 При поездках воздушным транспортом по возможности используется тариф экономического класса. При полетах продолжительностью более 9 часов можно пользоваться тарифом бизнес-класса.

9.4 Тарифом первого класса можно пользоваться при поездках наземным транспортом, но не морским или воздушным.

9.5 По окончании командировки сотрудники возвращают все командировочные пособия, которые в данном случае им не полагались. В тех случаях, когда расходы, понесенные сотрудниками, превышают сумму выданных им командировочных пособий, они получают компенсацию на основании предъявленных квитанций и счетов при условии, что понесенные расходы были необходимы для исполнения ими своих служебных обязанностей.

9.6 При вступлении в должность руководящей категории сотрудники имеют право на:

(a) оплату авиабилета (или его эквивалента) и транспортное пособие на себя, супругу/супруга и иждивенцев в связи с переездом в Буэнос-Айрес;

(b) оплату расходов на полный переезд, включая отправку личных вещей и предметов домашнего обихода из места проживания в Буэнос-Айрес в объеме не более 30 кубических метров или одного международного стандартного грузового контейнера;

(c) оплату или возмещение различных других обоснованных расходов, связанных с переселением, включая страхование имущества во время транспортировки и плату за перевес багажа. Такие выплаты предварительно утверждаются Исполнительным секретарем.

9.7 Сотрудники, которые при исполнении служебных обязанностей должны использовать личные автомобили для осуществления служебных поездок, с предварительного согласия Исполнительного секретаря имеют право на компенсацию обоснованных расходов. Расходы, связанные с обычными ежедневными поездками на работу и с работы не возмещаются.

ПОЛОЖЕНИЕ 10
ПРЕКРАЩЕНИЕ СЛУЖБЫ

10.1 Сотрудники могут подать в отставку в любое время, направив об этом уведомление за три месяца до увольнения или за меньший срок, который может быть утвержден Исполнительным секретарем (если речь идет о других сотрудниках) или КСДА (если речь идет об Исполнительном секретаре).

10.2 Если сотрудник подает в отставку, не направив необходимого уведомления, Исполнительный секретарь (если речь идет о других сотрудниках) или КСДА (если речь идет об Исполнительном секретаре) оставляют за собой право решать, будут ли оплачены этому сотруднику расходы на репатриацию или любые иные пособия.

10.3 Сотрудник может быть уволен Исполнительным секретарем (а если речь идет об Исполнительном секретаре, то КСДА) после предварительного письменного уведомления, направленного не менее чем за три месяца, если считается, что это нужно для обеспечения эффективной работы Секретариата вследствие его реорганизации, или если считается, что данный сотрудник работает неудовлетворительно, не выполняет свои функции и обязанности, изложенные в настоящих Положениях, или является нетрудоспособным.

10.4 В случае прекращения службы в Секретариате сотрудники руководящей категории получают компенсацию в размере базового оклада за один месяц за каждый год работы, начиная со второго года, если только причиной ухода со службы не является серьезное нарушение служебных обязанностей, предписанных Положением 2.

10.5 В случае вынужденного увольнения сотрудника общей категории выплачивается компенсация в соответствии с действующими постановлениями Аргентинской Республики. Если причиной ухода со службы является серьезное нарушение служебных обязанностей, предписанных Положением 2 или совершение правонарушений, признанных очень серьезными в Положении 12, указанная компенсация предоставлена не будет.

10.6 При прекращении службы сотрудник руководящей категории имеет право на:

(a) оплату авиабилета экономического класса (или его эквивалента) до своей родины или до места предыдущего проживания для себя и для членов своей семьи, находящихся на его/ее иждивении;

(b) оплату расходов на полный переезд, включая отправку личных вещей и предметов домашнего обихода из места проживания в Буэнос-Айресе до родины или места предыдущего проживания в объеме не более 30 кубических метров или одного международного стандартного грузового контейнера.

10.7 Любой сотрудник имеет право на прекращение трудовых отношений с Секретариатом по причине выхода на пенсию, при этом сотрудник должен подать заявление об уходе с работы за 3 (три) месяца до даты ухода.

10.8 Исполнительный секретарь может предложить сотруднику воспользоваться правом на пособие по выходу на пенсию при условии, что у сотрудника есть такое право в соответствии с положениями законодательства Аргентинской Республики. После заблаговременной подачи упомянутого выше заявления трудовые отношения поддерживаются в течение одного года с даты подачи заявления. По истечении данного периода времени имеющие полную юридическую силу трудовые отношения считаются прекращенными.

ПОЛОЖЕНИЕ 11
ВРЕМЕННЫЕ СОТРУДНИКИ, НАНЯТЫЕ ПО КОНТРАКТУ

11.1 Исполнительный секретарь может нанимать по контракту временных сотрудников, необходимых для выполнения особых обязанностей краткосрочного характера в рамках работы Секретариата. Краткосрочным считается контракт продолжительностью менее шести месяцев. Такой персонал классифицируется как дополнительный и может получать почасовую оплату.

11.2 К этой категории могут относиться дополнительные письменные и устные переводчики, машинистки и другие лица, нанятые на период проведения совещаний, а также те, кого Исполнительный секретарь нанимает по контракту для выполнения конкретного задания.

ПОЛОЖЕНИЕ 12
ДИСЦИПЛИНАРНЫЙ РЕЖИМ

12.1 Исполнительный секретарь может применять дисциплинарные санкции к сотрудникам за любое зарегистрированное несоблюдение и в зависимости от его степени серьезности. Указанные санкции будут должным образом сообщены тому, кто совершил дисциплинарное нарушение.

Исполнительный секретарь предоставляет сотруднику:

a) заявления о неправомерном поведении в письменной или электронной форме, которые должны включать конкретные обязательства или стандарты поведения, которые нарушил сотрудник;

b) уведомление о праве сотрудника ответить на утверждения о проступках и представить любые доказательства в течение трех рабочих дней.

12.2 Установлены три вида дисциплинарных проступков, за которые могут быть наложены санкции в зависимости от степени тяжести. Они включают следующее:

- <u>Мелкие правонарушения.</u> Санкции могут быть наложены вынесением предупреждения.
- <u>Серьезные правонарушения.</u> Санкции могут быть наложены вынесением

предупреждения или временным отстранением на срок от 1 до 4 дней без оплаты.

- Очень серьезные правонарушения. Санкции могут быть наложены в виде временного отстранения от 5 до 10 дней без сохранения заработной платы или увольнения.

12.3 Правонарушения, подлежащие санкциям, будут перечислены во Внутреннем регламенте о дисциплинарном режиме Секретариата, с указанием того, что указанный список не является исчерпывающим, и в нем не будут перечислены действия, которые заслуживают санкций, на усмотрение и подробное рассмотрение Исполнительного секретаря»

ПОЛОЖЕНИЕ 13
ПРИМЕНЕНИЕ И ИЗМЕНЕНИЕ ПОЛОЖЕНИЙ

13.1 Ответственность за применение настоящих Положений о персонале от имени и по поручению КСДА несет Исполнительный секретарь. Применимость Положений в отношении Исполнительного секретаря определяется КСДА.

13.2 Любые сомнения, возникающие в результате применения настоящих Положений, разрешаются Исполнительным секретарем после проведения консультаций с КСДА.

13.3 Исполнительный секретарь доводит до сведения КСДА все вопросы, не предусмотренные настоящими Положениями.

13.4 Настоящие Положения, включая дополнения, могут быть изменены Решением КСДА.

Шкала окладов на 2021/22 финансовый год

Дополнение A

]КАЛА ОКЛАДОВ СОТРУДНИКОВ РУКОВОДЯЩЕЙ КАТЕГОРИ[

(долл. США)

2021/22		СТУПЕНИ														
Уровень		I	II	III	IV	V	VI	VII	VIII	IX	X	XI	XII	XIII	XIV	XV
E1	A	$ 135 302	$ 137 819	$ 140 337	$ 142 855	$ 145 373	$ 147 890	$ 150 407	$ 152 926							
E1	B	$ 169 127	$ 172 274	$ 175 421	$ 178 569	$ 181 716	$ 184 863	$ 188 009	$ 191 158							
E2	A	$ 113 932	$ 116 075	$ 118 218	$ 120 359	$ 122 501	$ 124 642	$ 126 783	$ 128 926	$ 131 069	$ 133 211	$ 135 352	$ 135 595	$ 137 709		
E2	B	$ 142 415	$ 145 093	$ 147 772	$ 150 449	$ 153 126	$ 155 802	$ 158 479	$ 161 158	$ 163 837	$ 166 513	$ 169 190	$ 169 494	$ 172 136		
E3	A	$ 95 007	$ 97 073	$ 99 140	$ 101 207	$ 103 275	$ 105 341	$ 107 408	$ 109 476	$ 111 542	$ 113 608	$ 115 675	$ 116 915	$ 118 154	$ 120 193	$ 122 231
E3	B	$ 118 758	$ 121 341	$ 123 925	$ 126 509	$ 129 094	$ 131 676	$ 134 260	$ 136 845	$ 139 427	$ 142 010	$ 144 594	$ 146 143	$ 147 693	$ 150 242	$ 152 788
E4	A	$ 78 779	$ 80 693	$ 82 609	$ 84 518	$ 86 435	$ 88 347	$ 90 257	$ 92 174	$ 94 089	$ 96 000	$ 97 915	$ 98 448	$ 100 336	$ 102 223	$ 104 110
E4	B	$ 98 474	$ 100 866	$ 103 262	$ 105 648	$ 108 044	$ 110 434	$ 112 822	$ 115 217	$ 117 611	$ 119 999	$ 122 393	$ 123 060	$ 125 419	$ 127 778	$ 130 137
E5	A	$ 65 315	$ 67 029	$ 68 739	$ 70 452	$ 72 162	$ 73 873	$ 75 586	$ 77 293	$ 79 007	$ 80 719	$ 82 427	$ 82 981			
E5	B	$ 81 644	$ 83 786	$ 85 924	$ 88 065	$ 90 203	$ 92 342	$ 94 482	$ 96 617	$ 98 759	$ 100 899	$ 103 034	$ 103 726			
E6	A	$ 51 706	$ 53 351	$ 54 994	$ 56 641	$ 58 284	$ 59 928	$ 61 575	$ 63 219	$ 64 862	$ 65 862	$ 66 508				
E6	B	$ 64 632	$ 66 689	$ 68 742	$ 70 801	$ 72 855	$ 74 910	$ 76 969	$ 79 024	$ 81 078	$ 82 328	$ 83 135				

Примечание: Строка B — это базовый оклад (указан в строке A) плюс 25 % надбавка, покрывающая накладные расходы (отчисления в пенсионный фонд, страховые взносы, пособия на обустройство, репатриацию, образование и т. д.), которые составляют общую сумму оклада сотрудников руководящей категории в соответствии с Положением 5.1.

Дополнение B

ШКАЛА ОКЛАДОВ ДЛЯ СОТРУДНИКОВ ОБЩЕЙ КАТЕГОРИИ

(долл. США)

		СТУПЕНИ														
Уровень		I	II	III	IV	V	VI	VII	VIII	IX	X	XI	XII	XIII	XIV	XV
G1		$ 64 788	$ 67 810	$ 70 834	$ 73 856	$ 77 006	$ 80 291									
G2		$ 53 990	$ 56 508	$ 59 028	$ 61 546	$ 64 172	$ 66 909									
G3		$ 44 990	$ 47 089	$ 49 189	$ 51 288	$ 53 477	$ 55 760									
G4		$ 37 493	$ 39 242	$ 40 991	$ 42 741	$ 44 564	$ 46 466									
G5		$ 30 972	$ 32 419	$ 33 863	$ 35 310	$ 36 818	$ 38 391									
G6		$ 25 388	$ 26 571	$ 27 756	$ 28 941	$ 30 177	$ 31 465									
G7		$ 13 724	$ 14 317	$ 14 911	$ 15 505	$ 16 124	$ 16 770									

Решение 3 (2021 г.)

Отчет, программа и бюджет Секретариата

Представители,

напоминая о Мере 1 (2003 г.) по вопросу создания Секретариата Договора об Антарктике (Секретариат);

напоминая о Решении 2 (2012 г.) об учреждении постоянно действующей Межсессионной контактной группы (МКГ) по финансовым вопросам, созываемой страной, принимающей следующее Консультативное совещание по Договору об Антарктике (КСДА);

принимая во внимание Финансовый регламент секретариата Договора об Антарктике, прилагаемый к Решению 4 (2003 г.),

принимают следующее решение:

1. Утвердить проверенный финансовый отчет за 2019/20 финансовый год, прилагаемый к настоящему Решению (Приложение 1).

2. Принять к сведению Отчет Секретариата за 2020/21 финансовый год, включающий в себя Предварительный финансовый отчет за 2020/21 финансовый год, прилагаемый к настоящему Решению (Приложение 2).

3. Принять к сведению Прогнозный пятилетний финансовый план на 2022/23–2026/27 финансовые годы и утвердить Программу работы Секретариата на 2021/22 финансовый год, включая Бюджет на 2021/22 финансовый год и Сметное предложение на 2022/23 финансовый год, прилагаемые к настоящему Решению (Приложение 3).

4. Прекратить работу открытой МКГ по финансовым вопросам, упомянутой в Решении 2 (2012 г.), и обратиться к Исполнительному секретарю Секретариата открыть на форуме КСДА тему, о которой следует сообщить Консультативным сторонам по финансовым вопросам.

Проверенный Финансовый отчет за 2019/2020 финансовый год

«2021 - ГОД ПАМЯТИ НОБЕЛЕВСКОГО ЛАУРЕАТА В ОБЛАСТИ МЕДИЦИНЫ

Presidencia de la Nación
Sindicatura General de la Nación

ПРИЛОЖЕНИЕ I

Аудиторское заключение

Г-ну Секретарю
Секретариата Договора об Антарктике, улица Майпу 757, 4-й этаж
CUIT 30-70892567-1
Вх.: XLIII Консультативное Совещание по Договору об Антарктике, Париж (Франция), 2021 г.

1. Отчёт о результатах проверки финансовой отчётности

Нами был произведен аудит прилагаемой Финансовой отчётности Секретариата Договора об Антарктике, включающей Отчёт о доходах и расходах, Отчёт о финансовом состоянии, Отчёт об изменениях в стоимости активов, Отчёт о движении денежных средств, а также Пояснительные записки за финансовый период с 1 апреля 2019 года по 31 марта 2020 года.

2. Ответственность Руководства за Финансовую отчётность

Секретариат Договора об Антарктике, созданный в соответствии с Законом Аргентинской Республики № 25.888 от 14 мая 2004 г., несёт ответственность за составление и своевременное представление прилагаемой финансовой отчётности согласно нормам бухгалтерского учёта, основанным на движении денежных средств, в соответствии с Международными стандартами финансовой отчётности и соответствующими стандартами Консультативных Совещаний по Договору об Антарктике. Данная ответственность распространяется на организацию, внедрение и осуществление внутреннего контроля в отношении составления и представления финансовой отчётности, не содержащей искажений вследствие ошибок или недобросовестных действий; на выбор и осуществление надлежащей учётной политики и подготовку соотносимых с обстоятельствами бухгалтерских расчетов.

3. Ответственность Аудитора

В наши обязанности входит представление аудиторского заключения о Финансовой отчётности, основанного на результатах проведённого аудита.

Аудит производился в соответствии с Международными стандартами аудита и Приложением к Решению 3 (2012 г.) XXXI Консультативного Совещания по Договору об Антарктике, содержащим описание задач, возлагаемых на внешнюю аудиторскую организацию.

Данные стандарты требуют соблюдения норм профессиональной этики, планирования и проведения аудита с целью обоснованного гарантирования отсутствия существенных неточностей в представленной Финансовой отчётности.

Аудит включает осуществление процедур, направленных на получение доказательств, относящихся к приведенным в Финансовой отчётности суммам и показателям. Выбор аудиторских процедур осуществляется по усмотрению аудитора с учётом оценки риска наличия существенных неточностей в финансовой отчётности.

При оценке данного риска аудитор анализирует систему внутреннего контроля, необходимого для составления и своевременного представления организацией Финансовой отчётности, с целью планирования надлежащих, соответствующих обстоятельствам процедур.

Помимо этого, аудит включает в себя оценку соответствия применяемых принципов бухгалтерского учета, представление экспертизы об обоснованности проводимых руководством бухгалтерских операций, а также оценку общего представления Финансовой отчётности.

«2021 - ГОД ПАМЯТИ НОБЕЛЕВСКОГО ЛАУРЕАТА В ОБЛАСТИ МЕДИЦИНЫ

Presidencia de la Nación
Sindicatura General de la Nación

Мы полагаем, что полученные нами доказательства являются надлежащим и достаточным основанием для формирования нашего аудиторского заключения.

4. Заключение

По нашему мнению, прилагаемая Финансовая отчётность Секретариата Договора об Антарктике за финансовый период, закончившийся 31 марта 2020 г., подготовлена во всех существенных аспектах в соответствии с требованиями Международных стандартов финансовой отчётности, соответствующих стандартов Консультативных Совещаний по Договору об Антарктике, а также принципами основанного на наличных расчетах бухгалтерского учёта.

5. Прочие вопросы

Информация, содержащейся в Примечании 1 к прилагаемой финансовой отчётности, указывает, что эта отчётности была подготовлена Секретариатом Договора об Антарктике в соответствии с нормами, установленными в прилагаемых к Решению 4 (2003) Финансовых положениях, которые по определенным критериям оценки и представления отчётности расходятся с профессиональными стандартами ведения бухгалтерского учёта, действующими в Автономном городе Буэнос-Айрес (Аргентина).

Вместе с тем, приведенная в предшествующем параграфе информация отражает разницу при пересчете, обусловленную значительной девальвацией национальной валюты Аргентинской Республики.

6. Требуемая по законодательству дополнительная информация

На основании описанного в пункте 3 анализа довожу до сведения, что упомянутая выше Финансовая отчётность основана на данных учета, которые не внесены в бухгалтерские книги в соответствии с требованиями действующих аргентинских стандартов.

Также сообщаем, что, согласно данным бухгалтерского учёта, по состоянию на 31 марта 2020 г. причитающаяся задолженность Секретариата перед Единой системой социального обеспечения Аргентинской Республики с учетом произведенных Секретариатом платежей, составляет 720 292,71 аргентинских песо (10 955,02 долл. США), при этом подлежащая взысканию задолженность в аргентинских песо отсутствует.

Важно отметить, что трудовые правоотношения регулируются Положениями о персонале Секретариата Договора об Антарктике.

Автономный город Буэнос-Айрес, 31 марта 2021 г.

SINDICATURA GENERAL DE LA NACIÓN

Ariel Maximiliano Bozzano
Contador Público (U.B.A.)
C.P.C.E.C.A.B.A. – T°379 – F°044

БОЦЦАНО Ариэль Максимили

Скреплено электронной подписью БОЦЦАНО Ариэля Максимилиано
Дата: 13.04.2021 11:42:50 -04'00'

Приложение I. Заключительный отчёт за 2019/20 г.

1. Отчёт о доходах и расходах средств, относящихся к периоду с 1 апреля 2019 г. по 31 марта 2020 г. и сравнение с предыдущим периодом.

		Бюджет	
ДОХОДЫ	**31/3/2019**	**31/3/2020**	**31/3/2020**
Взносы (Примечание 10)	1 378 097	1 378 097	1 378 097
Общий фонд (Примечание 1.11)	0	0	0
Прочие доходы (Примечание 2)	1 269	2 700	6 492
Итого доходов	1 379 366	1 380 797	1 384 589
РАСХОДЫ			
Заработная плата	719 215	728 923	704 087
Услуги письменного и устного перевода	210 318	316 544	324 089
Командировочные расходы	35 103	97 500	99 173
Информационные технологии	46 778	53 950	50 517
Типографские, редакторские и копировально-м	14 762	18 288	15 693
Общие услуги	47 129	53 988	56 309
Связь	13 983	20 100	14 763
Расходы на содержание офиса	10 246	18 500	11 466
Административные расходы	10 281	14 200	6 570
Представительские расходы	1 081	4 000	2 895
Финансирование (Примечание 9)	121 620	29 445	45 775
КСДА, организованное СДА	231 066	0	0
Итого расходов	1 461 583	1 355 438	1 331 338
АССИГНОВАНИЯ В ФОНДЫ			
Фонд выходных пособий и компенсаций	30 052	25 359	25 359
Фонд компенсации расходов, связанных с пере(	-	-	-
Фонд проведения операций	-	-	-
Фонд покрытия непредвиденных расходов на пе	-	-	-
Итого ассигнований в фонды	30 052	25 359	25 359
Итого расходов и отчислений	1 491 635	1 380 797	1 356 696
(Дефицит) / Профицит за период	-112 269	0	27 893

Данный отчёт должен рассматриваться совместно с прилагаемыми Примечаниями 1–10

2. Отчет о финансовом состоянии на 31 марта 2019 г. и сравнение с предыдущим финансовым периодом

АКТИВЫ	31/3/2019	31/3/2020
Текущие активы		
Денежные средства и их эквиваленты (Примечание 3)	1 305 709	1 203 852
Задолженность по взносам (Примечание 10)	80 552	60 852
Прочая дебиторская задолженность (Примечание 4)	18 415	56 383
Прочие текущие активы (Примечание 5)	124 735	73 526
Итого текущих активов	1 529 410	1 394 612
Внеоборотные активы		
Основные средства (Примечания 1.3 и 6)	81 683	86 457
Итого внеоборотных активов	81 683	86 457
Итого активов	1 611 093	1 481 070
ПАССИВЫ		
Краткосрочные обязательства		
Кредиторская задолженность по счетам (Примечание 7)	18 224	40 050
Взносы, поступившие авансом (Примечание 10)	393 399	493 543
Специальный фонд добровольных взносов (Примечание 1.9)	90 712	3 465
Вознаграждение и причитающиеся взносы (Примечание 8)	32 034	31 530
Итого по краткосрочным обязательствам	534 368	568 589
Долгосрочные обязательства		
Фонд выходных пособий и компенсаций (Примечание 1.4)	204 117	44 316
Фонд компенсации расходов, связанных с переездом сотруд	50 000	50 000
Фонд на случай непредвиденных расходов на перевод (Прим	30 000	30 000
Фонд пособий по недобровольному прекращению контракт	0	80 291
Фонд замещения основных средств (Примечание 1.8)	15 387	20 161
Итого по долгосрочным обязательствам	299 504	224 768
Итого обязательств (пассивов)	833 873	793 357
ЧИСТЫЕ АКТИВЫ	777 221	687 713

Данный отчёт должен рассматриваться совместно с прилагаемыми Примечаниями 1–10

Приложение I. Заключительный отчёт за 2019/20 г.

3. **Отчёт об изменениях чистых активов по состоянию на 31 марта 2018 и 2019 гг.**

Представленные	Чистые активы 31/3/2019	Доходы	Расходы и Отчислениями	Прочее доходами	Чистые активы 31/3/2020
Общий фонд	547 269	1 378 097	-1 356 696	6 492	575 162
- оценка сотрудников					-12 500
- покрыть фонд непредвиденных расходов на перевод					-24 610
- создать фонд пособий по недобровольному прекращению контрактов					-80 291
Фонд проведения операций (Примечание 1.9)	229 952				229 952
Чистые активы	777 221				687 713

Данный отчёт должен рассматриваться совместно с прилагаемыми Примечаниями 1–10

Приложение I. Заключительный отчёт за 2019/20 г.

4 Отчёт о движении денежных средств за период с 1 апреля 2019 г. по 31 марта 2020 г. и сравнение с предыдущим периодом.

Изменения в денежных средствах и их эквивалентах			**31/3/2020**		**31/3/2019**
Денежные средства и их эквиваленты на начало финансового года		1 305 709		1 336 701	
Денежные средства и их эквиваленты на конец года		1 203 852		1 305 709	
Чистое увеличение денежных средств и их эквивалентов			-101 857		-30 992
Причины изменений в денежных средствах и их эквивалентах					
Текущая деятельность					
Поступление взносов	1 004 398			1 037 837	
Выплата заработной платы	-703 648			-711 565	
Оплата переводческих услуг	-304 539			-192 173	
Оплата командировочных расходов	-158 198			-87 041	
Оплата типографских, редакторских и копировально-множ	-15 693			-14 762	
Оплата общих услуг	-51 974			-41 919	
Прочие платежи поставщикам услуг	-45 089			-58 242	
Чистый приток денежных средств и их эквивалентов от		-274 743			-67 865
Инвестиционная деятельность					
Приобретение основных средств	-36 589			-23 207	
Чистый приток денежных средств и их эквивалентов от		-36 589			-23 207
Финансовая деятельность					
Взносы, поступившие авансом	493 543			393 399	
Выплата выходных пособий и расходы, связанные с перее	-185 160			0	
Подготовка XLI КСДА	0			-218 883	
Взимание п. 5.6 Положения о персонале	190 707			170 215	
Выплата п. 5.6 Положения о персонале	-214 302			-182 386	
Предоплата арендных платежей, нетто	20 866			-1 964	
Сальдо движения ФАГД	14 341			-29 847	
Прочие поступления / (расходы)	-65 211			51 287	
Чистый приток денежных средств и их эквивалентов от		254 785			181 822
Операции с иностранной валютой					
Чистый убыток	-45 310			-121 742	
Чистый приток денежных средств и их эквивалентов от		-45 310			-121 742
Чистое увеличение денежных средств и их эквивалентов			-101 857		-30 992

Данный отчёт должен рассматриваться совместно с прилагаемыми Примечаниями 1–10

Примечания к финансовым отчетам по состоянию на 31 марта 2019 и 2020 гг.

1 МЕТОДИКА ПОДГОТОВКИ ФИНАНСОВЫХ ОТЧЁТОВ

Суммы в данных финансовых отчётах выражены в долларах США в соответствии с нормами, установленными Финансовыми положениями, Приложение к Решению 4 (2003). Данные отчёты подготовлены в соответствии с требованиями Международных стандартов финансовой отчётности (МСФО) Совета по Международным стандартам финансовой отчётности (СМСФО). Использовался метод бухгалтерского учёта по принципу начисления.

1.1 Первоначальная стоимость

Финансовая отчетность подготовлена на основе фактической стоимости приобретения, за исключением тех случаев, где прямо указано иное.

1.2 Помещения

Офисные помещения Секретариата предоставлены Министерством иностранных дел, международной торговли и культа Аргентинской Республики. Они освобождены от арендных и коммунальных платежей.

1.3 Основные средства

Имущество оценено по первоначальной стоимости минус начисленная амортизация. Для расчета амортизации используется линейный метод с использованием ежегодных долей, достаточных для погашения стоимости имущества к концу расчетного срока эксплуатации. Общая остаточная стоимость материальных активов не превышает ценности их производительного использования.

1.4 Фонд выходных пособий и компенсаций

В соответствии со Статьёй 10.4 Положений о персонале, ассигнования в данный фонд должны быть достаточными для осуществления компенсационных выплат сотрудникам руководящей категории в размере одного базового оклада за один месяц за каждый год работы.

1.5 Фонд компенсации расходов, связанных с переездом сотрудников

Данный фонд предназначен для возмещения сотрудникам руководящей категории расходов, связанных с переездом к месту и от места нахождения штаб-квартиры Секретариата.

1.6 Фонд покрытия непредвиденных расходов на перевод

Согласно Решению 4 (2009) данный фонд был создан с целью оплаты расходов на перевод, которые могут возникнуть в результате непредвиденного увеличения объема требующих перевода документов, представляемых на КСДА.

1.7 Фонд пособий по недобровольному прекращению контрактов

Следовать Статье 10.5 Положений о персонале Секретариата Договора об Антарктике сотрудников, оказывающих общие услуги.

1.8 Фонд возмещения основных средств

Согласно требованиям МСФО активы, срок полезного использования которых составляет более одного финансового года, должны отражаться в строке активов в Отчёте о финансовом состоянии. До марта 2010 г. статья отражалась как поправка к Общему фонду. С апреля 2010 г. компенсирующая запись по таким активам должна отображаться в пункте пассивов.

1.9 Фонд проведения операций

Согласно Статье 6.2 (a) Финансового регламента данный фонд не должен превышать 1/6 (одну шестую) бюджета на текущий финансовый год. В текущем финансовом году этот фонд не распределялся.

1.10 Специальный фонд добровольных взносов

Пункт (82) Заключительного отчёта XXXV КСДА о получении добровольных взносов от сторон. Фонд добровольных взносов предназначен для оплаты аренды и коммунальных услуг в финансовом году.

1.11 Общий фонд

Этот фонд был учреждён для учёта доходов и расходов Секретариата.

Примечания к финансовым отчетам по состоянию на 31 марта 2019 и 2020 гг.

		31/3/2019	31/3/2020
2	**Прочие доходы**		
	Полученные проценты	0	6 014
	Полученные скидки	1 269	478
	Итого	1 269	6 492
3	**Денежные средства и их эквиваленты**		
	Наличные доллары США	2 248	1 530
	Наличные аргентинские песо	89	60
	Специальный счёт в долларах США в I	1 260 787	1 108 286
	Счёт в аргентинских песо в Банке арге	42 585	93 976
	Инвестиции	-	-
	Итого	1 305 709	1 203 852
4	**Прочая задолженность**		
	Положение о персонале п. 5.6	18 415	56 383
5	**Прочие текущие активы**		
	Авансовые платежи	74 801	38 514
	НДС к возврату	45 290	28 448
	Прочие возмещаемые расходы	4 644	6 563
	Итого	124 735	73 526
6	**Основные средства**		
	Книги и подписки	16 549	16 704
	Офисное оборудование	43 656	41 611
	Мебель	50 971	50 971
	Компьютерное аппаратное и програм	129 644	139 284
	Итого первоначальная стоимость	240 821	248 569
	Начисленная амортизация	-159 137	-162 112
	Итого	81 683	86 457
7	**Кредиторская задолженность по счетам**		
	Коммерческое использование	7 856	2 921
	Накопленные расходы	10 657	36 977
	Прочее	-290	152
	Итого	18 224	40 050
8	**Вознаграждение и причитающиеся взносы**		
	Вознаграждения	7 650	8 090
	Взносы и отчисления	24 384	23 441
	Итого	32 034	31 530
9	**Финансовые операции**		
	Курсовая разница в связи с платежами	62 234	22 179
	Курсовая разница по денежным расхо	17 108	10 296
	Курсовая разница по возврату НДС	42 278	13 299
	Итого	121 620	45 775

Примечания к финансовым отчетам по состоянию на 31 марта 2019 и 2020 гг.

10 Взносы, подлежащие уплате, выделенные, уплаченные и уплаченные досрочно.

Взносы Доли	длежащие уплате 31/3/2019	Ассигно-ванные	Уплаченные $	Подлежащие уплате 31/3/2020	Уплаченные досрочно 31/3/2020
Германия	12	52 217	52 217	12	
Аргентина		60 347	60 347		
Австралия	25	60 347	60 347	25	
Бельгия	50	40 021	40 071		
Бразилия	80 369	40 021	59 662	60 728	
Болгария		33 923	33 923		
Чили		46 119	46 119		
Китай	25	46 119	46 119	25	
Республика Корея		40 021	40 021		40 021
Эквадор		33 923	33 923		33 923
Испания		46 119	46 119		
США	25	60 347	60 372		60 347
Финляндия		40 021	40 021		40 001
Франция	12	60 347	60 359		60 335
Индия	12	46 119	46 131		46 107
Италия		52 217	52 217		
Япония		60 347	60 347		
Норвегия		60 347	60 347		
Новая Зеландия		60 347	60 347		60 337
Нидерланды		46 119	46 119		
Перу	12	33 923	33 918	17	5 997
Польша		40 021	40 021		
Чехия		40 021	40 021		40 009
Российская Федерация		46 119	46 119		46 119
ЮАР		46 119	46 119		
Швеция	10	46 119	46 119	10	
Великобритания		60 347	60 347		60 347
Украина		40 021	40 009	12	
Уругвай		40 021	39 996	25	
Итого	80 552	1 378 097	1 397 797	60 852	493 543

Альбер Льюберас Бонаба (Alt   Роберто А. Феннель (Roberto A. Fennell)

Исполнительный секретарь   Управляющий по финансам

Предварительный финансовый отчет за 2020/21 финансовый

ПОСТУПЛЕНИЯ И АССИГНОВАНИЯ		Аудированный отчет за		Бюджет на 2020/21 г.		Предварительный отчет за 2020/21 г.
ДОХОДЫ						
Объявленные взносы	$	1 378 097	$	1 378 097	$	1 378 097
Добровольные взносы	$	52 487	$	-	$	-
Прочий доход	$	6 492	$	4 000	$	536
Всего доходов	**$**	**1 437 076**	**$**	**1 382 097**	**$**	**1 378 633**
РАСХОДЫ						
ЗАРАБОТНАЯ ПЛАТА						
Сотрудники руководящей категории	$	311 764	$	297 737	$	297 522
Сотрудники общей категории	$	360 377	$	381 310	$	380 443
Вспомогательный персонал КСДА	$	16 150	$	-	$	-
Стажеры	$	-	$	1 200	$	-
Сверхурочные	$	15 796	$	2 000	$	170
Всего по заработной плате	$	704 087	$	682 247	$	678 136
ПИСЬМЕННЫЙ И УСТНЫЙ ПЕРЕВОД						
Письменный и устный перевод	$	324 089	$	72 000	$	22 840
КОМАНДИРОВОЧНЫЕ РАСХОДЫ						
Проезд, проживание, суточные и пр.	$	99 173	$	39 500	$	5 230
ИНФОРМАЦИОННЫЕ ТЕХНОЛОГИИ						
Аппаратное обеспечение	$	8 649	$	11 500	$	7 209
Программное обеспечение	$	4 252	$	3 000	$	2 844
Разработка	$	30 877	$	30 400	$	28 740
Поддержка аппаратного и программного обеспечения	$	1 674	$	2 250	$	2 553
Поддержка	$	5 065	$	7 500	$	4 666
Всего по информационным технологиям	$	50 517	$	54 650	$	46 011
ТИПОГРАФСКИЕ, РЕДАКТОРСКИЕ И КОПИРОВАЛЬНО-МНОЖИТЕЛЬНЫЕ УСЛУГИ						
Заключительный отчет	$	13 263	$	2 000	$	1 630
Прочие публикации	$	2 430	$	2 500	$	471
Всего по типографским, редакторским и копировально-множительным услугам	$	15 693	$	4 500	$	2 101
ОБЩИЕ УСЛУГИ						
Юридические консультации	$	5 826	$	7 500	$	446
Расчет заработной платы	$	9 700	$	8 400	$	8 400
Внешний аудит	$	16 567	$	14 885	$	15 075
Услуги докладчика	$	53 029	$	-	$	-
Уборка, техобслуживание и охрана	$	6 274	$	8 000	$	5 227
Обучение	$	4 213	$	5 000	$	1 758
Банковские услуги	$	10 684	$	9 900	$	4 644
Аренда оборудования	$	2 503	$	2 503	$	2 308
Всего по общим услугам	$	108 796	$	56 188	$	37 858
УСЛУГИ СВЯЗИ						
Телефонная связь	$	3 234	$	3 200	$	1 519
Интернет	$	3 011	$	3 000	$	2 900
Услуги по веб-хостингу	$	7 702	$	10 500	$	9 086
Почтовые расходы	$	816	$	1 200	$	273
Всего по услугам связи	$	14 763	$	17 900	$	13 778

	Аудированный отчет за 2019/20 г.		Бюджет на 2020/21 г.		Предварительный отчет за 2020/21 г.	
РАСХОДЫ НА СОДЕРЖАНИЕ ОФИСА						
Канцелярские товары и расходные материалы	$	2 496	$	2 000	$	304
Книги и подписки	$	850	$	1 000	$	15
Страхование	$	3 515	$	4 000	$	2 936
Мебель	$	-	$	1 500	$	1 464
Офисное оборудование	$	1 277	$	4 000	$	2 096
Улучшение условий труда	$	3 328	$	5 000	$	6 149
Всего по расходам на содержание офиса	$	11 466	$	17 500	$	12 964
АДМИНИСТРАТИВНЫЕ РАСХОДЫ						
Офисные принадлежности	$	810	$	2 000	$	1 353
Местный транспорт	$	332	$	700	$	1 698
Разное	$	1 752	$	2 000	$	194
ЖКХ	$	3 676	$	2 500	$	2 205
Всего по административным расходам	$	6 570	$	7 200	$	5 450
ПРЕДСТАВИТЕЛЬСКИЕ РАСХОДЫ						
Представительские расходы	$	2 895	$	4 000	$	169
ФИНАНСОВЫЕ ОПЕРАЦИИ						
Обмен расходов (прибыль)/убыток	$	22 179	$	40 500	$	19 800
Обмен платежей принимающей страны (прибыль)/убы	$	10 297	$	8 000	$	15 129
Возврат НДС чистая (прибыль)/убыток	$	13 299	$	22 500	$	16 580
Всего по финансовым операциям (прибыль)/убыток	$	45 775	$	71 000	$	51 509
ПРОМЕЖУТОЧНАЯ СУММА РАСХОДОВ	**$**	**1 383 824**	**$**	**1 026 685**	**$**	**876 045**
АССИГНОВАНИЯ В ФОНДЫ						
Фонд оборотных средств	$	-	$	-	$	-
Фонд компенсации расходов, связанных с переездом	$	-	$	-	$	-
Фонд выходных пособий и компенсаций	$	25 359	$	25 813	$	25 813
Принудительное увольнение сотрудников	$	-	$	-	$	-
Резервный фонд для оплаты переводческих услуг	$	-	$	-	$	-
Всего ассигнований в фонды	$	25 359	$	25 813	$	25 813
ВСЕГО РАСХОДОВ И АССИГНОВАНИЙ	**$**	**1 409 183**	**$**	**1 052 498**	**$**	**901 858**
Профицит/(Дефицит) за период	**$**	**27 893**	**$**	**329 599**	**$**	**476 775**

	Аудированный отчет за 2019/20 г.	Чистое движение в 2020/21 г.	Предварительный отчет за 2020/21 г.

ДЕЯТЕЛЬНОСТЬ ФОНДА

ОБЩИЙ ФОНД

	Аудированный отчет за 2019/20 г.	Чистое движение в 2020/21 г.	Предварительный отчет за 2020/21 г.
Аудированный начальный баланс	$ 457 761		
Профицит/(Дефицит) за текущий период		$ 476 775	
Предварительный конечный баланс			**$ 934 536**

ФОНД ОБОРОТНЫХ СРЕДСТВ

	Аудированный отчет за 2019/20 г.	Чистое движение в 2020/21 г.	Предварительный отчет за 2020/21 г.
Аудированный начальный баланс	$ 229 952		
Предварительный конечный баланс		$ -	**$ 229 952**

*) ФОНД КОМПЕНСАЦИИ РАСХОДОВ, СВЯЗАННЫХ С ПЕРЕЕЗДОМ СОТРУДНИКОВ

	Аудированный отчет за 2019/20 г.	Чистое движение в 2020/21 г.	Предварительный отчет за 2020/21 г.
Аудированный начальный баланс	$ 50 000		
Предварительный конечный баланс		$ -	**$ 50 000**

*) ФОНД ВЫХОДНЫХ ПОСОБИЙ И КОМПЕНСАЦИЙ

	Аудированный отчет за 2019/20 г.	Чистое движение в 2020/21 г.	Предварительный отчет за 2020/21 г.
Аудированный начальный баланс	$ 44 316		
Ассигнования в текущем периоде		$ 25 813	
Предварительный конечный баланс			**$ 70 129**

**) ПРИНУДИТЕЛЬНОЕ УВОЛЬНЕНИЕ СОТРУДНИКОВ

	Аудированный отчет за 2019/20 г.	Чистое движение в 2020/21 г.	Предварительный отчет за 2020/21 г.
Аудированный начальный баланс	$ 80 291		
Предварительный конечный баланс			**$ 80 291**

***) РЕЗЕРВНЫЙ ФОНД ДЛЯ ОПЛАТЫ ПЕРЕВОДЧЕСКИХ УСЛУГ

	Аудированный отчет за 2019/20 г.	Чистое движение в 2020/21 г.	Предварительный отчет за 2020/21 г.
Аудированный начальный баланс	$ 30 000		
Предварительный конечный баланс			**$ 30 000**

ФИНАНСОВОЕ ПОЛОЖЕНИЕ 6.3

	Аудированный отчет за 2019/20 г.	Чистое движение в 2020/21 г.	Предварительный отчет за 2020/21 г.
Общий фонд	$ 457 761	$ 476 775	$ 934 536
****) Задолженность по взносам	$ (60 852)		$ (128 675)
Положительное сальдо	**$ 396 909**		**$ 805 861**

*) Решение 1 (2006 г.)

**) Решение 3 (2019 г.)

***) Решение 4 (2009 г.)

****) 31 марта 2021г.

Программа работы Секретариата на 2021/2022 г.

Введение

В данной программе работы излагаются мероприятия, предлагаемые для Секретариата в 2021/22 финансовом году (с 1 апреля 2021 г. по 31 марта 2022 г.). В связи с продолжающимися исключительными обстоятельствами, вызванными пандемией коронавируса (COVID-19), и недавним решением провести XLIII КСДА и XXIII заседание КООС в Париже в виртуальном формате ряд действий Секретариата, в частности связанных с поддержкой встреч и отчетами, не может быть полностью детализирован на момент написания этой программы.

В Программе основное внимание уделено штатной деятельности Секретариата, связанной с подготовкой XLIII КСДА, публикацией отчетов, выполнением задач в соответствии с положениями Меры 1 (2003 г.), а также ряда конкретных задач, поставленных на последних КСДА.

Программа и соответствующие бюджетные показатели на 2021/22 г. основаны на утвержденном прогнозе бюджета на 2021/2022 финансовый год (процесс консультаций определен Правилом 46 Правил процедуры КСДА).

Поддержка межсессионной деятельности

В последние годы как КСДА, так и КООС выполнили значительный объем межсессионной работы, в основном через межсессионные контактные группы (МКГ) и неформальные дискуссионные форумы. Секретариат продолжит поддерживать эти дискуссии, регулярно выпускать напоминания о текущих обсуждениях и предоставлять подробные обновления о статусе этих дискуссий на форуме.

Что касается КООС, Секретариат продолжит работу с Председателем КООС и конвинерами Вспомогательной группы по реагированию на изменение климата (ВГРИК) и Вспомогательной группы по планам управления (ВГПУ). Секретариат также продолжит принимать участие в ежемесячных видеозвонках, координируемых Председателем КООС, для облегчения межсессионной работы КООС и подготовки к следующей встрече.

Планируемая поддержка XLIV КСДА (2022 г.) и XLV КСДА (2023 г.)

Правительство Германии и Секретариат Договора об Антарктике совместно организуют XLIV КСДА и XXIV заседание КООС, которые состоятся в 2022 г. Обязанности Секретариата принимающей страны и Секретариата Договора об Антарктике четко определены и описаны в Руководстве по организации, которое ежегодно обновляется Секретариатом Договора об Антарктике. Основными задачами Секретариата ДА на совещании являются управление документооборотом, надзор за техническими службами, организация письменного и устного перевода, а также помощь в составлении и публикации Заключительного отчета. Принимающая страна отвечает за предоставление места для проведения мероприятия, обеспечение технических услуг, услуг приглашенных докладчиков и сопроводительную программу.

Секретариат организует услуги письменного и устного перевода, которые будет предоставлять компания SeproTec Multilingual Solutions. Сюда входит перевод документов до, во время и после встречи, а также устный перевод во время сессий. Секретариат также организует ведение записей во время встречи и будет отвечать за согласование и редактирование отчетов о заседании КСДА и КООС.

Секретариат также создаст раздел на своем сайте, чтобы сделать документы и другие соответствующие материалы доступными для делегатов и обеспечить онлайн-регистрацию на совещание.

Секретариат предварительно обсудил с правительством Финляндии организацию XLIV КСДА (2023 г.), включая такие вопросы, как планировка и вместимость офисов и залов заседаний, планирование мероприятий, транспорт и общественные зоны.

Координация и контакты

Помимо поддержания постоянного контакта по электронной почте, телефону и с помощью других средств связи со Сторонами и международными организациями Системы Договора об Антарктике важным механизмом поддержания тесного взаимодействия и обмена мнениями является участие в совещаниях. Однако на момент подготовки этой программы совещания КОМНАП и АНТКОМ в 2021 году планируется провести в виртуальном формате. Исполнительный секретарь планирует виртуально или физически участвовать в праздновании 60-летия Договора об Антарктике и 30-й годовщины Мадридского протокола.

Информационные технологии

Доработка сайта Секретариата

Секретариат продолжит улучшать свой новый сайт и добавлять новые функции.

Под руководством Председателя КООС Секретариат будет работать над улучшением раздела, посвященного историческим местам и памятникам (ИМП), на сайте Секретариата.

Секретариат также будет работать над созданием новой платформы для загрузки документов заседаний, которая заменит текущую практику, основанную на отправке документов по электронной почте.

Картографические инструменты

Секретариат продолжит изучение возможности использования существующей сетевой географической информационной платформы, представленной на XLI КСДА, для представления уже существующего в его базах данных разнообразного контента с географической привязкой.

В дополнение к улучшениям, которые должны быть внесены в список исторических мест и памятников, Секретариат разработает новую карту, которая предоставит информацию о местоположении, описании и фотографических материалах каждого из ИМП в Антарктике.

Обмен информацией и система электронного обмена информацией (СЭОИ)

Секретариат завершит переработку СЭОИ (дополнительную информацию можно найти в SP 9) и внедрит новую версию после XLIII КСДА. Секретариат будет по-прежнему готов работать над улучшениями новой платформы СЭОИ, которые Стороны сочтут целесообразными для улучшения ее функциональности.

Секретариат также продолжит помогать Сторонам с размещением их материалов в рамках обмена информацией, а также с обработкой информации, загружаемой с помощью функции загрузки файлов. В связи с этим оцениваются альтернативные разработки новых учебных пособий и/или программ обучения для операторов СЭОИ.

Будут добавлены дополнительные сводные отчеты из СЭОИ с целью дополнения и расширения информации, отображаемой с помощью картографических инструментов.

Публикации

Заключительный отчет КСДА и отчет КООС

Секретариат будет переводить, публиковать и распространять Заключительный отчет XLIII КСДА и приложения к нему на четырех языках Договора в соответствии с процедурами представления, перевода и распространения документов для КСДА и заседания КООС, а также другими требованиями, установленными КСДА (Заключительный отчет XXXII КСДА, п. 72).

Заключительный отчет будет доступен на сайте Секретариата, а бумажные копии будут распространяться по курьерским и дипломатическим каналам. Печатные копии также будут доступны для покупки в интернет-магазинах.

Секретариат также опубликует другие публикации, вытекающие из решений, принятых на XLIII КСДА, включая Правила процедуры КСДА и КООС, если это будет необходимо.

Документация и общедоступная информация

Документы КСДА

Секретариат продолжит работу по завершению архивирования Заключительных отчетов и документов КСДА и других совещаний Системы Договора об Антарктике на четырех языках Договора. Для того чтобы собрать полный архив, Секретариату нужна помощь Сторон и файлы от них. Для всех делегаций, заинтересованных в оказании помощи, составлен подробный перечень документов, недостающих в базе данных Секретариата.

Глоссарии и руководства

Секретариат продолжит работу по составлению глоссария терминов и выражений КСДА для формирования перечня терминов на четырех языках Договора. Секретариат обновит свои руководящие принципы редактирования, направленные на стандартизацию работы докладчиков, переводчиков, корректоров и сотрудников Секретариата. Секретариат продолжит работу над сетевым техническим глоссарием для внутреннего использования с целью обеспечения согласованности переводов документов КСДА.

Банк изображений

Секретариат планирует продолжить работу по наполнению банка изображений имеющимися в архиве фотоматериалами. Мы хотели бы вновь призвать Стороны предоставить Секретариату оригинальные фотоматериалы для публикации в банке изображений по лицензии Creative Commons. Мы были бы особенно признательны, если бы получили фотографии на тему совещаний по Договору об Антарктике до создания Секретариата, а также фотографий на тему полевых работ, проводимых Сторонами в Антарктике в целях соблюдения правил, установленных КСДА и КООС, таких как инспекционная деятельность.

Аналогичным образом, Секретариат создал раздел банка изображений, предназначенный для сбора и публичного распространения видео в цифровом формате. Мы также были бы признательны, если бы получили видео на тему Консультативных совещаний (например, видео презентаций, которые страна, принимающая следующее совещание, ежегодно показывает во время заключительного пленарного заседания), соответствующие тем же критериям, что и неподвижные изображения.

Штат сотрудников

На 1 апреля 2021 г. штат Секретариата состоял из следующего персонала:

Должность	Дата вступления в должность	Уровень	Ступень	Истечение срока полномочий
Сотрудники руководящей категории				
Исполнительный секретарь	01.09.2017	E1	4	31.08.2021
Помощник Исполнительного секретаря	15.07.2019	E3	2	31.07.2023
Сотрудники общей категории				
Сотрудник по информации	1.11.2004	G1	6	
Референт (неполный рабочий день)	1.02.2020	G2	2	
Сотрудник по финансовым вопросам (неполный рабочий день)	1.12.2008	G2	6	
Редактор	1.02.2006	G2	6	
Специалист по IT	1.02.2019	G3	3	
Специалист в области средств связи (неполный рабочий день)	1.10.2010	G4	6	
Офис-менеджер	15.11.2012	G4	6	
Помощник по уборке (неполный рабочий день)	1.07.2015	G7	6	

Никаких изменений в штатных должностях Секретариата не предвидится.

Секретариат продолжит процесс пересмотра функций и обязанностей своих сотрудников с тем, чтобы сохранить Секретариат небольшой, но динамичной, эффективной, надежной и современной организацией. Этот процесс, который первоначально поддерживался организацией PwC Argentina, не удалось продолжить, как ожидалось, в течение 2020 г. из-за исключительных условий рабочей среды во время кризиса COVID-19. Ожидается, что в этот период процесс пересмотра будет возобновлен с выполнением ряда рекомендаций, а его выводы будут сообщены Сторонам на XLIV КСДА.

Как обсуждалось между сессиями в предыдущем периоде и сообщалось в отчете Секретариата, XL КСДА назначил Исполнительного секретаря на четырехлетний срок начиная с 1 сентября 2017 г. с возможностью продления на второй аналогичный срок (см. Решение 6 (2017 г.)). Учитывая, что первый срок заканчивается 31 августа 2021 г., КСДА примет решение о повторном назначении на один дополнительный четырехлетний срок решением КСДА с уведомлением правительства Аргентины и подписанием нового контракта.

Финансовые вопросы

Бюджет на 2021/22 финансовый год и прогноз бюджета на 2022/23 финансовый год включены в Приложение 1.

Проект бюджета на 2021/22 финансовый год

В связи с решением провести XLIII КСДА в Париже в виртуальном формате, бюджет на 2021/22 финансовый год будет существенно отличаться от прогноза, составленного в последний межсессионный период.

Статьи ассигнований на командировки и письменные и устные переводы существенно сократились. В отношении первой указанной категории учитывались только расходы на возможную поездку во время КСДА небольшой группы из Секретариата. На момент написания из-за ограничений на поездки эта возможность все еще сомнительна. Последняя строка отражает снижение стоимости устного перевода в формате виртуальной встречи.

Другие статьи ассигнований, которые сократились из-за отмены, — вспомогательный персонал КСДА и сверхурочные в заработной плате.

Ожидается, что в результате этих изменений вместо сбалансированного бюджета в этом периоде будет профицит примерно в 170 000 долл. США.

Ежеквартальные отчеты об исполнении бюджета будут предоставляться Сторонам в соответствии с Решением 2 (2012 г.).

Заработная плата

В 2020 г. в Аргентине наблюдался дальнейший стремительный рост стоимости жизни. Уровень инфляции (индекс потребительских цен) за 2020 г., опубликованный INDEC (Национальный институт статистики и переписей населения Аргентинской Республики), составил 36,10 %, но был компенсирован за счет роста курса доллара США по отношению к аргентинскому песо на 41,67 %. Поэтому Исполнительный секретарь предлагает сохранить нулевой процент повышения заработной платы руководящего персонала и сотрудников общей категории.

Шкала заработной платы представлена в Приложении 3.

Фонды

Фонд оборотных средств

Согласно Финансовому положению 6.2 (а) фонд оборотных средств должен поддерживаться на уровне 1/6 бюджета Секретариата (в настоящее время 229 952 долл. США).

Фонд выходных пособий и компенсаций

В фонд выходных пособий и компенсаций будет зачислено 26 768 долл. США в соответствии с Положением о персонале 10.4 (см. Приложение 1).

Программа прогнозов на 2022/23 финансовый год

Ожидается, что большая часть регулярной деятельности Секретариата возобновится в 2022/23 финансовом году, включая личные встречи в июне 2022 г. в Берлине, и если программа не претерпит серьезных изменений, никаких серьезных изменений в статьях ассигнований не предвидится.

Увеличение взносов в 2022/23 финансовом году не предусматривается. В Приложении 2 показана шкала взносов на 2022/23 финансовый год.

Пятилетний бюджетный профиль на 2022/23–2026/27 финансовые годы

При разумных предположениях бюджетный профиль допускает нулевое номинальное увеличение взносов до 2026/27 г., как поясняется в документе «Пятилетний бюджетный профиль», представленном Секретариатом отдельно.

Бюджет на 2021/22 финансовый год и прогноз на 2022/23 финансовый год

ПОСТУПЛЕНИЯ И АССИГНОВАНИЯ	Предварительный отчет за 2020/21 г.	Прогноз на 2021/22 г.	Бюджет на 2021/22 г.	Прогноз на 2022/23 г.
ДОХОДЫ				
Объявленные взносы	$ 1 378 097	$ 1 378 097	$ 1 378 097	$ 1 378 097
Добровольные взносы	$ -	$ -	$ -	$ -
Прочий доход	$ 536	$ 4 000	$ 1 000	$ 3 500
Всего доходов	**$ 1 378 633**	**$ 1 382 097**	**$ 1 379 097**	**$ 1 381 597**
РАСХОДЫ				
ЗАРАБОТНАЯ ПЛАТА				
Сотрудники руководящей категории	$ 297 522	$ 303 468	$ 303 468	$ 309 199
Сотрудники общей категории	$ 380 443	$ 390 542	$ 390 542	$ 394 800
Вспомогательный персонал КСДА	$ -	$ 15 500	$ 9 900	$ 15 467
Стажеры	$ -	$ 3 600	$ 600	$ 1 200
Сверхурочные	$ 170	$ 14 000	$ 2 000	$ 13 000
Всего по заработной плате	**$ 678 136**	**$ 727 110**	**$ 706 510**	**$ 733 666**
ПИСЬМЕННЫЙ И УСТНЫЙ ПЕРЕВОД				
Письменный и устный перевод	**$ 22 840**	**$ 310 231**	**$ 220 000**	**$ 310 200**
КОМАНДИРОВОЧНЫЕ РАСХОДЫ				
Проезд, проживание, суточные и пр.	**$ 5 230**	**$ 119 800**	**$ 30 000**	**$ 109 000**
ИНФОРМАЦИОННЫЕ ТЕХНОЛОГИИ				
Аппаратное обеспечение	$ 7 209	$ 11 500	$ 10 750	$ 11 000
Программное обеспечение	$ 2 844	$ 3 000	$ 3 000	$ 3 000
Разработка	$ 28 740	$ 29 800	$ 29 800	$ 27 500
Поддержка аппаратного и программного обеспечения	$ 2 553	$ 2 100	$ 2 800	$ 2 500
Поддержка	$ 4 666	$ 7 500	$ 7 500	$ 7 500
Всего по информационным технологиям	**$ 46 011**	**$ 53 900**	**$ 53 850**	**$ 51 500**
ТИПОГРАФСКИЕ, РЕДАКТОРСКИЕ И КОПИРОВАЛЬНО-МНОЖИТЕЛЬНЫЕ УСЛУГИ				
Заключительный отчет	$ 1 630	$ 15 000	$ 14 000	$ 15 000
Прочие публикации	$ 471	$ 2 500	$ 2 500	$ 2 500
Всего по типографским, редакторским и копировально-множительным услугам	**$ 2 101**	**$ 17 500**	**$ 16 500**	**$ 17 500**
ОБЩИЕ УСЛУГИ				
Юридические консультации	$ 446	$ 8 000	$ 7 000	$ 7 000
Расчет заработной платы	$ 8 400	$ 8 400	$ 8 400	$ 8 400
Внешний аудит	$ 15 075	$ 14 885	$ 11 908	$ 11 908
Услуги докладчика	$ -	$ -	$ -	$ -
Уборка, техобслуживание и охрана	$ 5 227	$ 8 000	$ 8 000	$ 8 000
Обучение	$ 1 758	$ 6 500	$ 5 000	$ 7 000
Банковские услуги	$ 4 644	$ 8 200	$ 7 000	$ 6 500
Аренда оборудования	$ 2 308	$ 2 503	$ 1 500	$ 1 000
Всего по общим услугам	**$ 37 858**	**$ 56 488**	**$ 48 808**	**$ 49 808**
УСЛУГИ СВЯЗИ				
Телефонная связь	$ 1 519	$ 3 200	$ 3 200	$ 2 500
Интернет	$ 2 900	$ 3 000	$ 4 000	$ 4 000
Услуги по веб-хостингу	$ 9 086	$ 10 500	$ 11 500	$ 10 500
Почтовые расходы	$ 273	$ 1 800	$ 1 200	$ 1 000
Всего по услугам связи	**$ 13 778**	**$ 18 500**	**$ 19 900**	**$ 18 000**

	Предварительный отчет за 2020/21 г.	Прогноз на 2021/22 г.	Бюджет на 2021/22 г.	Прогноз на 2022/23 г.
РАСХОДЫ НА СОДЕРЖАНИЕ ОФИСА				
Канцелярские товары и расходные материалы	$ 304	$ 2 500	$ 3 000	$ 2 500
Книги и подписки	$ 15	$ 1 000	$ 1 000	$ 1 000
Страхование	$ 2 936	$ 4 000	$ 4 000	$ 4 000
Мебель	$ 1 464	$ 1 500	$ 1 500	$ 1 500
Офисное оборудование	$ 2 096	$ 3 500	$ 3 500	$ 3 000
Улучшение условий труда	$ 6 149	$ 3 500	$ 5 500	$ 3 500
Всего по расходам на содержание офиса	**$ 12 964**	**$ 16 000**	**$ 18 500**	**$ 15 500**
АДМИНИСТРАТИВНЫЕ РАСХОДЫ				
Офисные принадлежности	$ 1 353	$ 3 000	$ 2 500	$ 2 500
Местный транспорт	$ 1 698	$ 700	$ 1 500	$ 700
Разное	$ 194	$ 3 500	$ 2 000	$ 2 500
ЖКХ	$ 2 205	$ 4 000	$ 3 000	$ 3 500
Всего по административным расходам	**$ 5 450**	**$ 11 200**	**$ 9 000**	**$ 9 200**
ПРЕДСТАВИТЕЛЬСКИЕ РАСХОДЫ				
Представительские расходы	**$ 169**	**$ 4 000**	**$ 4 000**	**$ 4 000**
ФИНАНСОВЫЕ ОПЕРАЦИИ				
Обмен расходов (прибыль)/убыток	$ 19 800	$ 10 000	$ 22 000	$ 16 500
Обмен платежей принимающей страны (прибыль)/убыто	$ 15 129	$ 4 000	$ 15 000	$ 11 000
Возврат НДС чистая (прибыль)/убыток	$ 16 580	$ 6 600	$ 18 000	$ 8 000
Всего по финансовым операциям (прибыль)/убыток	**$ 51 509**	**$ 20 600**	**$ 55 000**	**$ 35 500**
ПРОМЕЖУТОЧНАЯ СУММА РАСХОДОВ	**$ 876 045**	**$ 1 355 329**	**$ 1 182 068**	**$ 1 353 874**
АССИГНОВАНИЯ В ФОНДЫ				
Фонд оборотных средств	$ -	$ -	$ -	$ -
Фонд компенсации расходов, связанных с переездом сотрудников	$ -	$ -	$ -	$ -
Фонд выходных пособий и компенсаций	$ 25 813	$ 26 768	$ 26 768	$ 27 723
Принудительное увольнение сотрудников	$ -	$ -	$ -	$ -
Резервный фонд для оплаты переводческих услуг	$ -	$ -	$ -	$ -
Всего ассигнований в фонды	**$ 25 813**	**$ 26 768**	**$ 26 768**	**$ 27 723**
ВСЕГО РАСХОДОВ И АССИГНОВАНИЙ	**$ 901 858**	**$ 1 382 097**	**$ 1 208 836**	**$ 1 381 597**
Профицит/(Дефицит) за период	**$ 476 775**	**$ -**	**$ 170 261**	**$ -**

БАЛАНС ФОНДА

Фонд оборотных средств	$ 229 952	$ 229 952	$ 229 952	$ 229 952
Фонд компенсации расходов, связанных с переездом сотрудников	$ 50 000	$ 50 000	$ 50 000	$ 50 000
Фонд выходных пособий и компенсаций	$ 70 129	$ 96 897	$ 96 897	$ 124 620
Принудительное увольнение сотрудников	$ 80 291	$ 80 291	$ 80 291	$ 80 291
Резервный фонд для оплаты переводческих услуг	$ 30 000	$ 30 000	$ 30 000	$ 30 000

Шкала взносов на 2022/23 финансовый год

Сторона	Кат.	Коэф.	Переменная часть	Постоянная часть	Итого
Аргентина	A	3.6	$ 36 587	$ 23 760	$ 60 347
Австралия	A	3.6	$ 36 587	$ 23 760	$ 60 347
Бельгия	D	1.6	$ 16 261	$ 23 760	$ 40 021
Бразилия	D	1.6	$ 16 261	$ 23 760	$ 40 021
Болгария	E	1	$ 10 163	$ 23 760	$ 33 923
Чили	C	2.2	$ 22 359	$ 23 760	$ 46 119
Китай	C	2.2	$ 22 359	$ 23 760	$ 46 119
Чехия	D	1.6	$ 16 261	$ 23 760	$ 40 021
Эквадор	E	1	$ 10 163	$ 23 760	$ 33 923
Финляндия	D	1.6	$ 16 261	$ 23 760	$ 40 021
Франция	A	3.6	$ 36 587	$ 23 760	$ 60 347
Германия	B	2.8	$ 28 456	$ 23 760	$ 52 217
Индия	C	2.2	$ 22 359	$ 23 760	$ 46 119
Италия	B	2.8	$ 28 456	$ 23 760	$ 52 217
Япония	A	3.6	$ 36 587	$ 23 760	$ 60 347
Южная Корея	D	1.6	$ 16 261	$ 23 760	$ 40 021
Нидерланды	C	2.2	$ 22 359	$ 23 760	$ 46 119
Новая Зеландия	A	3.6	$ 36 587	$ 23 760	$ 60 347
Норвегия	A	3.6	$ 36 587	$ 23 760	$ 60 347
Перу	E	1	$ 10 163	$ 23 760	$ 33 923
Польша	D	1.6	$ 16 261	$ 23 760	$ 40 021
Российская Федерация	C	2.2	$ 22 359	$ 23 760	$ 46 119
ЮАР	C	2.2	$ 22 359	$ 23 760	$ 46 119
Испания	C	2.2	$ 22 359	$ 23 760	$ 46 119
Швеция	C	2.2	$ 22 359	$ 23 760	$ 46 119
Украина	D	1.6	$ 16 261	$ 23 760	$ 40 021
Великобритания	A	3.6	$ 36 587	$ 23 760	$ 60 347
США	A	3.6	$ 36 587	$ 23 760	$ 60 347
Уругвай	D	1.6	$ 16 261	$ 23 760	$ 40 021
Всего заложено					**$ 1 378 097**

Шкала окладов на 2021/22 финансовый год

Дополнение А

ШКАЛА ОКЛАДОВ СОТРУДНИКОВ РУКОВОДЯЩЕЙ КАТЕГОРИИ

(долл. США)

2021/22		СТУПЕНИ														
Уровень		I	II	III	IV	V	VI	VII	VIII	IX	X	XI	XII	XIII	XIV	XV
E1	A	$ 135 302	$ 137 819	$ 140 337	$ 142 855	$ 145 373	$ 147 890	$ 150 407	$ 152 926							
E1	B	$ 169 127	$ 172 274	$ 175 421	$ 178 569	$ 181 716	$ 184 863	$ 188 009	$ 191 158							
E2	A	$ 113 932	$ 116 075	$ 118 218	$ 120 359	$ 122 501	$ 124 642	$ 126 783	$ 128 926	$ 131 069	$ 133 211	$ 135 352	$ 135 595	$ 137 709		
E2	B	$ 142 415	$ 145 093	$ 147 772	$ 150 449	$ 153 126	$ 155 802	$ 158 479	$ 161 158	$ 163 837	$ 166 513	$ 169 190	$ 169 494	$ 172 136		
E3	A	$ 95 007	$ 97 073	$ 99 140	$ 101 207	$ 103 275	$ 105 341	$ 107 408	$ 109 476	$ 111 542	$ 113 608	$ 115 675	$ 116 915	$ 118 154	$ 120 193	$ 122 231
E3	B	$ 118 758	$ 121 341	$ 123 925	$ 126 509	$ 129 094	$ 131 676	$ 134 260	$ 136 845	$ 139 427	$ 142 010	$ 144 594	$ 146 143	$ 147 693	$ 150 242	$ 152 788
E4	A	$ 78 779	$ 80 693	$ 82 609	$ 84 518	$ 86 435	$ 88 347	$ 90 257	$ 92 174	$ 94 089	$ 96 000	$ 97 915	$ 98 448	$ 100 336	$ 102 223	$ 104 110
E4	B	$ 98 474	$ 100 866	$ 103 262	$ 105 648	$ 108 044	$ 110 434	$ 112 822	$ 115 217	$ 117 611	$ 119 999	$ 122 393	$ 123 060	$ 125 419	$ 127 778	$ 130 137
E5	A	$ 65 315	$ 67 029	$ 68 739	$ 70 452	$ 72 162	$ 73 873	$ 75 586	$ 77 293	$ 79 007	$ 80 719	$ 82 427	$ 82 981			
E5	B	$ 81 644	$ 83 786	$ 85 924	$ 88 065	$ 90 203	$ 92 342	$ 94 482	$ 96 617	$ 98 759	$ 100 899	$ 103 034	$ 103 726			
E6	A	$ 51 706	$ 53 351	$ 54 994	$ 56 641	$ 58 284	$ 59 928	$ 61 575	$ 63 219	$ 64 862	$ 65 862	$ 66 508				
E6	B	$ 64 632	$ 66 689	$ 68 742	$ 70 801	$ 72 855	$ 74 910	$ 76 969	$ 79 024	$ 81 078	$ 82 328	$ 83 135				

Примечание: Строка B — это базовый оклад (указан в строке A) плюс 25 % надбавка, покрывающая накладные расходы (отчисления в пенсионный фонд, страховые взносы, пособия на обустройство, репатриацию, образование и т. д.), которые составляют общую сумму оклада сотрудников руководящей категории в соответствии с Положением 5.1.

Дополнение B

ШКАЛА ОКЛАДОВ ДЛЯ СОТРУДНИКОВ ОБЩЕЙ КАТЕГОРИИ

(долл. США)

		СТУПЕНИ														
Уровень		I	II	III	IV	V	VI	VII	VIII	IX	X	XI	XII	XIII	XIV	XV
G1		$ 64 788	$ 67 810	$ 70 834	$ 73 856	$ 77 006	$ 80 291									
G2		$ 53 990	$ 56 508	$ 59 028	$ 61 546	$ 64 172	$ 66 909									
G3		$ 44 990	$ 47 089	$ 49 189	$ 51 288	$ 53 477	$ 55 760									
G4		$ 37 493	$ 39 242	$ 40 991	$ 42 741	$ 44 564	$ 46 466									
G5		$ 30 972	$ 32 419	$ 33 863	$ 35 310	$ 36 818	$ 38 391									
G6		$ 25 388	$ 26 571	$ 27 756	$ 28 941	$ 30 177	$ 31 465									
G7		$ 13 724	$ 14 317	$ 14 911	$ 15 505	$ 16 124	$ 16 770									

Решение 4 (2021 г.)

Повторное назначение Исполнительного секретаря

Представители,

напоминая о положениях Статьи 3 Меры 1 (2003 г.) в отношении назначения Исполнительного секретаря, возглавляющего Секретариат Договора об Антарктике (Секретариат);

напоминая о Решении 6 (2017 г.), которым г-н Альберт Льюберас Бонаба (Albert Lluberas Bonaba) был назначен Исполнительным секретарем Секретариата сроком на четыре года с 1 сентября 2017 г.;

напоминая о Правиле 6.1 Правил персонала секретариата Договора об Антарктике, прилагаемых к Решению 2 (2021 г.),

принимают следующее решение:

1. Назначить г-на Альберта Льюбераса Бонабу Исполнительным секретарем Секретариата на повторный четырехлетний срок согласно условиям, изложенным в письме Председателя XLIII Консультативного совещания по Договору об Антарктике (КСДА), прилагаемом к данному Решению.

2. Данное повторное назначение должно вступить в силу с 1 сентября 2021 г.

Г-н Альберт Льюберас Бонаба
Исполнительный секретарь
Секретариат Договора об Антарктике

Уважаемый господин Льюберас!

Повторное назначение на должность Исполнительного секретаря

Как Председатель XLIII Консультативного совещания по Договору об Антарктике (КСДА) и в соответствии с Решением 4 (2021 г.) XLIII КСДА я рад предложить Вам повторное назначение на должность Исполнительного секретаря Секретариата Договора об Антарктике (Секретариата).

Условия Вашего повторного назначения изложены ниже. В случае Вашего согласия прошу Вас подписать прилагаемую копию настоящего письма и вернуть эту копию мне.

Условия назначения

1. Принимая это повторное назначение, Вы обязуетесь честно выполнять свои обязанности и действовать исключительно с учетом интересов КСДА. Ваше согласие с назначением на должность Исполнительного секретаря включает письменное заявление о том, что Вы ознакомились и согласны с условиями, изложенными в Положениях о персонале, прилагаемые к Решению 2 (2021 г.), а также с любыми изменениями, которые могут периодически вноситься в Положения о персонале. В частности, Ваше согласие с назначением на должность включает в себя принятие Вами на себя обязательств:
   - добросовестно придерживаться Положений 2.6 и 2.7 Положений о персонале касательно трудоустройства на стороне и коммерческой/финансовой заинтересованности соответственно;
   - выполнять обязанности, связанные с назначением, руководством и контролем персонала, согласно Статье 3 (2) Меры 1 (2003 г.), в соответствии с Положением 6.2 Положений о персонале, а также стандартами эффективности, компетенции и профессиональной этики, изложенными в Положении 2.3 Положений о персонале, и, в частности, таким образом, чтобы исключить даже видимость неподобающей деятельности или кумовства;
   - проявлять соответствие высочайшим стандартам этического поведения, соблюдая все правила и принципы деятельности организации и обеспечивая, чтобы все решения и действия Секретариата соответствовали стандартам эффективности, компетенции и профессиональной этики, изложенным в Положении 2.3 Положений о персонале;
   - исключить даже видимость злоупотребления служебным положением; а также
   - ответственно контролировать ресурсы, доверенные Секретариату, в том числе путем эффективного, прозрачного и результативного использования финансовых ресурсов в соответствии с Финансовыми положениями Секретариата Договора об Антарктике, приложенными к Решению 6 (2005 г.) (далее – Финансовые положения).

2. Обязанности Исполнительного секретаря заключаются в назначении других сотрудников, руководстве ими и контроле за их работой в целях обеспечения того, чтобы Секретариат выполнял свои функции, изложенные в Статье 2 Меры 1 (2003 г.).

3. В соответствии с Решением 4 (2021 г.) Ваше повторное назначение должно вступить в силу с 1 сентября 2021 года.

4. Срок Вашего пребывания в этой должности составляет четыре года.

5. Это повторное назначение относится к назначению на должность в категории руководящих сотрудников. Ваша зарплата будет установлена на Уровне 1B, Ступень 5, как описано в Шкале A Положения о персонале, которое является приложением к Решению 2 (2021 г), с правками.

6. Вышеуказанная зарплата включает базовую зарплату (Уровень 1A, Ступень 5, Шкала A) с дополнительной надбавкой к зарплате в размере 25 % на накладные расходы (отчисления в пенсионный фонд, страховые взносы, пособия на обустройство, репатриацию, образование и т.д.) и является общей суммой оклада в соответствии с Положением 5.1 Положений о персонале. Кроме того, Вы имеете право на командировочные расходы и оплату расходов в связи с переездом в соответствии с Положением 9 Положений о персонале.

7. КСДА может снять Вас с должности, на которую Вы повторно назначены, направив Вам заблаговременное письменное уведомление не менее чем за три месяца, в соответствии с Положением 10.3 Положений о персонале. Вы можете подать в отставку в любое время, направив письменное уведомление за три месяца или меньший период времени, который может быть утвержден КСДА.

С уважением

{подпись}

MINISTÈRE
DE L'EUROPE
ET DES AFFAIRES
ÉTRANGÈRES

Посол Оливье Пуавр д'Арвор (Olivier Poivre d'Arvor)
Ambassadeur pour les pôles et les Enjeux maritimes
Посол по полярным и морским вопросам
Председатель XLIII Консультативного совещания по Договору об Антарктике
37 Quai d'Orsay
75700 Париж 07 SP

Настоящим я принимаю назначение, описанное в данном письме, на указанных в нем условиях и заявляю, что я знаком с условиями, изложенными в Положениях о персонале, и принимаю их, а также изменения, которые могут периодически вноситься в Положения о персонале.

Г-н Альберт Льюберас Бонаба

Подпись:

24 июня 2021 г.

Г-н Фелипе Карлос Сола (Felipe Carlos Solá)
Министру иностранных дел и культа
Аргентинская Республика
Буэнос-Айрес

Уважаемый Министр Сола:

Я обращаюсь к Вам в качестве Председателя XLIII Консультативного совещания по Договору об Антарктике (КСДА), ссылаясь на Статью 21 Соглашения о штаб-квартире Секретариата Договора об Антарктике, приложенного к Мере 1 (2003 г.), письмо Аргентинской Республики Председателю XXVI КСДА от 16 июня 2003 года, и уведомление Аргентинской Республики Правительству-депозитарию от 19 мая 2004 г.

В соответствии с требованиями Статьи 21 я этим письмом уведомляю Правительство Аргентинской Республики о повторном назначении XLIII КСДА г-на Альберта Льюбераса Бонаба на должность Исполнительного секретаря на один дополнительный срок в четыре года. Данное назначение вступает в силу с 1 сентября 2021 года.

Пользуясь случаем, я выражаю уверения в своем самом высоком уважении к Вам.

С уважением,

{подпись}

MINISTÈRE
DE L'EUROPE
ET DES AFFAIRES
ÉTRANGÈRES

Посол Оливье Пуавр д'Арвор (Olivier Poivre d'Arvor)
Ambassadeur pour les pôles et les Enjeux maritimes
Посол по полярным и морским вопросам
Председатель XLIII Консультативного совещания по Договору об Антарктике
37 Quai d'Orsay
75700 Париж 07 SP

Решение 5 (2021 г.)

Многолетний стратегический план работы Консультативного совещания по Договору об Антарктике

Представители,

подтверждая ценности, цели и принципы, заявленные в Договоре об Антарктике и соответствующем Протоколе по охране окружающей среды;

напоминая о Решении 3 (2012 г.) по вопросу Многолетнего стратегического плана работы (План) и его принципов;

принимая во внимание, что План дополняет повестку дня Консультативного совещания по Договору об Антарктике (КСДА) и что Стороны Договора об Антарктике и другие участники КСДА по-прежнему приглашаются к активному участию в подготовке других вопросов, стоящих на повестке дня КСДА,

принимают следующее решение:

1. Утвердить План, прилагаемый к настоящему Решению.

2. Признать План, прилагаемый к Решению 5 (2019 г.), утратившим актуальность.

Многолетний стратегический план работы КСДА

	Приоритет	XLIII КСДА (2021 г.)	Межсессионная работа	XLIV КСДА (2022 г.)	Межсессионная работа	XLV КСДА (2023 г.)	Межсессионная работа	XLVI КСДА (2024 г.)
1.	Рассмотрение согласованной разъяснительной работы со странами, не являющимися членами, граждане которых осуществляют деятельность или имущество которых задействовано в Антарктике, и со странами, которые являются Сторонами Договора об Антарктике, но еще не присоединились к Протоколу		Координация должна быть рассмотрена на онлайн-форуме компетентного органа	КСДА определит страны, которые не являются Сторонами Договора и граждане которых осуществляют деятельность в Антарктике, и обеспечит для них информационно-просветительскую деятельность				
2.	Содействие развитию согласованной на национальном и международном уровнях образовательной и информационно-просветительской деятельности с позиций Договора об Антарктике		МКГ по вопросам образовательной и информационно-просветительской деятельности	РГ1 рассмотрит отчет МКГ по вопросам образовательной и информационно-просветительской деятельности				
3.	Обсуждение стратегических научных приоритетов и обмен информацией по данному вопросу с целью выявления и использования возможностей для сотрудничества, а также наращивания научного потенциала, особенно в отношении изменения климата			СКАР сообщит о результатах обновления ACCE (ИКАОС), которое является всеобъемлющим обновлением за десятилетия. КСДА рассмотрит вопрос о том, указывают ли его результаты на необходимость дополнительных приоритетов и возможностей для сотрудничества.				

	Приоритет	XLIII КСДА (2021 г.)	Межсессионная работа	XLIV КСДА (2022 г.)	Межсессионная работа	XLV КСДА (2023 г.)	Межсессионная работа	XLVI КСДА (2024 г.)
				КСДА пригласит СКАР прочитать лекцию по результатам отчета.				
4.	Введение в действие Приложения VI и продолжение сбора информации по устранению и ликвидации последствий экологического ущерба и другим вопросам из этой области для будущих переговоров по материальной ответственности			КСДА проведет оценку текущей ситуации с введением в действие Приложения VI в соответствии с положениями Статьи IX Договора об Антарктике, а также рассмотрит необходимость принятия каких-либо надлежащих мер, способствующих своевременному одобрению Сторонами Приложения VI. КСДА рассмотрит последствия пределов ответственности в других соответствующих международных документах для возможного будущего изменения этих пределов в Статье 9 Приложения VI. КСДА примет решение об установлении временных рамок для возобновления переговоров о материальной ответственности в соответствии со Статьей 16 Протокола по охране окружающей среды в 2022 г. или ранее, если Стороны сочтут это необходимым в свете достигнутого прогресса в одобрении Меры 1 (2005 г.) – см. Решение 5 (2015 г.).				
5.	Оценка осуществляемой КООС работы по пересмотру передовых			РГ1 рассмотрит рекомендации КООС и обсудит политические нюансы пересмотра оценки				

	Приоритет	XLIII КСДА (2021 г.)	Межсессионная работа	XLIV КСДА (2022 г.)	Межсессионная работа	XLV КСДА (2023 г.)	Межсессионная работа	XLVI КСДА (2024 г.)
	методов работы и совершенствования существующих методов и средств, а также по разработке дополнительных методов охраны окружающей среды, в том числе процедур оценки воздействия на окружающую среду			воздействия на окружающую среду (ОВОС).				
6.	Сбор и использование биологического материала в Антарктике		Неформальный обмен информацией через форум КСДА Призвать Стороны пройти опрос СКАР	РГ1 обсудит сбор и использование биологического материала в Антарктике, в том числе, где это уместно, на основании отчета и рекомендаций, содержащихся в документе «Антарктический биопроспектинг: опрос СКАР среди стран-участниц», представленном на XLIII КСДА (2021 г.).				
7.	Рассмотрение и анализ рекомендаций Совещания экспертов Договора об Антарктике, посвященного возможным последствиям изменения климата для управления и руководства антарктическим регионом (КООС–МКГ)			Стороны представят обновления в отношении подходов к оценке рисков с целью определения возможного влияния изменения климата на существующие и будущие экологические ценности и логистику Антарктики. Космические агентства — обсуждение космических технологий для наблюдения за Антарктикой в контексте изменения климата		Обновление информации КОМНАП о его работе с национальными программами по использованию согласованных методов количественной оценки и публикации экономии за счет повышения энергоэффективнос		

	Приоритет	XLIII КСДА (2021 г.)	Межсессионная работа	XLIV КСДА (2022 г.)	Межсессионная работа	XLV КСДА (2023 г.)	Межсессионная работа	XLVI КСДА (2024 г.)
				Согласование способов работы с невыполненными рекомендациями СЭДА касательно последствий изменения климата (2010 г.)		ти, которая способствует (а) снижению выбросов углерода и (б) сокращению потребления топлива		
8.	Обсуждение реализации Рабочей программы ответных мер в отношении изменения климата (CCRWP)	РГ2 рассмотрит ежегодные обновления информации от КООС по реализации CCRWP		РГ2 рассмотрит ежегодные обновления информации от КООС по реализации CCRWP		РГ2 рассмотрит ежегодные обновления информации от КООС по реализации CCRWP		
9.	Модернизация антарктических станций в контексте изменения климата			Дальнейшее обсуждение модернизации антарктических станций				
10.	Рассмотрение и обсуждение вопросов, относящихся к росту количества авиационной деятельности в Антарктике, а также оценка необходимости принятия дополнительных мер			Обсуждение представленной КОМНАП информации с семинара по антарктической авиации Стороны представят информацию о своей деятельности/планах, связанных с авиацией		Дальнейшее обсуждение итогов семинара по антарктической авиации Стороны представят информацию о своей деятельности/планах, связанных с авиацией		
11.	Принятие к сведению Международного кодекса для судов, эксплуатируемых в полярных водах; продолжение укрепления сотрудничества между			Дальнейший обмен мнениями о национальном опыте применения Полярного кодекса в Антарктике				

	Приоритет	XLIII КСДА (2021 г.)	Межсессионная работа	XLIV КСДА (2022 г.)	Межсессионная работа	XLV КСДА (2023 г.)	Межсессионная работа	XLVI КСДА (2024 г.)
	морскими операторами в Антарктике; принятие во внимание разработок и улучшений в ИМО							
12.	Гидрографические исследования в Антарктике			Стороны отреагируют на предложение МГО. Стороны, МГО и МААТО сообщат о прогрессе в гидрографии.				
13.	Анализ и определение необходимости принятия дополнительных мер в отношении управления районами и объектов капитальной инфраструктуры, связанных с туристической деятельностью, а также рассмотрение вопросов, касающихся наземного и экстремального туризма, и рекомендаций КООС по результатам проведенного исследования в области туристической деятельности		МКГ по вопросам постоянных объектов для туризма и другой неправительственной деятельности в Антарктике	Рассмотрение результатов работы МКГ по вопросам постоянных объектов для туризма и другой неправительственной деятельности в Антарктике Дальнейшее рассмотрение экологических вопросов, связанных с туризмом, исходя из новых рекомендаций КООС Рассмотрение возможного увеличения нагрузки на поисково-спасательные службы национальных антарктических программ в связи с активизацией туристической деятельности в Антарктике				
14.	Разработка стратегии обеспечения экологически безопасной туристической и неправительственной деятельности в Антарктике		Неофициальные межсессионные обсуждения возможной применимости и использования	Дальнейшее обсуждение вопросов, связанных с ростом туризма, в том числе последствий потенциального увеличения числа операторов, не зарегистрированных в МААТО				

	Приоритет	XLIII КСДА (2021 г.)	Межсессионная работа	XLIV КСДА (2022 г.)	Межсессионная работа	XLV КСДА (2023 г.)	Межсессионная работа	XLVI КСДА (2024 г.)
			туристических сборов Неофициальные межсессионные обсуждения формы отчета о посещении и соответствующей информации о туризме и неправительственной деятельности					
15.	Контроль посещения участков			Анализ хода работы КООС в отношении рекомендаций 3 и 7 исследования КООС в области туристической деятельности				
16.	Продолжение сотрудничества между Сторонами, направленного на активное выявление текущих и будущих тенденций, связанных с СДА, и реагирование на них		Неофициальные консультации с целью более глубокого понимания основных проблем и тенденций с учетом обменов, имевших место в межсессионный период 2019–2021 гг.	Рассмотрение результатов неофициальных консультаций и определение приоритетных вопросов для дальнейшего рассмотрения				
17.	Более строгое соблюдение правил КСДА, касающихся неправительственной деятельности, в том числе туристической			Рабочая группа 1 предоставит рекомендации относительно того, как с помощью операционной деятельности в Антарктике наиболее эффективно собирать доказательства				

	Приоритет	XLIII КСДА (2021 г.)	Межсессионная работа	XLIV КСДА (2022 г.)	Межсессионная работа	XLV КСДА (2023 г.)	Межсессионная работа	XLVI КСДА (2024 г.)
				предполагаемых нарушений и обмениваться ими.				
18.	Решение вопросов равенства, разнообразия и инклюзивности путем поощрения полного участия недостаточно представленных групп в научной и операционной деятельности в Антарктике			Стороны поделятся информацией о своих планах по этим вопросам.		Стороны поделятся информацией о своих планах по этим вопросам.		
19.	Управление вулканическими/сейсмическими событиями на объектах в Антарктике			Принятие во внимание информации от СКАР и КОМНАП по различным аспектам, связанным с вулканическими/сейсмическими событиями и объектами в Антарктике Рассмотрение и обсуждение того, как Сторонам следует реагировать на эти события на антарктических объектах		Рассмотрение и обсуждение того, как Сторонам следует реагировать на эти события на антарктических объектах		

Примечание. Упомянутые выше рабочие группы КСДА не являются постоянными органами и формируются по общему согласию в конце каждого Консультативного совещания по Договору об Антарктике.

Решение 6 (2021 г.)

Руководство по регулированию вопросов, касающихся туристической и неправительственной деятельности в районе Договора об Антарктике

Представители,

рассматривая вопросы, касающиеся туристической деятельности и соблюдения действующих предписаний;

желая обеспечить соблюдение Договора об Антарктике и Протокола по охране окружающей среды при осуществлении неправительственной деятельности в Антарктике;

желая повысить эффективность Системы Договора об Антарктике и соблюдение ее правовых норм;

напоминая о Решении 6 (2019 г.), в соответствии с которым было согласовано создание Руководства по регулированию вопросов, касающихся туристической и неправительственной деятельности в районе Договора об Антарктике (Руководство),

принимают следующее решение:

1. Сделать доступными две версии Руководства и Туристическую брошюру, прилагаемые к настоящему Решению, на сайте Секретариата Договора об Антарктике (Секретариат) в наиболее подходящем разделе, с возможностью их скачивания; и

2. В соответствии с Решением 6 (2019 г.) две версии Руководства и Туристическая брошюра будут одновременно обновляться Секретариатом по запросу Консультативного совещания по Договору об Антарктике (КСДА).

РУКОВОДСТВО ПО РЕГЛАМЕНТАМ И ПРАВИЛАМ В ОТНОШЕНИИ ТУРИЗМА И НЕПРАВИТЕЛЬСТВЕННОЙ ДЕЯТЕЛЬНОСТИ В РАЙОНЕ ДЕЙСТВИЯ ДОГОВОРА ОБ АНТАРКТИКЕ
ПЛАНИРОВАНИЕ ДЕЯТЕЛЬНОСТИ
А- ОБЩИЕ СООБРАЖЕНИЯ ОБ
Общие принципы антарктического туризма
D- ЯХТЕННАЯ
РЕЗОЛЮЦИЯ 10 (2012 Г.)
Руководство для яхт
В-
С- ПЛАНЫ ЭКСТРЕННЫХ ДЕЙСТВИЙ ИЧРЕЗВЫЧАЙНЫХ СИТУАЦИЙ -
РЕЗОЛЮЦИЯ 6 (2008 Г.)
ВО ВРЕМЯ ЭКСПЕДИЦИИ
А-
Общие принципы антарктического туризма
Контрольный список Общего руководства и правил поведения для посетителей участков в Антарктике
Правила поведения для посетителей участков
посетите специальные страницы на сайте СДА.
В-
С-
D-
Общие руководства и Контрольный список к правилам поведения для посетителей участков в Антарктике, см. раздел «Сохранение природы Антарктики в первозданном состоянии»
Обмен балластными водами в районе действия Договора об Антарктике
Снижение уровня пластикового загрязнения Антарктики и Южного океана
Е-
см. пункты 4 и 7 о необходимых действиях в случае обнаружения исторических объектов
См. пункт 8 об ограничениях, относящихся к историческим объектам
F- ТРЕБОВАНИЯ К
ПОСЛЕ ЭКСПЕДИЦИИ
А- ТРЕБОВАНИЯ К ОБМЕНУ ИНФОРМАЦИЕЙ
Форма отчета о посещении участка для туристической и неправительственной деятельности в Антарктике

Решение 7 (2021 г.)

Обновление требований к обмену информацией о национальных экспедициях

Представители,

отмечая пункт 1а Статьи III и пункт 5 Статьи VII Договора об Антарктике;

осознавая обязательства по обмену информацией в рамках Протокола по охране окружающей среды к Договору об Антарктике (Протокол) и Приложений к нему;

осознавая также необходимость выполнения решений Консультативного совещания по Договору об Антарктике (КСДА) в отношении обмена информацией между Сторонами;

желая обеспечить максимально эффективный и своевременный обмен информацией между Сторонами;

желая также обеспечить четкое определение состава информации, подлежащей обмену между Сторонами, для ее использования в максимальном объеме;

напоминая о Решении 4 (2012 г.), в котором было принято решение об использовании Сторонами Системы электронного обмена информацией (СЭОИ) для обмена информацией в соответствии с Договором об Антарктике, Протоколом и Приложениями к нему и в котором указывалось, что Стороны продолжат работу с Секретариатом Договора об Антарктике (Секретариат) по доработке и улучшению СЭОИ;

отмечая требования Решения 4 (2012 г.) к Сторонам в отношении регулярного обновления в течение года информации, содержащейся в соответствующих разделах СЭОИ, с целью ее предоставления и обеспечения доступа к ней в кратчайшие возможные сроки,

принимают следующее решение:

1. Приложение к настоящему Решению представляет собой согласованный сводный перечень информации, подлежащей обмену между Сторонами.

2. Секретариат должен изменить СЭОИ для отражения информации, содержащейся в Приложении к настоящему Решению; и также

3. Приложение к Решению 7 (2019 г.) следует признать утратившим актуальность.

Требования к обмену информацией

1. Предсезонная информация
Указанная ниже информация должна представляться как можно раньше, предпочтительно к 1 октября, и, в любом случае, не позднее начала деятельности, в отношении которой составляется отчет.

1.1. Оперативная информация
1.1.1. Национальные экспедиции

A. Станции
Названия станций (с указанием региона, широты и долготы), сезонности, периода работы (для сезона), статуса, максимальной численности населения и доступной медицинской помощи. Названия убежищ (с указанием региона, широты и долготы), медицинских учреждений и вместимости. Прочие важные виды полевой деятельности, например научные походы (указать местонахождение).

B. Невоенные корабли
Названия невоенных кораблей, прочность льда, страна регистрации, количество рейсов, запланированные даты отправления, районы операций, порты отправления и прибытия в Антарктику и обратно, а также цель рейса. Максимальный экипаж, максимальное количество пассажиров.

C. Воздушные суда невоенного назначения
Тип воздушного судна, запланированное количество рейсов, периоды полетов или запланированные сроки вылета для межконтинентальных рейсов, ~~маршруты~~ и цель. Максимальный экипаж, максимальное количество пассажиров.

D. Исследовательские ракеты
Координаты места запуска, время и дата (период), направление запуска, планируемая максимальная высота, область воздействия, тип и технические характеристики ракет, цель и название исследовательского проекта.

E. Военные
- Количество военнослужащих (офицеров и срочнослужащих) в экспедициях.
- Количество и типы вооружения
- Информация о военной технике (если таковая имеется), не представленная в разделе 3.2.D ниже, в том числе название места, координаты (широта и долгота), тип оборудования и его назначение.
- Морские суда: название военного корабля, прочность льда, количество рейсов, запланированные даты отправления, районы операций, порты отправления и прибытия в Антарктику и обратно, а также цель рейса. Максимальный экипаж, максимальное количество пассажиров
- Воздушные суда: тип воздушного судна, запланированное количество рейсов, период полетов или запланированные сроки вылета для межконтинентальных рейсов, цель. Максимальный экипаж, максимальное количество пассажиров.

1.1.2. Неправительственные экспедиции[i]
A. Деятельность, базирующаяся на судах

Название оператора, название судна, максимальное количество членов экипажа, максимальное количество пассажиров, государство регистрации судна, число рейсов, руководитель экспедиции, планируемые сроки отплытия, порты отбытия в Антарктику и прибытия из Антарктики, районы деятельности, включая названия предполагаемых участков посещения и планируемые даты стоянки, виды деятельности, предусмотрены ли высадки на берег во время посещений, продолжительность пребывания на берегу в случае высадки (необязательное требование) и количество посетителей, участвующих в каждом конкретном мероприятии.

B. Наземные операции
Название экспедиции, название оператора, метод транспортировки в Антарктику, из Антарктики и в пределах Антарктики, тип предприятия/деятельности, место(-а) осуществления деятельности и/или маршрут(-ы), сроки проведения экспедиции, количество участвующего в экспедиции персонала, контактный адрес, адрес сайта.

C. Деятельность с использованием летательных аппаратов
Название оператора, тип летательного аппарата, количество рейсов, периоды полетов, дата каждого рейса, пункт отправления и прибытия каждого рейса, маршрут каждого рейса, цель каждого рейса и количество пассажиров на борту.

D. Отказ в выдаче разрешений
Название судна и/или экспедиции, название оператора, дата, причина отказа.

1.2. Посещение охраняемых районов
Название и номер охраняемого района, количество людей, которым разрешено посещение, дата/сроки и цель посещения.

2. Ежегодный отчет
Указанная ниже информация должна представляться как можно раньше после окончания летнего (антарктического) сезона, но не позднее 1 октября за отчетный период с 1 апреля по 30 марта.

2.1. Научная информация

2.1.1. Перспективные планы[ii]
Характеристики стратегических и многолетних научных планов или данные о контактных лицах в версии для печати Перечень запланированных мероприятий по участию в крупных, международных, совместных научных программах и проектах.

2.1.2. Научная деятельность в предыдущем году
Перечень научно-исследовательских проектов, выполненных в предыдущем году в рамках научной дисциплины (с указанием места проведения исследований, руководителя исследований, названия или номера проекта, научной дисциплины и основной деятельности и/или сведений).

2.2. Оперативная информация

2.2.1. Национальные экспедиции
Обновленная информация согласно требованиям п. 1.1.1.

2.2.2. Неправительственные экспедиции
Обновление информации, приведенной в разделе 1.1.2, а также для разделов 1.1.2.A и B: общее количество пассажиров, перевезенных в каждой поездке, общее количество членов экипажа на борту в каждой поездке и совместная деятельность для разделов A, B и C.

2.3. Информация о разрешении

2.3.1. Посещение охраняемых районов
Обновленная информация согласно требованиям п. 1.2.

2.3.2. Изъятие местной флоры и фауны и вредное воздействие на них
Номер разрешения, срок действия разрешения, виды, место осуществления деятельности, количество объектов, пол, возраст и цель[iii].

2.3.3. Интродукция неместных видов
Номер разрешения, срок действия разрешения, вид, местоположение, количество, цель[iv], удаление или утилизация.

2.4. Информация об окружающей среде

2.4.1. Соответствие Протоколу[v]
Описание меры, дата вступления в силу.

2.4.2. Планы действий в чрезвычайных ситуациях
Название плана (планов) действий в случае аварийного разлива нефти и других чрезвычайных ситуаций с экологическими последствиями, копии (в формате PDF) или контактные реквизиты для получения печатных экземпляров.

2.4.3. Перечень ПООС и ВООС[vi]
Перечень ВООС и/или ПООС, выполненных в течение года, с указанием предлагаемой деятельности, сроков и/или продолжительности осуществления деятельности (необязательное требование), места осуществления деятельности, уровня предполагаемого воздействия деятельности на окружающую среду и принятого решения.

2.4.4. Отчет о мониторинговой деятельности[vii]
Название деятельности, место осуществления деятельности, осуществляемые мероприятия по мониторингу, экологически значимая информация, полученная в результате мониторинга, меры, принятые по результатам мониторинга.

2.4.5. Планы по управлению ликвидацией отходов
Название плана, название участка/судна, копии (в формате PDF) или контактные реквизиты для получения печатного экземпляра. Отчет о выполнении планов по управлению ликвидацией отходов в течение года.

2.4.6. Принятые меры по осуществлению положений Приложения V[viii]
Описание мер.

2.4.7. Процедуры, касающиеся ОВОС
Описание соответствующих национальных процедур.

2.4.8. Предотвращение загрязнения морской среды[ix]
Описание мер.

3. Постоянная информация
Представленная ниже информация может обновляться в любое время.

3.1. Средства для научных исследований

3.1.1. Автоматические регистрирующие станции и обсерватории
Название площадки, координаты (широта и долгота), высота (м), записываемые параметры, частотность наблюдений, контрольный номер (например, номер ВМО).

3.2. Оперативная информация
A. Станции
Названия станций (с указанием региона, широты и долготы), статус, сезонность, дата основания, места проживания и медицинские объекты.
Названия убежищ (с указанием региона, широты и долготы), медицинских учреждений и вместимости.

B. Невоенные корабли
Названия невоенных кораблей, страна регистрации, прочность льда, максимальный экипаж, максимальное количество пассажиров.

C. Воздушные суда невоенного назначения
Тип воздушного судна невоенного назначения, максимальный экипаж, максимальное количество пассажиров.

D. Военные
- Количество военнослужащих (офицеров и срочнослужащих)
- Количество и типы вооружения
- Информация о военной технике (если таковая имеется), не представленная в разделе ниже, в том числе название места, координаты (широта и долгота), тип оборудования и его назначение.
- Морские суда: Название военного морского судна, ледовая прочность, максимальный экипаж, максимальное количество пассажиров
- Воздушные суда: Тип военного воздушного судна, максимальный экипаж, максимальное количество пассажиров.

3.3. Экологическая информация
Заключительный отчет XLII КСДА

3.3.1. Планы по организации сбора и удаления отходов
Название плана, название участка/судна, копия (в формате PDF) или контактные реквизиты для получения печатного экземпляра.

3.3.2. Планирование на случай чрезвычайных обстоятельств
Название Плана (Планов) действий в случае аварийного разлива нефти и других чрезвычайных ситуаций с экологическими последствиями, копии (в формате PDF) или контактные реквизиты для получения печатных экземпляров.

3.3.3. Перечень прошлой деятельности
Название станции/базы/полевого лагеря/похода/места крушения воздушного судна и т.д., координаты (широта и долгота), период, в течение которого осуществлялась деятельность, описание и цель осуществления деятельности, описание оставленного оборудования или сооружений.

3.3.4. Соответствие Протоколу[x]
Описание меры, дата вступления в силу.

3.3.5. Процедуры, касающиеся ОВОС
Аналогично п. 2.4.7.

3.3.6. Предотвращение загрязнения морской среды
Аналогично п. 2.4.8.

3.3.7. Меры, направленные на обеспечение выполнения положений Приложения V
Аналогично п. 2.4.6.

3.4. Прочая информация

3.4.1. Соответствующее национальное законодательство
Описание закона, нормативно-правового акта, административного акта или иной меры, дата вступления в силу/введения в действие, предоставление копии (в формате PDF) или контактных реквизитов для получения печатного экземпляра.

i Предоставление информации о неправительственных экспедициях допускается в кратчайшие сроки после завершения соответствующих национальных процедур, при этом временные рамки определяются следующей формулировкой: «как можно раньше после завершения национальных процессов, предпочтительно к установленной предсезонной дате 1 октября, но не позднее начала деятельности».

ii Предоставление необязательной информации о перспективных планах допускается в любое время, к примеру, после выполнения или корректировки планов, предусматривающих осуществление соответствующих мероприятий внутри страны.

iii Цель согласно положениям Статьи 3 Приложения II к Протоколу

iv Цель согласно положениям Статьи 4 Приложения II к Протоколу

v Новые меры, принятые в прошлом году в соответствии с положениями Статьи 13 Протокола по охране окружающей среды к Договору об Антарктике, в том числе законы и нормативно-правовые акты, административные акты и принудительные меры.

vi Информацию по ПООС и ВООС рекомендуется предоставлять «сразу же по завершении внутренних процедур с соблюдением установленных для Сторон сроков предоставления информации».

vii Мероприятия по мониторингу воздействия на окружающую среду деятельности, подлежащей первоначальной и всесторонней оценке окружающей среды (согласно п. 6.1 (c) Приложения I к Протоколу).

viii Информация о мерах, принятых с целью обеспечения выполнения положений Приложения V, включая инспектирование участков и любые действия в отношении случаев осуществления деятельности, противоречащей положениям Планов управления ООРА или ОУРА.

[ix] Меры, направленные на обеспечение деятельности какого-либо военного корабля, вспомогательного военного судна или иного судна, принадлежащего какому-либо государству или эксплуатируемого им на государственной некоммерческой основе, в соответствии с требованиями положений Приложения, насколько это возможно и практически осуществимо.

[x] Меры, принятые в соответствии с положениями Статьи 13 Протокола по охране окружающей среды к Договору об Антарктике, в том числе законы и нормативно-правовые акты, административные акты и принудительные меры.

3. Резолюции

Резолюция 1 (2021 г.)

Экологический кодекс СКАР при проведении полевых геонаучных исследований в Антарктике

Представители,

напоминая о Статье 3 Протокола по охране окружающей среды к Договору об Антарктике (Протокол), которая требует сведения к минимуму неблагоприятного воздействия на окружающую среду Антарктики и зависимые от нее и связанные с ней экосистемы при планировании и осуществлении деятельности в районе действия Договора об Антарктике;

признавая, что Антарктика может содержать геологические, палеонтологические, гляциологические и геоморфологические объекты, имеющие высокую экологическую и научную ценность;

осознавая, что экосистемы Антарктики могут подвергаться риску от воздействий, связанных с исследовательской деятельностью, включая избыточный сбор образцов окаменелостей, горных пород и минералов;

приветствуя разработку Научным комитетом по антарктическим исследованиям (СКАР) путем проведения широких консультаций, в том числе с Советом управляющих национальных антарктических программ (КОМНАП), Экологического кодекса СКАР при проведении полевых геонаучных исследований в Антарктике (Экологический кодекс СКАР), надлежащее применение и использование которого Сторонами будет способствовать выполнению ими своих обязательств по Протоколу,

рекомендуют своим правительствам:

1. Одобрить необязательный Экологический кодекс СКАР в качестве руководства по передовому опыту планирования и проведения полевых геонаучных исследований в Антарктике.

2. Способствовать применению Экологического кодекса СКАР в процессе оценки воздействия на окружающую среду проведения полевых геонаучных исследований в Антарктике и рекомендовать своим исследователям по возможности соблюдать Экологический кодекс СКАР при проведении ими полевых геонаучных исследований в Антарктике.

3. Обновлять информацию о своих национальных хранилищах, где хранятся антарктические геологические и палеонтологические образцы.

Экологический кодекс СКАР при проведении полевых геонаучных исследований в Антарктике

Добровольные руководящие принципы

История вопроса

1. Настоящий Кодекс поведения СКАР служит руководством при планировании или проведении полевых исследований в области наук о Земле в районе действия Договора об Антарктике.

2. Настоящий Кодекс поведения был подготовлен Инициативной группой СКАР по геологическому наследию и охране геологических ценностей на основе Кодекса поведения СКАР по отбору геологических проб (бюллетень GeoReach, SCAR GSSG Vol. 7 мая 2008 г.) и при участии геологического сообщества СКАР. Руководство было окончательно доработано в ходе обширных консультаций, в том числе с Советом управляющих национальных антарктических программ (КОМНАП).

3. Экологический кодекс поведения при осуществлении наземных научных исследований в Антарктике, разработанный СКАР (2018 г.) содержит практические рекомендации по минимизации влияния на окружающую среду полевой деятельности ученых, работающих в наземных районах по всей Антарктике. Кодекс поведения при осуществлении деятельности на наземных участках геотермальной активности в Антарктике (2016 г.) предоставляет рекомендации для ученых, работающих в геотермальных областях.

4. Настоящий *Экологический кодекс СКАР при проведении полевых исследований в области наук о Земле в Антарктике* был разработан с учетом особой потребности в руководящих принципах для научной деятельности, выходящих за рамки этих общеприменимых руководств, поскольку полевые геологические исследователи могут работать в уникальных условиях и обстоятельствах, когда может потребоваться более конкретное и индивидуальное руководство для защиты ценностей геологических участков.

5. Настоящий Кодекс поведения будет обновляться и уточняться по мере появления новых научных результатов и отчетов о воздействии на окружающую среду в результате будущих исследований в области наук о Земле.

6. Список национальных хранилищ (музеи, университеты, институты и т. д.), в которых хранятся антарктические геологические и палеонтологические образцы, доступен по адресу: https://www.scar.org/scar-library/search/science-4/geosciences/5595-list-of-national-geosciences-repositories/file/

Введение

7. Антарктика содержит множество уникальных геологических (т.е. петрологических, минералогических, стратиграфических, тектонических, геохронологических, геоморфологических, палеонтологических и метеоритных) научных особенностей. Многие из этих особенностей могут быть уязвимы для воздействия внешних факторов, неразрешенного сбора образцов и могут быть легко и необратимо повреждены.

8. Геологические образцы, такие как горные породы, минералы, окаменелости и метеориты, являются исходным научным ресурсом, и поэтому важно сохранить научную ценность

геологических участков и обеспечить наличие адекватного материала в полевых условиях и хранилищах для проведения будущих геологических исследований.

9. В некоторых полевых геологических исследованиях используются деструктивные методы и приемы, что приводит к воздействию на окружающую среду и влияет на научную ценность Района. Кумулятивные воздействия в результате повторяющейся научной и логистической деятельности могут также привести к снижению научной ценности некоторых геологических участков.

10. Геологическое наследие Антарктики систематически не идентифицируется, а его ценность и риск антропогенного воздействия еще предстоит оценить. Посредством настоящего КП сообщество привлекается к участию в выявлении и оценке участков, представляющих особый геологический интерес, в том числе подверженных риску повреждения.

Основополагающие принципы

11. Перед проведением исследований в условиях, свободных ото льда, необходимо тщательное планирование и консультации с национальными властями, а также является обязательным рассмотрение соответствующих мер для сохранения целостности участков. Мероприятия должны включать:

    - внимательный выбор места для посещения; и
    - максимальная координация запланированных мероприятий с другими исследователями, заинтересованными в осуществлении деятельности в данном Районе.

12. Местоположение посещенных участков с указанием точных координат по GPS и характер проведенных на этих участках мероприятий должны быть документально зафиксированы и представлены в открытом доступе или в национальном центре данных, который также может быть связан с каталогом антарктических данных (AMD) и включать точные координаты местоположения (например, GPS), чтобы в дальнейшем исследователям было легче определить посещавшиеся и непосещавшиеся участки.

Действия, осуществляемые до входа на участок полевых научных исследований

13. *Экологический кодекс ведения наземных научных полевых исследований в Антарктике* содержит руководящие принципы «до входа на участок полевых научных исследований», которые обычно применимы к геологической научной деятельности. Дополнительные рекомендации представлены в следующих пунктах:

14. Для процесса оценки воздействия на окружающую среду (ОВОС) необходимо представить подробную информацию, такую как тип и приблизительное количество геологических проб, которые будут взяты; общее расположение предполагаемых участков отбора проб; методы отбора проб; тип транспорта (например, использование транспортных средств); научное оборудование или сооружение (например, маркер, постамент), если имеется, будет оставлено и на какой срок, а также любое запланированное восстановление участка.

15. Чтобы свести к минимуму или избежать нарушения жизни диких животных, связанного с проведением исследовательской деятельности, следует учитывать скопление диких животных и критических мест обитания вблизи исследовательских участков, планировать достаточную дистанцию и обращаться за указаниями по любым необходимым допускам или разрешениям.

16. Если предлагаемый исследовательский участок находится в Особо охраняемом районе Антарктики (ООРА), следует ознакомиться с Планом управления ООРА, чтобы убедиться в наличии Разрешения на планируемую деятельность в этом Районе.

17. Если предлагаемая исследовательская работа проводится в Особо управляемом районе Антарктики (ОУРА), необходимо получить копию Плана управления ОУРА и понять руководящие принципы. Для входа в ОУРА разрешение не требуется; однако рекомендуется, чтобы соответствующий национальный орган был осведомлен о любом намерении провести геологические исследования, включая отбор проб, в любых научных или закрытых зонах, как описано в соответствующем Плане управления ОУРА.

18. Необходимо рассмотреть наличие доступа других научных сотрудников в области геофизики, в том числе из других стран к предлагаемому местоположению полевых работ. В местах, где работают геологи из разных стран, следует рассмотреть вопрос о координации действий для минимизации воздействия на окружающую среду и возможного избыточного отбора проб.

В полевых условиях

19. В соответствии с ОВОС, которая прошла экспертизу соответствующего национального органа, исследователи могут отбирать геологические образцы для дальнейшего научного изучения. Чтобы сохранить научную целостность местности, нельзя перемещать ископаемые, минеральные или горные породы из их первоначального стратиграфического места существования в другое место.

20. Если геологические или палеонтологические пробы должны быть взяты с целью исследования, то не следует делать избыточного отбора проб на участке и по возможности свести к минимуму извлечение большого количества окаменелостей или редких минералов. Необходимо отбирать только минимальный объем материала, необходимый для научного проекта, и в соответствии с количествами, указанными в ОВОС для этого проекта. Необходимо оставлять достаточно материала или образцов для будущих исследователей, чтобы они могли понимать контекст материала.

21. Признается, что в исключительных случаях может возникнуть необходимость собрать редкий или хрупкий образец, таким образом не оставляя никакого дополнительного материала. После завершения исследования этот материал следует поместить в соответствующее хранилище геологических образцов.

22. Если участки подвержены непосредственному риску быть разрушенными процессами земной системы (такими как таяние вечной мерзлоты, вызывающее усиление эрозии; массовые перемещения, такие как оползни, изменения уровня воды в озере или процессы эрозии), необходимо постараться собрать как можно больше информации (например, фотографии, образцы, и т.д.) и проинформировать национальные власти.

23. Следует свести к минимуму использование взрывчатых веществ, перфораторов и другого механического оборудования для сбора проб.

24. При работе, выполняемой в профилях горных пород и рыхлых отложений (например, когда осадочные толщи очищаются для более точного сбора информации / отбора проб), после отбора образцов необходимо оставить поверхность в том виде, на котором она была обработана, без попытки восстановить первоначальный вид участка. «Чистая» поверхность имеет большую научную, образовательную и визуальную ценность, чем восстановленная. Однако если исследователь считает, что оставление обработанной поверхности может увеличить эрозию, следует предпринять шаги, такие как заполнение для минимизации эрозии.

25. Необходимо принять меры для сведения к минимуму возможных разливов топлива, воды для охлаждения сверл или шлама, образующегося при работе сверла или пилы. Должны быть доступны соответствующие абсорбирующие материалы для локализации разливов топлива и, если они используются, приняты необходимые меры для удаления загрязненного топливом абсорбирующего материала с площадки и обработки в соответствии с Приложением III к Протоколу.

26. Если во время полевых исследований будет обнаружен геологический объект, представляющий особый интерес или выдающуюся научную или внутреннюю ценность, следует проинформировать соответствующие национальные и международные органы (например, представителя по наукам о Земле национального комитета СКАР (https://www.scar.org/members-and-officers/national-committees/) и Группу наук о Земле СКАР (https://www.scar.org/science/gsg/about/)). Необходимо представить информацию, включая местоположение, пространственный масштаб участка; простое описание, включающее подробную информацию о важности участка, фото и библиографию. Если научная ценность местности находится под угрозой из-за антропогенного воздействия, необходимо сообщить эту информацию, как описано выше.

Окаменелости

27. Снимая гипсовые слепки окаменелостей, нельзя оставлять следы гипса в поле после снятия гипсовой оболочки.

28. При просеивании крошечных окаменелостей следует делать это на месте и следить за тем, чтобы избежать перемешивания отложений, которое часто не распознается в плохо отсортированных отложениях.

Геоморфологические особенности

29. Некоторые геоморфологические особенности, такие как пояса валунов и падающие камни, перевернутые обломки, потертости и царапины, выступающие булыжники и сжатый грунт, не очевидны для неспециалистов и могут быть легко повреждены. Следует проявлять осторожность, чтобы свести к минимуму повреждение хрупких геоморфологических объектов, включая, например, недавно освобожденную от ледникового покрова среду, структурную почву (то есть отсортированные морозом полигоны, каменные полосы), дюны, ледниково-аллювиальные террасы, ледниковую среду и территории высоких пляжей. По возможности необходимо свести к минимуму передвижение транспортных средств и передвижений пешком по этим участкам.

30. Следует избегать нарушения ветрогранников или изменения их ориентации.

31. При копке морских, озерных или ледниково-речных террас необходимо стараться минимизировать размер шурфа, особенно если оставшаяся форма рельефа очень мала.

Метеориты

32. Метеориты можно найти в Антарктиде в основном на поверхности или под поверхностью льда, особенно в областях восходящего голубого льда. Крайне важно, чтобы возможные образцы метеоритов не подвергались загрязнению при обращении с ними, поскольку это может поставить под угрозу их использование в будущей науке (например, исследованиях органических веществ, астробиологии, исследованиях галогенов и исследованиях легких изотопов).

33. Если будет найден возможный образец метеорита, его нельзя трогать или убирать до тех пор, пока не будут приняты соответствующие меры предосторожности, чтобы избежать физического

нарушения, химического и биологического загрязнения и сохранить его научную ценность. Следует сделать фотографии, отметить положение GPS, пометить местоположение временным маркером (например, флагом) и обратиться к экспертам по метеоритам для получения дальнейших указаний по сбору метеоритов.

34. Если имеется опыт и проводится сбор, метеориты следует отбирать и хранить в соответствии с принятыми стандартами (например, https://www.nsf.gov/geo/opp/antarct/meteorite_regs.jsp), и коллекция образцов должна быть доступна для научных целей (см. Резолюцию 3 (2001 г.) XXIV заседание КСДА.

Отбор проб для датирования космогенных нуклидов

35. Эрратические валуны и отполированные поверхности могут иметь научное значение для определения дат наступления и отступления ледников, а также истончения льда с использованием различных процедур космогенного датирования. Эта методика требует, чтобы эрратические валуны и поверхности оставались в ненарушенном состоянии. Чтобы сохранить свою научную ценность, исследователи и другие посетители должны проявлять осторожность, не двигать и не переворачивать эрратические валуны, расположенные на них обломки или поврежденные поверхности коренных пород.

36. Исследователи не должны собирать эрратические валуны в данном районе, чтобы гарантировать возможность будущих исследований с использованием других методов. Если берутся полные образцы валунов или образцы меньшего размера, по возможности необходимо заархивировать часть образца для будущих исследований с использованием потенциально более сложных методологий.

37. Следует рассмотреть возможность регистрации передвижения людей в пределах территорий с помощью GPS и предоставления этой информации, чтобы будущие исследователи могли более легко определять валуны, которые, вероятно, не пострадали от деятельности человека в этом районе.

38. Сбор образцов для космогенного датирования деструктивен. Нельзя использовать перфораторы или другие механические инструменты с высокой разрушающей способностью. Любую пробу, отобранную для космогенного датирования, следует собирать с помощью молотка и долота.

39. Иногда не все собранные образцы обрабатываются. Поэтому, если они доступны, следует депонировать оставшиеся образцы и хранить их в репозиториях с открытым доступом и/или сообщать метаданные образцов через общедоступные сайты, чтобы оптимизировать обмен материалами в рамках научного сотрудничества.

Геофизические полевые исследования

40. При установке автономных приборов на скалах, снегу или льду следует убедиться, что объект посещается и при необходимости оборудование поднимается достаточно часто, чтобы предотвратить повреждение или безвозвратное захоронение. Извлечение элементов оборудования может оказаться непрактичным или невозможным (например, прокладка кабелей глубоко под землей). Необходимо принять меры, чтобы свести это к минимуму, особенно на этапе планирования проекта. Местоположение такого оборудования и любые нарушения, связанные с его использованием, должны регистрироваться и сообщаться с высокой степенью точности.

41. При выполнении разрешенных геофизических процедур, включая сейсмические исследования, томографию электросопротивления или радиолокационные исследования, необходимо учитывать близость к местной дикой природе и свести к минимуму нарушения, насколько это возможно.

42. При строительстве бетонного основания или цоколя для установки геофизического исследовательского оборудования необходимо использовать сборный бетон. Там, где это невозможно и бетон должен быть залит на месте, следует принять соответствующие меры для минимизации воздействия на окружающую среду от разносимой ветром цементной пыли.

43. При установке геофизических опорных станций необходимо принять меры, чтобы гарантировать их разграничение и хорошую видимость, чтобы они не были случайно повреждены или уничтожены. Следует удалить маркеры и оборудование, когда работа будет завершена или если считается, что они больше не используются в научных целях. При некоторых обстоятельствах может быть важно сохранить построенные постаменты, базы или платформы опорных станций (например, используемые в геодезических маркерах или гравиметрических базовых станциях) для использования в будущем после завершения первоначального исследования. В таких случаях станции или сооружения должны быть четко обозначены, подробные сведения об их местоположении и назначении должны быть представлены в соответствующую национальную базу данных, а необходимость их постоянного присутствия должна периодически анализироваться (например, каждые пять лет). Если они больше не нужны, их следует убрать.

После проведения полевых работ

44. Если геологические образцы транспортируются через другую страну по пути в страну происхождения, необходимо убедиться, что все юридические требования этой страны понятны, чтобы избежать юридических проблем (например, на таможне).

45. Информация, соответствующая исследованию, должна быть предоставлена в общедоступный репозиторий или базу данных, такую как Национальный центр данных, который также может связываться с AMD после полевых работ. Такая информация должна включать: количество собранных проб, местоположение общей области отбора проб (включая положение GPS (необходимые метаданные: широта, долгота, указанная геодезическая база данных (например, WGS84), метод отбора проб, тип транспорта (например, использование транспортных средств), свидетельства наличия предыдущие воздействия в этом районе, оставлено ли какое-либо искусственное сооружение и как долго оно будет оставаться, проводилось ли восстановление участка и т.д.

46. Если в ходе полевых работ было выяснено, что геологические участки находятся под угрозой ухудшения в результате естественных или антропогенных процессов, необходимо отправить подробную информацию (возможно, в форме отчета после посещения) в национальную антарктическую программу и Группу наук о Земле СКАР.

47. Чтобы получить максимальную научную пользу и в целях благотворного сотрудничества, необходимо убедиться, что образцы доступны другим исследователям, поместив их в соответствующую общедоступную геологическую коллекцию, в соответствии с международными соглашениями, национальными законами и правилами хранилищ.

48. Необходимо обеспечить регистрацию адекватной информации об образцах, которые могут иметь будущую научную ценность (например, нумерация образцов, расположение, ориентация и т. д.), и ее предоставление другим исследователям после помещения образцов в геологическую или палеонтологическую коллекцию.

49. В хранилищах должны храниться метаданные образцов, и они должны быть связаны с каталогом антарктических данных (AMD), чтобы будущие научные сотрудники могли найти материал и предоставить образцы для будущих исследователей.

50. Во всех публикациях, полученных в результате полевых геологических исследований, должно быть указано, где хранятся полевые образцы и данные.

Резолюция 2 (2021 г.)

Пересмотренное Руководство к представлению рабочих документов, содержащих предложения по Особо охраняемым районам Антарктики, Особо управляемым районам Антарктики или Историческим местам и памятникам

Представители,

принимая во внимание, что в Приложении V к Протоколу по охране окружающей среды к Договору об Антарктике для Консультативного совещания по Договору об Антарктике (КСДА) предусматривается право определения Особо охраняемых районов Антарктики (ООРА) или Особо управляемых районов Антарктики (ОУРА), утверждения или изменения планов управления этими Районами или определения Исторических мест и памятников (ИМП) в рамках принятия меры в соответствии со Статьей IX(1) Договора об Антарктике;

осознавая необходимость обеспечения ясности в отношении фактического статуса каждого ООРА и ОУРА и их планов управления, а также каждого ИМП;

напоминая о Резолюции 1 (2008 г.), в которой рекомендуется использование принятого в ее рамках Руководства к представлению рабочих документов, содержащих предложения по Особо охраняемым районам Антарктики, Особо управляемым районам Антарктики или Историческим местам и памятникам (Руководство) для лиц, участвующих в подготовке таких рабочих документов;

также ссылаясь на требования Резолюции 3 (2018 г.), в соответствии с которой проведено обновление руководящих положений для отражения указаний, представленных в Руководстве по оценке и управлению наследием в Антарктике, принятому в соответствии с Резолюцией 2 (2018 г.);

отмечая Решение 1 (2019 г.), в котором представлены дополнительные сведения к информации для каждого перечня в списке Исторических мест и памятников и имея намерение обновить Шаблон B Руководства положений, чтобы предоставить этот новый формат,

рекомендуют своим правительствам:

1. Заменить Руководство в приложении к Резолюции 3 (2018 г.) пересмотренным Руководством в приложении к настоящей Резолюции, предназначенным для тех, кто занимается подготовкой таких рабочих документов.

2. Секретариату Договора об Антарктике обеспечить представление Резолюции 3 (2018 г.) на своем сайте как утратившей силу.

Пересмотренное Руководство по представлению Рабочих документов, содержащих предложения, касающиеся Особо охраняемых районов Антарктики, Особо управляемых районов Антарктики или Исторических мест и памятников

A. Рабочие документы по ООРА или ОУРА

Рекомендуется составлять Рабочий документ из двух частей:

(i) **СОПРОВОДИТЕЛЬНАЯ ЗАПИСКА** с указанием предполагаемых последствий данного предложения и истории соответствующего ООРА или ОУРА (в качестве ориентира приведён Шаблон А). **Эта сопроводительная записка НЕ является частью Меры,** принимаемой КСДА, поэтому она не будет опубликована ни в Заключительном отчёте, ни на сайте СДА. Она предназначена только для содействия в рассмотрении предложения и подготовке проектов Мер Консультативным совещанием.

и

(ii) **ПЛАН УПРАВЛЕНИЯ**, составленный как окончательный вариант в том виде, в каком он должен публиковаться. **Этот план будет приложен к Мере и опубликован** в Заключительном отчёте и на сайте СДА.

Целесообразно составлять план в виде *окончательного* варианта, готового к публикации. Конечно, когда он впервые направляется на рассмотрение КООС, это только проект, который может быть скорректирован Комитетом или Консультативным совещанием. Однако вариант, принятый КСДА, должен быть представлен в окончательном виде готовым к публикации и не должен требовать дополнительного редактирования Секретариатом, за исключением вставки перекрёстных ссылок на другие документы, принятые на том же совещании.

Например, в окончательном варианте плана не должно быть выражений типа:

- «данный *предлагаемый* район»;
- «настоящий *проект* плана»;
- «настоящий план, *если он будет принят*, ...»;
- отчётов о дискуссиях, состоявшихся в рамках КООС или КСДА, или о межсессионной работе (за исключением случаев, когда это касается важной информации, например, о процессе консультаций или деятельности, осуществлявшейся на территории Района с момента последнего пересмотра);
- мнений отдельных делегаций по поводу исходного проекта или промежуточных вариантов плана;
- ссылок на другие охраняемые районы, обозначенные так, как их обозначали до вступления в силу Приложения V.

Если предложение касается ООРА, следует использовать «Руководство по подготовке Планов управления Особо охраняемыми районами Антарктики». (Действующий вариант этого Руководства прилагается к Резолюции 2 (2011 г.) и включён в состав Справочника КООС.)

Существует несколько высококачественных планов управления, например План управления ООРА № 109 «Остров Муэ», которые могут использоваться в качестве образца для подготовки новых и пересмотренных планов.

B. Рабочие документы по Историческим местам и памятникам (ИМП)

У ИМП нет планов управления, за исключением тех случаев, когда они также определены в качестве ООРА или ОУРА. Вся важная информация об ИМП включается в текст Меры. Оставшаяся часть Рабочего документа не прилагается к Мере; если в официальные документы желательно включить какую-либо дополнительную справочную информацию, её можно приложить к Отчёту КООС для последующего включения в Заключительный отчёт КСДА. Для обеспечения наличия всей необходимой информации, которая должна войти в Меру, при подготовке Рабочего документа рекомендуется использовать в качестве ориентира приведённый далее Шаблон В.

С. Представление проектов Мер по ООРА, ОУРА и ИМП Консультативному совещанию

Если в Секретариат для последующего направления Консультативному совещанию поступает проект Меры, которая вводит в действие рекомендации КООС относительно ООРА, ОУРА или ИМП, Секретариат также должен направлять Консультативному совещанию копии сопроводительной записки к первоначальному Рабочему документу, в котором было сформулировано данное предложение, со всеми поправками, внесёнными Комитетом.

При этом соблюдается следующий порядок действий:

- Автор предложения готовит и представляет Рабочий документ, в состав которого входят проект Плана управления и пояснительная сопроводительная записка.
- Секретариат готовит проект Меры до начала КСДА.
- Проект Плана управления обсуждается Комитетом, и в него вносятся поправки (это делает автор предложения в сотрудничестве с Секретариатом).
- Если КООС рекомендует принять План управления, то Председатель КООС передаёт (согласованный) План управления вместе с (согласованной) сопроводительной запиской Председателю Рабочей группы по правовым и институциональным вопросам.
- Рабочая группа по правовым и институциональным вопросам рассматривает проект Меры.
- Секретариат официально выносит на обсуждение проект Меры вместе с согласованной сопроводительной запиской.
- КСДА рассматривает его и принимает решение.

ШАБЛОН А. СОПРОВОДИТЕЛЬНАЯ ЗАПИСКА К РАБОЧЕМУ ДОКУМЕНТУ ПО ООРА ИЛИ ОУРА

Убедитесь в том, что в сопроводительной записке указана следующая информация:

1. Предлагается ли новый ООРА?	Да/Нет
2. Предлагается ли новый ОУРА?	Да/Нет

3. Относится ли предложение к существующему ООРА или ОУРА? [1] Если да, следует перечислить все Рекомендации, Меры, Резолюции и Решения, относящиеся к данному ООРА/ОУРА, включая все предшествующие определения этого района в качестве ООР, УОНИ или другой охраняемой территории: В частности, укажите дату и соответствующую Рекомендацию/Меру, касающиеся нижеперечисленного:	
Первое определение:	
Первое принятие плана управления:	
Любые изменения в плане управления:	
Действующий план управления:	
Продления сроков действия Плана управления:	
Переименование и изменение нумерации района как... на основании Решения 1 (2002 г.):	
Другие соответствующие меры:	
4. Если предложение содержит пересмотр существующего Плана управления, укажите типы поправок:	
(i) Существенные или незначительные?	
(ii) Есть ли изменения границ или координат?	
(iii) Есть ли изменения в картах? Если да, содержатся ли изменения только в подписях или также в графике?	
(iv) Есть ли изменения в описании района, которые важны для определения его местоположения или границ?	
(v) Есть ли изменения, затрагивающие какой-либо другой ООРА, ОУРА или ИМП в пределах этого или соседнего района или прилегающей зоны? В частности, объясните,	

[1] Примечание: эту информацию можно найти на сайте СДА в базе данных документов совещаний, если вести поиск по названию Района. При том, что СДА делает всё возможное для обеспечения полноты и точности информации, содержащейся в базе данных, иногда в ней могут встречаться ошибки или пропуски. Лучше всех знают историю того или иного Охраняемого района те, кто вносил предложения о его изменении, поэтому к ним обращена просьба сообщать Секретариату о любых несоответствиях между историей регулирования района в том виде, в каком она им известна, и информацией, содержащейся в базе данных СДА.

пожалуйста, любое слияние, включение или отмену любого существующего участка или участка.	
(vi) Прочее: краткий обзор других изменений с указанием пунктов плана управления, в которых они присутствуют (это особенно удобно, если план объёмный).	
5. Если предлагается новый ООРА или ОУРА, включает ли он в себя морскую территорию?	Да/Нет
6. Если да, должно ли предложение быть предварительно одобрено Комиссией по сохранению морских живых ресурсов Антарктики в соответствии с Решением 9 (2005 г.)?	Да/Нет
7. Если да, было ли получено предварительное одобрение Комиссии по сохранению морских живых ресурсов Антарктики?	Да/Нет
Если да, следует указать соответствующий пункт соответствующего Заключительного отчёта АНТКОМ.	
8. Если предложение относится к ООРА, какова основная причина его определения (т. е. согласно какой части Статьи 3.2 Приложения V)?	
9. Если применимо, определен ли основной Экологический домен, к которому относится ООРА или ОУРА (см. «Анализ экологических доменов Антарктического континента», приложенный к Резолюции 3 (2008 г.)? Если да, следует указать основной Экологический домен.	Да/Нет
10. Если применимо, определен ли Заповедный биогеографический регион Антарктики, к которому относится ООРА или ОУРА (см. «Заповедные биогеографические регионы Антарктики», приложенные к Резолюции 6 (2012 г.)? Если да, следует указать основной Заповедный биогеографический регион Антарктики.	Да/Нет
11. Если применимо, определены ли Ключевые орнитологические территории Антарктики (Резолюция 5 (2015 г.), к которым относится ООРА или ОУРА (см. «Краткий обзор по Ключевым орнитологическим территориям Антарктики за 2015 г.», приложенный к информационному документу IP 27 с XXXVIII КСДА, и полный отчет на сайте: http://www.era.gs/resources/iba/)? (Если да, следует указать Ключевые орнитологические территории.)	Да/Нет

Описанный выше формат можно использовать в качестве шаблона или контрольного вопросника для составления сопроводительной записки, который обеспечит включение всей необходимой информации.

ШАБЛОН B. СОПРОВОДИТЕЛЬНАЯ ЗАПИСКА К РАБОЧЕМУ ДОКУМЕНТУ ПО ИСТОРИЧЕСКОМУ МЕСТУ ИЛИ ПАМЯТНИКУ

Убедитесь в том, что в сопроводительной записке указана следующая информация:

1. Был ли данный участок или памятник определён в качестве Исторического места или памятника на каком-либо предыдущем КСДА? Если да, следует дать список соответствующих Рекомендаций и Мер.	Да/Нет
2. Если это предложение об определении нового Исторического места или памятника, дайте следующую информацию с формулировкой, которая предназначается для включения в Меру:	
(i) Название предлагаемого ИМП:	
(ii) Описание: Дайте описание материалов, конструкции, функционального использования, назначения.	
(iii) Местонахождение места: укажите одну координату широты и одну координату долготы.	
(iv) Наименование/поправки	
(v) Сторона-инициатор предложения: укажите всех инициаторов предложения.	
(vi) Сторона, принимающая на себя обязательства по управлению: укажите название страны/стран, твёрдо заявляющих о своей приверженности выполнению обязательств (с указанием подхода к управлению объектом/местом).	
(vii) Тип:	
• здание (хижина, станция, остатки других зданий), • объект, • памятный предмет (мемориальная табличка, бюст, крест, пр.) или • другие остатки (пирамида из камней, сооружённая экспедицией, палатка, маяк, пр.).	

(viii) Природоохранный статус:	
(ix) Дайте описание исторического контекста:	
(x) Применимые критерии в соответствии с Резолюцией 3 (2009 г.):	
(xi) Средства и методы управления: Дайте описание планируемых мероприятий по управлению и (или) мониторингу рассматриваемого объекта/места – см. также разделы 6 и 7, п. 5 Приложения к Резолюции 3 (2009 г.), а также укажите меры, предусматриваемые для сведения к минимуму возможного воздействия мероприятий по управлению ИМП на окружающую среду. Наличие официального плана управления не всегда является целесообразным, однако данный аспект может быть упомянут в предложении.	
(xii) Фотографии: Представьте фотографии, желательно с краткими подписями и указанием авторов, показывающие объект и (или) монумент и его местоположение/окружающую обстановку.	
(xiii) Природные особенности окружающей среды, культурный контекст и местная специфика.	
3. Если это предложение о пересмотре существующего определения ИМП, следует перечислить соответствующие прошлые Рекомендации и Меры.	

Описанный выше формат можно использовать в качестве шаблона или контрольного вопросника для составления сопроводительной записки, который обеспечит включение всей необходимой информации.

Резолюция 3 (2021 г.)

Правила поведения для посетителей участков

Представители,

ссылаясь на Резолюции 5 (2005 г.), 2 (2006 г.), 1 (2007 г.), 2 (2008 г.), 4 (2009 г.), 1 (2010 г.), 4 (2011 г.), 4 (2012 г.), 3 (2013 г.), 4 (2014 г.) , 2 (2016 г.), 1 (2018 г.) и 2 (2019 г.), в которых были приняты и обновлены списки участков, подпадающих под Правила поведения для посетителей участков (Правила поведения);

полагая, что Правила поведения способствуют повышению эффективности положений Руководства для операторов, организующих и осуществляющих туристическую и неправительственную деятельность в Антарктике, приложенного к Рекомендации XVIII-1 (1994 г.);

подтверждая, что в понятие «посетители» не входят ученые, проводящие исследования на этих участках, или лица, занимающиеся официальной правительственной деятельностью;

отмечая, что Правила поведения разработаны применительно к уровню посещаемости и видам деятельности при посещении каждого участка, а также отдавая себе отчет в необходимости пересмотра Правил поведения в случае любых значительных изменений в уровне посещаемости и видах деятельности при посещении участков;

полагая, что Правила поведения для каждого участка подлежат незамедлительному критическому анализу и пересмотру в случае изменений в уровне посещаемости и видах деятельности при посещении участков или в случае наличия очевидного или вероятного воздействия на окружающую среду;

желая обеспечить поддержание перечня участков, на которые распространяются Правила поведения, и самих Правил поведения в актуальном состоянии,

рекомендуют своим правительствам:

1. Включить мыс Эванс, мыс Хат и мыс Адэр в прилагаемый к настоящей Резолюции список участков, на которые распространяются Правила поведения для посетителей участков (Правила поведения), а также включить в правила для посетителей правила для этих конкретных участков в редакции, принятой Консультативным совещанием по Договору об Антарктике (КСДА).

2. Включить Сиби-Хук, мыс Халлетт (северная часть Земли Виктории, море Росса) и мыс Ройдс (полуостров Росса) в прилагаемый к настоящей Резолюции список участков, подпадающих под действие Правил поведения, и добавить в эти правила для посетителей правила для этих конкретных участков в редакции, принятой Консультативным совещанием по Договору об Антарктике (КСДА).

3. Секретариату Договора об Антарктике (Секретариату) внести соответствующие изменения в информационное наполнение своего сайта.

4. Всех потенциальных посетителей призывать к доскональному изучению и неукоснительному соблюдению соответствующих Правил поведения.

5. Секретариату обеспечить представление Резолюции 2 (2019 г.) на своем сайте, как утратившей силу.

Список Участков, на которые распространяются Правила поведения для посетителей участков

Правила поведения для посетителей участков	Первая редакция	Действующая редакция
1. Остров Пенгуин (62°06’ ю.ш., 57°54’ з.д.)	2005	2005
2. Остров Барриентос – острова Аитчо (62°24’ ю.ш., 59°47’ з.д.)	2005	2013
3. Остров Кувервиль (64°41’ ю.ш., 62°38’ з.д.)	2005	2013
4. Мыс Югла (64°50’ ю.ш., 63°30’ з.д.)	2005	2013
5. Остров Гудье, Порт-Локрой (64°49’ ю.ш., 63°29’ з.д.)	2006	2006
6. Мыс Ханна (62°39’ ю.ш., 60°37’ з.д.)	2006	2013
7. Бухта Неко (64°50’ ю.ш., 62°33’ з.д.)	2006	2013
8. Остров Полет (63°35’ ю.ш., 55°47’ з.д.)	2006	2018
9. Остров Петерманн (65°10’ ю.ш., 64°10’ з.д.)	2006	2013
10. Остров Плено (65°06’ ю.ш., 64°04’ з.д.)	2006	2013
11. Мыс Таррет (62°05’ ю.ш., 57°55’ з.д.)	2006	2006
12. Бухта Янки (62°32’ ю.ш., 59°47’ з.д.)	2006	2019
13. Утес Браун-Блаф, полуостров Табарин (63°32’ ю.ш., 56°55’ з.д.)	2007	2018
14. Хижина Сноу-Хилл (64°21’50’’ ю.ш., 56°59’31’’ з.д.)	2007	2019
15. Бухта Шингл, остров Коронейшен (60°39’ ю.ш., 45°34’ з.д.)	2008	2008
16. Остров Девил, остров Вега (63°48’ ю.ш., 57°17’ з.д.)	2008	2018
17. Бухта Уэйлерс, о-в Десепшен (Тейля), Южные Шетландские о-ва (62°59’ ю.ш., 60°34’ з.д.)	2008	2018
18. Остров Хаф-Мун, Южные Шетландские острова (62°35’24’’ ю.ш., 59°55’13’’ з.д.)	2008	2019
19. Мыс Бейли, остров Десепшен (Тейля), Южные Шетландские острова (62°58’ ю.ш., 60°30’ з.д.)	2009	2013
20. Бухта Телефон, остров Десепшен (Тейля), Южные Шетландские острова (62°55’27’’ ю.ш., 60°39’47’’ з.д.)	2009	2018
21. Мыс Ройдс, полуостров Росса (77°33’11” ю.ш. 166°10’7” в.д.)	2009	2021
22. Хижина Уорди, остров Уинтер, острова Арджентайн (65°15’ ю.ш. 64°16’з.д.)	2009	2009
23. Остров Стонингтон, залив Маргерит, Антарктический полуостров (68°11’ ю.ш., 67°00’ в.д.)	2009	2009
24. Остров Хорсшу, Антарктический полуостров (67°49’ ю.ш., 67°18’ з.д.)	2009	2014

Правила поведения для посетителей участков	**Первая редакция**	**Действующа я редакция**
25. Остров Детай, Антарктический полуостров (66°52’ ю.ш., 66°48’ з.д.)	2009	2009
26. Остров Торгерсен, бухта Артур, юго-западная часть острова Анверс (64°46.39’ ю.ш., 64°04.55’ з.д.)	2010	2019
27. Остров Данко, пролив Эррера, Антарктический полуостров (64°44’ ю.ш., 62°36’ з.д.)	2010	2013
28. Сиби-Хук, мыс Халлетт, северная часть Земли Виктории, море Росса, Участок для посетителей А и Участок для посетителей В (72°19’ ю.ш., 170°13’ в.д.)	2010	2021
29. Мыс Дамой, остров Винке, Антарктический полуостров (64° ю.ш., 49’ ю.ш., 63°31’ з.д.)	2010	2013
30. Участок для посетителей «Долина Тейлор», южная часть Земли Виктории (77°37,59’ ю.ш., 163°03,42’ в.д.)	2011	2011
31. Северо-восточный пляж острова Ардли (62°13’ ю.ш., 58°55’ з.д.)	2011	2011
32. Хижины Моусона и мыс Денисон, Восточная Антарктика (67°00’31’’ ю.ш., 142°40’43” в.д.)	2011	2014
33. Остров Д'Эно, бухта Миккельсен, остров Тринити (63°54’ ю.ш., 60°47’ з.д.)	2012	2012
34. Порт-Шарко, остров Бут (65°04’ ю.ш., 64°02’ з.д.)	2012	2012
35. Бухта Пендьюлум, остров Десепшен (Тейля), Южные Шетландские острова (62°56’ю.ш., 60°36’ з.д.)	2012	2018
36. Бухта Орне, южный рукав бухты Орне, пролив Жерлаш (64°38’ ю. ш., 62°33’ з.д.)	2013	2013
37. Острова Орне, пролив Жерлаш (64°40’ ю.ш., 62°40’ з.д.)	2013	2013
38. Мыс Уайлд, остров Элефант (Мордвинова) (61°06’ ю.ш., 54°52’ з.д.)	2016	2016
39. Острова Ялур, архипелаг Вильгельм (65°14’ ю.ш., 64°10’ з.д.)	2016	2016
40. Остров Астролаб (63°17’ ю.ш., 58°40’ з.д.)	2018	2018
41. Мыс Жорж, остров Ронже (64°40’ ю.ш., 62°40’ з.д.)	2018	2018
42. Мыс Портал (64°30’ ю.ш., 61°46’ з.д.)	2018	2018
43. Мыс Эванс (77°38’12 ”ю.ш., 166°25’15” в.д.)	2021	2021
44. Мыс Хат (77°50’44.7” ю.ш. 166°38’30.3” в.д.)	2021	2021
45. Мыс Адэр (71°18’27.5” ю.ш., 170°11’29” в.д.)	2021	2021

Резолюция 4 (2021 г.)

Общее руководство и Вопросник к Правилам поведения для посетителей участков в Антарктике

Представители,

ссылаясь на Рекомендацию XVIII-1 (1994 г.) с приложением к ней Руководства для тех, кто занимается организацией и проведением туристической и неправительственной деятельности в Антарктике, и Резолюцию 3 (2011 г.) с приложением Общего руководства для посетителей Антарктики (Общее руководство);

признавая, что Общее руководство должно пересматриваться и исправляться по мере появления дополнительной информации;

ссылаясь на Резолюции 5 (2005 г.), 2 (2006 г.), 1 (2007 г.), 2 (2008 г.), 4 (2009 г.), 1 (2010 г.), 4 (2011 г.), 4 (2012 г.), 3 (2013 г.), 4 (2014 г.), 2 (2016 г.), 1 (2018 г.), 2 (2019 г.) и 3 (2021 г.), в которых были приняты и обновлены списки участков, подпадающих под Правила поведения для посетителей участков (Правила для участков);

напоминая о Резолюции 3 (2019 г.), посредством которой был утвержден Вопросник к Правилам поведения для посетителей участков (Вопросник);

подтверждая ценность предоставления посетителям общих природоохранных рекомендаций в дополнение к информации по конкретным участкам;

отмечая желательность предоставления посетителям Антарктики современных советов, которые помогут им свести к минимуму свое воздействие на всех участках;

желая усилить существующие инструкции для посетителей Антарктики и обеспечить согласованность между Общим руководством и Правилами для участков,

рекомендуют своим правительствам:

1. Одобрить пересмотренное Общее руководство, прилагаемое к настоящей Резолюции (Приложение 1).

2. Настоятельно призвать всех тех, кто намеревается посетить участки в Антарктике, полностью ознакомиться и соблюдать правила, изложенные в Общем руководстве.

3. Поручить Секретариату Договора об Антарктике (Секретариат) разместить Общее руководство на своем сайте.

4. Отмечая, что Резолюция 3 (2011 г.) утратила силу, поручить Секретариату обеспечить четкое представление Резолюции 3 (2011 г.) на своем сайте как утратившей силу.

5. Одобрить обновленный Вопросник, прилагаемый к настоящей Резолюции (Приложение 2), и призвать тех, кто участвует в подготовке или пересмотре Правил участков, соблюдать его; а также

6. Поручить Секретариату разместить обновленный Вопросник на своем сайте и указать, что Резолюция 3 (2019 г.) утратила силу.

Общее руководство для посетителей Антарктики

Общее руководство распространяется на всех посетителей и всю деятельность в районе действия Договора об Антарктике[1]. Все посещения Антарктики должны проводиться в соответствии с Договором об Антарктике, Протоколом по охране окружающей среды к нему и соответствующими мерами, решениями и резолюциями, принятыми на Консультативных совещаниях по Договору об Антарктике (КСДА). Вся деятельность должна подлежать оценке воздействия на окружающую среду и получить предварительное одобрение/разрешение или соответствовать всем требованиям соответствующего Национального компетентного органа.

Настоящее руководство содержит общие указания по посещению различных мест, направленные на предупреждение отрицательного воздействия посещений на окружающую среду Антарктики, ее научные, природные и эстетические ценности. Принятые КСДА Правила поведения для посетителей участков содержат дополнительные рекомендации в отношении некоторых мест. Также могут применяться правила в отношении определенных рисков, таких как использование летательных аппаратов или недопущение интродукции неместных видов.

Перед посещением Антарктики ознакомьтесь с данным руководством и спланируйте, как свести свое воздействие к минимуму.
Если вы являетесь частью группы посетителей, соблюдайте это руководство, обращайте внимание на своих гидов и следуйте их инструкциям. Если вы являетесь организатором своего собственного посещения или посещения группы и соответствующих мероприятий, вы несете ответственность за соблюдение данного руководства. Вы также несете ответственность за определение объектов на посещаемых вами участках, которые могут быть уязвимы к воздействию посетителей, и за соблюдение любых специальных требований, касающихся охраняемых территорий, исторических мест и памятников, действий или рисков. Специальные требования могут быть включены в принятые КСДА Правила поведения для посетителей участков, Планы управления Особо охраняемыми районами Антарктики (ООРА) и Особо управляемыми районами Антарктики (ОУРА), или в правила посещения станций.

ОХРАНА ФАУНЫ АНТАРКТИКИ

ФАУНА	• Изъятие или вредное вмешательство в жизнь антарктической фауны запрещено. • Находясь в непосредственной близости от представителей фауны на суше или в море, двигайтесь или маневрируйте медленно и осторожно, старайтесь как можно меньше шуметь. • Чтобы не беспокоить представителей фауны, держитесь на достаточном расстоянии от них — обычно не менее 5 м на суше, хотя во многих случаях может потребоваться большее расстояние. Соблюдайте все указания относительно расстояний, указанные в правилах для конкретных видов или участков. • Всегда уступайте дорогу представителям фауны и не блокируйте их пути доступа между морем и сушей, местами гнездования или другими пунктами назначения. • Представители фауны могут изменить свое поведение, если их потревожить. Следите за поведением представителей фауны. Если представители фауны меняют свое поведение (встают, тревожно

[1] Признается, что для научной и официальной правительственной деятельности возможны исключения из применения элементов данного руководства, если это требуется для осуществления такой деятельности и если такая деятельность была предварительно одобрена Национальным компетентным органом и отвечает всем требованиям соответствующего национального органа.

	поворачивают голову, начинают издавать звуки и т. д.), перестаньте двигаться или медленно увеличивайте расстояние. • Не заходите на территорию колонии и ведите наблюдение с безопасного расстояния. Представители фауны особенно чувствительны к беспокойству в период размножения (в т. ч. гнездования) или линьки. • Все ситуации – разные. Учитывайте топографию и специфические особенности участка, потому что они могут повлиять на уязвимость представителей фауны к вмешательству. • Следите за тем, куда вы ступаете, чтобы не наступить на яйца, птенцов или гнезда поморников, пингвинов или буревестников. • Запрещается использовать беспилотные летательные аппараты вблизи представителей фауны. • Не кормите представителей фауны и не оставляйте после себя пищу или объедки.
РАСТИТЕЛЬНОСТЬ	• Растительность, включая мхи и лишайники, является хрупкой и растет очень медленно. Не ходите, не ездите и не приземляйтесь там, где растут мхи или лишайники, чтобы не повредить их. • Путешествуя пешком, по возможности придерживайтесь установленных маршрутов, чтобы свести к минимуму нарушение или повреждение почвы и покрытых растительностью поверхностей. Если дорожек нет, тщательно выбирайте маршрут, идите самым коротким путем, избегая растительности, хрупкой грунтовой местности, каменистых осыпей на склонах и фауны.
ИНТРОДУКЦИЯ НЕМЕСТНЫХ ВИДОВ И ПАТОГЕНОВ	• Не ввозите в Антарктику никаких растений или представителей фауны. • Чтобы предотвратить занесение неместных видов и болезней, тщательно вымойте обувь и очистите все оборудование, включая одежду, сумки, треноги, палатки и трости, прежде чем брать их в Антарктику. Обратите особое внимание на подошвы ботинок, застежки-липучки и карманы, которые могут содержать почву или семена. Автотранспортные средства и летательные аппараты также должны быть очищены. • Чтобы предотвратить перенос неместных видов и болезней между участками Антарктики, убедитесь, что вся одежда, обувь и оборудование тщательно очищены, прежде чем перемещаться между участками и регионами.

СОБЛЮДАЙТЕ ПРАВИЛА В ОТНОШЕНИИ ОХРАНЯЕМЫХ РАЙОНОВ И СООРУЖЕНИЙ

ОСОБО УПРАВЛЯЕМЫЕ РАЙОНЫ АНТАРКТИКИ (ОУРА) И ОСОБО ОХРАНЯЕМЫЕ РАЙОНЫ АНТАРКТИКИ (ООРА)	• Деятельность в ООРА и ОУРА должна соответствовать положениям соответствующего Плана управления и ограничениям в отношении ведения деятельности в этих районах. • Для входа в любой ООРА требуется разрешение национального компетентного органа. Носите это разрешение с собой и соблюдайте все его условия во время посещения ООРА. • Заранее проверьте расположение и границы ООРА и ОУРА и ознакомьтесь с положениями их Планов управления (все они имеются на сайте Секретариата Договора об Антарктике (www.ats.aq).

ИСТОРИЧЕСКИЕ МЕСТА И ПАМЯТНИКИ (ИМП) И ДРУГИЕ СООРУЖЕНИЯ	• Некоторые исторические хижины определены как ООРА, для посещения которых требуется разрешение. Посещения должны осуществляться согласно положениям соответствующего плана управления. • В некоторых случаях исторические хижины и сооружения можно посещать в туристических, рекреационных и образовательных целях. Посетители не должны использовать их для других целей, за исключением экстренных случаев. • Не повреждайте, не удаляйте, не разрушайте и не изменяйте никакие исторические места, памятники или артефакты, а также другие здания или аварийные убежища (занятые или незанятые). • Изучите соответствующие принятые КСДА Правила поведения для посетителей участков, касающихся конкретных исторических мест, памятников, предметов или зданий и других сооружений в окрестностях. • Перед тем как войти в какое-либо историческое сооружение, очистите обувь от снега и песка и удалите снег и воду с одежды, так как это может привести к повреждению сооружений или артефактов. • Перемещаясь по историческим местам, старайтесь не наступать на артефакты, которые могут скрываться под отложениями или снегом. • Если вам попадется предмет, который может иметь историческую ценность и о котором власти могут не знать, не трогайте и не сдвигайте его. Сообщите о нем своему руководителю экспедиции или НКО. • Список официально определенных ИМП можно найти на сайте СДА.

УВАЖАЙТЕ НАУЧНЫЕ ИССЛЕДОВАНИЯ

- Некоторые антарктические станции могут принимать посетителей по предварительной договоренности. Получите разрешение перед посещением антарктических станций.
- Подтвердите запланированные посещения заранее или в соответствии с инструкциями, предоставленными менеджером станции до прибытия.
- Помимо этого общего руководства, при посещении антарктических станций соблюдайте все правила участков или правила для посетителей.
- Не вмешивайтесь и не удаляйте научное оборудование или маркеры, не нарушайте места экспериментальных исследований, полевые лагеря или складские запасы.

СОХРАНИТЕ ДЕВСТВЕННУЮ ПРИРОДУ АНТАРКТИКИ – НЕ ОСТАВЛЯЙТЕ СЛЕДОВ СВОЕГО ПОСЕЩЕНИЯ

ОТХОДЫ	• Не выбрасывайте мусор или отходы на суше и не сбрасывайте их в море. • Курение запрещено, за исключением специально отведенных мест на станциях или в лагерях, во избежание засорения и риска возгорания сооружений. Соберите пепел и мусор для утилизации за пределами Антарктики. • Обеспечьте обращение с отходами в соответствии с Приложениями III (удаление отходов) и IV (загрязнение моря) Протокола по охране окружающей среды к Договору об Антарктике. • Убедитесь, что все имущество, оборудование и отходы всегда надежно закреплены таким образом, чтобы предотвратить их распространение в окружающую среду из-за сильного ветра или добывания корма представителями фауны.

ЦЕННОСТИ ДИКОЙ ПРИРОДЫ	• Не тревожьте и не загрязняйте озера, ручьи, реки и другие водоемы (например, ходьбой, умыванием или мытьем снаряжения, бросанием камней и т. д.) • Не пишите и не вырезайте имена и другие граффити на искусственных или природных поверхностях Антарктики. • Не берите с собой сувениры, будь то предметы искусственного, биологического или геологического происхождения, включая перья, кости, яйца, растительность, почву, камни, метеориты и окаменелости. • По возможности размещайте палатки и оборудование на снегу или в ранее использовавшихся местах.

БУДЬТЕ В БЕЗОПАСНОСТИ

МЕРЫ ПРЕДОСТОРОЖ-НОСТИ/ ПОДГОТОВКА	• Будьте готовы к суровой и переменчивой погоде. Убедитесь, что ваша экипировка и одежда соответствуют антарктическим стандартам. Помните, что окружающая среда Антарктики негостеприимна, непредсказуема и потенциально опасна. • Знайте свои возможности и опасности, исходящие от окружающей среды Антарктики, и действуйте соответственно. Планируя деятельность, всегда помните о безопасности. • На суше и на море следует держаться на большем расстоянии от потенциально опасных или охраняющих свою территорию представителей фауны, таких как морские котики. По возможности держитесь на расстоянии не менее 15–25 м. • Будьте осторожны, где вы идете, поскольку тюлени могут замаскироваться на камнях или между ними. Держитесь на безопасном расстоянии от кромки морского льда и будьте осторожны, переступая через трещины в морском льду. • Поморники – очень территориальные птицы, они нападают на незваных гостей, приближающихся к их гнездам. Если это произойдет, отступите от места атаки. • Любые представители фауны, даже пингвины, могут нанести вам серьезный вред. Не стоит недооценивать риски. • Если вы путешествуете в группе, следуйте указаниям и инструкциям своих гидов. Не отрывайтесь от своей группы, так как выживание в Антарктике может стать вопросом нескольких минут (особенно в случае острого переохлаждения). • Нельзя ходить по поверхности ледников или крупных снежных полей без надлежащего оборудования и опыта. Существует реальная опасность провалиться в скрытые трещины. • Будьте бдительны в непосредственной близости от мест отелов ледников. Отламывающиеся куски льда могут вызвать опасные волны. • Будьте особенно внимательны при лазании по скалам и/или валунам, так как таяние вечной мерзлоты при изменении температуры увеличивает риск схода лавин. • Не рассчитывайте на спасателей. Правильное планирование, высококачественное оборудование и специально обученный персонал обеспечивают большую самодостаточность и уменьшают риски. • В аварийные убежища можно входить только в случае чрезвычайных ситуаций. Если вы использовали оборудование или продукты питания, которые находились в убежище, то по окончании чрезвычайной ситуации сообщите об этом ближайшей исследовательской станции или

	компетентному национальному органу, который одобрил/разрешил деятельность посетителей в Антарктике. • Соблюдайте все ограничения на курение. Категорически не рекомендуется использование фонарей с горелками и открытого огня в исторических сооружениях или возле них. Принимайте все меры предосторожности, чтобы не допустить возникновения пожара. Это реальная опасность в сухих условиях Антарктики.

ТРЕБОВАНИЯ В ОТНОШЕНИИ ВЫСАДКИ И ТРАНСПОРТА

ТРАНСПОРТ	• Используя летательные аппараты, суда, малые плавательные средства, транспортные средства на воздушной подушке или другие транспортные средства, не тревожьте представителей фауны в море и на суше. • Избегайте полетов над скоплениями птиц и млекопитающих. Следуйте рекомендациям, определенным в Резолюции 2 (2004 г.) *Руководство по воздушным операциям вблизи скоплений птиц в Антарктике*. • Заправка воздушных судов (самолетов и вертолетов) должна производиться таким образом, чтобы свести к минимуму разливы и использовать подходящее оборудование для локализации разливов. • Заправка топливных баков малых плавсредств должна производиться таким образом, чтобы разливы можно было локализовать (например, на борту судна). • До начала любых операций по транспортировке с морского судна на берег следует убедиться, что на малых плавсредствах нет почвы, растений и животных. • Курс и скорость малых плавсредств всегда должны контролироваться таким образом, чтобы свести к минимуму беспокойство представителей фауны и избежать столкновений с ними.
МОРСКИЕ СУДА[2]	• Одновременно участок может посещать только одно морское судно. • Судам, имеющим более 500 пассажиров на борту, запрещено производить высадку в Антарктике.
ВЫСАДКА ПАССАЖИРОВ С СУДОВ	• С судна на берег одновременно могут высадиться не более 100 человек, если рекомендации для конкретного участка не предусматривают меньшее количество пассажиров. • На всех участках во время высадки с судна соотношение гидов и пассажиров должно составлять 1:20, если рекомендации для конкретного участка не предусматривают большее количество гидов.

[2] Морское судно определяется как судно, на борту которого может находиться более 12 пассажиров.

Вопросник к Правилам поведения для посетителей участка

Предварительные рекомендации

Правила поведения для посетителей участка должны быть как можно более конкретными, содержать только актуальную информацию и кодекс поведения, касающиеся только самого участка. Необходимо обеспечить, чтобы Правила поведения для посетителей участка содержали ссылку на Общее руководство для посетителей Антарктики и были согласованы с ними.

Для имеющихся участков специалисты, проводящие пересмотр, должны изучить существующие Правила поведения для посетителей участка до его посещения, а также определить специфические аспекты участка, которые следует изучить до его посещения. Объем собираемой информации может включать:

- степень посещаемости за последние пять лет и определение тенденций (рост, снижение, стабильность) (данные МААТО о количестве посещений, а также любая информация, которой располагают национальные программы или правительства соответственно);
- отчеты о происшествиях или несчастных случаях за последние пять лет (любая информация, которой располагают национальные программы или правительства);
- виды мероприятий для посетителей в данном районе (пешие экскурсии с гидом, круизы на маломерных судах, каяках и т. п.).

Для новых участков специалисты должны собрать информацию об участке перед его посещением. Объем собираемой информации может включать (в дополнение к вышеупомянутому):

- сведения об экологических ценностях района (информация, которой располагают национальные программы или правительства: научные работы, путеводители и т. д.).

Вопросы		Комментарии специалистов
Координаты по широте и долготе Укажите координаты GPS и ориентир (например: xx°xx´xx´´ ю. ш., xx°xx´xx´´з. д. — район высадки на берег, ИМП и т. д.).		
Основные достопримечательности Каковы основные достопримечательности данного участка? Почему люди могут желать посетить данный участок? Постарайтесь ограничиться двумя или тремя достопримечательностями.		
Топография и геология Описание физико-географических элементов участка. Для предоставления обобщенной информации об участке можно использовать исходные материалы, однако специалисты, проводящие пересмотр, должны также учитывать специфику участка.	Обзор территории участка	
	Описание пляжей, удобных для высадки	
	Описание геологических особенностей участка	

Вопросы		Комментарии специалистов
Фауна Укажите всех известных представителей фауны. По возможности укажите, размножаются ли какие-либо виды на этом участке. Используйте общепринятые и научные наименования видов.		
Растительность Укажите всех представителей флоры, присутствующих на этом участке. Используйте общепринятые наименования.		
Историческая, культурная или научная деятельность Перечислите всех посетителей с указанием конкретного местоположения посещаемого объекта и подробным описанием его состояния.	Укажите ИМП с описанием их состояния.	
	Исторические и археологические остатки, которые не имеют статуса ИМП	
	Деятельность, проводимая в рамках национальных программ, т. е. удаленные объекты или склад	
	Научное оборудование на участке с указанием его предназначения и владельца, если известно	
Воздействие посетителей Имеются ли явные свидетельства воздействия посетителей? Например, повреждение исторических мест или граффити на них; эрозия, вызванная частыми пешими переходами; оставленные отходы; отметки на геологических объектах.		

Вопросы		Комментарии специалистов
Описание негативного воздействия посетителей Где на участке могут быть зоны негативного воздействия посетителей? Это может быть тропа или зона высадки в непосредственной близости от представителей флоры или фауны; воздействия, обусловленные передвижением; воздействия непостоянных объектов; использование беспилотных летательных аппаратов (БПЛА); а также опасные зоны.	Риски для окружающей среды	
	Риски для безопасности посетителей	
Место высадки (с координатами GPS) Безопасное, подходящее. Имеется ли доступ?	Имеются ли скалы или отмели в зоне подхода?	
	Присутствует ли большая концентрация представителей фауны на пляже?	
	Есть ли подходящий маршрут от места высадки до главного участка для посещения?	
Зоны ограниченного доступа	Есть ли участки, на которые посетители не должны заходить?	
	Какова цель данного ограничения?	
	Каковы четкие границы участка и как их можно распознать? Данные GPS.	
	Есть ли рядом ООРА или ОУРА? (Границы легко определить?)	

Вопросы		Комментарии специалистов
Сезонные факторы Влияют ли на посещение участка какие-либо сезонные факторы? (Например, сезон размножения представителей фауны, скопление снега в начале сезона.)		
Количество посетителей Как должен соотноситься предлагаемый предел количества посетителей с количеством судов (и их вместимостью), которые посещают участок за день?	Ограничивается ли количество посетителей в силу размера участка?	
	Служит ли концентрация или распространение представителей фауны фактором для ограничения количества посетителей?	
	Ограничивается ли количество посетителей по причинам, связанным с геологическим фактором?	
	Не препятствуют ли посетители проведению научно-исследовательской деятельности?	
	Влияет ли число посетителей за сутки на ИМП?	
	Каким будет приемлемое количество посетителей участка за день?	
Расстояние, на котором необходимо держаться от представителей флоры и фауны Есть ли необходимость вводить дополнительные ограничения (помимо дистанции в 5 м)?		

Вопросы	Комментарии специалистов
Предлагаемые пешие маршруты Существуют ли какие-либо маршруты, которых следует придерживаться или избегать на данном участке? Территории для свободного передвижения и передвижения с гидом.	
Поведение на берегу Имеются ли какие-либо особенности участка, которые следует отметить в Правилах поведения для посетителей? Имеются ли какие-либо предостережения, которые необходимо отметить? Наряду с вопросами защиты участка, его флоры и фауны следует также рассматривать вопросы защиты посетителей, то есть вопросы здоровья и безопасности.	
Карта участка Большая часть информации, изложенной в Правилах поведения для посетителей, должна быть включена в карту, в том числе данные GPS места высадки. Для имеющихся участков специалисты должны оценить точность существующей карты. Например, верно ли нанесены на карту зоны ограниченного доступа и зоны пребывания представителей дикой природы? Есть ли необходимость в добавлении каких-либо деталей? Все ли важные элементы в Правилах поведения для посетителей отражены на карте? Соответствует ли она другим, более новым картам в Правилах поведения для посетителей?	
Фотоснимки Для пояснения положений Правил поведения для посетителей участка следует использовать иллюстративную карту с фотоснимками. Для имеющихся участков необходимо сделать соответствующие современные снимки участка и при необходимости добавить их к Правилам поведения для посетителей. Новые снимки не должны заменять старые, если старые снимки обеспечивают лучшее представление об участке.	

Пересмотр особенностей имеющихся участков

Специалисты, проводящие пересмотр, должны изучить существующие Правила поведения для посетителей данного участка до его посещения и определить особенности участка, которые следует изучить.

Вопросы	**Комментарии специалистов**

Резолюция 5 (2021 г.)

Коронавирусная болезнь 2019 г. и Антарктика

Представители,

признавая, что XLIII заседание Консультативного совещания по Договору об Антарктике (КСДА) состоится в виртуальном режиме из-за продолжающегося кризиса в связи с коронавирусной болезнью 2019 г. (COVID-19), ставшей одной из самых разрушительных пандемий в истории;

признавая, что заседание КСДА в 2020 г. было отменено из-за пандемии COVID-19;

далее признавая значительные последствия пандемии COVID-19 для содействия научным исследованиям и международному научному сотрудничеству в Антарктике с марта 2020 г.;

отмечая тесное международное сотрудничество и обмен информацией в духе Системы Договора об Антарктике, которая управляет рисками для людей и дикой природой Антарктики, возникающими в результате COVID-19, и которая будет поддерживать управление любыми аналогичными рисками в будущем;

признавая и ценя важную роль в этом Совета управляющих Национальных антарктических программ (КОМНАП), Научного комитета по антарктическим исследованиям (СКАР) и Международной ассоциации антарктических туристических операторов (МААТО);

желая продолжать активизировать нашу приоритетную работу по продвижению принципов и целей Договора об Антарктике и продолжать применять строго предупредительный подход к управлению рисками, связанными с COVID-19,

рекомендуют своим Правительствам:

1. Добиваться прогресса по ключевым вопросам, имеющим важное значение для управления Антарктикой, и сводить к минимуму сбои в работе КСДА и Комитета по охране окружающей среды (КООС), вызванные глобальной пандемией коронавирусной болезни COVID-19.

2. Продолжать использовать новаторские средства для сотрудничества между Сторонами, Наблюдателями и организациями приглашенных Экспертов, в том числе в рамках межсессионных процессов.

3. Продолжать сотрудничество, чтобы свести к минимуму риски COVID-19 для людей в Антарктике и представителей антарктической фауны.

4. Поощрять дальнейшее сотрудничество, обмен информацией и развитие передовой практики между национальными антарктическими программами, КОМНАП, СКАР и МААТО для сведения к минимуму риска попадания COVID-19 в Антарктику в будущем и поддержки безопасного продолжения научных исследований; и

5. Далее призывать национальные антарктические программы, КОМНАП, СКАР и МААТО продолжать разработку протоколов и руководств, опираясь на уроки,

извлеченные из опыта COVID-19, при подготовке к любым аналогичным событиям в будущем.

Резолюция 6 (2021 г.)

Безопасность воздушного движения в Антарктике

Представители,

ссылаясь на Резолюцию 1 (2013 г.) о безопасности полетов в Антарктике;

приветствуя предварительные рекомендации Совета управляющих национальных антарктических программ (КОМНАП) в отношении рассмотрения Консультативным совещанием по Договору об Антарктике (КСДА) Резолюции 1 (2013 г.);

будучи обеспокоены растущим разнообразием авиационной деятельности и потенциальным ростом неправительственных полетов;

понимая необходимость применения мер по повышению безопасности ко всем перелетам по Антарктике;

отмечая важность обеспечения эффективного обмена информацией между всеми сторонами, участвующими в авиационной деятельности в Антарктике (включая операторов воздушных перевозок, национальные компетентные органы и КОМНАП), а также важность согласованности информации в различных хранилищах данных в рамках Системы Договора об Антарктике;

признавая важность обеспечения безопасности воздушных перевозок в Антарктике, а также тот факт, что основным объемом знаний и опыта в области воздушных операций в Антарктике и информацией о связанных с ними текущих задачах обладают операторы национальных антарктических программ;

понимая, что любые технические критерии не должны нарушать право на воздушное наблюдение, предоставленное Статьей VII Договора об Антарктике;

желая внести свой вклад в обеспечение безопасности полетов в Антарктике путем внесения изменений в рекомендации,

рекомендуют своим Правительствам следующее:

1. В целях обеспечения применения мер повышенной воздушной безопасности ко всем полетам и всей связанной с авиацией инфраструктуре в районе действия Договора об Антарктике меры по повышению воздушной безопасности, изложенные в пунктах с 2–10, должны быть выработаны на основании критериев Международной организации гражданской авиации (ИКАО) с учетом специфических характеристик Антарктики, а также существующих практик и служб.

2. В целях обеспечения безопасности воздушных операций в районе действия Договора об Антарктике Стороны должны обмениваться информацией о своих планируемых воздушных операциях в соответствии со стандартизированным форматом Системы электронного обмена информацией (СЭОИ) предпочтительно до 1 сентября, но не позднее 15 ноября каждого года.

3. В целях повышения воздушной безопасности в Антарктике все операторы (как государственные, так и негосударственные), эксплуатирующие воздушные суда или управляющие авиационными инфраструктурами, лагерями, объектами или службами в районе действия Договора об Антарктике, по запросу их компетентного органа или национальной антарктической программы должны быть обеспечены постоянно обновляемым справочником, разработанным Советом управляющих национальных антарктических программ (КОМНАП) и теперь известным под названием Руководство по полетной информации для Антарктики (AFIM), с описанием наземных объектов, летательных аппаратов (включая вертолеты), процедур управления летательными аппаратами, а также указанием соответствующих средств связи в районе действия Договора об Антарктике (без применения которых не должны возникать вопросы ответственности), и, следовательно, они должны:

   (a) содействовать текущему пересмотру AFIM общими силами с помощью КОМНАП;

   (b) принять формат, в котором предоставляемая информация будет храниться таким образом, чтобы облегчить задачу ее обновления;

   (c) требовать от своих антарктических операторов своевременного предоставления актуальной и точной информации для внесения в справочник AFIM;

   (d) обеспечить согласованность информации в различных хранилищах данных в Системе Договора об Антарктике.

4. В целях обеспечения взаимной осведомленности о текущих воздушных операциях и обмена информацией о них Стороны должны указать:

   (a) станции первичной воздушной информации (PAIS), которые координируют свою собственную воздушную информацию и информацию от своих станций вспомогательной воздушной информации (если таковые имеются) с целью уведомления других PAIS о текущих воздушных операциях. На этих PAIS должны быть адекватные средства связи, способные передавать печатную копию надлежащими и согласованными способами;

   (b) вспомогательные станции воздушной информации (SAIS), в том числе станции/базы (включая полевые базы и морские суда), которые предоставляют воздушную информацию своей вышестоящей координирующей PAIS.

5. Во избежание летных происшествий в районах, находящихся вне досягаемости ультракоротковолновых (УКВ) радиостанций первичных и вспомогательных станций, воздушные суда за пределами районов, обслуживаемых первичными и вспомогательными станциями, должны использовать специальную радиочастоту для передачи информации о воздушном движении (TIBA) в соответствии с процедурой, изложенной в Приложении 11 к Конвенции о международной гражданской авиации.

6. Для обеспечения соответствия пункту 5 Статьи VII Договора об Антарктике, а также части IV Рекомендации X-8 Стороны должны информировать друг друга о негосударственных полетах и должны запрашивать у КОМНАП доступ к AFIM для каждого оператора неправительственного полета или инфраструктуры в районе действия Договора об Антарктике.

7. Чтобы обеспечить улучшенный сбор и обмен в Антарктике метеорологическими данными и информацией, имеющей значение для безопасности воздушных операций в Антарктике, Стороны должны:

(a) поддерживать Всемирную метеорологическую организацию в ее работе по данному направлению;

(b) предпринять шаги для улучшения метеорологических услуг, доступных в Антарктике, особенно в отношении соответствия авиационным требованиям; а также

(c) принять во внимание Международный справочник по прогнозированию погоды в Антарктике.

8. Для обеспечения эффективной связи между PAIS Стороны должны позаботиться от том, чтобы их PAIS имели адекватные возможности для связи с другими PAIS.

9. При рассмотрении возможных мер реагирования в чрезвычайных ситуациях Сторонам следует учитывать, что любое усиление активности в воздухе сопряжено с повышенными рисками, которые необходимо контролировать или смягчать, и в случаях поисково-спасательных операций (ПСО) или чрезвычайных ситуаций для реагирования зачастую вызываются именно национальные антарктические программы. Это необходимо учитывать в тех случаях, когда Стороны осведомлены о заявках от неправительственных субъектов на воздушную деятельность не в поддержку научных исследований.

10. С целью повышения безопасности полетов в Антарктике Стороны должны требовать от всех авиаоператоров в Антарктике (как государственных, так и негосударственных), чтобы они были осведомлены о требованиях безопасности, определяли альтернативные места посадки и заранее сообщали о своих намерениях непосредственно операторам альтернативных посадочных площадок. Многие аэродромы в районе действия Договора об Антарктике имеют ограниченную и сезонную пропускную способность, и наличие средств и возможностей для проведения операций и оказания помощи заранее предполагаться не должно.

11. Считать Резолюцию 1 (2013 г.) утратившей актуальность.

Резолюция 7 (2021 г.)

Система управления чрезвычайными ситуациями при землетрясениях

Представители,

признавая опасность сейсмической и вулканической активности для людей и инфраструктуры в Антарктике, а также важность обеспечения безопасности операций в Антарктике;

желая минимизировать риски стихийных бедствий для антарктических операций;

отмечая необходимость мониторинга и исследований роста сейсмической активности на Антарктическом полуострове и ее связи с вулканической активностью, а также получения данных для оценки рисков, связанных с крупными сейсмическими или вулканическими явлениями;

признавая многолетнее сотрудничество между Сторонами Договора об Антарктике (Стороны);

поблагодарив Совет управляющих Национальных антарктических программ (КОМНАП) за проделанную работу по данному вопросу,

рекомендуют своим Правительствам:

1. Определять и проводить обмен информацией с другими Сторонами относительно сейсмологических и вулканологических исследований и потенциальных рисков стихийных бедствий в Антарктике.

2. Предложить КОМНАП представить отчет для оценки общей ситуации с планами действий в чрезвычайных ситуациях на антарктических базах и его вспомогательных операций, а также степени выполнения программ оценки риска стихийных бедствий.

3. Предложить Научному комитету по антарктическим исследованиям (СКАР) представить отчет о сейсмической активности в Антарктике; и

4. По возможности пересматривать свои планы действий в чрезвычайных ситуациях для оценки их реализации и передачи опыта другим Сторонам.

Резолюция 8 (2021 г.)

Антарктика в меняющемся климате

Представители,

принимая во внимание принятый и одобренный пленарным заседанием Межправительственной группы экспертов по изменению климата (МГЭИК) Специальный доклад об океане и криосфере в условиях изменения климата (SROCC) МГЭИК и его резюме для высокопоставленных должностных лиц;

отмечая связь между наблюдаемыми и прогнозируемыми воздействиями глобального изменения климата в Антарктике и Южном океане на систему Земли;

выражая беспокойство относительно указанных в SROCC последствий для Антарктики, в том числе усилением таяния ледяного покрова Западной Антарктики и изменений в экосистемах Антарктики и Южного океана;

также выражая беспокойство относительно глобальных последствий изменений в Антарктике, особенно относительно повышения уровня моря и циркуляции океана;

напоминая о Резолюцию 6 (2015 г.) и сохраняя приверженность распространению информации об исследованиях изменения климата в Антарктике на международном уровне;

приветствуя регулярные обновления Научным комитетом по антарктическим исследованиям (СКАР) своего отчета об изменении климата в Антарктике и окружающей среде и выражая надежду на получение дальнейших рекомендаций в должное время от трех новых программ научных исследований СКАР, ориентированных на изменение климата, а именно INSTANT, AntClimnow и Ant-ICON;

ссылаясь также на Резолюцию 4 (2015 г.) и приветствуя текущую реализацию Рабочей программы ответных мер в отношении изменения климата (CCRWP) Комитета по охране окружающей среды (КООС) и на ежегодные обновления, предоставляемые КООС Консультативному совещанию по Договору об Антарктике;

признавая важность выполнения Парижского соглашения во избежание последствий наихудшего сценария для Антарктики, прогнозируемого МГЭИК;

будучи преисполненными решимости в поиске способов устранения последствий климатических и экологических изменений для окружающей среды Антарктики и зависимых и связанных экосистем,

рекомендуют своим Правительствам:

1. Обеспечить, чтобы их делегации на следующей Рамочной конвенции Организации Объединенных Наций об изменении климата (РКИК ООН), запланированной в Глазго на ноябрь 2021 г., были осведомлены о последствиях для Антарктики, если не будут приняты меры по предотвращению климатического кризиса, в частности прогнозы вклада такого изменения в глобальное повышение уровня моря и последствия для

выполнения обязательств Протокола по охране окружающей среды к Договору об Антарктике (Протокол) в отношении всеобъемлющей защиты окружающей среды Антарктики и зависимых и связанных экосистем.

2. Учитывать последствия изменения климата для Антарктики при управлении деятельностью человека и стремиться избегать или смягчать дополнительные выявленные неклиматические нагрузки на наземную и морскую среду Антарктики, включая ее биоразнообразие и экосистемы, с целью повышения устойчивости к последствиям изменения климата; и

3. Поддерживать свои национальные антарктические программы и СКАР в их постоянных усилиях по проведению исследований об изменении климата и его воздействиях, а также по информированию о последствиях для Антарктики как в рамках Системы Договора об Антарктике, так и на международном уровне.

Резолюция 9 (2021 г.)

Система работы добровольных наблюдателей на борту туристических судов в районе действия Договора об Антарктике

Представители,

напоминая о Статье 3 Протокола по охране окружающей среды к Договору об Антарктике;

признавая, что мониторинг на борту туристических судов может помочь Сторонам в управлении деятельностью, находящейся под их юрисдикцией;

принимая во внимание рост туризма, увеличивающееся разнообразие туристической деятельности и желательность мониторинга соблюдения применимых предписаний и других инструментов Консультативного совещания по Договору об Антарктике (КСДА);

будучи убеждены в том, что общая и стандартизованная система будет ценным инструментом в оказании помощи Сторонам, которые решили использовать добровольных бортовых наблюдателей для мониторинга судовой деятельности, находящейся под их юрисдикцией,

рекомендуют своим правительствам:

1. При разработке и внедрении национальных схем мониторинга морского туризма, находящегося под их юрисдикцией, на добровольной основе использовать на борту туристических судов в районе действия Договора об Антарктике систему работы добровольных наблюдателей, прилагаемую к настоящей Резолюции.

2. При необходимости сотрудничать в области реализации схем национальных наблюдателей в рамках этой системы.

Система работы добровольных наблюдателей **на борту туристических судов** в районе действия Договора об Антарктике (2021 г.)

⁂

Контекст

На XLII заседании КСДА было согласовано «создание открытой МКГ на дискуссионном онлайн-форуме КСДА по вопросу о системе работы добровольных наблюдателей на борту туристических судов в районе действия Договора об Антарктике».[1]

Целью работы данной МКГ являлось *«обсуждение предложения о разработке проекта системы работы, которая может на добровольной основе реализовываться Сторонами, желающими размещать наблюдателей на туристических судах, находящихся под их юрисдикцией»*.

МКГ проводила работу в межсессионный период между XLII и XLIII совещаниями КСДА (2019/2021 гг.).

Приведенный ниже проект системы работы добровольных наблюдателей на борту судов является результатом этого обсуждения, касающегося пункта 3 согласованного Технического задания данной МКГ.

⁂

[1] Заключительный отчет XLII совещании КСДА, 2019, п. 383

Содержание

1. Цели системы мониторинга

1.1. Общая цель

- Повышение уровня понимания национальными компетентными органами деятельности, осуществляемой в районе действия Договора об Антарктике, а также их знаний о посещаемых участках и методах работы операторов.

- Контроль за соответствием внутренним и международным нормам, принятым в рамках Системы Договора об Антарктике (положениям Мадридского протокола и его Приложений, Мер, Резолюций и Рекомендаций, установленным КСДА, информации, предоставленной для использования участков и национальных правовых лицензий).

1.2. Вторичные цели и принципы работы

Вторичные цели

- Укреплять и расширять конструктивный диалог между Сторонами и ключевыми операторами в Антарктике.

- Продвигать и поддерживать практики ответственного и контролируемого туризма в Антарктике.

- Способствовать достижению целей, изложенных в Многолетнем стратегическом плане работы КСДА по управлению туристической деятельностью и мониторингу объектов.

- Контроль за эффективностью правил (например, правил посещения участков).

Принцип работы

- Содействовать согласованности действий наблюдателя, с одной стороны, и экипажа судна и персонала на борту, отвечающего за осуществление и надзор за туристической деятельностью, с другой стороны.

2. Правовой статус системы

2.1. Общие правовые характеристики системы добровольной работы

На XLII заседании КСДА перед разработавшей настоящую систему МКГ была поставлена задача *«обсуждения предложения о разработке проекта системы работы, которая может на добровольной основе реализовываться Сторонами, желающими размещать наблюдателей на туристических судах, находящихся под их юрисдикцией»*.

Для ключевых элементов согласованного Технического задания были использованы следующие определения:

- <u>Схема работы</u>: для облегчения реализации система должна включать подробные руководящие принципы и стандартизированные практики.

• На добровольной основе: система не может предусматривать ее обязательное внедрение Сторонами и не должна приниматься посредством юридически обязательной Меры.

• Под их юрисдикцией: система предназначена для национальных компетентных органов, желающих назначать наблюдателей для мониторинга деятельности, на которую они выдали разрешение согласно национальной практике в соответствии со Статьей 8 и Приложением 1 Мадридского протокола.

2.2. Характер механизма мониторинга: Добровольные национальные схемы на основе общей системы

Характеристики: Стороны будут использовать национальные схемы для мониторинга туристической деятельности, подпадающей под их собственную юрисдикцию (т. е. разрешенной ими деятельности), с опорой на общую систему.

Роль системы: Система работы должна использоваться Сторонами в качестве руководства для согласования практической деятельности. В связи с этим система предполагает формальный «инструментарий», который Стороны могут при необходимости адаптировать к национальным практикам и законодательству.

3. Роль наблюдателей и возложенные на них задачи

3.1. Общая роль

Общая задача наблюдателей – достигнуть общей цели, изложенной в разделе 1 выше.

Роль наблюдателей не является правоохранительной.

Мониторинг осуществляется в отношении «разрешенной деятельности», проводимой туроператором, и при необходимости в отношении объектов, для которых могут быть применены инструменты, управляемые оператором судна.

Таким образом, роль наблюдателей состоит в том, чтобы вести контроль и сообщать о соблюдении следующего:

- внутригосударственных разрешений, предоставленных национальным компетентным органом (здесь и далее — «НКО»), и предоставленной для заявки информации;
- международных документов, принятых в рамках Системы Договора об Антарктике, в частности:
    - Протокола по охране окружающей среды и приложений к нему;
    - Мер, Резолюций и Рекомендаций Консультативных совещаний по Договору об Антарктике (КСДА).

3.2. Конкретные задачи, которые должны выполнять наблюдатели

Для согласования реализации проекта системы и четкого определения входящих в его объем задач прилагается стандартизованный «Контрольный список мониторинга», состоящий из перечня тех мест, к которым следует привлечь внимание наблюдателей. Этот список должен использоваться как ориентировочный.

В контрольном списке мониторинга приняты во внимание вопросы, возникающие в связи с двумя уровнями нормативных актов, которые необходимо учитывать: внутригосударственные разрешения, выданные в соответствии с национальными процедурами, и правила КСДА.

4. Необходимые для наблюдателей профиль и квалификация

Назначение наблюдателей осуществляется по собственному усмотрению НКО, реализующего настоящую систему. Однако установление общих стандартов в отношении квалификации и профиля наблюдателей повысит его согласованность. Это также будет способствовать сотрудничеству между желающими в этом участвовать НКО, например, путем обмена наблюдателями и объединения их в группы.

К рассмотрению могут быть приняты следующие характеристики:

Общие характеристики

- Наблюдатели должны обладать достаточными знаниями о контексте Системы Договора об Антарктике (принципы, документы, цели и масштабы Договора об Антарктике и т. д.).
- Они должны обладать достаточными знаниями об управлении, научных ценностях и сохранении Антарктики.
- Они должны знать положения, применимые к туристической деятельности.
- Они должны иметь достаточный опыт работы в сфере, связанной с Антарктикой, соответствующую квалификацию в области управления, политики, научных исследований, логистики или туризма.
- Они должны находиться в удовлетворительной физической и психологической форме.
- Они должны владеть языком, на котором говорят сотрудники экспедиции и офицеры судна.
- Они должны быть независимыми от туроператора, в том числе не иметь предубежденности или финансовых интересов в отношении туроператора.

Квалификация

Для обеспечения общей минимальной базы навыков наблюдатели должны иметь соответствующий опыт, например, в одной или нескольких из следующих областей:

- национальная антарктическая администрация;
- участие в национальной антарктической программе;
- опыт работы на борту коммерческих туристических судов в Антарктике;
- мониторинг деятельности человека в море (например, рыболовство);
- природоохранный менеджмент/мониторинг в дикой природе, в том числе в полярных регионах.

Обучение

- Наблюдатели должны пройти соответствующее обучение, организуемое каждой Стороной. В рамках такого обучения наблюдатели должны быть обеспечены соответствующими инструкциями (включая инструктаж по технике безопасности) до того, как они приступят к выполнению своих обязанностей по мониторингу.

5. Отчетность о мониторинге и последующих действиях

5.1. Обмен результатами мониторинга

Прилагаемый к этой системе Контрольный список мониторинга заполняется наблюдателями в форме отчета. Оператору должна быть дана возможность предоставить ответ на отчет наблюдателя. Данное взаимодействие осуществляется на двух уровнях:

- на борту: отчет наблюдателя должен включать раздел с ответом на отчет начальника экспедиции/капитана судна и/или головного офиса;
- после того, как наблюдатель предоставит отчет в НКО: между НКО и уполномоченным туристическим оператором.

Отчеты после проведения мониторинга отправляются в НКО, выдавшего разрешение на деятельность и назначившего наблюдателя.

Затем собранные наблюдателем данные НКО передает Сторонам в форме Информационного документа (IP). НКО должно дать оператору возможность прокомментировать его, прежде чем он будет представлен на КСДА.

Получив отчет о мониторинге, назначающий НКО готовит и представляет Информационный документ (IP) на следующем заседании КСДА. Поэтому каждая Сторона будет нести ответственность за принятие решения о том, какая информация должна быть предоставлена КСДА, а какие сведения должны оставаться в ведении на национальном уровне. Вместе с тем в целях обеспечения последовательности и согласования сообщаемой НКО информации в IP могут быть включены следующие данные:

a) Подробная информация о реализации системы: описание операции мониторинга, трудности в работе и, при необходимости, рекомендации по улучшению системы.

b) Результаты мониторинга:

i. Описание деятельности и наблюдения за действиями операторов и осуществляемыми мероприятиями.

ii. Наблюдения за реализацией соответствующей действующей нормативной базы контролируемым туристическим оператором.

iii. В случае обнаружения несоответствий Сторона должна указать, были ли приняты меры по исправлению или контролю за соблюдением.

Кроме того, при необходимости в IP может быть проведено различие между мониторингом действий посетителей (например, деятельность на берегу) и мониторингом операций судна (например, управление отходами).

5.2. Действия после мониторинга

В вышеупомянутом IP, представляемом Сторонами, могут быть изложены меры, которые предлагается принять по результатам мониторинга.

Если это будет сочтено целесообразным, Сторона может представить действия для рассмотрения на уровне КСДА. Такие предложения также следует включать в отчет по мониторингу в форме IP.

Сторона также может предоставить описание действий (если таковые имеются), которые она осуществила на национальном уровне на основании собранной наблюдателем информации.

6. Задачи и обязанности, возлагаемые на государство, являющегося Стороной Договора, в том числе вопросы, связанные с назначением наблюдателей

Каждая Сторона определяет свои обязанности и действия по реализации механизма. НКО сосредотачивает внимание наблюдателей на разрешенной туристической деятельности, для чего ими предоставляется Предварительное уведомление.

В случае деятельности, осуществляемой в соответствии с различными разрешениями, предоставляемыми разными НКО, по возможности для участия в мониторинге на борту судна должны быть приглашены все участвующие в деятельности НКО. В любом случае Сторона, инициирующая мониторинг, может связаться с другой Стороной/Сторонами для сотрудничества. Среди возможных решений можно рассмотреть мониторинг следования всем разрешениям, в рамках которого деятельность будет осуществляться одним наблюдателем от одной из участвующих Сторон, действующим в качестве делегата от других Сторон.

Для обеспечения согласованности схем наблюдения Сторонам рекомендуется учитывать следующие соображения при разработке или внедрении национальных схем наблюдения.

Административные вопросы

Внедряющие настоящую систему Стороны несут ответственность за установление административных процедур, позволяющих реализовать ее на национальном уровне, в частности:

- Оформление отношений между НКО и оператором в соответствующих случаях. Это может заключаться в подписании соглашения или меморандума о взаимопонимании (МОВ), определяющего обязанности каждой Стороны. Сторонам следует рассмотреть возможность совместного использования своих меморандумов о взаимопонимании и их возможной стандартизации.

- Административное управление наблюдателями, например трудовой или служебный договор. Стороны несут полную ответственность за назначение наблюдателей. Для обеспечения единообразия системы на международном уровне и содействия сотрудничеству между Сторонами (например, путем объединения наблюдателей в группы) Стороны должны принимать во внимание стандартный профиль и запрашиваемые квалификации, как указано в разделе 4 выше, в ходе процесса приема на работу. Стороны также должны предоставлять наблюдателям страховку на случай экстренной медицинской эвакуации/репатриации или задействовать аналогичный механизм.

Стороны должны определять подлежащие мониторингу суда, организовать мониторинг с оператором и иметь возможность оценивать выполняемую наблюдателями работу.

Обязанности перед наблюдателями

Стороны должны предоставить назначаемым ими наблюдателям:

- Надлежащее линейное руководство.
- Стандартный «Контрольный список мониторинга», определенный в рамках настоящей системы мониторинга.
- Письмо о назначении для представления оператору/экипажу судна.
- Всю соответствующую информацию и документацию, необходимые для надлежащего выполнения задач. Такие ресурсы могут включать:
  - Соответствующие разрешения.
  - Соответствующие планы управления.
  - Оценку воздействия на окружающую среду, предоставленную оператором.
  - Соответствующие правила для конкретного участка.
- Особые материалы, например:
  - Цифровую камеру.
  - Спутниковый телефон.
  - Письменные принадлежности, адаптированные к наружным, морским условиям.
  - Одежду, соответствующую условиям окружающей среды и обязанностям.

Стороны должны координировать начальную коммуникацию между наблюдателями и операторами.

Сбор данных и последующие действия

(См. Раздел 5 выше)

7. Задачи и обязанности, возлагаемые на операторов в рамках национальной системы

- НКО должны обеспечивать максимальное сотрудничество операторов для обеспечения систематической посадки наблюдателей на суда по запросу.

- Оператор должен способствовать сотрудничеству между наблюдателем и экипажем.

- Наблюдателя следует приглашать на инструктажи персонала экспедиции и, при необходимости, встречи по планированию.

- Наблюдатель должен иметь возможность принимать участие в любой деятельности, предлагаемой пассажирам.

- По согласованию с капитаном судна наблюдатель должен иметь доступ ко всем частям судна, необходимым для выполнения возложенной задачи.

- Оператор должен оказывать надлежащую помощь наблюдателю и полностью сотрудничать с ним в рамках выполнения задач.

- Оператор и команда никогда не должны ставить наблюдателя в положение, при котором может возникнуть конфликт интересов (например, из-за вручения дорогостоящего подарка).

- Оператор несет ответственность за безопасность наблюдателя на борту. Оператор должен обеспечивать наблюдателю безопасные, комфортные и эффективные условия работы.

- Перед отъездом оператор должен предоставить наблюдателю следующую информацию или документацию:
    - предоставляемую пассажирам предрейсовую информацию и все обязательные формы;
    - полный список сотрудников экспедиции.

8. Тип рассматриваемого судна и частота проведения мониторинга

Тип и вместимость соответствующих судов оставлены на усмотрение властей, с учетом того, что реализация настоящей системы не должна наносить ущерб деятельности оператора.

Наблюдатели присутствуют всякий раз, когда НКО считает это необходимым. График и предварительное планирование являются обязанностью каждого НКО.

9. Сотрудничество между НКО и связь с существующей системой наблюдения

Сотрудничество между Сторонами

Предлагаемая система может привести к совместной деятельности разных НКО в отношении наблюдателей (т. е. посадка наблюдателя по поручению одного НКО на судно, по которому другое НКО предоставляет Предварительное уведомление) или к осуществлению совместного мониторинга несколькими органами с учетом пассажирской вместимости каждого судна.

Такое сотрудничество могло бы быть рентабельным, поскольку путевые расходы, вероятно, составят значительную долю расходов. Возможность полагаться на наблюдателей, уже находящихся на месте посадки или недалеко от него, приведет к экономии средств.

С этой целью инструменты, обеспечивающие систему двустороннего или многостороннего сотрудничества, могут быть интегрированы в предлагаемую систему (которая подлежит разработке). Такие инструменты могут заключаться в Меморандуме о взаимопонимании, который будет использоваться желающими сотрудничать Сторонами.

Связь с существующей системой наблюдения

При планировании мониторинга НКО должны надлежащим образом координировать свои действия с Международной ассоциацией туроператоров Антарктики (МААТО). Такая координация позволит избежать неожиданных и поэтому нежелательных дублирований и предоставит возможности для взаимовыгодного сотрудничества. Если наблюдатель присутствует на борту одновременно в качестве наблюдателя НКО и наблюдателя МААТО, он заполнит контрольный список для мониторинга, прилагаемый к настоящей системе. НКО и МААТО могут согласовать дополнительное заполнение контрольного списка схемы наблюдателей МААТО.

Если МААТО и НКО не согласуют иное, Отчет наблюдателя МААТО не предполагается использовать совместно с НКО.

10. Финансирование

Следующие положения представлены в качестве примера и руководства.

Ожидается, что внедрение системы повлечет за собой следующие расходы:

- Затраты, связанные с приемом на работу и обучением инструкторов.
- Полная зарплата наблюдателя.
- Транспорт до и от места посадки и высадки, а также размещение.
- Размещение и питание на борту.
- Административные расходы (визы и т. д.).
- Прочие эксплуатационные расходы (связанные с использованием любых средств связи с работодателем, таких как радиотелефон, факс, электронная почта, ИНМАРСАТ, телексные услуги и т. д.).
- Одежда, обувь и снаряжение, временно необходимые для запланированной деятельности.

Стороны могут рассмотреть несколько общих вариантов:

Вариант 1 — Самый экономичный для НКО вариант

- Зарплата наблюдателя: Наблюдатели набираются из числа сотрудников НКО, проводящих мониторинг. Такие лица должны соответствовать условиям, изложенным в п. 2.3.2 выше. Заработная плата и невыполнение стандартных трудовых обязанностей компенсируются администрацией или агентством.

- Транспортировка до и от места посадки и высадки, а также размещение: операторы покрывают расходы на авиабилеты, проживание, питание и непредвиденные расходы, связанные с доставкой наблюдателей от места их проживания до места посадки и обратно от места высадки. Оператор оплачивает проживание, питание и непредвиденные расходы за время между двумя круизами, если наблюдатель осуществляет мониторинг в ходе более чем одного круиза.

- Размещение и питание на борту: оператор предоставляет наблюдателю спальное место на борту судна, а также все необходимые удобства и содействие, как в случае пассажиров.

- Административные расходы (паспорта, визы, прививки и т. д.): За такие административные расходы несут ответственность НКО.

- Прочие эксплуатационные расходы (связь с работодателем, такая как радиотелефон, факс, электронная почта, ИНМАРСАТ, телексные услуги и т. д.): операторы покрывают такие расходы на борту.

Вариант 2 — Выравнивание затрат между операторами и НКО

- Зарплата наблюдателя: наблюдатели набираются из числа сотрудников НКО, проводящих мониторинг. Такие лица должны соответствовать условиям, изложенным в п. 2.3.2 выше. Заработная плата и невыполнение стандартных трудовых обязанностей компенсируются администрацией или агентством.

- Транспортировка до и от места посадки и высадки, а также размещение: НКО покрывают расходы на авиабилеты, проживание, питание и непредвиденные расходы, понесенные при доставке наблюдателей от места их проживания до места посадки и обратно от места высадки. НКО оплачивает проживание, питание и непредвиденные расходы за время между двумя круизами, если наблюдатель просматривает более одного круиза.

- Размещение и питание на борту: оператор предоставляет наблюдателю спальное место на борту судна, а также все необходимые удобства и содействие, как в случае пассажиров.

- Административные расходы (паспорта, визы, прививки и т. д.): За такие административные расходы несут ответственность НКО.

- Прочие эксплуатационные расходы (связь, например, радиотелефон, факс, электронная почта, услуги ИНМАРСАТ или телекс и т. д.): операторы покрывают такие расходы на борту.

Вариант 3 — Увеличение вклада НКО

- Зарплата наблюдателя: НКО полностью выплачивают заработную плату наблюдателям, являющимся внешними агентами, специально нанятым для проведения мониторинга. Такие лица должны соответствовать условиям, изложенным в п. 2.3.2 выше.

- Транспортировка до и от места посадки и высадки, а также размещение: НКО покрывают расходы на авиабилеты, проживание, питание и непредвиденные расходы, понесенные наблюдателями, путешествующими от места их проживания до места посадки и обратно к месту проживания от места высадки. НКО оплачивает проживание, питание и непредвиденные расходы в период между двумя круизами, если наблюдатель просматривает более одного круиза.

- Размещение и питание на борту: оператор предоставляет наблюдателю спальное место на борту судна, а также все необходимые удобства и содействие, как в случае пассажиров.

- Административные расходы (паспорта, визы, прививки и т. д.): за такие административные расходы несут ответственность НКО.

- Прочие эксплуатационные расходы (связь, например, радиотелефон, факс, электронная почта, услуги ИНМАРСАТ или телекс и т. д.): операторы покрывают такие расходы на борту.

Приложение — *Соответствующие положения Договора об Антарктике и его Протокола по охране окружающей среды*

Ряд положений Договора об Антарктике и Мадридского протокола относятся к предлагаемой системе.

Регулирование туристической деятельности

Мадридский протокол охватывает все виды деятельности в Антарктике, включая регулирование туризма. Об этом свидетельствуют как ссылки в Протоколе на «все виды деятельности в районе действия Договора об Антарктике» в Статье 3(1), так и, в частности, прямые ссылки на «туризм» в Статьях 3(4), 8(2) и 15(1). Стороны также четко заявили о том, что «Протокол и его приложения применяются ко всей деятельности в Антарктике, включая туризм и неправительственную деятельность» в пункте 111 Заключительного отчета перед XVII заседанием КСДА (1992 г. – Венеция). «Общие принципы антарктического туризма», перечисленные в Резолюции 7 (2009 г.), принятой на XXXII КСДА – XII КООС (2009 г. – Балтимор), также предусматривают, что «вся туристическая деятельность в Антарктике будет осуществляться в соответствии с Договором об Антарктике, его Протоколом по охране окружающей среды, а также соответствующими Мерами и Резолюциями КСДА».

Отсюда следует, что обязательство Сторон по созданию всеобъемлющей системы охраны окружающей среды Антарктики распространяется на эффективное регулирование антарктического туризма.

Ответственность Сторон за соблюдение надлежащего национального антарктического законодательства

В соответствии со Статьей X Договора и Статьей 13 Протокола Стороны прилагают все усилия для предотвращения того, чтобы в Антарктике не было никакой деятельности, противоречащей целям или принципам Договора, и принимают соответствующие меры в пределах своей компетенции, включая принятие законов и постановлений, административные меры и принудительные меры для обеспечения соблюдения Протокола.

Стороны также подтвердили, что «управление и регулирование туризма лучше всего достигается за счет эффективного следования Протоколу и Приложениям к нему (используя реализацию национальных законодательств)» в пункте 83 Заключительного отчета по XX КСДА (1996 г. – Утрехт). Аналогичным образом, в «Общих принципах антарктического туризма» в Резолюции 7 (2009 г.) подчеркивается, что Стороны Договора об Антарктике должны «продолжать проактивную разработку правил в отношении туристической деятельности, которые должны обеспечить создание единообразной системы регулирования туризма».

Таким образом, Стороны несут ответственность за модернизацию национального законодательства с тем, чтобы обеспечить выполнение туроператорами нормативно-правовой базы системы Договора об Антарктике.

В этом контексте наблюдение на борту судна представляется уместной национальной мерой по осуществлению Договора об Антарктике, Мадридского протокола и соответствующих Мер, Резолюций и Рекомендаций.

Два положения Протокола, в частности, предлагают создать в рамках реализации национальных законодательств системы мониторинга на борту для достижения следующих целей:

1) Сбор информации в соответствии со Статьей 3(2)(е) и Статьей 3(2)(d) Протокола, которые предусматривают, что «должен проводиться регулярный и эффективный мониторинг для оценки воздействия текущей деятельности, включая проверку прогнозируемых воздействий».

2) Мониторинг соблюдения в соответствии со Статьей (3)(4)(а), чтобы туристическая деятельность в рамках Договора об Антарктике осуществлялась в соответствии с требованиями охраны окружающей среды Антарктики.

Настоящий анализ показывает, что Договор об Антарктике и Мадридский протокол обеспечивают правовую основу для КСДА, чтобы поддержать внедрение Сторонами системы мониторинга на борту на национальном уровне. В связи с этим уместно создание проекта схемы работы, которая поможет Сторонам выполнить свои обязательства по мониторингу туризма в соответствии с Протоколом.

Контрольный список мониторинга

Предварительное примечание

Настоящий контрольный список предназначен для содействия в сборе всей информации, относящейся к деятельности, которая предназначена для отслеживания. Список разделен на 2 части. Первый из них («Вопросы соответствия») позволит оценить соответствие деятельности различным действующим предписаниям. Второй («Дополнительная информация») предназначен для сбора дополнительных фактических данных об осуществлении этой деятельности.

В соответствующих случаях, особенно при сообщении о каких-либо проблемах или несоответствиях, следует предоставить всю соответствующую информацию (уровень серьезности, потенциальные последствия, конкретный контекст и т. д.). Также должны быть предоставлены замечания о факторах или причинах и ответы, касающиеся любых проблем или несоответствий.

Если необходимо пояснение по заполнению этого контрольного списка, см. полный текст инструментов, перечисленных в левом столбце этого контрольного списка.

1. Вопросы соответствия

1.1 Соблюдение внутреннего законодательства

- Соблюдение всех вопросов, указанных в национальных разрешениях, отражающих требования Договора об Антарктике, Протокола по охране окружающей среды и соответствующих инструментов КСДА (включая авторизацию деятельности, которая без разрешения запрещена, например, вход в Особо охраняемые районы Антарктики).

- Соответствие запланированной деятельности, описанной в оценке воздействия на окружающую среду, и фактически осуществляемой деятельности.

1.2 Соответствие Системе Договора об Антарктике

i. Общее осуществление деятельности и сохранение окружающей среды Антарктики

Соответствующий документ или положение Системы Договора об Антарктике	**Вопрос для рассмотрения**
Протокол по охране окружающей среды – Ст. 3.2	*В целом, осуществлялась ли деятельность с учетом необходимости ограничения неблагоприятного воздействия на окружающую среду Антарктики, а также зависимые и связанные экосистемы?*
Резолюция 2 (2019 г.)	*Полностью ли посещения участков соотносились с соответствующими Правилами поведения для посетителей участков?*
Протокол по охране окружающей среды — Приложение IV, Ст. 3.1, 4 Резолюция 3 (2011 г.)	*Были ли вы свидетелями:* *- Какого-либо разлива топлива (вызванного заправкой, утечкой из двигателей небольших катеров и т. д.) либо выбросов масляной смеси или вредного жидкого вещества?* *- Какого-либо повреждения или загрязнения озер, ручьев, рек или других водоемов (например, в результате прогулок, мытья, бросания камней и т. д.)?*

	- Какого-либо нарушения Общего руководства для посетителей Антарктики (установленных посредством Рез. 3 (2011 г.)? *- Получения сувениров, созданных руками человека, биологического или геологического происхождения, включая перья, кости, яйца, растительность, почву, камни, метеориты или окаменелости?* *Размещались ли палатки и оборудование на снегу или, по возможности, на местах, ранее использовавшихся для разбивки лагеря?*

ii. Защита животного и растительного мира

Соответствующий документ или положение Системы Договора об Антарктике	**Вопрос для рассмотрения**
	Если говорить в целом, имели ли место при осуществлении деятельности незаконный отлов, вредное вмешательство или более чем незначительное воздействие[2] на жизнь местных видов птиц, морских млекопитающих, растений или беспозвоночных?
Протокол по охране окружающей среды – Приложение II Рекомендация XVIII-1 (1994 г.)	*В частности, были ли вы свидетелями:* *- Более чем незначительного вмешательства в жизнь дикой природы на море или на суше ввиду использования летательного аппарата (включая дистанционно пилотируемые авиационные системы (ДПАС), суда, небольшие катера или другие транспортные средства).* *- Вредного вмешательства[1], которое приводит к изменениям в поведении птиц или тюленей в результате прикосновения,*

[1, 2] Как определено в Приложении II, Ст. 1 (g) и (h) Протокола по охране окружающей среды.

Резолюция 4 (2018 г.) Резолюция 3 (2011 г.) Резолюция 2 (2004 г.)	*обращения, приближения, прохождения или фотографирования.* *- Ненадлежащего поведения посетителя в ответ на такое изменение поведения.* *- Более чем незначительное воздействие на дикую природу из-за несоответствующего уровня звукового излучения.* *- Любого нарушения нормального существования птиц в результате несоблюдения «Правил эксплуатации воздушных судов вблизи скоплений птиц в Антарктике».* *- Приближения групп или отдельных лиц к диким животным (отдельным особям или колониям) ближе чем на 5 м или, в общем такого приближения, которое вызывало беспокойство диких животных, выражающееся, например, в изменении поведения.* *- Кормления диких животных или оставления еды или отходов на участке.* *- Препятствия перемещению животного или блокирования пути доступа к морю, окружения животных либо места их гнездования или отдыха.* *- Отклонения посетителей от установленных маршрутов при наличии таковых на участке, учитывая, что отклонения от маршрутов иногда могут быть необходимы для предотвращения вмешательства в жизнь диких животных.* *- Повреждения растений или почвы из-за ходьбы, езды или приземления на моховые заросли, поросшие лишайником скалы, легкоразрушаемую поверхность, осыпающиеся склоны и т. д.*

iii. Меры биобезопасности

Соответствующий документ или положение Системы	**Вопрос для рассмотрения**

Договора об Антарктике	
Протокол по охране окружающей среды — Приложение II, Статья 4 Резолюция 4 (2016 г.) Резолюция 3 (2011 г.) Резолюция 3 (2006 г.)	*В целом, какие меры принимались для предотвращения интродукции неместных видов живых организмов или болезней?* *Какие меры принимались для предотвращения попадания нестерильной почвы (особенно через обувь и одежду посетителей)?* *В частности, чистились ли обувь и оборудование, включая одежду, сумки, штативы, палатки, трости и дистанционно пилотируемые летательные аппараты, перед их доставкой в Антарктику, а также между посещениями участков?* *Проверялись ли лодки перед началом любых операций типа «судно-берег» на предмет отсутствия почвы, растений или животных?* *Удавалось ли вам отслеживать соблюдение «Практических рекомендаций по замене балластной воды в Районе действия Договора об Антарктике»? Если да, заметили ли вы какие-либо несоответствия этим рекомендациям?*

iv. Уважительное отношение к охраняемым районам (ООРА, ОУРА, ИМП)

Соответствующий документ или положение Системы Договора об Антарктике	Вопрос для рассмотрения

Протокол по охране окружающей среды — Приложение V Статья 7, 8 Резолюция 3 (2011 г.)	*Были ли вы свидетелями несанкционированного доступа в ООРА?* *В случае санкционированного посещения ООРА были ли вы свидетелями каких-либо несоответствий с его Планом управления?* *В случае посещения ОУРА наблюдали ли вы какие-либо несоответствия с его Планом управления?* *Были ли вы свидетелями какого-либо вмешательства, повреждения или проявлений вандализма в отношении какого-либо исторического места, памятника или артефакта либо другого здания или аварийного убежища (занятого или незанятого), таких, которые обозначены как Исторические места и памятники (ИМП)?* *Очищались ли ботинки и одежда посетителей от снега, воды и песка перед входом в исторические сооружения? Были ли вы свидетелями увоза сувениров в рамках этих посещений?*

v. Уважительное отношение к научным исследованиям

Соответствующий документ или положение Системы Договора об Антарктике	**Вопрос для рассмотрения**
Резолюция 3 (2011 г.) Резолюция 7 (2009 г.)	*Если посещались научные станции:* *Получил ли оператор разрешение? Если возможно, укажите подробности (дата, контактное лицо и т. д.)* *Были ли посещения подтверждены повторно не менее чем за 24 часа до прибытия? Если возможно, укажите подробности (дата, контактное лицо и т. д.).* *Заметили ли вы случаи какого-либо вмешательства в работу научного оборудования или маркеров либо нарушения на участках проведения экспериментальных исследований, в*

	полевых лагерях или в отношении складских запасов в любом месте высадки?

vi. Организация сбора и удаления отходов

Соответствующий документ или положение Системы Договора об Антарктике	**Вопрос для рассмотрения**
	Были ли вы свидетелями:
Резолюция 3 (2011 г.) Протокол по охране окружающей среды – Приложение III, статья 5	*- Оставления любого мусора или отходов, включая пластик, бумажные изделия, тряпки, стекло, металл, бутылки, посуду, золу мусоросжигательных установок, крепежные, облицовочные и упаковочные материалы, сигаретный пепел или другие указанные в законодательстве загрязняющие вещества (например, батареи) на суше или их выбрасывания в море?* *Если возможно, укажите подробности (где, когда и т. д.).* *- Посетители курят вне специально отведенных мест? Если возможно, укажите подробности (где, когда и т. д.).*
Протокол по охране окружающей среды – Приложение IV, Статьи 5, 6 Резолюция 5 (2019 г.)	*- Всегда ли оборудование и мусор хранились надлежащим образом, предотвращающим их разнос сильным ветром в окружающую среду или поедание дикими животными?* *Если судно сбрасывало неочищенные сточные воды и жидкие бытовые отходы в море, производился ли сброс на расстоянии более 12 морских миль от суши или шельфовых ледников с умеренной скоростью и когда судно двигалось со скоростью не менее 4 узлов? Если возможно, укажите подробности (где, когда и т. д.).*

	Если нет, объяснил ли экипаж судна свое решение об удалении отходов? *- Сбрасывались ли в море пищевые отходы?* *- Сбрасывались ли в море остатки туш ввезенных животных или продуктов из птицы?* *Если да, то происходил ли подобный сброс на расстоянии более 12 морских миль от ближайшего берега или шельфового ледника? Если возможно, укажите подробности (где, когда и т. д.).* *- Сбрасывались ли пищевые отходы в море после пропускания через измельчитель или дробилку, чтобы такие измельченные или раздробленные пищевые отходы могли проходить через сетку с ячейками не более 25 миллиметров?* *Использовались ли на судне продукты, содержащие микропластиковые шарики (для стирки, в предметах личной гигиены и т. д.)?* *Были ли в моечных машинах или установке для очистки сточной воды установлены системы фильтрации, позволяющие избежать попадания частиц микропластика в морскую среду? Если возможно, укажите подробности.*

vii. Аспекты безопасности

Соответствующий документ или положение Системы Договора об Антарктике	**Вопрос для рассмотрения**
Резолюция 3 (2011 г.)	*Сохранялось ли на суше и в море минимальное расстояние в 15 м от опасных диких животных, таких как морские котики?* *Замечали ли вы прогулки без надлежащего оборудования и опыта по ледникам или большим снежным полям, учитывая опасность падения в скрытые трещины?* *Были ли вы свидетелями использования фонарей-горелок и открытого пламени в исторических зданиях или вокруг них?*

viii. Прочие требования к высадке

Соответствующий документ или положение Системы Договора об Антарктике	**Вопрос для рассмотрения**
Резолюция 3 (2011 г.) Резолюция 4 (2007 г.)	*Встречали ли вы несколько яхт или круизных судов вместимостью более 12 пассажиров, посещающих одно и то же место одновременно?* *Находилось ли там на берегу более 100 посетителей одновременно (не считая гидов и руководителей экспедиции)?* *На всех ли участках соблюдалось минимальное соотношение гидов и пассажиров 1:20 (или другое соотношение, если применимо)?* *Встречали ли вы какое-либо судно вместимостью свыше 500 пассажиров, высаживавшее их на каком-либо участке?*

2. Исходная информация

В этом разделе наблюдателю предлагается описать следующие аспекты фактической деятельности.

i. Обучение пассажиров

Опишите, насколько пассажиры были осведомлены о правилах поведения в Антарктике, особенно с точки зрения безопасности и охраны окружающей среды.

ii. Действия пассажиров

Опишите, как проводились посещения побережья.

Опишите, как осуществлялось наблюдение за пассажирами или управление ими на берегу.

Кажутся ли правила нахождения на участках последовательными и адекватными?

iii. Аспекты, связанные с судном / Обращением с отходами

Опишите, как судно обращалось со сточными водами и мусором.

Опишите, насколько пассажиры и члены экипажа были осведомлены о действующих в Антарктике правилах, касающихся обращения с отходами.

Принимает ли судно меры по сокращению отходов в месте их образования?

Был ли план обращения с отходами доступным и заметным, особенно в местах, где они утилизируются и хранятся?

iv. Аспекты безопасности

Опишите меры безопасности, принимавшиеся при проведении работ на берегу и в море.

Были пассажиры осведомлены о правилах и проблемах безопасности во время брифинга или на участке?

Сопровождали ли члены экспедиционной команды группы и (или) находились ли они в особо опасных или требующих особого обращения местах, чтобы удерживать пассажиров на расстоянии?

Выгружалось ли на берег оборудование для обеспечения безопасности при какой-либо высадке? Из чего конкретно оно состояло? Были ли экипированы шлюпки соответствующим образом?

Как высадочные команды поддерживали связь с судном и между собой во время высадок?

Присутствовал ли на участке медперсонал и/или был ли он доступен во время высадок?

v. Дополнительные вопросы (наблюдения и факты, не связанные с разрешенной деятельностью)

Имеются ли у вас какие-либо замечания по посещенным объектам, о которых вы хотели бы сообщить (наличие отходов, существенное изменение участка и т. д.)?

Встречали ли вы во время круиза другие суда? Где и когда?

Резолюция 10 (2021 г.)

Форма отчета о посещении участка для туристической и неправительственной деятельности в Антарктике

Представители,

осознавая положения Консультативного совещания по Договору об Антарктике (КСДА) в отношении информации, подлежащей обмену между Сторонами, и обязательств в рамках Протокола по охране окружающей среды к Договору об Антарктике (Протокол) и его Приложений для обмена информацией;

ссылаясь на Резолюцию 3 (1997 г.), в которой определена стандартная форма для предварительного уведомления и отчетов о посещениях для туристической и неправительственной отчетности;

отмечая также Резолюцию 6 (2005 г.), которая рекомендует использование пересмотренной стандартной формы отчета о посещении участка для туристической и неправительственной деятельности в Антарктике;

ссылаясь на Решение 4 (2012 г.), в котором было принято решение об использовании Сторонами Системы электронного обмена информацией (СЭОИ) для обмена информацией в соответствии с Договором об Антарктике, Протоколом и Приложениями к нему и в котором указывалось, что Стороны продолжат работу с Секретариатом Договора об Антарктике (Секретариат) по доработке и улучшению СЭОИ;

также принимая во внимание требования Решения 4 (2012 г.) к Сторонам в отношении регулярного обновления в течение года информации, содержащейся в соответствующих разделах СЭОИ, с целью ее предоставления и обеспечения доступа к ней в кратчайшие возможные сроки;

отмечая удобство получения единообразной информации, которая облегчит анализ масштабов, частоты и интенсивности туристической и неправительственной деятельности;

желая обеспечить максимально эффективный и своевременный обмен информацией между Сторонами;

также желая обеспечить четкое определение состава информации, подлежащей обмену между Сторонами,

рекомендуют своим Правительствам:

1. Использовать прилагаемую пересмотренную стандартную форму отчета о посещении для обмена информацией о деятельности, осуществляемой туристическими и негосударственными судами.

2. Секретариат интегрирует шаблон пересмотренной формы отчета о посещении для скачивания с сайта Секретариата в разделе «Туризм и неправительственная деятельность» в нередактируемом формате и на четырех официальных языках Договора.

3. Считать Резолюцию 6 (2005 г.) утратившей актуальность.

Ссылка на файл Excel:

https://documents.ats.aq/recatt/att710_r.xlsx

POST-VISIT REPORT FORM: PART 1 - Expedition Record View Instructions for this Page

The Expedition Record is completed for every Expedition.
This information is requested in compliance with Antarctic Treaty Recommendation XVIII-1 and Resolution XIX-3.
Please submit both Part 1 and Part 2 to an appropriate national authority within three months of the activity having taken place.

A: Expedition Details

Company name:	Voyage/Flight number:
	Voyage Name:
Expedition Leaders(s) name:	Vessel/Aircraft name:
	Captain's/Commander's name:
Expedition is: based	Combined Activity:
Port of Embarkation:	Port of Disembarkation:
Date of Embarkation:	Date of Disembarkation:
Actual itinerary traveled: please provide description of route, giving dates: *(Note: If you consider that the Site Visit Record (SVR) provides an adequate description of itinerary, simply write "See SVR")*	

B: Observers

Name:	Name:	Name:
Affiliation:	Affiliation:	Affiliation:

C: Record of Expedition numbers by nationality

Nationality	Pax	Staff	Crew	Obs	Nationality	Pax	Staff	Crew	Obs
					Other (Please Specify)				
					Other (Please Specify)				
					Other (Please Specify)				
					Other (Please Specify)				
					TOTAL	0	0	0	0

Pax: Passengers: members of the expedition that are not staff, crew, observers or national representatives.
Staff: Expedition personnel, guides, lecturers and small boat drivers (exclude crew serving these functions).
Crew: Vessels captain and officers, helicopter pilots, and crew and hotel / catering staff (excluding above).
Obs: Observers or National Representatives (e.g. scientifics)

D: Report on Expedition by Expedition Leader (please be brief)

1. Has an expedition meteorological report been submitted to the World Meteorological Organization?	select:
2. List any unusual incidents affecting people or the environment:	
3. If there were any unusual events, has an incident report be prepared:	select:
4. If the answer to 3. is yes, to whom will the incident report be provided?	
5. Any other comments or information (e.g. observations of disturbance to wildlife or the physical environment, changes from expedition Advance Notification, etc.)	

Signature: ______________________________ Date: ______________________
Expedition Leader or Vessel Captain

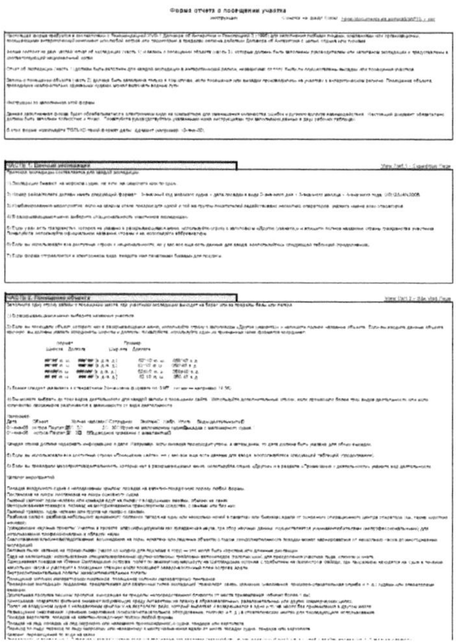

POST-VISIT REPORT FORM: PART 1 - Expedition Record (cont.)

View instructions for this Page

The Expedition Record is completed for every Expedition.
This information is requested in compliance with Antarctic Treaty Recommendation XVIII-1 and Resolution XIX.
Please submit both Part 1 and Part 2 to an appropriate national authority within three months of the activity having taken place.

C: Record of Expedition numbers by nationality

Nationality	Pax	Staff	Crew	Obs	Nationality	Pax	Staff	Crew	Obs
					Other (Please Specify)				
					Other (Please Specify)				
					Other (Please Specify)				
					Other (Please Specify)				
					TOTAL Part 1a	0	0	0	0

Pax: Passengers: members of the expedition that are not staff, crew, observers or national representatives
Staff: Expedition personnel, guides, lecturers and small boat drivers (exclude crew serving these functions)
Crew: Vessels captain and officers, helicopter pilots, and crew and hotel / catering staff (excluding above)
Obs: Observers or National Representatives (e.g. scientifics)

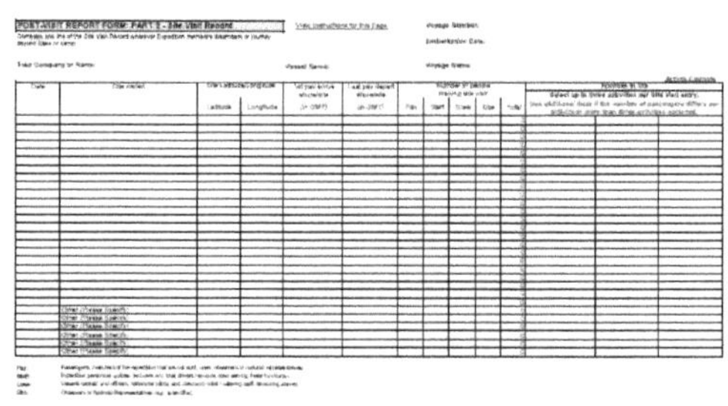

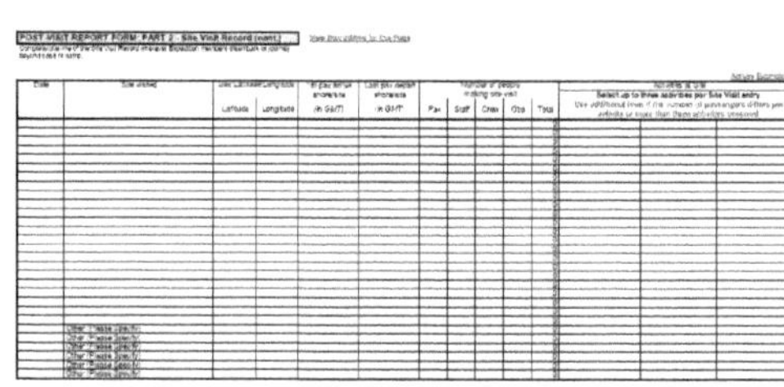

Фотография глав делегаций

PARIS | JUIN 2021
XLIIIᴱ RÉUNION
CONSULTATIVE
DU TRAITÉ SUR
L'ANTARCTIQUE
14-24 juin 2021

Фотографии глав делегаций

Дополо, Мбулело Mbulelo Dopolo ЮАР	Хохмюллер, Тильман Tilman Hochmüller Германия	Гоуланд, Максимо Máximo Gowland Аргентина	Ньюнхэм, Симон Simon Newnham Австралия	де Ланной, Кристиан Christian de Lannoy Бельгия	Геруч Виана, Беньюр Benhur Peruch Viana Бразилия	Драмова, Димана Dimana Dramova Болгария	Вагхорн, Родриго Rodrigo Waghorn Чили
Го Хайбо Haibo Gou Китай	Хан, Чухи Juhee Han Южная Корея	Тройя, Мария Габриела María Gabriela Troya Эквадор	Агилера Аранда, Франсиско Francisco Aguilera Aranda Испания	Арвис, Констанс Constance Arvis США	Калинин, Андрей Andrey Kalinin Российская Федерация	Вуоримяки, Петтери Petteri Vuorimäki Финляндия	Ортолланд, Дидиер Didier Ortolland Франция
Равичандран, Муталагу Muthalagu Ravichandran Индия	Гуанциале, Оразио Orazio Guanciale Италия	Ивасаки, Ацуси Atsushi Iwasaki Япония	Стренгехаген, Метте Mette Strengehagen Норвегия	Ньюмен, Яна Jana Newman Новая Зеландия	Писецки, Михаел Michael Pistecky Нидерланды	Соарез Документ, Мануел Manuel Soarez Documet Перу	Марчиняк, Конрад Konrad Marciniak Польша
Валек, Петр Petr Válek Чехия	Рамбл, Джейн Jane Rumble Великобритания	Федчук, Андрей Andrij Fedchuk Украина	PARIS JUIN 2021 XLIIIE RÉUNION CONSULTATIVE DU TRAITÉ SUR L'ANTARCTIQUE		Нилссон, Пернилла Pernilla Nilsson Швеция	Ванерио Балбела, Густаво Gustavo Vanerio Balbela Уругвай	
		Пуавра д'Арвор, Оливье Olivier Poivre d'arvor Председатель КООС		Льюберас, Альберт Albert Lluberas Секретариат ДА	Крайка, Каролин Caroline Krajka Секретариат принимающей страны		

www.ingramcontent.com/pod-product-compliance
Ingram Content Group UK Ltd.
Pitfield, Milton Keynes, MK11 3LW, UK
UKHW051915031026
15588UKWH00008B/1489

9 789878 929057